解开《宋会要》之谜

增订本

陈智超 著

中国出版集团
研究出版社

图书在版编目 (CIP) 数据

解开《宋会要》之谜 / 陈智超著 . -- 增订本 . --
北京 : 研究出版社 , 2022.4
ISBN 978-7-5199-1132-4

Ⅰ . ①解… Ⅱ . ①陈… Ⅲ . ①会要 – 研究 – 中国 – 宋
代 Ⅳ . ① D691.5

中国版本图书馆 CIP 数据核字 (2021) 第 260588 号

出 品 人：赵卜慧
出版统筹：张高里　丁　波
责任编辑：安玉霞

《解开〈宋会要〉之谜》增订本
JIEKAI SONGHUIYAO ZHIMI ZENGDINGBEN
陈智超　著
研究出版社 出版发行
（100006　北京市东城区灯市口大街100号华腾商务楼）
北京新华印刷有限公司　新华书店经销
2022年4月第1版　2022年4月第1次印刷
开本：880mm × 1230mm　1/32　印张：19
字数：504千字
ISBN 978-7-5199-1132-4　定价：99.00元
电话（010）64217619　64217612（发行部）

目　录

下篇 复 原

附 录

增订本前言

《解开〈宋会要〉之谜》一书出版于1995年，至今已经25年了，而且当时也只印了一千册，现在也难找了。令我欣慰的是，从学术界的反映来看，它的思路是正确的，对使用者是有益的。当然，也有些学者指出原书中有某些需纠正之处，随着“新辑《宋会要》”项目的进展，也发现了原书中的一些问题，弥补这些缺陷是需要出版增订本的第一个理由。第二，在原书出版之前，我已发表了11篇有关文章，是写作原书的前期工作，原书只收入了两篇，本次增订本将此11篇文章全部收入；原书出版以后，我又根据“新辑《宋会要》”项目进展中发现的问题，发表了5篇有关文章及信件，把这些出书前后的16篇文章收入增订本，将会使读者对我的这项工作有一个全面的了解。在全书的安排上，我把原书出版前后的两部分都放在正文之后。衷心希望这次增订本的出版，对研究宋代历史的学者，对研究历史文献学的学者，都能起一些借鉴作用。

在本书即将出版之际，我有义不容辞的责任向读者报告，在原书《解开〈宋会要〉之谜》出版的时候，当代宋史学界最富成就的学者中的两位，同时也是我的老师，北京大学的邓广铭教授和浙江大学的徐规教授，对原书做了最准确的评价和热情的推荐，使原书获得了中国社会科学院出版基金的资助，得以在1995年顺利出版。此次《解开〈宋会要〉之谜》增订本的出版，先是由周勇军先生对原书做出细致的检查并改正了发现的错误，又得到了周涛女士、刘培荣女士及研究出版社安玉霞编辑的细心工作，在此谨向他们致以衷心的谢意。

陈智超

2021 年 12 月于北京

致现在和将来的读者

这部书是我近十几年来最主要的研究成果，而这十几年，是我整个研究生涯中最宝贵的一段时间。在把它奉献给读者的时候，我要首先说明为什么要写这部书。

从本书的题目可以看出，它的内容只涉及一部书——《宋会要》。我为什么要倾注这么大的精力，用这么大的篇幅来论述这样一部书呢？

首先，我是为研究《宋会要》的人写这部书的。这样的研究者，现在屈指可数，将来恐怕也为数寥寥。不管他们是否同意我的论点，我都将把他们视为知音。希望我的工作能对他们的研究有所帮助，使他们少走一些弯路，能够在一个比较高的起点上继续前进。即使我这部书只是为他们写的，我也觉得我的努力没有白费，因为，《宋会要》确实是一部值得深入研究的重要的书。

其次，我是为使用《宋会要》的人写这部书的。其人数远远超过前一种人。从现存的有关宋代历史的资料来看，《宋会要》无疑是最原始、最全面、最丰富、最翔实的一部。可以说它是宋代的百科全书。因此，不但是研究宋史的人，就是那些想深入研究中国历史的人，都需要使用它。《宋会要辑稿》的影印出版，从深度和广度两方面，对推动宋史的研究都起了巨大的作用。但是，由于《宋会要辑稿》是一部经两次转录、三次不得其法的整理、并且为整理者准备丢弃的底稿，与《宋会要》原本已有很大差别，所以严重影响了对它的正确而又充分的使用，它的价值远远没有得到发挥。我所做的工作，就是尽可能地恢复《宋会要》的原貌，使大家能充分而正确地利用它。

再次，我是为使用、研究《永乐大典》的人写这部书的。《大典》为佚书之渊薮，但《大典》现存不到百分之四。《宋会要》可说是《大典》收录的文献中篇幅最大、情况最复杂的一部。《宋会要辑稿》为研究《大典》提供了丰富的资料，可惜过去未为人注意。本书将为使用、研究《大典》的人提供重要线索。

最后，但非最不重要，我也是为历史工作者写这部书的。这部书的结论部分，就是我现在所能做到的对《宋会要》原书的复原（估计能复原到70%以上）。这个结论，对于不是研究宋代历史的人，也许没有什么意义，而且它本身也并不复杂。但是，我求得这个结论的过程却非常复杂。简单地说，就是一层层地拨开后人加在它身上的种种迷雾，恢复它的庐山真面目。研究《宋会要》这部被后人有意无意地加以篡改的大书是这样，研究历史何尝不也是这样。重大的历史事件、重要的历史人物，以至整个人类历史，它们的真相并不一定很复杂。但是，人们认识历史真相的过程却非常复杂，并且永远不可能完成。这个过程，也就是一层一层地拨开当事人以及后人有意无意地所加的种种迷雾的过程。所以我希望，我的探索过程以及运用的方法，能对历史工作者以至其他学科的研究者起一些借鉴作用。

我将在正文中尽可能清晰地显示我的分析过程。但必须说明的是，我所叙述的分析过程，并不是我实际的思维过程。我在思考、探索中，不知经历了多少挫折、困惑，走过多少弯路、回头路。就像一个在迷宫中摸索前进的孩子，经过多少迂回曲折，才找到正确的行进路线，找到出口。如果把这些过程都加以叙述，不但会使本书的篇幅增加若干倍，而且也没有这个必要。根据我的体会，找到正确的分析过程，已经完成了研究工作的大半，我将尽量突出那些关键的转折点、突破口，以及如何找到它们的方法，目的是使后来者能少走一些弯路。

亲爱的读者们，我从开始写作本书的第一刻，一直到全书经过多次修改而最后完成，始终在心目中面对着你们。

我把你们视为最好的朋友。你们是为解决某一问题，或希望获得一些知识而来阅读本书的。我要对你们负责，不能使你们失望。因此，自己没有弄清楚的问题，绝不含糊其词。以其昏昏是不能使人昭昭的。不仅如此，我还尽力完善表达的方式，使你们能用尽可能短的时间得到你们需要的东西。

我把你们视为最严厉的法官。我在整个写作过程中时刻都能感受到你们尖锐的、批判的目光。在本书中，我提出了自己的许多论点，也表达了对某些论点的不同意见。我一次又一次地检查我的论据，一个环节又一个环节地推敲我的论证过程，以期能通过你们的审判。

我是否达到了我写作本书的目的，等待着你们的评判。

一九九三年十月于有终斋

一九九四年十一月改定

上　篇

解　谜

第一章

一个巨大而难解的谜

宋史史料在近代虽然没有如甲骨文、汉简、敦煌卷子、明清档案那样惊人的发现，但亦有值得称道者。清乾隆修《四库全书》时从《永乐大典》中辑出李焘《续资治通鉴长编》及李心传《建炎以来系年要录》，以后张金吾及浙江书局相继刊刻《长编》，广雅书局刊刻《要录》，对研究北宋及南宋初期历史起了很大的推动作用。嘉庆中徐松又从《永乐大典》中辑出《宋会要》，百余年后，当时的北平图书馆将《宋会要辑稿》影印出版，又为宋史研究者带来了莫大的福音。

《长编》、《要录》与《宋会要》虽然同是辑本，但因为《长编》、《要录》是编年体，在《大典》中集中收入"宋"字韵中，所以辑本不需做多少编辑加工，基本上保存了原样。而《宋会要》是包括一千多门的政书，分散收入《大典》的数百甚至千余事目中，辑稿百余年来又经过多人之手的整理，现在的《辑稿》像一团乱麻，又像一个死结，《宋会要》原本的真面目，更像一个难解的谜，以致影响了对《辑稿》的使用。它的复杂使许多人（特别是初学者）望而生畏，也使许多经常使用它的人发生错误。

我写这部书，就是要解开《宋会要》这个巨大的谜，尽可能恢复它的庐山真面目，使现在及今后使用《宋会要》的学者能充分、方便、正确地使用它，也为彻底整理这部千万字的皇皇巨著打下一个稳固的基础。同时，也希望提供一些整理古籍以及历史研究的方法。

那么，《宋会要》到底有些什么未解之谜呢？举其大者有：徐松原辑本之谜，广雅稿本之谜，嘉业堂清本之谜，遗文之谜，按语之谜，标目之谜，格式之谜，注文之谜，复文之谜，原名之谜，原本之谜，类门名称及编排之谜等。

为什么我现在能够解开（或大部分能解开）这些谜呢？第一是几十年来对宋代历史研究的深入。《宋会要》是包罗两宋宁宗朝以前近三百年历史各个方面的一部百科全书式的政书。它的出现固然大大促进了宋史的研究，而另一方面，对宋史各个领域的深入研究又反过来使我们加深了对《宋会要》的了解。第二是五十年来对《宋会要》及其辑稿的研究与利用取得的很大进展。在这里，首先要提出汤中的《宋会要研究》（1932 年上海商务印书馆出版）。此书的出版有筚路蓝缕之功，而且他当时详细记录下的许多情况，成为仅存的记载。王云海的《宋会要辑稿研究》（1984 年《河南师大学报》增刊）和《宋会要辑稿考校》（1986 年上海古籍出版社出版），是他三十年来对《辑稿》研究、校勘成果的总结。还有王德毅的《宋会要辑稿人名索引》（1978 年台湾新文丰出版公司出版）和日本东洋文库宋代史研究会于 1970 年和 1982 年分别编制的《宋会要研究备要》和《宋会要辑稿·食货索引》，则是利用、研究《辑稿》的重要工具书。这些著作和工具书使人对《辑稿》的现状的了解大大加深了。第三是一些有关材料的发现或出世。其中最重要的有：《永乐大典》残本 793 卷的影印，《辑稿》遗文和广雅稿本（部分）及嘉业堂清本的发现。[①]

---

① 详见拙著《〈宋会要辑稿〉遗文、广雅稿本及嘉业堂清本的再发现》，《中国史研究动态》1982 年第 1 期。现收入本书附录。

第二章

遵循正确的步骤

当然，具备了上述条件，只能说具备了解开这个巨大的谜的客观可能性。而要把可能性最大限度地转化为现实性，还要靠主观的努力。其中很重要的一点，就是要遵循正确的步骤。

我们的目的是要尽可能恢复《宋会要》的原貌。实际情况是：《宋会要》的原本已经荡然无存，而从《宋会要》原本到现在的《宋会要辑稿》经历了多次变化。每经过一次变化，《宋会要》的原来面目就失去一分，而后来的附加的东西就增加一分。所以我的整个工作，概括起来，可分两个方面。一方面是拨开笼罩在《宋会要》原本上的层层迷雾，揭开掩盖在《宋会要》原本上的种种假象，也就是细心地、准确地剔除后人在《宋会要》原本上附加的一切东西。但只做这一方面的工作还不够。因为我们的复原工作与修复一幅蒙上尘埃、遭受风化的油画不同。油画本身是实际存在的，只要将尘埃去掉、风化还原，油画的本来面目就会显现出来。而《宋会要》的原本已经不存，所以，在剔除后人附加的成分的同时，还有另一方面的工作，就是正确地将它复原。

要做好这两方面的工作，需要极大的耐心与细心。要彻底弄清楚有关的事实，包括那些关键性的细节。要发现每一次变化的规律。而我们面前的《宋会要辑稿》，加上遗文，有近千万字，翻检一遍都不容易，更何况弄清楚它的每一个环节呢？所以，必须遵循正确的步骤。

何谓正确的步骤？可以借用演算数学题来打比方。数学题的运算有严格的程序，如果违反这些程序，就无法求得答案。当然，一个题目可能有几种运算方法，其中有最佳方法。但不论何种方法，都有它自己的固有程序。我们的任务就是选取最佳方案后，严格按照它本身固有的程序来进行“运算”。我们的总任务是要解开《宋会要》之谜，也就是要复原《宋会要》，那我们首先就要知道今本《辑稿》是如何从《宋会要》原本一步步演变而来的，然后才能将它复原。

第三章

从《宋会要》到《宋会要辑稿》的曲折历程

《宋会要》编成以后，流传甚少。至明初，明成祖朱棣编《永乐大典》，网罗天下文献，《宋会要》亦在其中。从今本《辑稿》内容仍有八百多万字，类、门大致俱存的情况可以断定，《宋会要》虽经宋亡、元亡两次大变动，在明初修《大典》时仍是基本完整的。

到明中叶，《文渊阁书目》著录《宋会要》，已注明“缺”。这部《宋会要》的原本，当时可能已经不存了。《宋会要》的内容，主要靠《大典》保存下来。

《永乐大典》有正、副两本。正本在明代已不见踪影，副本在清乾隆修《四库全书》时已缺两千多卷（约十分之一），以后又经英法联军之役和八国联军之役，绝大部分被毁。这是我国文化一大损失，也是帝国主义侵略中国的罪行之一。

《四库全书》馆臣本来有优越的条件，完全可以从《大典》中辑出《宋会要》，但是他们竟没有这样做。幸好到嘉庆十四年（1809年），年仅二十九岁的徐松被派入《全唐文》馆任提调兼总纂官，而《大典》这时也移入馆中。他利用这一机会，从《大典》中辑出《宋会要》五百卷。我们今天能利用这一宝贵资料，首先应该感谢徐松。但徐松当时是假借修《全唐文》名义，利用政府的书吏和纸张来辑录《宋会要》，自然不敢堂而皇之、从容地来进行，也不可能细加校对，这不能不影响到辑稿的质量。

汤中在《宋会要研究》一书中引刘承幹语，徐松原辑本“五百卷，一卷一册，极薄，亦有百数十叶一册者”。各册之所以厚薄不均，应是因为在《大典》各卷中，所收《宋会要》文有多少不同的缘故。由此我们可以推测，徐松辑录《宋会要》的第一步，是按照《大典》的顺序，将各卷中收录的《宋会要》文抄录，并分装成五百册。

《永乐大典》是按韵收录《宋会要》的。要把按韵分散在《大典》各卷中的《宋会要》文，恢复为会要的体系，自然需要做整理编辑的工作。从《辑稿》上留下的徐松批语，以及李兆洛、严可均致徐松的信札，都可知道徐松曾对辑稿进行过初步整理工作。为了同今本《宋会要辑稿》相区别，我们把经过徐松初步整理过的《宋会要》辑本称为“徐松原辑本”。需要说明的是，这个“原辑本”的面目已不可见，它同今本《辑稿》的顺序不同。

徐松死后，原辑本散出，为缪荃孙得于北京琉璃厂翰文斋。所以应该说，缪荃孙是《宋会要》得以留存的第二大功臣。光绪十三年（1887 年）两广总督张之洞开办广雅书局，整理、刊刻古籍。缪荃孙携《宋会要》原辑本归书局。次年，张之洞请缪荃孙和屠寄两人在书局中整理这个辑本。他们的整理工作只进行了一部分（主要是职官、礼两类），因张之洞离粤而中断。缪、屠的整理工作同徐松不一样，徐松似是就原辑本整理的，而缪、屠则是另写新本，准备刻印。这样，除了辑本之外他们还留下了一个整理本。因为没有完成，我们称它为“广雅稿本”。

经缪、屠利用因而与徐松原辑本已不同的《宋会要》辑本后来又落入广雅书局提调王秉恩手中。民国四年（1915 年）及以后，嘉业堂藏书楼主人刘承幹两次用重金从王处购得这部辑本，使这部宝贵的辑本不致散佚，他是《宋会要》的第三大功臣。刘承幹聘刘富曾及费有容（主要是刘）两人在“广雅稿本”的基础上继续整理《宋会要》辑本，他们也同缪、屠一样，把《宋会要》辑本当作底本，另写新本，所得结果为署名“吴兴刘承幹编定”的《宋会要》清本，我们称它为“嘉业堂清本”。这样，现在我们看到的《宋会要辑稿》已经不是徐松原辑本的本来面目，先后经缪荃孙、屠寄和刘富曾、费有容等人搅动。汤中在20世纪30年代曾至湖州南浔嘉业堂考察，他在《宋会要研究》一书中曾说，“徐辑稿本，被刘富曾割裂拆钉，已失原有面目，至为可惜”（卷三，第六页）。刘承幹当时的目标既是另写清本，并没有打算保留原辑本，所以留下来的《辑稿》次序零乱，即使同“嘉业堂清本”相比也有很多不同。今本《宋会要辑稿》并不是整理的结果，而是准备遗弃之物。这一点，过去未为人注意，有些人甚至产生误解，把它的编排视为规范，以致影响了对《辑稿》的正确使用。

《宋会要》辑本为刘承幹收藏后，日本学者藤田丰八曾借抄“市舶司”部分，以此为主要材料，写成《宋代市舶司与市舶条例》，此外很少为人利用。直到20世纪30年代初，北平图书馆从刘承幹处购得这部抄本，组成以陈垣为委员长的编印宋会要委员会，筹备数载，加以影印，《宋会要辑稿》才得以流传。但当时总共只影印了两百部，能使用者仍很少。1957年，中华书局将《辑稿》照相影印发行，《宋会要辑稿》才得以较广泛流传。这时离它最后编成（指宁宗会要）的淳祐二年（1242年），已相隔七百一十五年了。

上面叙述的是从《宋会要》原本到今本《宋会要辑稿》的变化概况。下面我们就要一步一步地追踪它每次的具体变化。

首先要分析的是从《宋会要》原本到《永乐大典》的变化。

第四章

从《宋会要》原本到《永乐大典》的变化

《永乐大典》收录《宋会要》时，对它做了很大改动。要解开《宋会要》之谜，复原《宋会要》，就必须掌握这些改动的情况，研究它的变化规律。从徐松到刘富曾等历次整理者把从《大典》辑出的《宋会要》加以编排，他们的主观愿望也是为了使编排的结果尽量符合《宋会要》的原貌。但是，他们的努力都没有成功，其结果是治丝益棼，反而增加了许多混乱。从根本上来说，他们之所以失败，就是因为没有掌握从《宋会要》到《大典》的变化规律。

要掌握这个变化的规律，首要的一点，就是要彻底弄清《永乐大典》和《宋会要》两书体例上的巨大差别。因为《宋会要》原本收入《永乐大典》后，从形式到内容所发生的巨大变化，都是由这一差别引起的。

《宋会要》是一部政书，供宋朝的皇帝、官僚处理政务时参考。《宋会要》的编者将收集到的大量档案材料，根据宋王朝处理政事的需要加以分类分门。例如，礼类所收的是宋朝关于各种礼仪的规定及实施情况，其中关于祭祀的部分归入吉礼，吉礼下又分郊祀、明堂等，总之是以类而分。《永乐大典》虽是一部百科全书式的类书，但它的编排原则同以类而分的类书不同，是以字而分，具体地说，就是“用韵以统字，用字以系事”。“用字以系事”中的“事”，或称“事目”，有点类似我们今天所说的“词”。前面说的“郊祀”可以是一个“事目”，“顺天”这样一个地名也可以是一个“事目”，“宋太祖”这样一个人也可以是一个“事目”，“梁皇忏”这样一部书名可以是一个事目，“论语阳货篇”这样一部书中的一个篇名也可以是一个“事目”。《大典》的编者将明永乐以前的各种文献，按其内容划分为若干事目，各种文献关于同一事目的记载，按各书成书先后，或所述事实的先后排列。如果某一事目只有一个字，如山、水等，则比较好办，归入这个字韵就可以了。如果某一事目的名称有两个或两个以上的字，如郊祀、地理等，就按这一事目中关键的一个字（不一定是首字，也不一定是末字），归入该字韵中。如“郊祀”归入“郊”字，“食货”归入“货”字。所谓“用字以系事”，就是把所有事目按照它的关键字归入各该字中。那么，什么是“用韵以统字”呢？就是各字的编排顺序，按《洪武正韵》这部官定韵书的次序。换言之，根据《洪武正韵》的顺序排列各字，每一字又收以它为关键字的各个事目，每一事目又按时间先后收入各文献有关的记载，这就是《永乐大典》的编纂原则。

下面我们就分别论述《宋会要》收入《大典》后所发生的具体改变。

一、书名的变动

今本《辑稿》许多部分的首行，顶格写“全唐文”三字。我们在第三章已经说过，徐松当年从《大典》中辑出《宋会要》时，是利用修《全唐文》之便。这“全唐文”三字，就是当时为掩盖其辑《宋会要》而施放的烟幕，是徐松所加，而非《大典》原有。

在今本《辑稿》每一部分的次行（如果不写“全唐文”时就是首行），低三格写“宋会要”等字。对照现存的《大典》残本，可以知道这就是《大典》编者所著录的出处。《大典》编者将各种文献关于同一事目的记载按时间先后抄录在一起，在每一段内容之前用红字标出文献的名称。徐松辑《宋会要》时，正是根据《大典》标出的“宋会要”等字样，命书吏将它录出。但是今本《辑稿》中，收入内容也有不是题《宋会要》的，这又有两种情况。第一种情况，虽然不题《宋会要》，但也题《宋朝会要》《续宋会要》《宋续会要》《续会要》《经进总类会要》《经进续总类会要》《中兴会要》《乾道会要》《孝宗会要》《光宗会要》，总之是同《宋会要》有关的。至于为什么有这许多名称，下文还要详论。第二种情况，是另外的文献，如《十朝纲要》《宋史》等。这或者是因为《永乐大典》的事目，以这些书为正文，《宋会要》为注文，或者是因为这些书引了《宋会要》，这在下文也要详论。但虽有这两种例外情况，今本《辑稿》的绝大部分题为《宋会要》。后人之所以称《宋会要》，也正是沿袭《大典》的称呼。

我们的目标既然是复原原书，当然也包括书名的复原在内。应该指出：《宋会要》并不是原名，而是《大典》编者改的。

那么，《宋会要》的原名是什么？《大典》为什么要改？这正是本书第十三章所要解答的问题之一。本书之所以仍沿用《宋会要》之名，只是为了叙述方便。

二、类、门名的取消

《宋会要》的体系是类—门—条三级。比较复杂的项目，“门”以下还有一级，文献没有记载它的名称，我称为“目”。门是《宋会要》分类的基本单位，条则是《宋会要》的细胞，一事一条或一人一条。

《宋会要》在宋代修过多次，每一部《会要》的类、门不全一样。据《玉海》记载，王珪所修《国朝会要》为21类、855门，虞允文所上《乾道续四朝会要》为21类、666门，京镗所上《庆元光宗会要》为23类、364门。《玉海》还具体列出《国朝会要》21类的名称及次序是：帝系、后妃、礼（分为五类，即吉礼、嘉礼、宾礼、军礼、凶礼）、乐、舆服、仪制、崇儒、运历、瑞异、职官、选举、道释、食货、刑法、兵、方域、蕃夷。从常识可以判断，在《宋会要》原本中，每一门的开首，必有它所属的类、门名称，否则无从检阅。但《宋会要》收入《大典》后，这些类、门名绝大部分没有保留下来。

那么，《大典》是如何处理这些类、门的呢？它们在《辑稿》中又是如何表现的呢？

这就牵涉到《大典》的体例。前面已经说过，“用字以系事”是《大典》的基本编纂原则之一。这个“事”，或称“事目”。《大典》将《宋会要》的内容收入它的各个事目，只录原文，一般不注类、门。

现在《辑稿》中“宋会要”下的标目，如开卷帝系类 1 之 1 的“帝号”，是否就是《大典》的“事目”，而《大典》的“事目”又是否同《宋会要》的门名一致呢？回答是：现在《辑稿》的标目，有些是《大典》的事目，有些是徐松以后诸整理者所加的标目；即使是《大典》的事目，有些与《宋会要》的门名一致，有些则不一致。如何加以区分，并发现其中的规律，从而复原《宋会要》的类、门名，这是本书第十四章所要讨论的问题。

三、行款的变动

我们虽然看不到《宋会要》的原书，但从现存的其他政书可以推知，《宋会要》不但类与类之间是分隔的，即使类名与门名、门名与目名、目名与条文、条文与条文之间，也有一定距离，并有统一的行款。但收入《大典》后，只要《宋会要》的内容收入同一个事目中，除了条与条之间有一空格外，其他界线都消失了，这只要观察一下影印的《大典》残本即可了解。这种行款上的变化也是要注意的。

四、编排的变动

这一方面的变动非常大。由于《宋会要》同《永乐大典》的体例根本不同，《宋会要》收入《大典》以后，它的顺序就完全打乱了。

打一个不完全恰当的比方，好比一部以汉语拼音顺序编排的汉语字典，改编为以笔画顺序编排的汉语字典，顺序就完全打乱了。当然，如果有汉语拼音顺序表，我们可以将这部汉语字典复原；同样，如果有《宋会要》的分类分门目录，我们也可以将从《永乐大典》辑出的《宋会要》大致恢复到原来的顺序。问题就在于没有留下这样的分类分门目录。

除了顺序的大变动以外，由于《永乐大典》各事目分韵的范围大小不等，《大典》所录《宋会要》文，有的是整类收入，有的是整门收入，也有的分割得很零碎，也增加了恢复原来编排的困难。

五、内容的变动

《大典》编者收录《宋会要》，是否将它的全部内容毫无遗漏地收入《大典》各韵中呢？否，其中有部分内容肯定没有收入。

第一，《大典》既然是一部类书，它在按“事目”收录有关文献时，如果两部文献记载相同或近似，它会有所取捨。《大典》凡例说：“若诸史中文有重复者止存一家，或事、文互有详略则两存之，或事同而文有详略者则存其详者。”所以，如果《宋会要》关于某一事目的记载同于另一文献，可能会被舍弃；如果略于另一文献，则肯定会被舍弃。这种情况，在《辑稿》中也有反映，例如《宋会要》礼类的“天申节”门即被舍弃。当然，如果我们有证据证明《宋会要》的某一部分确实因这种理由而被舍弃的话，也可以知道，《宋会要》有关这一事目的内容大致相同于取代它的文献。

第二，《宋会要》类门如此之多，《大典》所收的书又如此之众，《宋会要》被分散收入《大典》各韵时，偶有遗漏也是必然的，虽然我现在还提不出这样的直接证据。

第三，还有一种情况也值得注意，就是《大典》虽然辑录的是《宋会要》文，但误标作他书，以致徐松辑录时未录。例如现存的卷

5453 郊祀，有的内容书名标《长编》或《长编纪事本末》，但用数字记日，很有可能就是《宋会要》文而误标《长编》的。

另外，由于《大典》分韵分目很多，各目的范围有交叉、有重叠，因此，《宋会要》同一内容有时会重复收入不同的字韵中。这是《辑稿》中出现复文的重要原因之一。例如食货类的“检田”门，既会收入《大典》“货”字韵“食货”事目（卷 17539）中，又收入范围较小的“田”字韵“田制”事目（卷 4750）中。

所以，《宋会要》收入《大典》时，有些内容已被舍弃或遗漏了，有些内容则重复收入。

六、文字的变动

这方面的变动，有无心之误与有意之改。

何谓无心之误？从《宋会要》收入《大典》，要经过一次转抄。转抄一次就会造成文字上的某些错误。这是无心之误。

何谓有意之改？《大典》是为明朝人使用的。宋明时代不同，避讳不同，地名不同，称谓不同，等等。《大典》编者为了照顾明朝人使用的需要，有时对《宋会要》的文字做了修改，下面举一个例子：

《辑稿》礼类多次出现明代地名及建制。如礼 20 之 17 有“延平府剑浦县城隍祠”，宋代并无延平府，剑浦县属福建路南剑州，延平府是明代地名及建制。礼 20 之 18 有“宁波府昌国县城隍神祠”，宋代亦无宁波府，昌国县属两浙路庆元府（宁宗即位前称明州），宁波府也是明代地名及建制。《宋会要》原文肯定不会出现明代地名及建制，因此只有两种可能：（1）这些内容本是明代文献的记载，是《大典》编者将一些明代书籍误标为《宋会要》。（2）《大典》在收录《宋会要》时对原文做了修改。

第一种可能性不存在。因为误标书名只可能是个别情况，而礼类中出现明代地名及建制是大量的。因此，只可能是《大典》编者对

《宋会要》原文的修改。这不仅是逻辑推论，我从《元一统志》辑本中找到了有力的旁证。

赵万里校辑的《元一统志》辑本（中华书局 1966 年出版）材料来源有两大部分：一部分是《元一统志》刻本或抄本的残本，可称为《元一统志》的原本；另一部分就是《大典》所收《元一统志》的辑文。

在《元一统志》辑本中，有的条文这两种来源并存，即既有原本，又有《大典》辑文。将这不同来源的同一条文加以对比，就会发现《大典》是如何和为何修改《元一统志》的。

例如，《元一统志》辑本卷 542，在延安路·古迹·柳湖条，录自原本的条文作“在路之城南”；辑自《大典》卷 2266“湖”字韵“柳湖”事目的条文却改作“在延安府之城南”。

又如，《辑本》卷 586，会州·土产，录自原本的条文作：“防风、蓯蓉、柴胡：以上药见贡。”但辑自《大典》卷 540“蓉”字韵“肉蓯蓉”事目的条文却改作：“肉蓯蓉：笔（巩之笔误）昌府会州土产。”不但在“会州”前按明代建制加“巩昌府”三字，而且将会州三种土产中的“蓯蓉”单独抽出，归入“蓉”字韵中，条文也因此而改写了。

这两条条文有力地证明《大典》对所收书确有修改，修改的原因则为便于《大典》的读者（主要是明代人）使用。第一条，《元一统志》原本在延安路下载柳湖，说湖“在路之城南”，读者自然知道是在延安路之城南，不会产生疑问和误解。而《大典》卷 2266，“湖”字韵中收“柳湖”及其他湖，如照录《元一统志》说柳湖“在路之城南”，读者自然不会明白是什么路。《大典》编者将“路”改为“延安府”，其便利读者使用之心可谅，但改动原文显然不符合辑本的做法。正确的做法应是不改原文，而加编者注“今之某府某县”。第二条，实际是按《大典》编纂体例将条文改动了，已经不是原文。这种情况，在《宋会要辑稿》中也有反映，下文再详谈。

这是有意之改。

七、注文的变动

《宋会要》原有小字注文。《大典》编者在收录《宋会要》文时，除保留原注外，又加了许多小注。这些小注，形式同《宋会要》原注一样，也是小字。要区别何者为原注，何者为《大典》加注，主要从内容判断，本书第十一章将详论这个问题。

从上面七个方面可以看到，《宋会要》收入《永乐大典》后，从形式到内容确实发生了巨大变化，可以说是面目全非。掌握这些变化的规律，是解开《宋会要》之谜的关键。

第五章

从《永乐大典》到今本《宋会要辑稿》的变化

一、徐松所做的加工

徐松自《永乐大典》中辑出《宋会要》后，究竟做了哪些整理工作？对辑本做了哪些加工？文献记载极少。

俞正燮《宋会要辑本跋》（《癸巳类稿》卷12）曾引徐松语：“《宋会要》世无传者，余于《永乐大典》中辑出，无虑五六百卷。”缪荃孙记徐松所著书目（《艺风堂文集》卷1，《徐星伯先生事辑》），载《宋会要》五百卷。刘承幹亦说：“原稿五百卷，一卷一册，极薄，亦有百数十页一册者。”（见汤中《宋会要研究》卷3）各卷分量不等，是因为《大典》各卷所收《宋会要》文，有多有少的缘故。

缪荃孙在《宋太宗实录跋》（《艺风堂文续集》卷6）中记载，徐松曾向吴兰修（石华）索《宋太宗实录》写本，吴将写本由粤寄京，并索徐松所撰《宋会要沿革》一册为报。可见徐松结合整理《宋会要》辑本，曾研究《宋会要》的沿革。但此文至今未见。

又严可均《致徐星伯（松）先生书》（《铁桥漫稿》卷3）说：“嘉庆中足下在《全唐文》馆，从《永乐大典》中写出《宋会要》，此天壤间绝无仅有者。及今闲暇，依《玉海》所载《宋会要》体例，理而董之，存宋四百年典章，肆力期年，粗可竣事。而来书言苦无助我为力者。”函中所说“《玉海》所载《宋会要》体例”，指卷51，艺文·典故所载《庆历国朝会要》分帝系等21类，855门。但《玉海》只载类名，不载门名。徐松说“苦无助我为力者”，是实情，《宋会要》辑本近一千万字，头绪纷繁，确非一人独力所易完成。徐松因缺乏得力助手，《宋会要》辑本的整理工作，只做了一小部分，在今本《辑稿》中留下了它的痕迹。

这主要是指徐松在辑本上写下的各种按语。在今本《辑稿》中，明确写明“松案”的按语有十余条，分布在礼、职官、食货三类中。这些按语的性质，可分为四类。

第一，指明出处。如食货11之4，“钱法杂录”，“松案：《大典》作《番阳志》引《宋会要》”。此段辑文录自《大典》卷5329，为“饶”字韵，“饶州府”事目。所录并非《大典》直接收录的《宋会要》原文，而是《大典》收录的《番阳志》，其中有引《宋会要》。又如食货34之12，“产砂”，条末：“松案：此条《大典》‘砂’字韵引，今附于此。”此条录自《大典》卷5750，正为“砂”字韵。

第二，校勘异同。如食货4之16至5之18为“青苗”，上有按语甚多，明确注明为“松案”的有四处，从字迹可见，其他按语大部也是徐松加的。其中食货4之19：“松案：一本有‘陛下嫉富人’至‘不可得也’七百六十三字，添‘所奏之谓也’下，‘外议纷纭’上。”这个“一本”是什么意思呢？原来，《宋会要》的“青苗”门，《大典》在两处收录，因此形成复文。一在卷17551和17552，为“货”字韵，“食货”事目，在今本《辑稿》食货4之16至5之18；另一处在卷5278，为“苗”字韵，“青苗”事目，被刘富曾舍弃，今收入《宋会要辑稿补编》（以下简称《补编》），即徐松在按语指的另“一本”。两处文字有异同，后者分量约为前者的一倍，所多的内容，大部是《大典》编者以《长编纪事本末》作为注文，但也有正文。徐松用两本对校，将异处批在辑本上。

又如食货69之1，“宋量”，文上“松案”甚多。如“太祖建隆元年八月”下：“松按：‘《玉海》作丙戌十九日’。”等等。这是用《玉海》校《宋会要》，为他校法。

第三，提出调整编排意见。如食货69之14，上有徐松按语：“此条移上卷大中祥符六年后，神宗熙宁四年前”。此条条文为《玉海》卷8律历门“景祐权量律度式”条所引《宋会要》，为景祐二年五月二十五日记事。按语所谓“上卷”，指今本《辑稿》食货69之1至13，“宋量”。在食货69之5，大中祥符六年四月条及神宗熙宁四年十二月条上，正有徐松按语：“后九页景祐二年一条移‘神宗熙宁前’。”

又如今本《辑稿》食货64之61，上有徐松按语：“此下八条，《大典》引《会要》作‘上供银’，松按：银系上供之一，似无庸别作名目。疑《大典》摘此数条编入‘银’字韵耳。今第附‘上供’后，不别出‘上供银’焉。”此八条录自《大典》卷3284，为“银”字韵，“上供银”事目。徐松认为《宋会要》本无“上供银”一门，此八条应置于“上供”门后，不另立门。

第四，补遗。如职官22之34，标目为“管句”，有“松案”一条：“《续会要》元丰以后郊社令、太庙令、……诸陵祠坟所并入此门，余见诸司库务。”下注“大典卷一万九千三百六十七”。查《大典目录》，卷19367正为“句”字韵（此处读“勾”，同“勾”），事韵。故知“管句”确为《大典》原事目。这里的《续会要》，指《续国朝会要》，按语中提到的“郊社局”、“南郊家事库”等门，在《辑稿》中确实没有元丰以后的条文，应该是并入《续国朝会要》的“管勾”门中了。可惜的是，现在已不见“管勾”门的条文。

值得注意的是，徐松有些按语没有保留下来。据汤中《宋会要研究》卷三：“尝见食货类内，纲运令格一卷，有徐氏签注云：‘此卷纲目混淆，既非编年，又难分类，思之再四，不得编排主脑，意抄胥有颠倒脱落。非检原书，未敢一定’。”“纲运令格”在今本《辑稿》食货45之8至19，属“漕运”门，上面并无上引徐松按语。可能是签注在另纸或该册封皮上，今已不存。

从今本《辑稿》所反映的情况看，徐松按语并不多，并未做系统的整理工作。

徐松初从《大典》辑出的《宋会要》文，是按《大典》顺序。从种种迹象推断，他已按“《玉海》所载《宋会要》体例”，也就是二十一大类，将辑本内容作了初步划分与编排。汤中《宋会要研究》卷三第一章载“原稿”门目，似是徐松编排的类门。

二、缪荃孙、屠寄所做的加工

光绪十二年（1886年），两广总督张之洞在广州创设广雅书局，刊印书籍。书局拟刊书籍分三大类。一类为经部著作，以续阮元校刊的《皇清经解》。一类为可以“考鉴古今，裨益经济，维持人心风俗”的史部、子部、集部诸书。一类为有关洋务诸书。缪荃孙为张的门人，当时在京任翰林院编修，张命他在京访求应刻之书。

于是缪荃孙将他从北京琉璃厂翰文斋收得的徐松辑本《宋会要》、《中兴礼书》交广雅书局，并推荐屠寄至局任校勘之职，主要整理《宋会要》。

这次整理《宋会要》，目的在于刊印，而《宋会要》辑本原来又比较零乱，所以缪、屠二人在原辑本上加了许多批语，让书吏按照广雅书局刊本格式另抄新本。因此，我们将缪、屠的整理本称为广雅稿本。

从现存的广雅稿本来看，它有两种格式。两式相同之处是，均为红阔栏红格，版心鱼尾下写“要”字，末写页数。每半页十四行，每行二十五字，每页七百字。不同之处在卷首之页。第一种，首行顶格为大题：“宋会要卷×××”。次行低一格为类别，如“帝系”；第三行低二格为门别，如“诸王”；如门下尚分目，则在第四行低二格，如“廷美十子”。第二种，首行顶格为类别，如“职官”，行末为大题：

“宋会要卷×××”；次行低二格为门别，如“历代大行丧礼”。前者是草本，后者是定本，即准备交付刊印的本子。

现存的广雅稿本共113册。其中职官类全部95册为定本，直接采入刘氏嘉业堂清本中。其余18册为草本：礼类6册，与今本《辑稿》的相应部分合订在一起，一同影印，即我们现在可从影印本中看到的“又礼”11、31、32、33、43、47；另礼类2册，“郊祀御札”和“历代大行丧礼（下）”（封面误批为“职官”类）；帝系类7册；后妃类3册；均与北图所藏《辑稿》遗文收在一起。汤中在《宋会要研究》一书中还提到，广雅稿本中“尚有《宋会要目录》一册。据《玉海》共分十三门，内中涂抹钩乙，几至不辨，尚为草拟未定之本”。（卷三）这册《目录》今不见，但从汤中记述可知，当时缪荃孙、屠寄在徐松初步分类的基础上，又进一步将辑本加以编排。

广雅书局整理《宋会要》辑本，在光绪十五年（1889年）至十六年（1890年）两年间，缪荃孙仅在广州逗留了两个月左右，主要是发踪指示，具体整理工作由屠寄进行。据屠寄致缪荃孙函：“顷编《宋会要》五礼、职官二门已毕。”（《艺风堂友朋书札》，屠寄第15函），似礼类亦已整理完毕，但我们现在看到的只有职官类的定本，礼类只有草本8册而已。

对本书的主题来说，我们更为关心的是缪荃孙、屠寄在整理时对徐松原辑本做了哪些改动。

缪、屠与徐松不同，他们整理《宋会要》是另写新本，准备交广雅书局刊印的，因此他们并不打算保留原辑本。他们不但在辑本上加了许多指示书吏抄写的批语，另加标目，并且将辑本加以割裂编排，并在校勘后，将复文全部删落。职官类他们已整理完成，对照屠寄在辑本职官类上加的眉批，以及现存辑文，就可知职官类的复文已被他们删去，如今已不知下落。（详见本书本篇第十二章“复文之谜”）也就是说，经缪、屠整理后，辑稿无论在标目、编排、内容上，又进一步发生变化。这主要在职官、礼、帝系、后妃四类中。

三、刘富曾所做的加工

由于张之洞由粤调鄂，屠寄后来也离开广雅书局，《宋会要》整理工作并未完成，稿本为书局提调王秉恩匿为己有，后来连广雅稿本一起售与嘉业堂主人刘承幹氏。

刘承幹自民国四年（1915 年）至十三年（1924 年）聘刘富曾整理《宋会要》辑本。刘富曾踵广雅稿本之后，成嘉业堂清本 460 卷。关于此次整理工作，汤中在《宋会要研究》一书中曾有评论："于卷数增减，门目分合，事实隶属，字句考正，一一整比钩稽，用力甚勤。""惜彼从事于此，年已老耄，勤于排比梳栉，而疏于考覈补订。""又徐辑稿本，被刘富曾割裂拆钉，已失原有面目，至为可惜。"这个评论是相当公允的，刘富曾的主要工作是"门目分合，事实隶属"，"排比梳栉"，也就是在编排方面，而不是在校勘方面。又因为他没有考虑到《永乐大典》与《宋会要》两书体例的巨大差别，编排不当。而原稿被他"割裂拆钉"，面目全非。

四、影印本并非清本

尤有甚者，刘富曾既和缪、屠一样，重写清本，所以他也并没有保存原辑本的意思。现在影印本《辑稿》的底本，并不是刘富曾整理后的结果，而是他在整理过程中遗留下来的，已被搅乱和删落的稿本。这一点，只要用影印本同嘉业堂清本目录稍为比较，就很清楚。即以二十一大类的次序来说，嘉业堂清本还是按照《玉海》所载《庆历国朝会要》的顺序，即帝系、后妃、礼（又分五类）、乐、舆服、仪制、崇儒、运历、瑞异、职官、选举、道释、食货、刑法、兵、方域、蕃夷。而影印本则将乐类置于礼类之前，崇儒类置于瑞异类之后，道释类置于最后。至于每类下的各门，更是混乱。嘉业堂清本的编排已不足为据，影印本更是如此。

第六章

回到徐松的出发点

综上所述，从《宋会要》原本到今本《辑稿》经过了《宋会要》原本—《永乐大典》—《宋会要辑稿》的过程。现在要解开《宋会要》之谜，复原《宋会要》，当然是按照这个过程的反方向进行。

第一步是从今本《宋会要辑稿》回到《永乐大典》。我们已知，从《永乐大典》到现在的《辑稿》经过了三次整理，是否我们的“运算”也要一次又一次重复这些整理者的足迹呢？不用，我们可以找到一条跳过这些步骤的捷径。

因为我们所说的回到《大典》去，就是回到徐松原来的出发点。从编排上来说，回到《大典》去，也就是将现有的《辑稿》内容全部打散，按照它们原在《大典》中的位置重新排列。应该感谢徐松，他在命书吏们从《大典》中抄出《宋会要》内容时，并没有忘记让他们将每段内容的出处（也就是《大典》的卷数）也标出来，写在每页的版心中。这样，我们只要照《辑稿》每页版心所注的《大典》卷数，按顺序将它们排列起来就行了。

但问题也并非如此简单。由于书吏们的责任心不一，虽然大多数注了《大典》卷数，但也有部分没有注卷数，版心留下空白；版心注了卷数的，也有不少错误。所以我们要从《辑稿》回到《大典》去，首先要做的工作，就是尽可能发现并纠正注错的《大典》卷数，并查出那些失注的《大典》卷数。

怎样才能做到这一点呢？《永乐大典目录》六十卷是我们的重要工具。

原来，《大典》本文现在虽然只剩下百分之三多一点，但《大典目录》六十卷还有《连筠簃丛书》刻本流传。刻本《大典目录》有少数缺页，现在中华书局影印本《大典》据北京国书馆所藏内府藏本全部补足了。

下面就举一些我们如何利用《大典目录》改正《辑稿》误注的《大典》卷数的例子。

开卷第一页，帝系 1 之 1 所注《大典》卷数是 12300，帝系 1 之 2 所注卷数则为 11200。这两页内容连接，同属一门，《大典》卷数至少有一错误。此门内容为太祖及其父、祖、曾祖、高祖的帝号。查《大典目录》，卷 11200 为“闵”字韵，与内容不相干，卷 12300 则为“宋”字韵，“太祖”事目，与内容符合，故可肯定应是卷 12300 而非卷 11200。

又如后妃 3 之 1，《大典》卷数注 1225，3 之 2 以后注 1265，亦必有一错。此门内容为贵妃。查《大典目录》，卷 1225 为“祠”字韵，与内容不相干，1265 为“妃”字韵，“贵妃”事目，故可肯定应为 1265 而非 1225。

我们用《大典目录》对照《辑稿》内容，对《辑稿》各页所注卷数一一作了检查，改正了不少错误。这项工作还是比较容易的。未注《大典》卷数的要补注，则是相当困难了。这时除了利用《大典目录》之外，还要利用其他标志和方法。

下面举几个补注卷数的例子，四个例子分别代表四种方法。

《辑稿》食货 1 之 35 至 47，70 之 1 至 44，4 之 1 至 6，版心都未注《大典》卷数。但这三部分的第一页，即食货 1 之 35、70 之 1 和 4 之 1，首行分别标有“食货二十三”、“食货十七”、“食货二十一”等字样。这些标志究竟有什么意义呢？我们在食货类某些部分的首页，也发现有“食货×××”的类似标志，而这些部分是注有《大典》卷数的。对照《大典目录》，知道这些“食货×××”，正是《大典》的事目。如食货69之70，首行标“食货十六”，版心注《大典》卷数为17531，查《大典目录》，《大典》卷17531正是“货”字韵“食货”事目的第十六卷。其他各部分也莫不如是。因此，我们从《大典目录》可推知，上述食货1之35至47、70之1至44、4之1至6，其《大典》卷数应分别为17538、17532和17536。

《辑稿》食货1之15至34，版心既未注卷数，首行也无“食货×××”的标志。但此部分为“农田”门，记事至宣和七年止；而紧接的1之35至47也是“农田”门，记事从建炎元年起，两部分内容紧相衔接。1之35版心虽未注卷数，但我们已从上例中确定其为《大典》卷17538，而且是在该卷的开首。因此，可以推定1之15至34之《大典》卷数为17537。

《辑稿》食货2之1至3之7为“营田”门，版心未注《大典》卷数。但2之1版心下方所注页数为“六”，而且从上半页第十三行开始。可知以前部分属另一门，已被整理者剪开置于别处。经过多次检查，发现2之1与4之6在《辑稿》中本为一页，4之6正好至上半页第十二行止，抄写字迹也完全相同，而且4之1至4之5版心下方所注页数正是“一”至“五”，可以断定《辑稿》食货4之6以下紧接2之1，两者同辑自《大典》同一卷。4之1至6已从第一例中知《大典》卷数为17536，所以知2之1至3之7之《大典》卷数也是17536。

《辑稿》食货35之19至29为“经总制钱”门，版心未注卷数，也未注页数，但版式非常特殊，在书口上端有“宋会要”三字。《辑稿》食货类中有同样版式的只有两卷，由46之1至48之7。这两卷虽然没有注《大典》卷数，但47之1至48之7已从第二例中可定为卷17546，上推46之1至46之17为卷17545。35之29与46之1，两页对照，可见本为同一页，为整理者剪开。故知35之19至29也是卷 17545。

我们将《辑稿》全部内容的《大典》卷数校正并尽可能补注后，按它们在《大典》中的排列顺序，列为一表。有了这个表，我们可以说在编排上已做完了第一步，即由《辑稿》回到了《大典》，也就是说，基本上恢复了《辑稿》在《大典》中的情况。[①] 也就是回到了徐松的出发点。

仔细分析此表，可以发现如下问题。

第一，对照《大典目录》，可知今本《辑稿》的内容已经不全，已经不是《大典》中《宋会要》辑文的全部内容。例如据《大典目录》，卷 8275 至卷 8298 为“兵”字韵“兵制”事目，其中卷 8282 至 8288 共七卷为“宋兵制”，但今本《辑稿》中竟没有这七卷的辑文，可见关于宋代兵制的内容已经遗失。至于遗失的原因，在本篇第四章中已做分析。

第二，可见整理者对《宋会要》已经做了割裂。例如《大典》卷 20845，为“历”字韵“日历”事目。这一卷的《宋会要》辑文，竟被整理者分置于《辑稿》的运历类（1 之 15 至 28）和礼类（7 之 32 至 36）两大类中。细查《辑稿》，可见礼 7 之 32 至 36 是从运历 1 之 26 至 27 中挖出来的，剪裁痕迹一对即知。这段文字记“日历所”，应置于职官类中，却被整理者分割置于礼类和运历类，由此可见今本《辑稿》的编排绝不可以作为根据。

在编排上恢复了《辑稿》在《大典》中的原貌以后，下面我们就可以从横的方面，也就是分别从内容、按语、格式、注文、书名、类门编排等方面追溯《宋会要》原本的情况了。

---

① 所以说基本上，是因为除了《辑稿》外，还有遗文、《大典》残本及屠寄删去的复文，详见下文本篇第七章。为了避免重复，我将此表与《〈辑稿〉遗文表》、《〈大典〉残本〈宋会要〉文表》及《屠寄所删〈宋会要〉辑文表》合为一表，名曰《〈永乐大典〉所收〈宋会要〉文一览表》，作为本书的附录。

第七章
遗文之谜

1981年10月，为了寻找嘉业堂清本的下落，我到北京图书馆善本特藏部查阅馆藏所有《宋会要辑稿》的资料。北图藏稿中标目为《宋会要》的共有两部，其中一部就是影印本《宋会要辑稿》的底本；另一部题："不分卷，宋陈騤、京镗等修"，据善本部负责同志介绍，是1953年从北京著名旧书店来薰阁购进的。这是两捆稿件，第一捆较整齐，装订为若干册，每册封皮上写有"食货复文"、"帝系复文"等字样。第二捆多为散页，甚至还有零篇断简，用纸包在一起，上批"稿件水陆运重复粘条零件一包"等字样。无论是整册还是散页，它的稿纸和抄写格式同《辑稿》完全一样，可以肯定是徐松原辑稿的一部分，被当作"复文"而删落的。在第二捆中，还有十二册"广雅稿本"的草本，计帝系类七册、后妃类三册以及礼类"郊祀御札"和"历代大行丧礼（下）"各一册。此外还有几册嘉业堂稿本（不是清本）。

这两捆徐松原辑稿内容如何？按它在《大典》中出现的先后，制为下表。其中有些条文未注《大典》卷数，是我推测的，用括号表示。

《辑稿》遗文表

《大典》卷数	字韵	事目	《辑稿》标目	为《辑稿》何处复文	记事起讫	备注
00014	冬	冬至朝仪	元旦冬至朝贺仪	礼 8/4 – 20	建炎 4 – 淳熙 15	《中兴礼书》文。
00059 00060	童	童子科	童子出身	选 9/21 – 30	淳化 2 – 绍兴 10	
00067	铜	事韵	铜场	食 33/3 – 20	铜场、坑冶总额	
00079	棚	事韵	凉棚	兵 21/36 – 37	建隆 4 – 熙宁 3	
00121	宗	宗室	宗室袭封等		①袭封、除职 ②淳熙 3 – 淳熙 15	②为杂录。
00125	宗	宗室	普安郡王	帝 2/29 – 30	绍兴 16 – 乾道 6	
00242	宫	祠宫	太一宫		兴国初 – 靖康 1	
00244	宫	祠宫	上清宫		至道 1 – 元祐 6	
00244	宫	祠宫	玉清昭应宫		祥符 1 – 天圣 5	
00244	宫	祠宫	太宁宫		祥符 3 – 祥符 6	
00246	宫	祠宫	景宁宫		建炎 1 – 庆元 5	
00370	封	进封	诸王		廷美 – 偲	
00449	中	给事中	给事中		序	题《宋续会要》。
00612 00613	农	享先农	享先农		雍熙 4 – 绍兴 15	
01056	池	池名	池		乾德 3	自《东京杂录》摘出。
01112	司	转运司	转运			自食 49/6 中挖出。

续表

《大典》卷数	字韵	事目	《辑稿》标目	为《辑稿》何处复文	记事起讫	备注
01135	词	宏词	宏词科	选 12/1 – 16	景德 3 – 乾道 8	
01753	书	御书	御书		神宗御书	从崇 6/9 中挖出。
(02921)	身	出身	赐进士出身	选 9/3 – 20	开宝 3 – 乾道 9	
(02921)	身	出身	赐出身	选 9/3 – 20	开宝 4 – 宣和 2	
(02921)	身	出身	童子出身	选 9/21 – 30	淳化 2 – 乾道 9	
02969	人	夫人	宰相叙封母妻	仪 10/22 – 41	申国夫人等	
02969	人	夫人	夫人	后 3/29 – 35	耿氏 – 徐氏	
03284	银	银课	银课	食 33/7 – 29	租税入之银	
03534	门	东西上合门	合门司		兴国 9 – 绍熙 1	
03534	门	左右监门	监门内侍		雍熙 2 – 绍兴 26	
04219 04220	班	事韵	常参起居	仪 2/1 – 3/54	建隆 3 – 乾道 9	
04366	坛	历代郊坛	郊坛	礼 2/42 – 43	绍圣 3 – 绍圣 4	
04751	田	田制	经界	食 6/36 – 52 70/124 – 134	绍兴 12 – 绍兴 28	
04777	田	籍田	籍田		雍熙 4 – 绍熙 5	
04788	田	事韵	庄田	食 63/78，2/5	元丰 2	
04877	铜	事韵	土产铅	食 33/4 – 25	铜场铜额等	
05059	铨	事韵	流外铨	职 11/58 – 59	咸平 1	
05136	园	园名	漏泽园	食 68/130 – 143	崇宁 3 – 绍兴 22	

续表

《大典》卷数	字韵	事目	《辑稿》标目	为《辑稿》何处复文	记事起讫	备注
05278	苗	青苗	青苗	食 4/16 – 5/18	熙宁 2 – 政和 8	
05464 05466	郊	郊祀	雅乐	乐 3/1 – 4/8	建隆 1 – 淳熙 12	
05470	郊	郊祀	感生帝		祀感生帝	
05551	褒	事韵	褒赏	兵 19/28，20/5	淳熙 6 – 庆元 1	
(05695)	科	贤良科	贤良科	选 10/6 – 11/21	乾德 2 – 绍圣 1	
05695	科	明经科	明经科	选 12/26 – 32	建隆 4 – 绍圣 1	
05695	科	明法科	明法科	选 14/1 – 7	熙宁 4 – 绍兴 16	
05695	科	经明行修科	经明行修科	选 11/42 – 43	元祐 1 – 元祐 8	
05699	科	宏词科	宏词科	选 12/1 – 16	绍圣 1 – 乾道 8	
05699	科	书判拔萃科	书判拔萃科	选 10/1 – 5	建隆 3 – 熙宁 4	
05700	科	武举科	武举科	选 17/5 – 35	咸平 3 – 乾道 9	
05700	科	八行科	八行科	选 12/33 – 37	大观 1 – 政和 6	
05700	科	百篇科	百篇科	选 18/27	兴国 5 – 景德 3	
05782	茶	榷茶	茶额	食 29/3 – 30/10	茶额等	
05783	茶	榷茶	茶价	食 29/3 – 30/10	买茶价等	
05783	茶	榷茶	茶杂录	食 29/3 – 30/10	乾德 5 – 嘉祐 7	

续表

《大典》卷数	字韵	事目	《辑稿》标目	为《辑稿》何处复文	记事起讫	备注
06137	坊	坊名	安济坊	食 60/3 – 15 68/128 – 152	崇宁 1 – 绍兴 16	
06666	江	镇江府	堰	食 8/35	淳化 1	《至顺镇江志》。
06671	江	镇江府	闸	食 8/36	崇宁 1	《至顺镇江志》。
06761	王	宗室封王			周王	
07513	仓	仓名	惠民仓	食 53/19	淳化 5 – 咸平 2	
07513	仓	仓名	广惠仓	食 53/33 – 34	嘉祐 2 – 嘉祐 4	
07670	降	纳降	受降礼		乾德 3	
08067	城	城名	军城	方 8/11	京都路	抄重。
08075	城	城名	宋西京城	方 1/7 – 8	西京坊名	
08077	城	城名	宋皇城 宋京城	方 1/11 – 18	建隆 3 – 绍圣 1	
08248	名	事韵	特奏名	选 13/2 – 10	绍兴 32 – 乾道 9	
08469	营	事韵	修军营	兵 6/12 – 23	咸平 5 – 乾道 7	
(08706)	僧	度僧	度僧		僧隶等	此卷《大典》现存。
08783	僧	杂录诸僧	番僧		开宝 7	
(09481)	金	产金	产金	食 34/14 – 15	天圣 6 – 元丰 4	
09482	金	冶金等法，事韵	金坑冶	食 33/7，18	登州等	
09482	金	冶金等法，事韵	课金等	食 33/1，27 – 29	淳熙 4 – 淳熙 10	
09793	盐	盐法	盐	食 23/17 – 18	浙西路等课额	

续表

《大典》卷数	字韵	事目	《辑稿》标目	为《辑稿》何处复文	记事起讫	备注
10642	举	举士	贡举			选 3/15 中挖出。
10649	举	举士	试判	选 10/1－5	建隆 3－熙宁 4	
(10652)	举	举士	进士	选 2/1－21	开宝 5－咸平 5	
10652	举	举士	进士	选 2/1－21	天禧 1－乾道 8	
10654	举	举士	特奏名	选 13/2－10	绍兴 32－乾道 8	
10665	举	举官	自代	职 60/16－19	咸平 4－绍兴 5	
10725 10731	主	公主	公主下降		徐国公主	
10879	弩	事韵	神臂弩	兵 26/28	熙宁 1	
11044	买	事韵	市易	食 37/1－13	建隆 1－皇祐 4	
11044	买	事韵	和市	食 38/1－25	熙宁 2－乾道 9	
11186	引	事韵	导引	乐 8/1－5	南郊导引	
11186	引	事韵	明堂导引	乐 8/18－19	皇祐 2－乾道 3	
11557 11558	考	考课	宋考课	职 59/1－30	建隆 2－乾道 9	
11574	宝	事韵	钱宝	食 11/1，7	乾文宝等	
11621	老	事韵	孤老	食 60/17	绍兴 2－嘉泰 3	抄重。
11666	马	牧马	牧马	兵 21/36	建隆 4－景德 2	
(11673)	马	马政	御马院	职 32/51－53	建炎 3－乾道 4	
(11673)	马	马政	牧地	兵 21/24－35	淳化 5－乾道 9	
(11673)	马	马政	牧马官	职 23/5－18	治平 4－大观 4	
12079	手	弓手	弓兵	兵 3/13－30	建炎 1－乾道 9	

续表

《大典》卷数	字韵	事目	《辑稿》标目	为《辑稿》何处复文	记事起讫	备注
12299	宋	太祖	取进士等			《十朝纲要》。
12315	宋	太宗	皇后		尹后－吴氏	《十朝纲要》。
12315	宋	太宗	皇子		元佐－元亿	《十朝纲要》。
12315	宋	太宗	公主		滕国公主等	《十朝纲要》。
13245	试	殿试	殿试	选 7/1－8/15	开宝 8－绍熙 4	
13248	试	召试	召试除职	选 31/24－38	端拱 1－元祐 3	
13249	试	铨试	铨试	选 26/1－7	绍兴 32－乾道 8	
13477	市	互市	互市	食 37/2－4	咸平 1－咸平 6	
14127	第	及第	及第	选 9/1－3	雍熙 2－熙宁 5	
14586	簿	宋卤簿	大驾卤簿		靖国 1－政和 7	从舆 2/1 中挖出。
14706	度	事韵	披度		至道 1	从道 1/15－16 中挖出。
14913	妇	外命妇	外命妇	仪 10/22－23	序	
(15089)	解	发解	发解	选 14/13－16/18	乾德 2－乾道 8	原误 15088。
15119	寨	寨名	关寨置官	方 19/20－21	政和 7	
15119	寨	寨名	点对城寨等	方 19/27－31	乾道 1－乾道 6	
15224 15225	会	宋朝会	朝会	礼 56/1－12	建隆 1－绍兴 3	

续表

《大典》卷数	字韵	事目	《辑稿》标目	为《辑稿》何处复文	记事起讫	备注
15225	会	宋朝会	冬至朝贺仪	礼 8/2		《中兴礼书》文。
15239	惠	事韵	赈贷	食 57/1－2	建隆 1－淳化 2	
15396	瑞	宋祥瑞	寿星见	瑞 1/1，7	至道 3	
15432	税	商税	商税	食 15/1－16/22	四京至福建路额	
15442	内	事韵	大内			自《京都杂录》摘出。
15709	论	诸家论目	春秋要论		天圣 5－景祐 1	
15710	论	诸家论目	群经正论		绍兴 16	
16784	选	宋铨选	吏部	职 8/1－34	序，兴国 3－乾道 9	
16785	选	宋铨选	审官东院	职 11/1－4	兴国 6－治平 1	
16785	选	宋铨选	尚书左选	职 11/55	序	
16785	选	宋铨选	审官西院	职 11/4－5	熙宁 3－7	
16785	选	宋铨选	尚书右选	职 11/56	序	
16786	选	宋铨选	流内铨	职 11/56	序	
16786	选	宋铨选	侍郎左选	职 11/56－57	序	
16787	选	宋铨选	三班院	职 11/57	兴国 6－雍熙 4	
17061	庙	宋宗庙	禘祫		咸平 2－淳熙 1	
17061	庙	宋宗庙	亲祫		嘉祐 4	
17130	庙	神庙	恭顺将军庙	礼 5/25		
17293	号	尊号	发册宝	乐 7/9－20	乐章	

续表

《大典》卷数	字韵	事目	《辑稿》标目	为《辑稿》何处复文	记事起讫	备注
17298	号	宋后妃尊号	后妃尊号	乐7/13－23	乐章	
17302	号	事韵	真武号			
17308	诰	官诰	官诰	职11/60－75	乾德4－乾道7	
17308	诰	官诰	官诰	职11/60－75	乾德4－绍兴11	与上条同门，抄重。
17325	告	事韵	三官得告		序	
17347 17349	漕	转漕	转漕	食42/1－44/14 46/1－48/13	开宝3－乾道9	
17542 17543	货	食货	赈贷	食68/28－73 57/1－58/12	建隆1－乾道9	
17547 17549	货	食货	市籴粮草	食39/1－40/56	建隆1－乾道9	
17552	货	食货	市舶	职44/1－30	开宝4－乾道9	
17554	货	食货	和市	食38/1－25	熙宁2－乾道9	
17554	货	食货	互市	食38/26－44	乾德4－乾道9	
17555	货	食货	榷易	食36/1－33	乾德1－宣和2	
17557	货	食货	商税	食17/1－10	商税额	
17557	货	食货	商税	食17/10－18/7	建隆1－乾道9	
17557	货	食货	商税		建隆2－兴国3	为“盐”错简。
(17560)	货	食货	茶色号	食29/1		原误13560(制)。

续表

《大典》卷数	字韵	事目	《辑稿》标目	为《辑稿》何处复文	记事起讫	备注
17561 17562	货	食货	茶	食 30/11 – 31/21	熙宁 4 – 乾道 8	
17562	货	食货	盐	食 22/1 – 23/18	陕西路至 福建路额	
17563 17565	货	食货	盐	食 23/18 – 27/45	建隆 2 – 乾道 9	
18223	像	事韵	令葺画像		祥符 1	
18224	像	事韵	奉迎圣像		祥符 5 – 祥符 6	
18224	像	事韵	奉安圣像		政和 3 – 政和 7	
18224	像	事韵	太乙像		绍兴 17	
18256	仗	宋仪仗	仪仗	舆 1/7 – 11 2/34 – 35	元丰 1 – 乾道 9	
18540	行	事韵	八行		大观 1 – 政和 6	
19377	任	事韵	赴任		政和 7 – 淳熙 16	
20488	石	石名	醒酒石	方 1/10		自《京都杂录》摘出。
20533	驿	诗文	钟鼓楼	方 1/4		自《京都杂录》摘出。
20719	易	事韵	榷易		序	从食 36/9 – 10 中挖出。
20898	恤	赈恤	赈恤	食 68/28 – 73 113 – 127	淳化 2 – 重和 1	
21161	孛	孛星	孛	瑞 2/13	淳熙 2 – 绍定 3	
21302	法	事韵	试法	选 13/11 – 29	雍熙 3 – 乾道 6	
21305	法	事韵	新科明法	选 14/1 – 7	熙宁 4 – 绍兴 16	

续表

《大典》卷数	字韵	事目	《辑稿》标目	为《辑稿》何处复文	记事起讫	备注
21527	阅	事韵	大阅	礼 9/24－33	绍熙 4－开禧 1	
21607	药	事韵	内香药库	食 52/5－7	景德 3－熙宁 1	
21679 21690	乐	宋乐	详定乐律	乐 4/9－22 5/1－26	乾德 5－元祐 1	
21692	乐	宋乐	教坊	职 22/28－31	开宝 8－绍兴 31	
21947	学	太学	太学		六月三日臣僚言	
22197	百	事韵	百篇	选 18/27	景德 3	
22674	祫	宋祫	祫		建隆 1－大观 4	
22853	帖	事韵	钞旁定帖	食 35/1－2 70/135－136	崇宁 3－宣和 2	
?			鼓吹	舆 3/30	政和 7	
?			市易	食 37/1－36	建隆 1－绍兴 30	
?			受戒	道 2/2	天禧 3	

经过仔细查对，这些辑文的情况可分三种类型：

一、相当大一部分确实是复文。如“经界”，辑自《大典》卷4751，为“田”字韵，“田制”事目。它同今本《辑稿》食货 6 之 36 至 52（《大典》卷 17533，“货”字韵，“食货”事目）和食货 70 之 124 至 134（《大典》卷 15076，“界”字韵，“经界”事目）两部分都相同。

二、虽然是复文，但内容较《辑稿》详细。如“青苗”，辑自《大典》卷 5278，为“苗”字韵，“青苗”事目，共有 95 页之多，比今本《辑稿》食货 4 之 16 至 5 之 28“青苗”（辑自《大典》卷 17551、17552，为“货”字韵，“食货”事目）差不多多一倍。其中大部分为《大典》编者所加注文（《续资治通鉴长编纪事本末》），也有部分条文为今本“青苗”所无。

三、并非复文。如“太一宫”至“景灵宫”（辑自《大典》卷242、244、246，“宫”字韵，“祠宫”事目）等门，今本《辑稿》无。“景灵宫”一门竟有37页之多。

因此，我认为把这一部分辑稿称为《宋会要辑稿》复文，还不如称为《宋会要辑稿》遗文更为确切。

关于这一部分遗文的来源，我过去判断为：“徐松、缪荃孙、屠寄、刘承幹、刘富曾等人在先后整理《辑稿》的过程中，把它作为复文删落下来的。”① 这个判断不确切，应该纠正。它只是刘承幹、刘富曾删落的，还不包括缪荃孙、屠寄删落的部分。

屠寄在广雅书局整理《辑稿》时，也曾把他认为是复文的内容删去。这一部分遗文已经不知下落，但从屠寄在今本《辑稿》上加的按语，以及“广雅稿本”的注文，可以确证这些遗文的存在以及它们的大致情况。

下面举几个例子：

> 一、《辑稿》后妃4之1至29为“内职”，辑自《大典》卷20478，为“职”字韵，“事韵”。在后妃4之4景德二年七月三日条上有一批语：“大典卷一千二百六十四亦引此条。”查《大典目录》，知卷1264为“妃”字韵，“历代帝妃”，与条文内容相符，知《大典》卷1264也收录《宋会要》“内职”门，但此部分辑文已不见。
>
> 二、《辑稿》职官10之20至44，“考功部”，辑自《大典》卷14646，为“部”字韵，“吏部”事目，“考功部”子目。在职官10之20上有屠寄两处批语：“大典一百九十四”、“大典卷一百九十四又卷一万四千六［百四］十六”，这是指

① 见拙文《〈宋会要辑稿〉的前世、现世和来世》，《历史研究》1984年第4期。现收入本书附录。

示“广雅稿本”写官在条文下注明出处。在该页的下半页第九行，有屠寄按语：“‘屏盗贼’，寄按大典卷一百九十四作‘平盗贼’。又‘考守令’以下至‘以诏黜陟焉’一百有八字，据大典卷一百九十四补。”该页上方在“七曰举廉能”以下正有屠寄据卷194所补“考守令”至“以诏黜陟焉”共108字。此外，在职官10之22、23、31、41诸页栏上或文中，都有屠寄据《大典》卷194（一处作193）校、补之文。《大典》卷194为“功”字韵，事韵，大约是“考功”事目，与内容相符。可见屠寄看到的辑稿原有《大典》卷194“考功”事目所收《宋会要》文，并据以校补卷14646。但现在卷194辑文已不知下落。

三、《辑稿》职官1之1至8，“三公三少”，辑自《大典》卷16918，“少”字韵，“事韵”。上有屠寄多处批语，从批语可知，这一门曾据《大典》卷159、卷11581至11582、卷17249校补过。《大典》卷159为“公”字韵“三公”事目，卷11581至11582为“保”字韵“太保”及“少保”事目，卷17249为“校”字韵“事韵”（事目名称应为“检校官”），都与条文内容相符。但在《辑稿》中，卷159只剩下职官1之9至11，为序文及淳化三年至治平二年五月十七日部分。职官1之11上有屠寄按语：“寄案：《大典》卷一百五十九徐辑有‘检校官’一门，除治平二年五月十七日以上各条不复外，余并同此门（按：指卷16918“三公三少”门），今併。”可见与卷16918相同部分已删落。卷11581至11582《宋会要》辑文只剩元祐六年七月六日一条，在《辑稿》职官7之35，其余亦已删落。卷17249辑文则全部被删落了。

四、《辑稿》礼47之1至12“优礼大臣”，辑自《大典》卷3187，为“臣”字韵“大臣”事目。47之1上有屠寄按语：“卷内条下有△者双行注《大典》三千一百八十七又一万四百五十四。次条注同。条下无△者但注《大典》一万四百五十四。”可见此门用《大典》卷 10454 校补过。《大典》卷 10454 为“礼”字韵，“事韵”（事目应为“优礼大臣”），《辑稿》职官 47 之 13 至 14 还有该卷辑文两页，为政和六年四月二十七日至宣和六年十二月二十日记事，其余与卷 3187 相当部分已被删去。

五、《辑稿》后妃 4 之 4，大中祥符七年六月十八日条上有批语：“又卷一千二百九十六”，即此条亦见《大典》卷 1296。该卷为“姨”字韵，“事韵”，与条文内容不相符。但《辑稿》后妃 3 之 12，“淑妃”中有一条与此完全相同。该条辑自《大典》卷 1266，为“妃”字韵“淑妃”事目，可见后妃 4 之 4 上批语“卷一千二百九十六”为“一千二百六十六”之误，并非卷 1296 也有该条条文。

六、《辑稿》后妃 3 之 12 至 13“德妃”朱氏条末有注“又大典卷一千七百二十三”。即此条亦见于卷 1723。查《大典目录》，该卷为“徐”字韵，姓氏，与内容不符。应为卷 2027 至 2043，“朱”字韵，姓氏。

以上共举六例，说明屠寄所删的都是复文。从第一、二例及第三例的卷 17249，可见凡两卷辑文内容完全相同，或某一卷内容只相当于另一卷的一部分时，屠寄只保留完整的一处，其余全部删去。从第三例卷 159、11581 至 11582 及第四例，知两卷内容有交叉时，屠寄完整地保留一处，另外的只保留不同部分，相同部分删去。这是部分删落。从第五、六例可见，卷数有时注错，需用《大典目录》检查，否则会误以未删为已删。

下面根据《辑稿》中屠寄按语，将被屠寄全部或部分删去的《辑稿》复文内容用表表示如下：

屠寄所删《辑稿》复文表

《大典》卷数	字韵	事目	现存内容	《辑稿》位置	复文《大典》卷数	复文在《辑稿》位置
00159	公	三公	淳化3－治平2	职1/9－11	16918	职1/1－8
00194	功	考功	全删		14646	职10/20－44
00375	封	司封	序	职9/17	14644	职9/1－16
01095 01125	司	勘合司	全删		01098	职5/25－32
01264	妃	历代帝妃	全删		20478	后4/1－29
02959	人	中书舍人	淳化8	职3/21	16652	职3/13－20
03288	勋	司勋	序，绍圣2	职10/16－17	14645	职10/1
04454	天	事韵	全删		21415	礼57/30－31
06133	坊	左右坊	八月、九月两条	职7/36	00239	职7/22－34
06146	房	事韵	全删		16670	职3/22
07305	郎	兵部侍部	全删		14668	职14/4
07309	郎	员外郎	全删		14614、14645	职8/3，10/1
07313	郎	员外郎	“祠部”后半至“库部”前半	职12/13	14665	职13/16－39
09020	州	知州	全删		09777	职47/1
10454	礼	事韵	政和6－宣和6	礼47/13－14	03187	礼47/1－12
10940	所	玉牒等所	绍兴20－绍兴26	职20/54	22856	职20/42－54
11581 11582	保	太保、少保	元祐6	职7/35	16918	职1/1－6

续表

《大典》卷数	字韵	事目	现存内容	《辑稿》位置	复文《大典》卷数	复文在《辑稿》位置
11853	享	配享功臣	嘉祐 8 - 嘉定 14	礼 11/8 - 12	17064	礼 11/1 - 7
13303	使	经制使	全删		01122	职 44/42 - 49
13328	使	通政使等使	熙宁 1 - 大观 3	职 23/4, 13 - 18	01119	职 23/5 - 12
13331	使	劝农使	全删		00610	职 42/1 - 3
14666	部	礼部主客	全删		22309	职 13/46 - 47
14673	部	刑部			01118	职 15/44 - 46
16413	谏	谏官	建炎 3 - 绍兴 1	职 3/60 - 61	16654	职 3/50 - 59
16665	院	推事等院	全删		14673	职 15/28 - 31
16924	诏	改元	全删		05149、05150	礼 54/1 - 19
17249	校	事韵	全删		16918	职 1/1 - 6
17376	道	街道司	全删		0119	职 30/18 - 19
19133	赠	赙赠	景德 3 - 元丰 2	礼 44/30	14909	礼 44/1 - 29
22423	德	事韵	全删		00239	职 7/22 - 34
无卷数		全删			16670	职 3/22 - 45
无卷数			兴国 3 - 祥符 5	职 13/15	14659	职 13/8 - 14

除了北图现藏《辑稿》遗文以及上表所列被屠寄删去、现在已不知下落的遗文外，徐松当年从《大典》中所辑的《宋会要》，是否还有删落的呢？有。

1931年北平图书馆从刘承幹处购得《辑稿》原稿，又借来“嘉业堂清本”，委托该馆叶渭清（左文）从事研究。叶氏将《辑稿》与“嘉业堂清本”对勘，“发现有少数篇幅，确系《大典》原文，见于清本，而覆检原稿，遍觅不得者。如立夏祀荧惑星一则，见清本乐六；赴任二则，见清本仪制十二；三官告一则，见清本仪制十一；淳熙九年五月二十六日条，见清本兵十二。是为刘氏剪裁后无意中随手弃去，幸已录入清本，故左文先生得发其覆。”（见北平图书馆《影印宋会要辑稿缘起》）

叶渭清的发现，提醒我们注意一种可能性，即《宋会要》某些条文，嘉业堂清本中保存而《辑稿》原文已被删落。我也对清本作了一次检查，结果如下：

一、《大典》原文见于清本而原稿不见者，绝不止叶渭清所举的四处。如帝系类淳熙年间的宗室杂录近万字，上文所举景灵宫等近万字，都属上述情况。

二、叶渭清未及见北图今藏《辑稿》遗文，所以无从知道，上述内容的绝大部分，都在遗文中。即以他所举的“三官（得）告”、“赴任”两处，肯定在遗文中。

三、确有嘉业堂清本有而《辑稿》及遗文都无的，如清本后妃六“外戚杂录”中的一部分，但数量不多。这一类内容如能证实确是《宋会要》文，自然应该在将来补入。

总而言之，今本《辑稿》加上北图所藏《辑稿》遗文，最后加上被屠寄删去的部分，再加上嘉业堂清本有而《辑稿》及遗文都无的内容，大概接近于当年徐松从《永乐大典》中辑出的《宋会要》文的全部。

除此之外，在现存的近800卷《永乐大典》残本中，也还有一部分《宋会要》文是《辑稿》及上述遗文等都没有的。究竟是徐松当年漏辑，还是已辑而辑文遗失，已不得而知。这也应该算作遗文。

遗文有很高价值：

第一，今本《辑稿》缺者，可据以补入；与今本《辑稿》重者，可以作校勘之用。

第二，既然补充遗文之后即接近徐松原辑稿全部，从此也可大致推知嘉庆时《永乐大典》失去哪些部分。

第三，如果没有这批遗文，就不能够将《大典》“食货”事目收录《宋会要》文的情况弄清，我恐怕很难将食货类全类复原，并进而解开类门之谜。[①]

---

① 见拙文《〈宋会要〉食货类的复原》，《文献》1987 年第 2、3 期。

第八章

按语之谜

在《辑稿》影印本的天地以及标题下，有各种笔迹的按语。有的按语有署名，如“松案”、“寄案”等，也有的没有署名。这些按语是何人所加？它对我们使用、整理、研究《宋会要》及其辑稿究竟有什么作用呢？

首先需要明确，这些按语既非《宋会要》原本所有，也非《永乐大典》编者所加。这一点，只要对照《辑稿》与《大典》残本即可证实。因此，它们只能是在从《大典》辑录《宋会要》的过程中以及后来的整理过程中所加。《辑稿》的辑录及整理过程可分四个阶段，即：(一) 徐松阶段；(二) 缪荃孙、屠寄阶段；(三) 刘承幹、刘富曾阶段；(四) 叶渭清阶段。按语是在这四个阶段中分别留下的。

一、徐松阶段

这一阶段，徐松先命书吏从《大典》中录出《宋会要》文，以后他又对辑文做过初步处理，留下了一些按语。无论书吏还是徐松本人，他们都亲自见到《大典》。他们的按语也反映了这一特点。

(一) 书吏按语

《辑稿》后妃4之7，崇儒3之2、3、5、7有未署名的按语，可断为当时书吏所加。

后妃4之7有两条按语："'十四日诏……'，右添'十二日'之上。""'今后依条施行……'，右添'一次'之上。"这是抄录后覆校时发现脱漏补上的。类似的情形还有一些，如职官72之42，79之11、30等。

崇儒3之2等，标目"算学"下分别有"《大典》附崇宁三年之后"，"此附崇宁五年后"，"与上条接"等按语。这些条文的开头只有年份而没有年号，甚至只有月份而没有年份。这是因为《大典》这一事目插花式地收录了各种文献（可能是《长编》、《宋史》、《宋会要》等）；在《大典》中，因为条文是按时间顺序收录的，如果同一年号甚至同一年份不止收录一种文献时，后面的文献往往省略了年号以至年份。现在单独将《宋会要》抽出，故书吏将年号或年份注明。何以断定这是书吏所加？因为只有亲见《大典》者才能写出这样的按语。

（二）徐松按语

按语中署名"松案"的即为徐松按语，计有礼7之41；职官22之33、34；食货4之18、19，5之2、25，11之4、7，34之12，37之1，64之61，69之1、14等。值得注意的是，这些按语笔迹不尽相同，有些可能是后人从粘在别纸上的原按语过录的（如礼7之41、职官22之34等）。此外，有些批在已被屠寄删去的辑文上的按语，因过录在"广雅稿本"及"嘉业堂清本"而为我们所知。

本书本篇第五章已分析了徐松按语可分为四种情况，即指明出处、校勘异同、提出调整编排意见、补遗。这里不再重复。

（三）吴校、茹校及春按

食货59之13，65之1、61，分别为"赈恤"、"免役"两门的首页，右下角均有"吴校"两字。食货60之3、64之1，分别为"恩惠"、"匹帛"两门首页，右下角均有"茹校"两字。食货37之1为

“市易”门首页，题上有“春按”，说“别本”如何如何。所有这些门的正文之上，都有“×一作×”或“×疑×”等校记，可知即是署名“吴”、“茹”、“春”三人所作。按语中所说“正本”、“副本”、“别本”等，是因为上述几门都有复文，有些门（如“赈恤”）更有两处以上复文。他们选定一处作为“正本”，而以另一处或两处作为“别本”、“副本”，“×一作×”正是复文互校的结果。

这些校者显然是历次主持整理《辑稿》者的助手。从徐松在食货类“青苗”门所作校记来看，他们最大的可能是徐松的助手。

二、缪荃孙、屠寄阶段

从《艺风老人自订年谱》及《艺风堂友朋书札》可见，缪荃孙将《宋会要》辑本交广雅书局以后，虽应张之洞之聘整理辑本，但在广东仅仅逗留了两个月，不可能做许多具体工作，他主要是在北京发踪指示，具体整理《宋会要》辑本的工作多由屠寄进行。这从《辑稿》上他们的按语也可以反映出来。

（一）缪荃孙按语

现在影印本《辑稿》虽然没有留下缪荃孙的按语，但却保留在“广雅稿本”及“嘉业堂清本”中。很可能他的按语原是写在别纸上，后来过录到“稿本”及“清本”中的。

如帝号门英宗条“元丰六年三月二十五日加今谥”下，有“荃孙按：徐原辑漏此，据《大典》卷一万七千五十五补”等字样。同一门神宗条“谥议翰林学士强渊明撰”下，有“荃孙按：《大典》卷一万七千五十六作翰林学士张阁撰，册文太师蔡京撰”等字样。皇孙门皇太子愭及皇子惇男赐名条下，有“荃孙按：《大典》二人均作梃，《宋史·孝宗纪》愭子改作挺”。宗室补官两条下，分别有“荃孙按：此条似未完”；“荃孙按：此条与补官亦不合，又见恩赐类”。从这些按语可见，缪荃孙仅对帝系类做了一些校勘工作，但不够细致，且有失误。

（二）屠寄按语

礼21之3、63，44之13至23，47之1至14；职官1之18、74、76、79，4之36，6之74，9之17，10之1、16、20至24，13之9，15之11、29、44、47，16之3，17之6、18至21、35，20之42、54，23之8至14，27之50至52，29之1至4，30之1、18，34之1、4，36之1，38之7，42之1、31至32，44之50，51之27，56之2，等等，都有屠寄按语。屠寄的按语可分六种情况：

1. 辑文互校

礼21之3录自《大典》卷2945，为“神”字韵“封祀诸神”事目，辑者所加标目为“岳渎诸庙”。屠寄在文中“又加号东岳淑明后”上添“四年十一月二十九日”九字，下注“九字寄据《大典》一万七千三百二补”。“北岳靖明后”上批：“‘靖明’，寄案《大典》卷一万七千三百二作‘肃明’。”《大典》卷17302为“号”字韵，事韵，事目应为“岳后号”。屠寄在这里用《宋会要》不同门的条文互校，在校勘中属“本校法”。《大典》卷17302辑文在《辑稿》礼21之63，上批“复校销”。可见校完后原准备将此条文删去的。

2. 合并复文

礼47之1至14是典型例子。辑者所加标目为“优礼大臣”（超按：这个标目不确切，详见本书第十四章）。它由《大典》的两个事目合成。礼47之1至12录自《大典》卷3187，为“臣”字韵，“大臣”事目，47之13至14录自《大典》卷10454，为“礼”字韵，事韵，事目应为“优礼大臣”。屠寄在辑文上下加了许多按语，有的署“寄按”，有的虽未署名，但从笔迹可见也是屠寄所作。礼47之1上有按语：“卷内条下有△者，双行注‘大典三千一百八十七又一万四百五十四’。次条注‘同’。条下无△者但注‘大典一万四百五十四’。”礼47之13上有按语：“此二段接上‘可并依旧’条下”；“此三节补入‘高宗绍兴二十年’上”。屠寄这些按语是什么意思呢？原来，《大典》卷3187与10454所录《宋会要》“优礼大臣”等门文为复文，两者相同条文很多，但也有此有而彼无的。屠寄以卷3187为底本，以卷10454为校本，将两者合并。他的按语是为了指示书吏如何去誊定清本。卷10454中，与卷3187重复的条文都已被屠寄删去，所以现在《辑稿》中留存的卷10454已非全文，仅剩最后两页，删去的条文已不知下落。现在《辑稿》中附在礼47之后的“又礼47”，就是这一部分的“广雅稿本”。对照礼47与又礼47，可见书吏是按照屠寄按语去誊定广雅稿本的。从此例也可见屠寄整理《宋会要》辑本的体例。他将凡是他认为的复文一概删去，重新编定。

3. 重新编排条文

《宋会要》各门的条文，一般是按时间顺序编排的。但也有少数条文顺序编排，其原因相当复杂。屠寄见到此种情况，一律按时间先后重新编排，在辑文中加记号，并加按语指示书吏抄写。如职官4之36至42，为“行在诸司”门，屠寄在4之36上有按语；“此下颠倒複重，案李焘长编年月日事改正编定，覆校时幸勿轻改。”“‘法物’下接写五月条。”而在正文中，每条条文开始有苏州数码12、13等小注，都是指示书吏按此顺序抄录定本的。因为只是调整次序而不是删重，所以原文并没有改动。

4. 注明出处

职官15之47为“都官部员外郎”等，上有屠寄笔迹的按语：“‘续宋会要’四字注在每条之下、大典卷数之上。”这是指示书吏在誊写定本时如何作注。

5. 注释

职官16之2至3为“屯田部员外郎”、“虞部员外郎”、“水部员外郎”，屠寄在正文后有按语：“寄按：徐辑永乐大典本会要工部一门残缺，其略见此。”查《辑稿》中有吏部、户部、礼部、兵部、刑部内容而缺工部，肯定是缺漏。所以屠寄在以上三条后加此按语。

6. 校勘

职官17之5至22为“御史台”门。17之6，乾兴元年正月条下，为七年八月条，上有按语：“寄案：乾兴无七年，疑仁宗天圣七年。”

三、刘承幹、刘富曾阶段

刘承幹在保存《辑稿》上是有大贡献的，但他并没有做具体的整理工作。嘉业堂清本上虽署“大兴徐松辑大典本，吴兴刘承幹编定”，整理工作实际是由他聘请的刘富曾担任。

（一）刘承幹按语

在《辑稿》中没有发现刘承幹署名的按语，只有在嘉业堂清本中有他的按语。清本卷11为帝系类公主门，在目录后有按语：“承幹案：此公主类内有前总述后复零叙者，与别卷文法稍殊，今仍之。”

（二）刘富曾按语

在《辑稿》中也没有发现刘富曾署名的按语。但刘整理《辑稿》时间最长，对它改动最大，嘉业堂清本实际是在他的主持下写定的，所以他肯定在《辑稿》上留下按语。

如职官12之3，为祠部员外郎、膳部员外郎、职方员外郎、驾部员外郎等条，上批：“此系重文，见祠部”、“校过”、“此当校补入”、“已归太仆寺”等，似都是他的按语，是指示书吏如何合并、校补的。

四、叶渭清阶段

北平图书馆于20世纪30年代从刘承幹处购得《辑稿》后，委托叶渭清（左文）检查。他在稿上也作了一些按语，如仪制5之1；瑞异1之5；运历2之13；崇儒2之40，3之2、3、7、33、35，5之20；职官11之66、73，13之15，43之39；选举3之11，12之11，13之14；刑法2之149、151；兵14之1，28之6等。

叶渭清的按语分两种情况：

（一）校勘

如仪制5之1，为“仪制”门，文中有数处修改，上有按语：“渭清据宋史礼志宾礼三改补。”

（二）注释

瑞异1之4，为“瑞雪”，在淳熙癸卯条下有四年正月辛卯条，上有按语：“渭清案：此四年係太宗淳化四年，此文今见玉海卷一百九十五。”不但指明年号，而且查出此非《宋会要》条文。

又如职官13之15，有两条《宋会要》辑文，未注《大典》卷数，上有两条按语（似为屠寄笔迹）：“添在真宗上”，“添在大中祥符八年上”，是指示书吏誊写定本的。另有一叶渭清笔迹按语：“此二条原夹在本卷第九页内。”所谓“本卷第九页”，指今之《辑稿》职官13之9，为“贡院”门。

这些不同阶段、不同人所作的按语，可以：（1）使我们了解各人在整理辑本中所作的工作及其范围。（2）为某些佚文（主要是屠寄删落的）提供线索。（3）为今后的校勘工作提供一些参考资料。

第九章

标目之谜

我们要解开《宋会要》之谜，其中很重要的一个方面，是恢复《宋会要》原来的门名。要做到这一点，首先必须利用现在《辑稿》的标目。

在今本《宋会要辑稿》及其《补编》中有各式各样的标目。我们的目的，就是要分辨何者正确，何者错误，并且将错误改正。所谓正确的标目，首先是指它是《宋会要》原来的门名；其次是指在这一标目之下，只包含本门的条文并且完全包含本门现存的所有条文。

这个目的不可能全部实现，也不可能一蹴而就。必须遵循正确的途径，才能最大限度地恢复《宋会要》原来的门名。本章所论证的三个步骤，将为解决这个问题打下一个坚实的基础。

第一步，在现有的标目中，分辨出哪些是原录自《永乐大典》的标目（注意：还不是《宋会要》原来的门名），哪些是后来的整理者所加的标目。

这里有一个标准：凡是当年从《大典》中抄录《宋会要》文的书吏所写的标目，都是《大典》原有的标目。因为，这些书吏当时只是按徐松指示将《宋会要》条文录下，并没有编辑《宋会要》的任务，所以他们不会另加标目，他们所写的标目必定是《大典》原有的。

那么，又怎样确定哪些是书吏当时录下而不是后来的整理者所加的标目呢？这就需要将《辑稿》和《补编》中标目的复杂、混乱的情况，做一次清理和分析。

在《辑稿》和《补编》中，有些部分的首行顶格书“全唐文”三字（原因已见前文），次行低三格书“宋会要”三字（也有少数书“续会要”等）；也有相当部分不书“全唐文”三字，“宋会要”即在首行。至于标目的位置，有多种情况：

一、书于“宋会要”之下。如帝系1之24，“宋会要”下标“太子诸王”。

二、书于正文开头。如职官78之64，首行“宋续会要”下无标目，但正文开头顶格书“罢免”两字，空一格后为正文。“罢免”就是标目。

三、“宋会要”之下和正文开头各有一标目，是一、二两种类型的综合。如开卷第一页，帝系1之1，“宋会要”下书“帝号”，这是标目；正文开头顶格书“帝号”，空一格后为正文，这也是标目。在这里，两个标目是一致的。但也有两者不一致的情况。

四、书于“宋会要”之次行。如仪制11之1、2，首行“宋会要”之下无标目，次行低三格分别标“宰相追赠”、“三公追赠”、“使相追赠”。

五、“宋会要”之下和次行各有一标目，是一、四两种类型的综合。如食货63之1，首行“宋会要”下标“食货二十”，次行低二格标“蠲放”。

六、书于栏上。如礼25之71，栏上标“郊祀神位议论”。

七、“宋会要”之下和栏上各有一标目，是一、六两种类型的综合。如兵21之23，“宋会要”下标“马政”，栏上书“祷马祀”。

八、书于正文中间。如帝系1之3，第九行书“帝号杂录”，上下均空一格。这也是标目。

九、无标目。这种情况在《补编》中多见，如第19页下、第50页上等。

在上述九种类型中，二、四、八三种类型的标目肯定是书吏从《永乐大典》中录下的标目。理由是，书吏不可能预先留出正文的空白或空行给后人填写标目。同样的理由，三、五两种类型中书于正文开头和次行的标目，也是原录自《大典》的标目。

第六种类型一般是后来的整理者所加的标目，因为书吏没有必要也不应该将标目书于正文的栏上。第七种类型中书于栏上的标目也是如此。

至于书于“宋会要”之下的标目，既有可能是原录自《大典》的标目，也可能是后来的整理者所加。需要参照其他的因素才能判断。例如《辑稿》帝系2之1至27，“宋会要”下标“皇子诸王杂录”。这27页，录自《大典》卷125、6738、6761、6763，查《大典目录》，为“宗室”与“宗室封王”两个事目。故可肯定，是后来的整理者将此数卷的内容拼凑在一起，另加的标目。

第二步，在现有的标目中，分辨出哪些是《永乐大典》的事目或子目，哪些不是《大典》的事目或子目。

何谓《大典》的事目或子目，前文已经作了解释。利用本书附录《〈永乐大典〉所收〈宋会要〉文一览表》，可以帮助我们迅速走完这一步。

该表第1栏是《大典》卷数，第2栏为所属《大典》字韵，第3栏是《大典》事目，第4栏为《辑稿》及《补编》标目。凡是第3栏与第4栏相符的，说明标目就是《大典》的事目或子目；如果不相符，说明标目不是《大典》的事目和子目。

第三步，将第一步和第二步的结果综合起来。可以归纳为四种情况：

第一种：原录自《永乐大典》的标目就是《大典》的事目或子目。如职官34之15，正文开头书“皇城司”，属第二种类型，肯定是书吏从《大典》中录下的标目。条文录自《大典》卷1105，为“司”

字韵“皇城司”事目。两者相符。

第二种：整理者后来所加的标目与《大典》的事目或子目相符。例如食货34之31至33，栏上批“此当另标‘禁铜’”，属第六种类型，明显是整理者所加的标目。条文录自《大典》卷66、67，为“铜”字韵，事韵。所谓“事韵”，表明有众多事目，只是各事目内容较少或为某一朝代所特有。“铜”字韵的事韵，必带“铜”字。“禁铜”中正有“铜”字，条文内容也是禁铜。故可断定为《大典》事目。

第三种：整理者所加的标目与《大典》的事目不符。如上文所举的帝系2之1至27，整理者所加的标目为“皇子诸王杂录”，《大典》的事目却是“宗室”与“宗室封王”。

第四种：原录自《大典》的标目与《大典》的事目或子目不符。如上文所举第五种类型的例子，食货63之1，有两个标目，首行“宋会要”下标“食货二十”，次行低二格标“蠲放”，“蠲放”肯定是原录自《大典》的标目。但这部分内容录自《大典》卷17535，为“货”字韵“食货”（二十）事目，“宋会要”下的标目与《大典》事目相符，而次行的标目“蠲放”与《大典》事目不符。

上述四种情况，需要做不同的处理。第一、二两种情况，《辑稿》现在的标目大致就是《宋会要》的门名，可以采用。第三种情况，现在的标目一般是错误的，需要改正。值得特别注意的是第四种情况，它为我们解开《宋会要》的类门之谜提供了重要线索。我将在第十四章中结合其他因素进行详细的论证。

第十章

格式之谜

《宋会要》原本的格式如何，或者说行款如何，也是需要解开的一个谜。

关于《宋会要》的格式，从文献记载只能得到如下一些信息。

一、《宋会要》原书分卷，卷或作册。晁公武《郡斋读书志》、陈振孙《直斋书录解题》、王应麟《玉海》和马端临《文献通考》等书著录《宋会要》，都称分卷。《南宋馆阁续录》卷4《修纂》门也称宋代各部《会要》分卷，但同书卷3《储藏》门载秘书省所藏《会要》，却称分册。如《孝宗皇帝会要》，卷4作三百六十八卷，卷3则作三百六十八册；又如《光宗皇帝会要》，卷4作一百卷，卷3则作一百册。可见册与卷其实是一样的。

二、《宋会要》并非按门分卷，一卷不一定包括一门。据《玉海》卷51，知《光宗会要》分23类，364门，而各书所载《光宗会要》都是100卷，可见并非按门分卷，一般一卷不只包括一门。

三、各卷卷首题提举官衔名。《馆阁续录》卷4《修纂》门载，嘉泰元年七月十一日奉安《总修孝宗皇帝会要》于秘阁，秘书省“乞依逐次已进累朝会要体例，卷首书写提举官阶衔名，撰述序文”，得到同意。可见《会要》的规格同正史一样，卷首书提举官衔名。既然并非按门分卷，这里所说的序文，不是每卷的序文，而应指每门的序文。这从《辑稿》中也可以看到。

除文献记载之外，要了解《宋会要》的格式，是否还有别的途径呢？我们知道，《永乐大典》的编者是目睹《宋会要》原书的，对它的格式自然清楚，只是他们将《宋会要》收入《大典》时，按照《大典》的格式将它改变了。但是《大典》收录《宋会要》文的数量很大，是否有可能在《大典》之中，并从而在《辑稿》中留下《宋会要》原书格式的一些痕迹呢？按照这个思路，我查阅了全部《辑稿》及遗文，并特别注意它的标目。在上章“标日之谜”中，我已经详细分析了《辑稿》数以千计的标目的不同类型。但我发现，不论何种类型的标目，绝大多数都不带《宋会要》的类名，只有极少数例外。而正是这极少数变例，为我们了解《宋会要》原本格式提供了重要线索。

下面按这些变例在《辑稿》中出现的先后次序加以介绍。

一、职官7之1，为《大典》卷13422所录《宋会要》文的开首。第一行《宋会要》下标“学士”。第二行为正文，开首为“职官十九学士待制”，“职官”指《宋会要》的“职官”类，“学士待制”也是标目。《大典》卷13422为“士”字韵，“学士”事目。可见第一行的标目“学士”是《大典》事目，第二行的标目“学士待制”则是《宋会要》的门名。

二、职官63之1至16，标目为“职官避亲嫌”，辑自《大典》卷20480，“职”字韵，事韵。此段在《大典》中原紧接选举31之24至28之后，该段标目为“召试除职”；在《大典》中此段之后为选举33之1至39，标目为“特恩除职”。“召试除职”、“特恩除职”和“职官避亲嫌”都带“职”字，可见这都是《大典》原来的事目名称。但从职官63之1至16的内容可以判断，它的门名应是“避亲嫌”而不是“职官避亲嫌”，“职官”本是《宋会要》“避亲嫌”门所属的类名。只因《大典》编者偶然的疏失，连类名带门名，将“职官避亲嫌”作为一个事目的名称；又因其带“职”字，所以才收入“职”字韵中。

三、食货29之1，第一行“宋会要”下标“茶号”。第二行为正文，开首为“食货志茶色号”，“食货志”指《宋会要》的“食货”类，“茶色号”也是标目，而且是《宋会要》原本的标目。此段辑自《大典》卷5782，“茶”字韵“榷茶”事目，在此事目之下还包括买茶价、卖茶价、杂录等内容。此段还有复文，在《补编》686页。两相对照，可知“茶色号”为《宋会要》食货类茶门之下的一个子目。

四、食货52之14，第一行“宋会要”下标“元丰库”，第二行为正文，开首为“职官志”三字。此段辑自《大典》卷14789，“库”字韵，“库名”事目。可知“元丰库”确是《宋会要》的门名。正文开首的“职官志”三字，则是指“元丰库”门所属的“职官”类，也是被《大典》编者误录入正文中的。

五、食货61之56，第一行“宋会要”下标“食货二十四”五字；第二行标“食货民产杂录”，其中“杂录”两字是整理者后加的；第三行开始为正文。此段录自《大典》卷17539，查《大典目录》，知为“货”字韵“食货”事目；“食货”事目在《大典》中共占65卷，卷17539正为《大典》“食货”事目的第24卷。既然第一行“宋会要”下的标目“食货二十四”为《大典》的事目名称，可知第二行的“食货民产”是《宋会要》原本的标目，其中“民产”是门名，“食货”则是“民产”门所属的类名，也是被《大典》编者连带录入的。

六、刑法2之1至161同属一门，分别录自《大典》卷21777至21779（为“约”字韵“禁约”事目）和卷19392（为禁”字韵，事韵），记事相连。刑法2之1（卷21777开首），第一行《宋会要》下标“刑法禁约”；而2之60（卷21778开首）、2之147（卷21799开首）、2之118（卷19392开首）第一行“宋会要”下都标“禁约”，并无“刑法”二字。从内容及《大典》事目都可确定，此为《宋会要》的“禁约”门，属“刑法”类。卷2之1标目“刑法禁约”中的

“刑法”二字，也是《大典》编者连带录入的。

七、兵15之1，第一行“宋会要”下原标“事韵”，后被涂去，改为“归正”；第二行为正文，开首为“蕃夷”两字。此段录自《大典》卷18907，为“正”字韵，事韵。可见“事韵”两字确是录自《大典》，“归正”则为《大典》事目，也是《宋会要》的门名。“归正”门属“蕃夷”类，正文开首的“蕃夷”两字，是《大典》编者误将类名收入的。

八、方域5之10，第一行“宋会要”下原标“地理”，后被涂去，改为“州县升降废置”；6之21，第一行“宋会要”下标“地理”；7之24下半页第八行，开首为“方域州县升降废置杂录”，这也是标目，以下即为“州县升降废置杂录”记事，自太祖建隆元年起。此段《宋会要》录自《大典》卷14188至14189，为“地”字韵“地理”事目。5之10、6之21的“地理”，即《大典》事目名称。此处《大典》事目名称与《大典》门名不同，《宋会要》的门名为“州县升降废置”（5之10至7之24）和“州县升降废置杂录”（7之24至7之31）。此两门属“方域”类，7之24“州县升降废置杂录”前的“方域”两字，也是《大典》编者连带收入的。

九、方域17之1至25，食货7之1至8之32、61之123至150，录自《大典》卷11106至11109，为“水”字韵“水利”事目。各段标目及文中多有“方域志”、“食货志”字样，如方域17之1，第一行“宋会要”下标“方域志”、“水利”，第九行正文开首又有“方域志”；食货7之18，第一行“宋会要”下标“食货志”，下半页第五行正文中有“方域志”，第八行有“食货志”等。原来这是由于《宋会要》的食货类和方域类都有名同而内容不尽相同的“水利”门，同被收入《大典》的“水利”事目中。《大典》编者插花式地收入这两类的水利门，即先收方域类水利门太祖朝记事，然后收食货类水利门太祖朝记事，如此等等。为了区别二者，在每一段正文之前加“方域志”、“食货志”以作标志。

十、蕃夷4之102，录自《大典》卷1552，“泥”字韵“佛泥国”事目。第一行为“宋会要”三字；第二行标“佛泥国”，它既是《大典》事目，也是《宋会要》门名；第三行为正文，但开首是“蕃夷传”三字。《宋会要》“佛泥国”门属“蕃夷”类，此三字也是《大典》编者误将类名连带录入的。

十一、蕃夷5之1，首行“宋会要”下标“蕃夷志瓜沙二州”。录自《大典》卷5770，“沙”字韵“沙州”事目。“瓜沙二州”为《宋会要》门名，属“蕃夷”类。“蕃夷志”三字也是连带录入的。

十二、蕃夷5之5，第一行“宋会要”下标“安化州”；第二行为正文，开首为“蕃夷安化州”五字。录自《大典》卷16761，“化”字韵“古州郡名”事目。可见“安化州”为《宋会要》门名，“蕃夷”二字也是《大典》编者将《宋会要》类名连带录入的。

从上述12个变例，我们可以推导出《宋会要》的格式有哪些特征呢？

一、《宋会要》每门之前，必著其所属之类。而且很可能分两行著录，首行为类名，次行为门名。这12个变例，在《辑稿》及《补编》的2000左右个标目中虽只占极少数，但如果《宋会要》原本中没有著录类名，《大典》编者是不可能将它连带录入的。绝大多数没有误录而只有极少数误录，说明在《宋会要》原本中类名与门名的界限是分明的；界限分明而仍有误录，说明两者的距离不远。所以最有可能是分两行著录。

二、在《宋会要》原本中，在著录类名时，只录名称，并无“类”字。如作“职官”而非作“职官类”。何以见得？上述各例中，凡连带录入类名的，或只称类名，如“职官”“刑法”，或作“食货志”“方域志”“蕃夷传”；《大典目录》记《大典》卷9500，为“金”

字韵，事目为“宋会要蕃夷传一”，作“蕃夷传”。为什么《宋会要》各类，在《大典》中或称“志”，或称“传，或不称呢？唯一可能的解释，是在《宋会要》原本中，只著类名，并不著“××类”，而《大典》编者又不知道《宋会要》原作“类”，所以或照录，或按正史例作“志”“传”了。

三、每类之下，还分一、二、三、四等次序。

典型例子是第一例。正文开首的“职官十九”，就是“学士待制门”在“职官”类中的次序。

又如前引《大典目录》，《大典》卷9500为“金，宋会要蕃夷传一”。这说明，《宋会要》蕃夷类的首卷为“金”（当然，这必是《中兴会要》以后的诸本《会要》)。可惜此卷已佚。

总结起来，从现有材料推断，《宋会要》原本的格式为：

分卷，每卷首题提举官衔名。

每卷不一定包括一门。

先列类名，并分次序，再列门名。如：

职官十九

学士待制。

第十一章

注文之谜

在今本《辑稿》的正文（用“正文”这个词，是同标目、批语等相区别）中，经常出现单行或双行小字，这就是《辑稿》的注文。正确理解这些注文的含义，有助于我们更好地利用《辑稿》，也有助于对《宋会要》的理解。反之就会造成使用或论证中的错误。过去已经有这方面的教训。

为什么我说这些是《辑稿》的注文，而不说是《宋会要》的注文呢？就是因为这些注文中，有的是《宋会要》的原注，也有的是《永乐大典》编者加的注文，上面所说的不能正确理解这些注文的含义，也包括混淆了这两种注文。

下面分别加以论述：

属于《宋会要》原注的有：

一、一般注释：《辑稿》开首第一页，帝系1之1，僖祖“陵曰钦陵”，以下小字“在幽州”。这三字就是注文，而且是《宋会要》原注。

二、详见××门：《辑稿》帝系7之27，“庆元六年十一月一日，诏宗子与愿改赐名曮，特除福州观察使，令就资善堂授书”，以下小字“详见资善堂门”。这是《宋会要》编者原注，指示检阅者，曮在资善堂授书一事的详细情况，载于“资善堂门”中。这段内容，在今本《辑稿》方域3之28中。这一类注文，对我们了解《宋会要》原本的门名，有特别重要的意义，详见本书本篇第十四章“类门之谜”。

三、××切：《辑稿》帝系6之3，绍兴三年“六月十八日，诏令畤、安时、士㰘、士輵月廪特免一半折钱，依尚书侍郎等则例并支本色。从所乞也”。“㰘”下小字注“仕于切”，“輵”下小字注“古万切”。这是因为“㰘”、“輵”两字都是生僻字，“××切”是它的读音。

四、“×宗即位未改元”：《辑稿》帝系4之16，“治平四年正月十七日诏：东平郡王允弼、襄阳郡王允良朝朔望”。在“治平四年正月十七日”下有小字注文“神宗即位未改元”。“治平”本是英宗年号，但旧帝去世或退位，新帝即位，当年一般都沿用旧帝年号，要等到次年元月才改新元。英宗卒于治平四年正月丁巳（初八），神宗继位，当年仍沿用治平年号，所以该年正月初八以后的记事都属神宗朝的范围。

五、“××××检未获”：《辑稿》帝系5之8，绍圣元年四月二十五日，“礼部言：‘诸宗室係袒免以外两世、祖父俱亡而无官、虽有官而未厘务、各贫乏者，委大宗正司及所在官司常切体访，保明闻奏，支破钱米：……。冲改元祐四年续降全条。’从之”。以下有小字注文：“元祐四年续降全条检未获”。这也是《宋会要》编者原注。所以作这样的注，同会要作为政书的性质有关。会要是供处理政事参考的，绍圣元年修改了元祐四年补助贫乏宗室的规定，会要本应有元祐四年规定的条文。这里说“检未获”，是指原文已失载了。这类情况也有注“××××寻未获”，意思是一样的。

六、“疑××误也”：《辑稿》帝系5之10，绍圣二年七月二日，“三省言：宗室袒免外两世、祖父父俱亡而无官、虽有官而未厘务、各贫乏者，虽许支钱米，其数未均。欲每口月支钱二贯，米一硕，十二口以下给屋二间。诏委大宗正司及所在官司常加体访，保明奏支钱米。……”以下有小字注文：“据元年四月计口给屋指挥，与此间数绝不同，疑实录误也。”这也是《宋会要》编者原注。“元年四月计口给屋指挥”，即上文第五例所引。由此也可见此条是根据实录修入的。又如职官16之8，熙宁八年罢详议、详断官亲书节案条，文后小注：“此据职官志，不得其月日”，也属这一类。“职官志”指国史职官志，也是说明材料来源的。当然，并不是说会要只有这两条采自实录与国史。这里之所以要特别注明出处，是因其确实性有疑问。

七、后会要编者对前会要的注：《宋会要》编修不止一次，后修会要编者对前会要的注，亦可在《辑稿》中发现。如《辑稿》帝系8之54，在绍圣三年十二月二十六日条后，载闰九月六日一条。该条后有小注：“係元符二年，误编于此。”绍圣三年不是闰年，元符二年有闰九月，这个注是正确的。但这不可能是原编者注，他如果发现错误尽可改正，何必作注？显然是后会要的编者发现后加的。像这样的情况还有不少，如方域14之21，注：“旧会要黄河、二股河各五（立?）门，今併二股河附于此。”此处的“旧会要”指王珪《五朝会要》。这一类注文对于我们了解历次会要的编修情况及相互关系，很有用处。

属于《永乐大典》编者所加的注有如下几种：

一、详见×字：《辑稿》礼9之38，宣和三年七月二十六日条末有小字注文：“详见俘字”。这种“详见×字”，好像同上举《宋会要》原注的第二例“详见××门”相同，其实不然。《宋会要》原注是详见××“门”，而这里注的是详见×“字”。“门”指《宋会要》的类、门中的门，而“字”则指《大典》中的某字韵。即以这一例来说，《辑稿》辑自《大典》卷22812，为“捷”字韵，“兵捷”事目。所谓“详见俘字”，是《大典》编者注明，此条的详细记载见于“俘”字韵“献俘”事目中。这种一文两处互见，以某字韵详载，另一处只著其大概的做法，在《大典》凡例中已有说明：“天下郡县……悉以国朝所立州郡之名为正，仍参历代图志。……如应天府，收于‘天’字下，其旧有建康、金陵等志并附之‘康’字、‘陵’字下，著其大概，注云详‘天’字。”这里虽然说的是地志，其他方面类似的情形也是这样处理的。

二、以他书为《宋会要》作注：《辑稿》中有多处小字注文，内容为《通考》（即《文献通考》）、《玉海》、《宋史》，如瑞异3之35、蕃夷7之30、7之34等等。这些书成书都在《宋会要》各本之后，显然不可能是《宋会要》原注，而是《大典》编者所加的注。

三、以他书为正文，以《宋会要》作注：这种情况也在《辑稿》多次出现。如端异3之40、41等，即以《宋史·五行志》为正文，《宋会要》作注文。

为什么会出现二、三两种情况呢？前引《大典》凡例业已做了说明："若诸史中文有重复者止存一家，或事、文互有详略则两存之，或事同而文有详略者则存其详者（如十七史，南北史，新旧唐书、五代史之类）。"这是将两种互有详略的记载并存的一种方式。

除了以上十种注文可以确定其为《宋会要》原注或《大典》编者所加的注文外，还有一些注文需要特别提出来加以讨论：

一、以《宋会要》之前或同时的文献作注文。例如《辑稿》崇儒7之70，以《仁皇训典》作注文。《仁皇训典》为范祖禹等修，《宋会要》的编者是有可能看到的。但我的看法，《宋会要》作为政书，一般是不会引他书作注的，似仍为《大典》编者所加。

二、"缺""原缺""原本缺"：《辑稿》职官24之4、25之7和兵16之12，分别有小字注："缺"、"原缺"、"原本缺"等字样。首先要明确，这些所谓"原缺"，是指原本有缺字或空围，或漫漶，其所缺字数，即所空格数。这应该是《大典》的注文，"原本"即指《宋会要》原本。如果是《宋会要》原注，"原本"无所指。

三、"以上××会要"：《辑稿》方域16之6，治平二年七月条末，小字注文："以上国朝会要"；16之18，宣和元年七月九日条末，小字注文："以上国朝续会要"；16之19，建炎三年四月十日条末，小字注文："以上中兴会要，乾道会要无此门。"这是方域类汴河门中的几条注文，《国朝会要》、《国朝续会要》（有的作《续国朝会要》）、《中兴会要》、《乾道会要》，正是《宋会要》中几部会要的名称，各段记事，也同各该会要的记事范围符合。“国朝”绝不可能是《大典》编者对《宋会要》的称呼，因此可以断定这是宋人加的注文。至于是哪一部会要的编者所加，正是我们要确定《大典》所据《宋会要》底本时要论证的问题，将在本书上篇第十三章中详加讨论。

了解了上述十三类注文之后，再回过头来看《辑稿》，就可知道，由于《辑稿》手书的错误，有些地方误将《宋会要》的小字注文抄成大字正文了（如礼28之13）。这是使用时需加注意的。

第十二章

复文之谜

在《宋会要》的《大典》辑本中，有一部分是复文。彻底弄清楚这些复文的情况、产生原因，对了解《宋会要》原本，了解从《宋会要》到《大典》的转变，从而对解开《宋会要》之谜，有重大意义。

首先要分辨复文的不同情况，明确复文的含义。

有一种复文，是《宋会要》同“广雅稿本”的并见。在影印本《辑稿》礼类中，与礼 11、31、32、33、43、47 共六卷相对应的，有“又礼 11”、“又礼 31”等六卷，内容相同，而格式不同。后者其实是“广雅稿本”的礼类定本，嘉业堂刘氏在整理《辑稿》时，将它们同《辑稿》的相应部分合订在一起，影印时没有剔出，所以保留在影印本《辑稿》中。

还有一种复文，是《宋会要》同其他文献的相类。如影印本《辑稿》乐 5 之 38 至 39，为“钧容直”和“四夷乐”；而职官 22 之 31 至 33，也为“钧容直”和“四夷乐”，两者内容基本相同，而且所用稿纸、格式也相同。但是，乐 5 之 29 至 39 实为《宋史·乐志》。《宋史》文之所以当作《宋会要》文，是书吏之误。这部分内容辑自《大典》卷 21692，为“乐”字韵“宋乐”事目。《大典》的“宋乐”事目，大部分以《宋史·乐志》为正文，《宋会要》为注文。在《大典》原书中，《宋史》用大字抄写，《宋会要》文用小字。《辑稿》录《宋会要》乐类文时，多数只截取《宋史》原文的最后一句，《宋会要》文也用大字抄写（见《辑稿》乐3之1以下）。但乐5之27以下，书吏误将《宋史》全文抄下，使人误以为是《宋会要》文。影印本《辑稿》乐5之38至39“钧容直”、“四夷乐”，见《宋史》卷142。

又如《辑稿》礼17之41至85，“时享”，录自《大典》卷11846，为“享”字韵“时享”事目。其中礼17之43至56、82至84，分别与礼17之2至9，“朝飨太庙”（《大典》卷17060，“庙”字韵，“宋宗庙”事目）和礼17之10至11，“亲飨庙”（《大典》卷17059，“庙”字韵，“宋宗庙”事目）相同。但细查礼17之41至85，并非《宋会要》原文，而是《文献通考》卷98至99，文中有“先公”（指马廷鸾）、《遗老斋杂志》（76至78）及马端临按语（84至85），可为确证。这是《辑稿》写官误将《文献通考》文作《宋会要》文抄录，或者《大典》编者误将《通考》文标为《宋会要》所致。

当然，这两种“复文”也不是毫无意义。第一种给我们提供了“广雅稿本”的实例，使我们具体了解屠寄是如何整理《辑稿》的。第二种则反映了《通考》、《宋史》同《宋会要》的关系。

我们的重点是分析《宋会要》辑文的复文。这里说的是“《宋会要》辑文”，它同《宋会要辑稿》是两个互相联系又有区别的概念。前者指现存的、从《永乐大典》中辑出的所有《宋会要》辑文。从前文第七章“遗文之谜”的分析中可以知道，《宋会要》辑文除包括《宋会要辑稿》外，还包括北京图书馆所藏《宋会要辑稿》遗文（现已编为《宋会要辑稿补编》一书）以及被屠寄删去的另一部分辑文。只有从整个《宋会要》辑文的范围来考察复文，复文问题的本质才能弄清楚。

《宋会要》辑文的复文可以大致分为三种类型。

第一种类型是在《永乐大典》收录《宋会要》的过程中产生的。它又可细分为四种亚型。

一、《大典》某一事目，《宋会要》没有与之相应的门，《大典》

编者将《宋会要》加工改编，因而与原类门重复。如方域类的殿（方域3之3至6，约辑自《大典》卷10562，“殿”字韵，“殿名”）、阁（方域3之7至9，《大典》卷21841，“阁”字韵，“阁名”）、亭（方域3之14至16，《大典》卷7902至7956，“亭”字韵，“亭名”）等事目，因为《宋会要》没有相应的类门，《大典》编者就从它的“京都杂录”、“北京杂录”等门中摘出相应内容编入，以至形成复文。如方域3之4，殿，嘉庆殿：“京都杂录：东京大内，禁中殿阁有嘉庆殿，（咸）平初明德太后居此殿，后徙居万安宫。”就是摘自《宋会要》“京都杂录”中的“东京大内”（在《辑稿》方域1之4）。舆服类中的旗、盖等，也有类似情况。

二、同一事目归入不同字韵。在本书上篇第四章中，我曾提到，《大典》凡例中的“用字以系事”是按某一事目名称的关键字纳入该字韵中，如“食货”事目归入“货”字韵。但有的事目名称很难确定其关键字，就有可能同时收入不同字韵，因而产生复文。典型的例子是“罢免”事目。职官78之64至68与61至63“罢免”事目，两部分相同。前者辑自《大典》卷11425，为“免”字韵，事韵；后者辑自《大典》卷17595，为“罢”字韵，事韵。“罢免”事目分别收入“免”字韵和“罢”字韵，就是因为两字意义相近，都可以作为关键字的缘故。

三、《大典》事目范围有大小之不同，如果两事目的范围有交叉或覆盖，就会出现复文。《辑稿》中以食货类复文最多，主要原因就在于《大典》把《宋会要》食货类全类四十八门都收入“货”字韵“食货”事目中（见本书上篇第十四章），如果再将此门归入其他范围较小的事目中，就会出现复文。如此类的方田、经界、农田、检田、限田、垦田六门，《大典》编者又收入“田”字韵“田制”事目，因此出现复文。其中的经界门，除收入“田制”事目外，又收入“界”字韵“经界”事目，因此经界一门在《辑稿》中共出现三次。

四、上述第二、第三两种亚型的结合。如“配享功臣”门，《大典》既收入卷3184“臣”字韵中（《辑稿》礼59之12至19），又收入卷11853“享”字韵中（《辑稿》礼11之8至12，为删存者），又收入较大范围的卷17064“庙”字韵“宋宗庙”事目中（《辑稿》礼11之1至7），因此共有两处复文。

第二种类型为《宋会要》本身存在的复文。它又可细分为两种亚型。

一、同样内容，收入不同类门中，文字稍异。如《辑稿》帝系1之1至2，为“帝号”门中僖祖至宣祖部分，辑自《大典》卷12300，为“宋”字韵“宋太祖”事目。它同礼49之1“册尊号”门（辑自《大典》卷17287，“号”字韵，“宋尊号”事目）相应部分大体相同。这是《宋会要》原本如此。它并非编者的疏忽，而是这不同的两门确实应包含这些内容。

二、同样内容，收入不同类门中，文字全同。如在遗文中，有食货类市舶门，辑自《大典》卷17552，“货”字韵“食货”事目。它的文字，全同《辑稿》职官类44之1至30，市舶司门（辑自《大典》卷1124，“司”字韵“市舶司”事目）。这是《宋会要》编者将“市舶”这一内容分别归入两类中的缘故。

第三种类型为徐松自《永乐大典》中辑出《宋会要》时，书吏抄重。如“孤老”门及“军城”门，都有两段完全相同的辑文，而且都辑自《永乐大典》的同一卷同一事目，可见是书吏抄重的缘故。

以上三种类型六种亚型，概括了《辑稿》中所出现的各种复文。但还有两点值得注意：

第一，有些复文，还难以确定究竟属于第一种类型还是第二种类型。如《辑稿》礼24之33至42与礼25之87至94同。前者辑自《大典》卷7199，“堂”字韵“明堂”事目。后者辑自《大典》卷5456，“郊”字韵“郊祀”事目“郊祀配侑”子目。卷5456现存，可见《大典》编者做了不少加工。所以难以断定，是《宋会要》原本的复文，还是《大典》编者将《宋会要》同一门的内容归入不同事目中。

第二，上述六种情况的复文，除第二种类型第一亚型外，理应全同。但实际情况并非如此。有的是记事起讫不同，如上述第二种类型第二亚型所举“市舶”，收入“食货”事目的记事至乾道九年（1173年）止，而收入“市舶司”事目的至嘉定六年（1213年）止。有的是条文互有详略不同。如礼类赙赠门，《辑稿》中有的辑自《大典》卷14909，为“赙”字韵“赙例”事目（《辑稿》礼44之1至29），而复文辑自《大典》卷19133，为“赠”字韵“赙赠”事目，可见属于第一种类型第二亚型。卷19133文大部已被屠寄删去，仅保留一页在今《辑稿》礼44之30。用残存的此页与卷14909对照，即可发现两者条文有交叉，有卷14909有而卷19133无者。

以上两种情况，在复文中不是个别现象，它反映《宋会要》原本不只一本。这个问题将在上篇第十三章中讨论。

《宋会要》辑文中约有十分之一，八十万字左右的复文。它们具有多方面的价值。

一、校勘上的价值。

《宋会要》这样一部重要的史籍，现在留传下来的唯一传本《宋会要辑稿》及《补编》，是经过两次转录的辑本。每经一次转录，难免发生差错。只要将《永乐大典》残本中的《宋会要》文与《辑稿》相应内容对照，就会发现文字上的脱、衍、误、倒不少。“急递铺”门就是一个典型例子。它收入《大典》卷14574，此卷现存，《辑稿》在方域10之18至11之26，两相对照，《辑稿》几乎每页都有错误，多者达六七处。这还只是在第二次转录中产生的错误。因此，虽然上述三种类型的复文在校勘上的价值有高低之不同，实际上给我们提供了《宋会要》的另一种版本，可供对校之用。

二、补缺方面的价值。

例如，《辑稿》食货15至17为商税门，载北宋各州、县、镇、寨商税额，是有关宋代商业、财政的珍贵资料。其中食货15之16下半页有大段脱漏，上有眉批："脱'六贯'至'四百二'共十四行。"可惜批者当时没有将它补上，以至长期成为缺文，导致了某些研究者统计上的错误。这十四行正可据复文补足，它录自《大典》卷15430，"税"字韵"商税"事目，现收入《补编》506页。

三、可以帮助读者正确地使用《辑稿》。

我们现在看到的《辑稿》已经剪裁、拼凑，有些地方如不对照被删落剪裁的复文，极易弄错。如《辑稿》乐4之14，第二条为"四年二月"记事，无年号。蒙上文似为"至道"，但至道无四年。此条的上一条因有复文被剪去，现收入《补编》212页，可知为"咸平"。

四、可以帮助我们了解、研究《宋会要》。

有复文就可以做比较。食货类水利门的复文使我们确知《大典》"水利"事目收录了食货、方域两类名同实异的"水利"门，增加了对《大典》收录《宋会要》情况的了解。"漕运"门为"水运"、"陆运"两门之和，可使我们对《宋会要》原本有新的认识。等等。

第十三章 原名与原本之谜

《宋会要》的原名是什么？《永乐大典》编者所掌握、所根据的《宋会要》是什么本子？这是解开《宋会要》之谜必然遇到的两个互相关联的问题。

为什么会产生这两个问题呢？

《宋会要》是宋代官修的本朝会要。在封建社会，本朝人不可能直称本朝名称，这应该是常识。宋人在称引本朝的时候，或在“宋”前加一赞美的形容词，如“大宋”、“皇宋”、“圣宋”等；或作内词，称“皇朝”、“本朝”、“国朝”等。《宋会要》并不是原名，它只是元人、明人等后人加给宋朝会要的名称。

不仅如此，《宋会要》共有多部，先后修成。各部会要的名称和内容都不尽相同，甚至有很大区别。《宋会要》不但是后人加给它的名称，而且是后人对多部宋朝会要的总称。

这不但使《宋会要》“原名是什么”的问题更加复杂，还产生了《永乐大典》所据的《宋会要》“是什么本子”的问题。

这两个问题，特别是后一个问题，相当复杂。要解决它，需要正确地加以分解，并按正确的程序逐一分析，最后才能得到一个比较符合实际的答案。

第一节 文献记载的《宋会要》

一、《国朝会要》(《三朝会要》《庆历国朝会要》)

宋朝编修第一部会要始于仁宗天圣八年（1030年），离开国已经70年。该年七月丁巳，“诏修史官修《国朝会要》”。明道二年（1033年）十二月癸巳，“命参知政事宋绶看详修纂《国朝会要》”[①]。景祐四年（1037年）六月甲申，“命史馆检讨王洙编修”[②]。至庆历四年（1044年）四月己酉，“监修国史章得象上新修《国朝会要》一百五十卷”[③]。

这部《国朝会要》的记事起讫，《玉海》、章如愚《群书考索》作起于建隆元年，止于庆历三年（1043年）；但下一部会要的主要编修者王珪却称止于庆历四年。[④] 这部《国朝会要》上进于庆历四年四月，即使有当年记事，也只能截至四月。

关于这部《国朝会要》各类的名称、顺序、卷数，据《古今源流至论》所载，“总类十五：帝系三卷，礼三十六卷，乐四卷，舆服四卷，学校四卷，运历、瑞异各一卷，职官三十三卷，选举十卷，道释四卷，食货十六卷，刑法八卷，兵九卷，方域八卷，蕃夷一卷”（前集卷4，会要）。《群书考索》则选举作七卷，漏道释，蕃夷作三卷（续集卷16，诸史门，国史）。两书所载各类卷数之和都不足150卷，其中必有误。

---

① 《续资治通鉴长编》卷109、113。

② 《玉海》卷51，艺文，典故。

③ 《长编》卷148。参程俱《麟台故事》（残本）卷3下，修纂。

④ 王珪《乞续修国朝会要札子》、《进国朝会要表》，《华阳集》卷8、9。

二、《国朝会要》（《五朝会要》《元丰增修会要》）

上一部《国朝会要》修成上进二十六年之后，翰林学士王珪于神宗熙宁三年（1070 年）九月上奏请求续修会要。参加编修的先后还有赵彦若、林希、李德刍、陈知彦。历时十二年，于元丰四年（1081 年）九月，由当时已任宰相的王珪上进。

这部《国朝会要》，“止熙宁十年，通旧增损成三百卷，总二十一类，别为八百五十五门”①。这里所说的“通旧增损成三百卷”，是指包含了《三朝会要》的内容，但加以删补。所以这部《国朝会要》的记事仍起自建隆元年，止于熙宁十年（1077 年）。《玉海》记录了 21 类的名称与顺序，与《三朝会要》相比，帝系类之后增后妃类，舆服类之后增仪制类，礼类分为五类，即吉礼、嘉礼、宾礼、军礼、凶礼，学校类改作崇儒类。

三、《国朝会要》（《政和会要》）

元符三年（1100 年）正月哲宗死，徽宗即位，于当年十二月“诏就秘书省置局编修《国朝会要》”②，先命王觌、曾肇编修，未成，崇宁三年（1104 年）又命蔡攸。政和八年（1118 年），上帝系、后妃、吉礼三类 110 卷，并目录 1 卷。王黼当政，于宣和二年（1120 年）六月罢编修会要所，已成未上之 400 卷“皆为弃物”。③

《政和会要》记事起讫，最初计划自“元丰至元符”，即接续《五朝会要》；后“又诏起治平四年止崇宁五年”，即从神宗朝起；修成部分上进时则是“通章得象、王珪所编，稍益以熙宁后事（累朝已成之

---

① 《玉海》卷 51。王珪《进国朝会要表》作 854 门；《文献通考》卷 201《六朝国朝会要》条引《郡斋读书志》作 858 门。

② 《玉海》卷 51，艺文，典故。

③ 洪迈《容斋随笔》卷 13《国朝会要》条。“四百卷”，陈振孙《直斋书录解题》卷 5《政和重修国朝会要》条作“余四类”，指嘉礼、宾礼、军礼、凶礼四类。

书，通加删改)”。[①] 也起自建隆元年，下限则在政和八年。内容则只有帝系、后妃、吉礼三类而已。

四、《续国朝会要》(《乾道续四朝会要》、《续会要》、《四朝会要》)

高宗绍兴九年（1139年），诏秘书省续修会要，但迟迟没有落实。直到绍兴三十一年（1161年）正月庚寅，高宗又重提此事，说：“会要乃祖宗故事之总辖，不可阙也。但自元丰后续为之，盖旧书分门极有法，似不须改。”[②] 命宰相提举，秘书省编修。乾道六年（1170年）五月书成上进。当时宰相为虞允文，所以《宋史·艺文志》作“虞允文等撰”。[③] 汪大猷自乾道二年六月至五年四月为秘书少监，为编修《续国朝会要》的主持人。李焘于乾道五年四月继汪大猷之任，上进《续国朝会要》时为进读官，并有序言。序言说，《续会要》“断自神宗之初，迄于靖康之末，凡六十年，总三百卷，分二十一类、六百六十六门”[④]。

《续国朝会要》记事起自治平四年（1067年）正月丁巳神宗即位，止于靖康二年（1127年）四月，包含神、哲、徽、钦四朝。高宗说“旧书分门极有法，似不须改”，是指《五朝会要》。《续国朝会要》同《五朝会要》一样，也分二十一类，类名及次序也应相同。

汪大猷在乾道五年四月的上奏中，对《政和会要》多所指责，说：“蔡攸所修吉礼，缘当时议论好恶不同，或妄有删改以迎合时好，故其间去取有不可尽循者，乞许令本省重照实录诸书再加删定，务归至当。”[⑤] 可知《续会要》对《政和会要》的吉礼类做了较大改动。

---

① 《玉海》卷51，艺文，典故。

② 李心传《建炎以来系年要录》卷188，参《玉海》卷51。

③ 《宋史》卷207，艺文志，子部类事类。

④ 《通考》卷201，经籍考，《续会要》条。

⑤ 《宋会要辑稿》职官18之33，秘书省门。

五、《国朝中兴会要》（《中兴会要》）

《续会要》于乾道六年五月上进之后，孝宗即于当年闰五月诏令秘书省续修会要，自建炎元年（1127 年）接续修至乾道五年。乾道九年（1173 年）七月，已编至绍兴三十二年（1162 年）六月十一日高宗退位时。九月，由宰相梁克家上进，以《国朝中兴会要》为名。主持编修者为秘书少监陈騤。

《中兴会要》200 卷，断代为书，包括高宗一朝。

六、《今上皇帝会要》（《淳熙会要》）

《中兴会要》于乾道九年九月上进后，孝宗即令自绍兴三十二年六月以后接续编修会要。淳熙五年（1178 年）六月，又诏修至乾道九年（1173 年），并限一年成书。淳熙六年七月，宰相赵雄上《今上皇帝会要》158 卷，主持编修者为秘书少监施师点。这部会要记事起自绍兴三十二年六月十一日孝宗继位，止于乾道九年底。

七、《今上皇帝会要》（《淳熙会要》）

孝宗于淳熙六年八月，即上一部会要刚上进之后，又诏秘书省自淳熙元年正月起接续编修会要。淳熙十三年（1186 年）十一月，由宰相王淮上《今上皇帝会要》130 卷，记事接续上一部会要，自淳熙元年（1174 年）正月起，至淳熙十年（1183 年）十二月止。

八、《寿皇圣帝会要》（《淳熙会要》）

秘书省于淳熙十三年十二月即接续编修会要，至光宗绍熙三年（1192 年）十二月，修成《寿皇圣帝会要》80 卷，起自淳熙十一年（1184 年）正月，止于淳熙十六年（1189 年）二月初二孝宗禅位。至此，孝宗一朝会要共 368 卷分三次编修完毕。

九、《孝宗皇帝会要》（《孝宗会要》）

庆元六年（1200 年）闰二月，秘书丞邵文炳上言，《孝宗会要》三书，“事虽备载，而首尾未曾贯穿，至遇检寻典故，前后纷错，殊失会要之义。乞差省官一二员专一兼总，统为一书”。后差秘书郎杨济、钟必万总修，至次年（嘉泰元年，1201 年）七月成书，计 200 卷，安奉于秘阁。[①] 在汇总的过程中，对条文内容及分门析类方面，都做了加工，“比而同之者六百九十有二条，删而正者二千八十有七条，润色初绪凡三千八百十八条。别门析类，傅合者九，芟烦者四，增多四十有六”[②]。

十、《圣安寿仁太上皇帝会要》（《光宗会要》）

秘书省于淳熙十六年（1189 年）三月，即光宗即位之次月，在编修《寿皇圣帝会要》同时，即开始编修光宗会要。宁宗庆元二年（1196 年）又诏编修太上皇帝（指光宗）会要，起自淳熙十六年二月即位，至绍熙五年（1194 年）七月禅位。庆元六年（1200 年）二月成书 100 卷，宰相京镗等上进。总 23 类，364 门。

十一、十二、十三、《今上皇帝会要》（《宁宗会要》）

宁宗在世时，秘书省曾分三次上进《宁宗会要》。

第一部 115 卷，嘉泰三年（1203 年）八月上进。记事起自绍熙五年（1194 年）七月登极，至嘉泰元年（1201 年）十二月。陈自强上进。

第二部 100 卷，嘉定六年（1213 年）闰九月上进。记事起自嘉泰二年（1202 年）正月，至嘉定四年（1211 年）十二月。史弥远上进。

---

① 《南宋馆阁续录》卷 4，修纂。

② 《玉海》卷 51，艺文，典故。

第三部110卷，嘉定十四年（1221年）五月上进。记事起自嘉定五年（1212年）至十三年（1220年）。与此同时，并上改正绍熙甲寅登极以后七年会要（即第一部《宁宗会要》）115卷。史弥远上进。

嘉定七年（1214年），“诏会要二年一具草缴进”[①]。

十四、《宁宗会要》

理宗淳祐二年（1242年）正月，右丞相史嵩之等进《宁宗会要》。《宋史·宁宗纪》及《玉海》卷51都未载卷数。《宋史·艺文志》著录“《宁宗会要》一百五十卷”，应即指这部会要，它应是宁宗一朝的会要，即自绍熙五年（1194年）七月即位至嘉定十七年（1224年）闰八月去世。

十五、《国朝会要》（《嘉定国朝会要》）

张从祖“类辑《国朝会要》，自国初至孝庙为一书，凡二百二十三册、五百八十八卷”[②]。这部会要并非由秘书省新编或重编而成，是张从祖个人将已成各部会要纂辑成书。记事“自国初至孝庙”，应指从建隆元年（960年）至孝宗退位，即淳熙十六年（1189年）二月。它是在张从祖死后，秘书省于嘉定元年（1208年）四月奉诏誊写，嘉定三年（1210年）传进的。《宋史·艺文志》于子部故事类著录。

十六、《十三朝会要》（《国朝会要总类》）

编者李心传，即《建炎以来系年要录》及《建炎以来朝野杂记》的作者。《十三朝会要》，顾名思义，记事应自太祖建隆元年（960年）至宁宗嘉定十七年（1224年）。修《十三朝会要》时，李心传在成都，辟官置局，于端平三年（1236年）成书。《直斋书录解题》（卷5）及

① 《南宋馆阁续录》卷4，修纂。
② 《玉海》卷51，参《南宋馆阁续录》卷4，修纂。

《文献通考》（卷201）著录此书，作《国朝会要总类》588卷。卷数与张从祖《国朝会要》相同。

据《宋史》卷46《度宗纪》，咸淳四年（1268年）八月奉安诸书中，有《理宗会要》。但现在的《宋会要》辑本中没有《理宗会要》的内容，在其他文献中也没有发现有关记载，待有新的发现时再作补充。

综合宋代所修十六部会要的情况，可得出对本章主题有关的三点结论：

第一，各部会要有正式名称，也有通称。各部会要的名称之间，每部会要的正式名称与通称之间，有同有异，情况复杂。但共同的一点是，没有称《宋会要》或《宋朝会要》的。

第二，北宋所修3部会要与南宋所修13部会要有显著不同。北宋所修会要，记事一通到底，每部会要记事都起自国初，讫于修会要之前，正式名称都是《国朝会要》。南宋则除张从祖、李心传所编者外，都是断朝为书。

第三，因此，这些会要的内容有重叠，有交叉。其中对本章主题有特别重要意义的，是《五朝会要》与《续国朝会要》的交叉，两者都包含英宗治平四年正月神宗即位至熙宁十年的内容。还有就是孝宗朝会要，先是分三次编修上进，后来又合为一书。

第二节　《辑稿》中反映的《宋会要》

在《辑稿》中反映的《宋会要》，可以区分为下列五种情况：

一、作为标题：在上篇第四章中已指出，一般情况下，《辑稿》每段开头，低三格书“宋会要”等字。对照《永乐大典》残本，可知这是表明《大典》收录内容的出处，是《永乐大典》编者所加的。《辑稿》中这一类标题，百分之九十五以上为《宋会要》，其余为《宋朝会要》、《续宋会要》、《宋续会要》、《续会要》、《中兴会要》、《乾道会要》、《孝宗会要》、《光宗会要》、《经进总类会要》、《经进续总类会要》等。

标题中也有个别为非会要的书名，如《中兴礼书》、《十朝纲要》等。这或者是因为这些文献的辑文同《宋会要》的辑文在《大典》中相连，性质又相近，书吏同时录下（如《中兴礼书》）；或者是《大典》编者以这些文献作为正文，而以《宋会要》作注文（如《十朝纲要》）。

二、作为注文：在《辑稿》中，文内常有“以上××会要”，如“以上国朝会要”、“以上续国朝会要”等小注。但并非所有辑文都有这类小注。

三、关于编修《宋会要》的记载：集中在“秘书省”门（职官18之1至45）和“会要所”门（职官18之80至81）。泛指时称《国朝会要》，具体提到某一部会要时，则用正式名称。我在上节中也曾引用过其中的记载，因为上节的内容是“文献记载的《宋会要》”，这里所说的“文献”当然应该包括《宋会要》。

四、臣僚章奏中引用或提及会要：一般都称《国朝会要》。如礼18之38及礼21之5，均载太常寺“检照《国朝会要》”崇宁三年、元丰四年有关记载。崇宁三年及元丰四年都属《续国朝会要》记事范围，但太常寺的报告不说《续国朝会要》如何记载，却是说《国朝会要》如何记载。

五、收入引用《宋会要》的文献：如食货8之35为《嘉定镇江志》文，两引《宋会要》，均称《会要》。方域9之21为明《永州府志》文，则称《宋会要》。可见宋代著作只称《会要》，宋以后人则称《宋会要》。

第三节　文献记载与《辑稿》实际的比较

明确了文献记载的宋代各部会要的名称与范围，又分析了《辑稿》中所反映的《宋会要》的各种情况，特别是与本章主题密切相关的作为标题及作为注文的两种情况，我们就可以对两者进行比较研究。

要进行比较，首先要求作为比较对象的两个事物有可比性，同时要运用同一的标准。我们在这里所做的比较，就是在《永乐大典》的一个事目之内，比较文献记载的各部会要的名称和范围（记事起讫）与《辑稿》中反映的各种名称、不同范围的会要是否相符？如有差异，产生差异的原因又是什么？最终则是要确定《大典》编者所据的《宋会要》的底本究竟是什么。用形象的说法就是"对号入座"。

首先以《辑稿》中的标题与文献记载相比较。

上节已经指出，《辑稿》中作为标题者，"宋会要"占了95%以上的压倒性多数。经检查发现，在《大典》的一个事目之内，如果《辑稿》只有"宋会要"一种标题（包括"宋会要"出现两次或两次以上的情况），它所涵盖的范围是不确定的，最短的只有一条条文，一天的记事，最长的包括太祖至宁宗十三朝记事。与文献记载的十六部会要比较，只有李心传的《十三朝会要》的范围与之相符。这就是说，在《大典》的一个事目之内，《辑稿》标题只有"宋会要"一种者，其底本可能是李心传的《十三朝会要》。如果是这样，《大典》编者在收录《宋会要》时，将《十三朝会要》的名称改为《宋会要》。但这只是就范围的比较而言，还只是一种可能性，究竟是否是确凿无疑的事实，下面还要论证。

在《辑稿》中还有个别以"宋朝会要"作标题的，可以归入这一类。

在《辑稿》中有数十处以“续会要”、“续宋会要”、“宋续会要”作标题，名称与文献记载的《续国朝会要》相似。但如果从《大典》一个事目的范围内来考察，只有在特定的、个别的情况下，《辑稿》以“宋续会要”作标题者，其范围才与文献记载的《续国朝会要》相符。如崇儒2之1，“在京小学”门，标题为“宋续会要”，记事自徽宗大观三年至宣和二年，正在文献记载的《续国朝会要》范围之内。可以认为，这一门的底本就是《续国朝会要》，而《大典》将“续国朝会要”改称为“宋续会要”。上面说的特定的、个别的情况，是指在《大典》的一个事目范围内，《宋会要》只有《续国朝会要》的辑文。在一般情况下，在《大典》的一个事目范围之内，《辑稿》以“续会要”等作标题者，大都接续“宋会要”标题之后，而以乾道九年末作为两者记事范围的分界线。如职官10之1至15，为“司勋部”门，在“宋会要”标题之下，为哲宗元祐元年至孝宗乾道九年记事（10之1至10），接着在“宋续会要”标题之下，则为孝宗淳熙四年至宁宗开禧二年记事（10之10至15）。这样的记事范围，不但与文献记载的《续国朝会要》完全不同，而且也与文献记载的任何一部会要不符。它的底本是什么？下面将要详细分析。

在《辑稿》中还有少数以“中兴会要”、“乾道会要”、“孝宗会要”、“光宗会要”作标题者。它们的范围，“中兴会要”、“光宗会要”与文献记载的《中兴会要》、《光宗会要》相同；“乾道会要”相当于文献记载《今上皇帝会要》第一部，“孝宗会要”相当于文献记载《今上皇帝会要》第二部与《寿皇圣帝会要》之和，而与文献记载的《孝宗会要》不同。实际上，这些标题并不是《大典》编者所注的出处，而是徐松辑《宋会要》时书吏将原文“以上中兴会要”等小注改作标题。这些问题将在下文一起讨论。

在《辑稿》中还有五处分别以“经进总类会要”、“经进总类国朝会要”、“经进续总类会要”作标题的，但在《大典》同一事目内，还有“宋会要”的标题。要解释这些现象，还需要同《辑稿》中“以上××会要”的小注联系起来研究。

下面以《辑稿》中的注文与文献记载相比较。

在《辑稿》的一部分内容中，有“以上××会要”的小注。如开卷第1页帝系1之1就有两处“以上国朝会要”、“以上续国朝会要”的注文（原是单行小字，抄者误为大字正文）。这些注文是要说明，在此以前的内容属于哪一部会要。它对我们了解《宋会要》的原名与原本至关重要。

但要正确地解释并利用这些注文，首先要解决一个问题：这些注文是谁作的？又为什么要作？在前文第十一章中已对此问题作了简单的说明，此处再详加论证。

从《辑稿》的形成过程，时间由近溯远，这些注文的可能的作者不外乎三批人。第一批是《辑稿》的辑者和整理者，即从徐松到刘富曾；第二批是《永乐大典》的编者；第三批是《大典》所据《宋会要》原本的编者。

我们可以比较容易地将第一批人排除在外。因为，第一，对照现存的《永乐大典》残本与《辑稿》，可知这些小注在《大典》中已存在，不是后加的。例如《辑稿》职官55之1至28，17之1至4，17之38至40，有“以上国朝会要”等小注。它们录自《大典》卷2607，“御史台”事目。此卷《大典》现存，可知以上小注已在《大典》中存在，不是后加的。第二，这些注文的绝大部分都夹在正文之中，不可能是后加的。极少部分为整理者后加的注文，或加在行边，或字迹不同，如食货6之4、6的注文就是如此，极易辨认。而且整理者所加这些注文，是从复文而来。上举条文属“限田”门，在食货61之78至80有复文，复文中原有小注。整理者添加的注文即来源于此，一对便知。由此可见，归根结底，这些注文是《大典》原有的。

虽然这些小注是《大典》原有的，但它们的来源还有两种可能性。一种可能是，《大典》编者所掌握的《宋会要》原本所有，《大典》照录。另一种可能是原本没有，为《大典》编者所作。如果这些小注是《大典》编者所作，意味着在这种情况下，他们手中掌握的是小注所标明的《国朝会要》、《续国朝会要》等各部会要的“单行本”，（请读者注意，为了说明本章所遇到的问题，我在这里开始使用“单行本”这个概念，与之相对应的还有“合订本”）然后他们把这些会要的同一门的条文编在一起，在各段之后加上“以上国朝会要”等小注。但这种可能性可以排除。《大典》编者生活在封建时代，他们的许多观念同我们根本不同。在他们的心目中，所谓“国朝”就是指明朝；如果他们遇到前代的书名中带有“国朝”、“皇朝”等字样，而要经由他们加工的话，必定加以修改。上述《辑稿》中的“宋会要”等标题，就是《大典》编者为注明出处而加的。数以千计的标题，只有一个夹在正文中的标题保留“国朝”字样，其余一律改作《宋会要》，就是明证。而在注文中大量出现“以上国朝会要”、“以上续国朝会要”，是因为它们是夹在正文之中，书吏照抄的缘故。其中少数一两处作“以上宋朝会要”，“以上续宋会要”，正说明个别书吏在个别情况下，由于“国朝”等于“明朝”的潜意识在起作用，擅自加以修改的缘故。

这些小注既非徐松等整理者所加，又非《大典》编者所加，只能是《大典》编者所掌握的《宋会要》原本所有，即这些原本的编者所作。这样我们就接近了问题的核心：他们如何和为何作这些小注？解决了这个问题就可进而推知原本的情况。

先将这些小注的情况作一叙述。

一般情况下，这些小注都作“以上××会要”，遍阅全书，所举的会要计有七种：《国朝会要》、《续国朝会要》、《中兴会要》、《乾道会要》、《孝宗会要》、《光宗会要》、《宁宗会要》。在食货11之30末尾有一小注“以上淳熙会要”，但明显是后来的整理者所加，而非原本所有。

将《辑稿》中这些小注与文献记载比较，可以发现一系列值得注意的情况。

首先，与由《大典》编者所注的出处并在《辑稿》中表现为标题者不同，这些小注所标举的七种会要，有六种的名称都可在文献记载中找到；而《乾道会要》虽然在文献记载中没有这一名称，但其范围却和文献记载的《淳熙会要》的第一部吻合。下面我们逐一分析：

小注中的《国朝会要》，文献记载中名称与之相对应的有第一节中列出的一、二、三、十五、十六五种，这五种会要都有各自不同的记事范围。我查阅了《辑稿》中所有“以上国朝会要”的小注，其记事范围绝大部分为太祖、太宗、真宗、仁宗、英宗五朝，即自建隆元年至治平四年正月英宗去世，与文献记载的五种《国朝会要》都不同，但与第二种《国朝会要》（即《五朝会要》）最为接近。《五朝会要》除包括太祖至英宗五朝外，还有神宗熙宁年间记事。注文中的《国朝会要》也有个别与文献记载的《五朝会要》范围完全相同的，方域3之48的“驼坊”门就是如此，它的小注中的“以上国朝会要”，记事至熙宁八年止。出现这种例外的原因是，《续国朝会要》没有此门内容。

小注中的《续国朝会要》，不但名称，而且其记事范围，都同文献记载的《续国朝会要》（即第一节中的第四种）完全符合，包括神宗、哲宗、徽宗、钦宗四朝记事。

小注中的《中兴要会》，无论名称与记事范围都同文献记载的《中兴会要》（第一节中的第五种）完全符合，包括高宗一朝记事。

小注中的《乾道会要》，如前所述，在文献记载中没有与之相对应的名称，但其记事范围却同文献记载的《淳熙会要》的第一部（第一节中的第六种）符合，包括绍兴三十二年六月孝宗即位至乾道九年末记事。

小注中的《孝宗会要》，名称虽与第一节中的第九种相同，但其记事范围却不同，只包括淳熙元年至淳熙十六年六月孝宗退位时记事，即相当于第七、八两种会要之和。

小注中的《光宗会要》与《宁宗会要》，其名称与记事范围都同文献记载的《光宗会要》与《宁宗会要》（第十、十四种）相符。

本来，文献记载的《宋会要》与《辑稿》中反映的《宋会要》，在名称与范围两方面都应该一致；《辑稿》中的标题也应与小注相一致。但比较的结果，文献记载的十六种会要，其名称在《辑稿》的标题中几乎没有反映，而在《辑稿》中大量出现的却是范围不确定的“宋会要”；在《大典》同一事目之内，“宋会要”与“续会要”相连时，其记事范围的分界线不是两朝交替之际，而是孝宗朝中间的乾道九年末。在《辑稿》小注中出现的会要有七种，比文献记载的十六种少九种；但文献记载的十六种会要，范围有交叉、重叠，而小注中的这七种会要，其范围却没有交叉、重叠，已包括了从太祖初年至宁宗末年十三朝二百六十五年的记事。特别值得注意的是，小注中的《国朝会要》一般无熙宁年间记事；第一部《淳熙会要》改称《乾道会要》并多次出现；小注中的《孝宗会要》只包括淳熙元年以后记事。这些现象，为我们解开《宋会要》原本之谜提供了重要的信息。

第四节　甲、乙两合订本的存在

在上述“以上××会要”的小注中，有42处与一般情况不同，在某一部会要无此门内容时，还注“××会要无此门”。如方域16之1至19为“汴河”门，在方域16之6有“以上国朝会要”的注文，包括建隆至治平记事；在16之18有“以上国朝续会要”的小注，包括熙宁至宣和记事；在16之19有“以上中兴会要，乾道会要无此门”

小注，包括建炎年间记事，此门即至此截止。

现将这42处小注的情况列表如下：

小注“××会要无此门”表

《辑稿》中位置	《大典》事目	小注内容	附注
礼19/14，15	荧惑星	以上“续”，“国”无此门；“乾”无此门	
礼41/60	辍朝	以上“续”，“中”无“辍朝杂录”	以下尚有乾道一条，末无注。
礼47/3	大臣	以上“续”，“中”“乾”无此门	此事目包含《会要》数门，此为“赐大臣”门。
礼53/15	太子纳妃仪	以上“续”，“国”“中”无此门	尚有乾道两条，末无注。
舆6/21	鱼袋	以上“续”，“中”“乾”无此门	
运1/30	帝王实录	以上“续”，“国”“中”“乾”无此门	此事目含《会要》三门，此专指“哲宗实录”门。
职1/11	三公	以上“国”，“续”以下无此门	
职2/6	门下省	“中”“乾”无此门	
职2/43	门下封驳司	“续”以下作“给事中”	
职3/77	诉理所	“国”“中”“乾”无此门	
职4/44	提举修敕令	以上“续”，“国”“中”“乾”无此门	
职7/26	左右坊	以上“续”，“中”无此门	条文已被屠寄删去，附239“东宫”中。

续表

《辑稿》中位置	《大典》事目	小注内容	附注
职 22/33	教坊	以上“中”，“续”“乾”无此门	此为附于“教坊”后之“钧容直”门。
职 22/33	教坊	以上“续”，“中”“乾”无此门	此为附于“教坊”后之“四夷乐”门。
职 25/5	鸿胪寺	以上“中”，“乾”无此门	
职 27/65	抵当免行所	“续”作“抵当所”，附“太府寺”，“中”以后无此门	“国”记事至熙宁十年止。
职 27/70	编估局	以上“中”，“宋”“续”无此门，“乾”併“编估打套局”	此卷《大典》现存。
职 30/19	街道司	以上“宋”，“续”附“都水监”，“中”以后无此门	“国”记事至熙宁五年止。
选 9/3	举士	以上“续”，“中”“乾”无此门	“举士”事目包含《会要》数门。此为“赐及第”门。
选 11/43	举士	以上“续”，“国”“中”“乾”无此门	此为“经明行修”门。
选 12/10	举士	以上“续”，“国”无此门	此为“宏词”门。
选 12/32	举士	以上“续”，“中”“乾”无此门	此为“明经”门。
选 12/37	举士	以上“续”，“国”“中”“乾”无此门	此为“八行”门。
选 14/4	举士	以上“续”，“国”无此门；以上“中”，“国”“乾”无此门	此为“新科明法”门。

续表

《辑稿》中位置	《大典》事目	小注内容	附注
选 14/13	举士	以上“续”，“中”“乾”无此门	此为“锁厅”门。
选 18/25	举士	以上“乾”，前三书无此门	此为“宗室应举”门。
选 18/26	举士	以上“中”，余无此门	此为“效士”门。
选 18/27	举士	以上“国”，后三书无此门	此为“百篇”门。
选 26/7	举士	以上“乾”，“国”“续”“中”无此门	此为“铨试”门。
兵 21/18	马政	以上“国”，“续”以下无此门	此为“估马司”门。
方 3/48	坊名	以上“国”，“续”附“太仆寺”	此为“驼坊”门。“国”至熙宁八年。“太仆寺”已佚。
方 4/3	御厨	以上“国”，“续”附“光禄寺”	“光禄寺”已佚。
方 16/19	河名	以上“中”，“乾”无此门	此为“汴河”门。
方 16/25	河名	以上“续”，“中”“乾”无此门	此为“惠民河”门，原注漏“续”字。
蕃 3/4	真腊国	以上“续”，“国”无此门	
蕃 4/60	大理国	以上“中”，“乾”无此门	
蕃 4/102	佛泥国	以上“续”，“国”“中”“乾”无此门	
蕃 5/46	邈黎国	以上“续”，“国”“中”“乾”无此门	

续表

《辑稿》中位置	《大典》事目	小注内容	附注
补 261	明经科	以上“续”，“中”“乾”无此门	同选 12/32。
补 265	宏词科	以上“续”，“国”无此门	同选 12/10。
补 334	举士	以上“续”，“中”“乾”无此门	此为“试判”门。
补 348	举士	以上“乾”，前三书无此门	此为“特奏名”门。有复文，并有绍熙以后条文。

说明：

一、“国”为《国朝会要》缩写。“续”为《续国朝会要》，“中”为《中兴会要》，“乾”为《乾道会要》。个别书吏将《国朝会要》改写为《宋朝会要》，缩写作“宋”。

二、凡此类小注，均至《乾道会要》止。无《孝宗会要》、《光宗会要》、《宁宗会要》。

前面我们已经论证，所有这些“以上××会要”的小注，不是《大典》编者所作，而是《大典》编者所掌握的《宋会要》原本所有。在对比、分析了这些小注的不同情况及含义之后，特别是分析了上述42例之后，我们现在可以进一步探讨这个原本了。而我们的突破口还是放在这些小注的作者是谁的问题上。

这些小注是否是每部会要的单行本的编者所作的呢？即“以上国朝会要”是否为《五朝会要》的编者所加，“以上续国朝会要”是否为《续国朝会要》的编者所加？如此等等，答案是否定的。理由是，如果属于此种情况，“以上国朝会要”应注于熙宁十年之末，而不应像现在这样注于英宗治平四年正月英宗去世之后。“以上乾道会要”的小注不可能存在；“以上孝宗会要”应包括孝宗一朝内容，而不应像现在这样只包括淳熙年间记事。出现这些小注以及这些会要所包含的与原本不符合的范围，只能有一种解释，即《大典》编者所掌握的是会要的“合订本”，而且不是一部合订本，而是两部合订本。第一部

“合订本”包括《五朝会要》、《续国朝会要》、《中兴会要》及第一部《淳熙会要》，即自太祖初年至乾道九年末；第二部“合订本”接续第一部，包括《淳熙会要》的二、三部及《光宗会要》和《宁宗会要》，即自孝宗淳熙元年初至宁宗末年。这些小注分别是这两部“合订本”的编者所加，而且他们对会要的单行本做了加工。

上表所列的42门，下限均至《乾道会要》（这个名称是不规范的，但为了说明问题，我们按名从主人之原则，沿用不改）为止，而且，“以上续国朝会要，国朝、中兴、乾道会要无此门”（运历1之30），“以上乾道会要，前三书无此门”（选举18之25），“以上国朝会要，后三书无此门”（选举18之27）等小注，雄辩地证明了确实有这样一部至乾道九年为止的包括《国朝会要》、《续国朝会要》、《中兴会要》、《乾道会要》的“合订本”的存在。

这部“合订本”的编者主要做了两件工作：第一，将“国朝会要”、“续国朝会要”、“中兴会要”、“乾道会要”四部会要的“单行本”拆散，将每部会要的同一门按顺序编在一起，并在每部会要记事之末加“以上××会要”的小注。第二，因为《五朝会要》之末与《续国朝会要》之初有一段内容交叉，即从治平四年正月神宗即位至熙宁十年末。编者将《五朝会要》这一段重复的内容删去，而在英宗末年加“以上国朝会要”的小注。个别门《续国朝会要》没有此项内容，或合并到其他门，所以《国朝会要》熙宁年间的记事得以保留。

论证了确实存在第一部合订本之后，第二部合订本的存在也就容易确认了。这一合订本的编者看到了已编成的第一部合订本，在接续编下去的时候，依样画葫芦，将淳熙以后各本会要拆散，将同一门的内容按顺序合并，并作小注。他们或是将《淳熙会要》的第二、三两部合并改称《孝宗会要》，或是将《孝宗会要》乾道以前内容删去（看来，后者的可能性更大些），编成了自孝宗淳熙元年至宁宗嘉定十七年的第二部会要合订本。为了叙述方便，我们将这两部合订本分别称为甲、乙合订本。

证实了甲、乙两部合订本的存在以后，《辑稿》中的许多现象也可以得到合理的解释：

（一）第三节所指出的，在《大典》一个事目之内，分别以“宋会要”及“续宋会要”作标题，以乾道九年末作分界线。前者即采自甲合订本，后者采自乙合订本。

（二）《宋会要》的同一门，以乾道九年末为分界线，分别收入《大典》的不同事目中。如“市籴粮草”门，乾道九年以前记事收入《大典》卷17547至17549（食货事目）和卷11596至11598（市籴粮草事目），而淳熙元年以后记事则收入卷20787（和籴事目），也因为分别采自独立的甲、乙两部合订本的缘故。

（三）在《辑稿》（及《补编》）中，有连续辑自《大典》卷10641至10654共14卷十余万字的“贡举”等门，更有连续录自《大典》卷17531至17566共36卷近百万字的“户口”等48门，除个别外，记事都至乾道九年止，也是来源于甲合订本。（关于这个问题的详细研究见本篇第十四章）

（四）《大典》同一事目所录《宋会要》文，有些淳熙以后记事反在前，乾道以前记事反在后。如“宗室”事目，淳熙以后者在卷121至123，乾道以前者反在卷125至128。也因为《大典》编者所掌握的是以乾道末年为分界线的两个分开的合订本。

总之，凡属以下五种情况之一的，其原本都肯定是以乾道末年为分界线的两部会要合订本：一、文中有“以上××会要”小注者；二、《大典》同一事目，乾道以前记事以《宋会要》为标题，淳熙以后记事以《续会要》、《宋续会要》、《续宋会要》为标题者；三、《大典》同一事目连续若干卷均收《宋会要》文，各门记事至乾道末年止者；四、《大典》同一事目所录《宋会要》文，淳熙以后记事反置于乾道以前记事之前者；五、《大典》同一事目所录《宋会要》文，文中虽无“以上××会要”小注，记事连续，熙宁及隆兴、乾道记事不重复者。

第五节　甲合订本非张从祖所编

下面我们进而考察，这两部合订本的编者是什么人？有些学者认为，《辑稿》乾道以前记事即本于张从祖的《嘉定国朝会要》，淳熙以后记事本于李心传的《十三朝会要》。① 这种观点是否符合历史实际呢？

《辑稿》乾道九年以前记事本于张从祖《嘉定国朝会要》之说，并非空穴来风。

《玉海》卷51《嘉定国朝会要》条载：

“淳熙七年十月九日，秘书少监（赵）汝愚言：《国朝会要》、《续会要》、《中兴会要》、《今上会要》分为四书，去取不同，详略各异，请合而为一，俾辞简事备，势顺文贯。从之。将作少监张从祖类辑会要，自国初至孝庙为一书，凡二百二十三册，五百八十八卷。嘉定元年四月十六日诏秘书省写进。三年六月十六日上之。”

赵汝愚上奏的淳熙七年十月，《今上皇帝会要》的第一部，即记事至乾道九年止的那一部刚上进一年多，第二部（记事自淳熙元年至十年）还在编纂之中，所以他所说的《今上会要》只能是第一部。《玉海》接着记述张从祖类辑会要，如果有一部包含自宋初至乾道九年记事的《宋会要》合订本的话，认为编者是张从祖合情合理。再加

① 日本学者内山正博及青山定雄在1968年和1970年分别著文认为，《永乐大典》主要依据《十三朝会要》。王云海更加以具体论证，并认为《十三朝会要》中乾道以前部分来自张从祖的《嘉定国朝会要》。见王氏《宋会要辑稿研究》第2章、第7章。

上《郡斋读书志附志》著录一部《总类国朝会要》，“由建隆而至乾道”，这一论点似乎更无可怀疑了。

但在认真考察了张从祖的生平以及宋代各部会要的完成时间之后，我认为《宋会要》甲合订本不是张从祖编的《嘉定国朝会要》，更不能说《辑稿》中乾道以前记事全来自张从祖的《嘉定国朝会要》了。

首先考察甲合订本的编纂时间。甲合订本以《乾道会要》结尾，记事至乾道九年止。这部《乾道会要》（即《淳熙会要》的第一部）于淳熙六年（1179 年）七月上进。七年之后的淳熙十三年（1186 年）十一月，《淳熙会要》的第二部也上进了。由此我们可以确定第一部合订本的编纂时间在淳熙六年七月至淳熙十三年十一月之间。

再考察张从祖的生平以及他类辑《嘉定国朝会要》的大致时间。张从祖在《宋史》中没有传记。魏了翁《鹤山大全集》卷 91 有一篇《哭将作张少监从祖文》，从中可知他是四川人，对上下千百载的“前言往行，旧章故典”相当熟悉，在宁宗嘉泰、开禧年间与魏了翁同在秘书省供职，官至将作少监。又从《南宋馆阁续录》卷 8、卷 9《官联》中，知道他在秘书省任职的经历：嘉泰四年（1204 年）二月为秘书省正字，八月进校书郎，开禧元年（1205 年）七月改秘书郎，九月进著作佐郎，二年（1206 年）十月进著作郎，三年（1207 年）十月调将作少监兼国史院编修官、实录院检讨官。当时的将作监“号为储才之地”。[①] 但可惜张从祖调任将作少监不到半年就去世了。嘉定元年（1208 年）三月，他的儿子张幼公上札子说：“先父从祖尝摭《国朝会要》纂辑成书，上自国朝（按：‘朝’似为‘初’之误），至于孝庙，凡五百八十八卷，望朝廷特赐敷奏，付秘书省缮写上进。”两年之后，嘉定三年（1210 年）六月，秘书省誊写、装褫完毕并投进，副本藏于史库。[②] 由此可知，张从祖纂辑的这部国朝会要同其他会要有两点不

① 《宋史》卷 165，职官志，将作监。

② 《南宋馆阁续录》卷 4，修纂。

同：其他会要是官修的，而张书则是个人完成的；其他会要是依据原始材料编修而成，张书则是据已成书的会要采摭纂辑。

张从祖能够利用各种已成书的会要并以个人力量采摭、纂辑为588卷，只有进入秘书省以后才有可能。而张从祖入秘书省的时间为嘉泰四年（1204年），此时，不但《淳熙会要》的后两部已完成上进，合《淳熙会要》三书为一的完整的《孝宗会要》业已完成（1201年），《光宗会要》业已上进（1200年），甚至《宁宗会要》的第一部业已完成（1203年），张书至少也应包括孝宗一朝的全部内容（上引张幼公札子也说“至于孝庙”，而不是“至于乾道”）。而现在的甲合订本断自孝宗朝中间的乾道九年，故可断定非张书。

第六节　乙合订本非李心传所编

上节所引的某些学者的观点，可以作如下概括：《永乐大典》所收《宋会要》底本就是李心传的《十三朝会要》；而《十三朝会要》的乾道以前部分，就是张从祖纂辑的《嘉定国朝会要》；李心传将《孝宗会要》的淳熙以后部分及《光宗会要》、《宁宗会要》合编于张书各卷之后，成为《十三朝会要》。①

这种观点的最重要的根据之一，是陈振孙《书录解题》。该书卷5著录李心传编《国朝会要总类》588卷，说：“合三书为一，刻于蜀中，其板今在国子监。”因此认为，“在宋代十一种官修本朝《会要》中，《十三朝会要》是最完整的一种，它包括了前修十种《会要》，又是唯一有刻本的一种，从而成为能够流传下来的有利因素”。

关于李心传《十三朝会要》修纂的情况，流传下来的记载很少。

---

① 王云海《宋会要辑稿研究》142－146页、48页等。

《宋史》卷438《李心传传》载，心传“添差通判成都府。寻迁著作佐郎，兼四川制置司参议官，诏无入议幕，许辟官置局，踵修《十三朝会要》。端平三年成书”。《宋史》卷409《高斯德传》说：“李心传以著作佐郎领史事，即成都修《国朝会要》，辟为检阅文字。”据《南宋馆阁续录》卷8，李心传除著作佐郎在端平元年（1234年）正月。可见他修《十三朝会要》的时间为端平元年至三年，地点在远离临安的成都，主要助手有高斯得。

陈振孙的《解题》著录李心传《国朝会要总类》，短短一段话，疑点颇多。首先，所谓“合三书为一”，究竟指哪“三书”？它既是《十三朝会要》，当然包括《光宗会要》及《宁宗会要》两书，另一书如指张从祖的《嘉定国朝会要》，但又认为张书只至乾道末年止，则淳熙十六年的记事无着。陈说的最大疑点在“刻于蜀中”一说。宋政府屡次严禁雕印会要。元祐五年（1090年）七月规定：“本朝会要、实录不得雕印。违者徒二年。”① 到南宋，又有敕文：“诸雕印御书、本朝会要及言时政、边机文书者杖八十。许人告。”② 主修会要的政府机构怎能违反这些敕令呢？而且当时四川的形势也不允许刻印这样大部头的书。就在李心传修《十三朝会要》次年的端平二年（1235年），蒙古军分三路大举攻宋，西路军的矛头直指巴蜀。端平三年，亦即《十三朝会要》成书之年，蒙古军先大败宋军于阳平关，并于十月相继攻占成都等地，四川州府，十残七八。在这种形势下，怎么还有可能在四川刻一部费工费时，长达八百万字以上，并包括高度机密的会要？

所以陈振孙关于李心传《十三朝会要》的记载不足为据。相反，却有一些有力的证据证明《宋会要》的甲、乙两种合订本不可能为李心传所编。

---

① 《宋会要辑稿》刑法2之38，禁约门。

② 《庆元条法事类》卷17，文书门，私有禁书类。

第一，前面已经指出，在“以上乾道会要”和“以上孝宗会要”的小注中，《乾道会要》只是《孝宗会要》的第一部分，而小注的所谓“孝宗会要”，其范围与文献记载不符，只包括《孝宗会要》淳熙年间记事，而没有乾道以前记事。李心传修《十三朝会要》时，整齐划一的《孝宗会要》早已完成，如果合订本为他所编，他只需将所有“以上乾道会要”的小注取消就可使名实相符，不可能再保留这些小注。

第二，李心传完成《十三朝会要》的端平三年（1236年），《宁宗会要》并没有全部完成，只进到第三部，记事至嘉定十三年（1220年）止。完整的《宁宗会要》成书上进是在《十三朝会要》成书六年后的淳祐二年（1242年），《十三朝会要》何能引用？但现在《辑稿》许多门的《宁宗会要》都是完整的。上引学者对此的解释是：“当是据已修未进之书。”[①] 但没有证据证明，端平三年时《宁宗会要》已全部修完，只待上进。特别是《辑稿》礼11之1“配享功臣”门，记配享宁宗者为“福王赵汝愚”。赵汝愚由秦国公追封福王，在理宗嘉熙元年（1237年）。[②] 李心传无论如何不可能预知此事。

第三，宋代是一个避讳极严的朝代。李心传在修《十三朝会要》前曾撰《建炎以来系年要录》和《建炎以来朝野杂记》，并参预修撰国史，他当然会严格遵守避讳的规定。如在《系年要录》中，对钦宗“桓”的嫌名“完”也避讳，“为字不成”，即用缺笔法，不写最后一画。对于皇帝的正名，更是严格避讳，所以将“马扩’一律改为“马广”。[③] 李心传修《十三朝会要》时，即使已祧不讳，至少应对徽宗以下诸讳“佶”、“桓”、“构”、“慎”、“惇”、“扩”等改避，但在《辑稿》中，犯以上诸讳之处多见。即以人名来说，有萧佶（蕃夷2之

---

① 王云海《宋会要辑稿研究》142－146页、48页等。

② 《宋史》卷42，理宗纪。

③ 《建炎以来系年要录》卷1，靖康元年正月庚辰条原注。

18)，黎桓（职官41之83、蕃夷4之21、22等多处），王桓（礼26之13、42之11等多处），赵克构（帝系3之33），孙构（选举33之12），王慎（职官36之46、47），潘慎修（礼14之39、18之6等），章惇（帝系1之11、12等共197处），曾惇（崇儒5之32等），杨惇（兵15之5），孙扩（职官69之7），孟扩（方域13之25、15之27），吴扩（职官77之20、34之16等），马扩（职官39之6、40之8），等等。这应是否定原本为李心传《十三朝会要》的非常有力的证据。

第七节　合订本可能为秘书省官员所编

虽然否定了甲、乙两合订本为张从祖、李心传两书，那么，它们的编者究竟是谁呢？因为没有足够的材料，只能根据现有的材料并联系当时的实际情况来推断。我认为很可能是南宋秘书省官员所编，因为他们有这个需要与可能。

从会要的性质看，它是政书而不是史书，所以在当时的各种目录书中都不把它列入史部的正史、编年等类，而列入子部的类书、典故等类。它与以史为鉴、寓褒贬于记事中的正史不同，带有很强的实用性，备处理政事时检用。它属于“记注”而不是“撰述”，带有原始资料汇编的性质。因此，它是用数字记日（原始资料如此）而不是用干支记日（经过史官加工换算）。绍兴初年曾任秘书少监的程俱批评王黼在宣和年间匆匆解散编修国朝会要所一事时说：“朝廷每有讨论，不下国史院而常下会要所者，盖以事各类从，每一事则自建隆元年以来至当时，因革利害，源流皆在，不如国史之散漫简约，难见首尾也。”[①] 淳熙六年（1179年）时任秘书少监的施师点也说：“会要为

① 《麟台故事》（残本）卷1，官联。

书，载礼乐政令之大纲，仪物事为之凡目，以备讨论。”①

既然会要是为讨论政事时便于检用，所以要求贯通。北宋所修三部会要，都起自国初，讫于编修之时，就是这个缘故。南宋编修会要形成制度，就某些方面来说，比北宋进步。如成立了编修会要的常设机构，即隶属于秘书省的会要所。前一部会要修成上进之后，立即接续编修下一部会要，到宁宗嘉定六年时更规定两年一缴进会要草稿，使编修会要成为一项经常工作，材料能及时整理。但南宋时以一朝皇帝作为一部会要的单位，而孝宗、宁宗两朝，因皇帝在位时间较长，一朝的会要甚至分三部、四部分批上进，这样，为检阅某一问题，就需要翻检多部会要，很不方便。而要解决这个问题，并不困难。因为会要的体裁既是分门按时间收录有关文字，如果不对内容进行修改，只需将各部会要的同一门按顺序编在一起即可。

什么人，或者说什么机构最有可能和最有必要做这项工作呢？只有秘书省。因为会要是由秘书省属下的会要所编修的。会要修成之后，缮写两部，一部上进皇帝，“留中，以备乙览”（高宗、孝宗退位后，缮写三部，除皇帝外，太上皇处亦上进一部），另一部则安奉于秘阁。② 朝廷讨论某一事件，需要调阅、利用会要，只能是利用藏于秘阁的那一部，臣僚要查阅、抄录会要，当然也只能利用藏于秘阁的那一部。所以，秘书省作为编修、保存会要的机构，最有可能也最有必要做会要的“合订”工作。

由此我们就可以理解，为什么正是秘书少监赵汝愚而不是别人，于淳熙七年（1180年）十月请求将《国朝会要》、《续会要》、《中兴会要》与《今上会要》（指《淳熙会要》第一部）“合而为一，俾辞简事备，势顺文贯”。又为什么正是秘书丞邵文炳而不是别人，于庆元六年（1200年）闰三月上书，指出分三次上进的孝宗会要，“事虽备

① 《南宋馆阁续录》卷4，修纂。

② 《南宋馆阁续录》卷4，修纂。

载，而首尾未曾贯穿，至遇检寻典故，前后纷错，殊失会要之义”。并请求“差省官一二员，专一兼总，统为一书”。[①] 因为只有秘书省最深切体会“合订”诸部会要的迫切性与必要性。又为什么朝廷在同意了邵文炳的请求后，只差秘书郎杨济、钟必万两人，并限两月了毕这项工作，而他们两人在次年就能将原来388卷的三部会要总修为200卷的《孝宗会要》。因为由秘书省的官员来做这项工作，并不困难，甚至是比较容易的，他们具备最有利的条件。

由此我们更可进一步推断，我们所证明的会要的甲合订本，很可能就是根据赵汝愚于淳熙七年的请求，在最短期间编成的。因为只是“合而为一”，所以未对各部会要内容修改，也没有将犯讳的字改避。它也很可能就是《郡斋读书志附志》所著录的《总类国朝会要》，因为《附志》说它记事“由建隆而至乾道”，与甲合订本符合，而且《附志》并未著录编者的名字。

第八节　甲、乙合订本以外之本

《永乐大典》编者所据的《宋会要》原本，除了甲、乙两合订本外，是否还有其他来源呢？回答是肯定的。第四节已经论证，在五种情况下，其原本必是甲、乙两合订本。但在《辑稿》中，还有一些内容，它们不属于五种情况中的任何一种；其中有与甲、乙两种合订本为复文，而这种复文又非完全相同，说明源于其他本子的。

这种复文，可分三种类型：

一、分合型：如食货类的水运门（食货46之1至48之13）和陆运门（食货48之13至21），辑自《大典》卷17545至17547，“食货”

① 《南宋馆阁续录》卷4，修纂。

事目，属于上文所说的第三种情况，源于甲合订本。又另有漕运门（食货42之1至45之19、48之21至22）辑自《大典》卷15944至15948，“漕运”事目。漕运门实际上是水运、陆运两门的综合。经仔细勘对，发现其中还有一些差别：水运门元祐七年五月三十日一条（食货47之3），漕运门误置于元丰七年（食货43之3）。水运门绍圣三年九月二十九日条（食货47之3），建炎二年八月十六日条（食货47之14），陆运门靖康元年十月十二日条（食货48之19），漕运门缺。水运门政和七年、八年六条（食货47之7至8），漕运门误置于宣和七年、八年（食货43之12至14）；而水运门中一些条文次序之误（食货47之11至12，14），漕运门不误（食货43之12至13，15）。水运门乾道元年正月一日条（食货48之9）的小注，漕运门误作正文（食货44之8），以至编年错误。凡此等等，可见漕运门来自《大典》编者所掌握的甲、乙合订本之外的另一个本子。又如甲合订本有赈贷、恤灾两门（《补编》583至599页，《辑稿》食货68之112至117），但另有赈恤门（《补编》809至816页，食货57之1至2，59之13，59之16至52），为以上两门的综合。《大典》编者不会去做这种综合或分析的工作，只能说明所据者为除甲、乙合订本外的另一本。

二、异名型：即同一门，在《大典》中出现两种甚至三种门名。如上文的水运门，同样内容还见于《补编》556至582页，辑自《大典》卷17347至17349，“转漕”事目，门名“转漕”。而且与水运门也有些小差异，如转漕门有“详见陆运”、“详见诸河”（《补编》567页上）、“详见市舶司”（《补编》581页下）等小注，水运门本缺，现在食货47之2两小注，显然是整理者据转漕门补入的。类似的情况，还有甲合订本的“试判”门（《补编》330至334页），有两处复文，一同名（选举10之1至5），一作“书判拔萃科”门（《补编》268至272页）。“特奏名”门（《补编》345至348页）也有两处复文，一同名（《补编》317至319页），一作“恩科”门。等等。《大典》编者一般不会去改变《宋会要》的门名，这也是另有所本的证据。

三、起讫不同型：分合型中的“漕运”门，不但是甲合订本“水运”、“陆运”两门的综合，而且记事起讫也与甲本不同。甲本所有各门均以乾道九年末为下限，而“漕运”门记事则至嘉定十五年止。异名型中的“恩科”门，不但与甲本的“特奏名”门不同名，记事也至嘉定十五年止。他如甲本之“市舶”门（《补编》638至652页），与“市舶司”门（职官44之1至34）比较，后者记事多淳熙元年至嘉定六年内容。《大典》编者显然另有所本。

这些不同类型复文的存在，说明在我推断为秘书省官员所编的甲、乙两合订本之外，《大典》编者手中还掌握有其他《宋会要》的本子，如《辑稿》标题中几处《经进总类会要》、《经进续总类会要》，可能就是张从祖的《嘉定国朝会要》和李心传的《十三朝会要》。为什么会出现各种本子的会要杂出的情况呢？会要在宋代虽然不许雕印，但官僚们查阅、传抄还是可能的，这样，会要的内容就有流传在外的可能。我们只要看看宋代现存的一些书籍，包括史书中的李焘《长编》、李心传《系年要录》，笔记中的《桯史》、地理书中的《舆地纪胜》，特别是类书中的《翰苑新书》、《山堂考索》、《合璧事类》、《玉海》等，无不大量引用会要，就是明证。

第九节 十六种会要的三种类型

写到这里，我们还要回答一个问题。这就是：文献记载中的十六种会要，在《辑稿》中是否都有所反映呢？

了解了各部会要成书的经过及内容后，我们可以将这十六部会要分为三种类型：

一、基本型：从建隆元年至嘉定十七年共265年，可分为接续相连的13段，为各段时间首先提供了基本内容的那些会要，可称之为基本型的会要。如建隆元年（960年）至庆历三年（1043年）这一段，首先是由《三朝会要》提供的，尽管后来的《五朝会要》、《政和会要》也包括这一段的内容，并对它作了某些修改，但基本内容仍为《三朝会要》。按照这样的定义，各段及与之对应的基本型会要也有13部，它们依次是：

（1）建隆元年至庆历三年：《三朝会要》。

（2）庆历四年至熙宁十年：《五朝会要》。

（3）元丰元年至政和七年（仅帝系、后妃、吉礼三类）：《政和会要》。

（4）元丰元年至政和七年（帝系、后妃、吉礼三类除外）及重和元年至靖康二年：《续国朝会要》。

（5）高宗朝：《中兴会要》。

（6）孝宗即位至乾道九年：《淳熙会要》第一部。

（7）淳熙元年至十年：《淳熙会要》第二部。

（8）淳熙十一年至孝宗内禅：《淳熙会要》第三部。

（9）光宗朝：《光宗会要》。

（10）宁宗即位至嘉泰元年：《宁宗会要》第一部。

（11）嘉泰二年至嘉定四年：《宁宗会要》第二部。

（12）嘉定五年至十三年：《宁宗会要》第三部。

（13）嘉定十四年至十七年：《宁宗会要》第四部。

既然《辑稿》中包括了自建隆元年至嘉定十七年的记事，在这个意义上，我们可以说，以上13部基本型的会要在《辑稿》中都有所反映、体现了。

二、综合型：《嘉泰孝宗会要》虽然是将三部《淳熙会要》合而为一，但在综合过程中也做了大量加工工作。在《辑稿》一些门中有“以上孝宗会要”，应该就是指这部会要。

三、类辑型：张从祖《嘉定国朝会要》及李心传《十三朝会要》，看来只是将以上 14 部会要加以合并或删除，并没有增加或修改内容。因此，即使《大典》编者掌握并部分采用了这两部会要，也没有超出以上 14 部会要的范围。

当然，如果要辨别每一条条文究竟采自哪一部会要，不可能也没有必要。但《三朝会要》和《政和会要》两部会要的情况，还是可以推知的。

李焘在《长编》小注中多次引用会要。在《三朝会要》与《五朝会要》不一致的地方，他都提出来并作出判断。利用他提示的这些不同，对照《辑稿》，发现《辑稿》所据者为《五朝会要》而非《三朝会要》。如《长编》卷 4，乾德元年八月庚辰条有李焘原注："太祖乾德元年初郊，有司以冬至逼近晦日，请用十一月十六日甲子。按：章得象所编《三朝会要》初不及此，而王珪等所编《五朝会要》始载近晦事。"原来，南郊祭天一般都是在冬至举行。乾德元年的冬至在十一月二十九日，所以说"逼近晦日"（月末），因此改在十六日举行。据李焘所见两部会要，《三朝会要》没有说明改期的原因，《五朝会要》始补载此事。查《辑稿》礼 28 之 1，"郊祀御札"门，正记载有司以冬至"近晦日，乞改用十六日"，因此才改期行郊祀的。其他李焘指出两部会要不同之处，《辑稿》都同《五朝会要》。

另外，可以作为断代标志的避讳，也可说明此问题。能够区分《三朝会要》与《五朝会要》的人物，必须死在《三朝会要》修成之前，即庆历四年四月之前，而其名字又须与英宗或神宗同。王曙正是一名可作断代标志的人物。王曙，字晦叔，《宋史》有传。他的名字与英宗同。他卒于仁宗景祐元年（1034 年）八月，时在庆历四年（1044 年）《三朝会要》修成之前。所以可以肯定，《三朝会要》记王曙必用原名。但翻阅《辑稿》，提到王曙时，一处改称其字晦叔（选举 14 之 24），其他 41 处则改称"王晓"（如礼 1 之 3、22 之 4 等）。这显然是成书于神宗元丰四年的《五朝会要》编者为避英宗讳而改。这是底本为《五朝会要》而非《三朝会要》之证。

至于《政和会要》，在《辑稿》正文中几处提到它的地方，都是指出它的错误，可见《辑稿》也没有直接采用《政和会要》而是采用《续国朝会要》。

在作了上述论证之后，我们知道，不可能也没有必要复原每部会要。但如果我们也采用合订本的办法，将每一门的内容按顺序排列，对今后的研究者来说已经足够了。

第十四章 类门之谜

第一节　类门之谜是《宋会要》之谜的核心之谜

要解开《宋会要》之谜，核心问题是恢复《宋会要》的类、门。具体说，就是要确定《宋会要》的类名、门名及其顺序，并且将《宋会要》全部辑文正确地归入这些类、门中。这是本书的重点。也只有解开了前面各种各样的谜之后，才有可能基本解开这个谜中之谜。

第二节　问题的重要性

《宋会要》超过一千万字，类门复杂，只有掌握了它的类门，才能高屋建瓴，运用自如，否则，如坠五里雾中。从整理《宋会要》的角度来说，能否复原《宋会要》的类门？复原到什么程度？其准确性如何？可以说是决定整理水平高低的关键。对于使用《辑稿》的人来说，如果掌握了它的类门，就能更充分而准确地利用它。许多人（特别是初学者）对《辑稿》望而生畏，以致不能很好利用，与《辑稿》的混乱有关。

第三节　困难和条件

过去整理《辑稿》的几代人都遇到并企图解决这个问题。《辑稿》的几种整理本都有目录，都按一定体系来编排，就是他们对这个问题的答案。但是他们都没有成功，说明这个问题难度很大。那么，困难到底是怎样产生的呢？

最根本的，就是因为《宋会要》原本的目录没有留存，而它的类门又很复杂。徐松在《全唐文》馆时，同时从《永乐大典》中辑出了《宋会要》和《中兴礼书》两部大书，结果大异。《中兴礼书》虽然没有刊行，但全书已经编定，而《宋会要》则历经百余年多人之手整理，至今也只留下一部混乱的《辑稿》。原因就在于《大典》载有《中兴礼书》的目录，而且《中兴礼书》的内容也比较单纯，徐松得以据目录将所辑内容分类分门编入；而《宋会要》则完全相反，既无目录留存，又头绪纷繁，故甚难整理。

但另一方面，我们又应充分估计到复原大部（不是全部）类门的条件。

第一，所谓类门，实质上是内容的标题或概括。《辑稿》究竟还是保存了《宋会要》的大部内容，从原则上说，循内容以求类门，并非没有可能。

第二，宋代历次所修会要，各门的名称虽然不详，但十五类、十七类或二十一类的名称及次序是有记载的。宋初所修《唐会要》及《五代会要》各门的名称及次序也可参考。

第三，如前所说，几十年来无论对宋史的研究以及对《辑稿》的利用都有较大进展。

第四，在近千万字的《辑稿》中，终究留下了一些指明类门的标志。问题是如何发现并充分利用它们。

第四节　必须清除的障碍

认识事实真相的最大困难，往往不在于事实本身，而在于笼罩在真相上的层层迷雾，以及人们的种种偏见和成见。在复原《宋会要》类门这个问题上，首先要清除一些障碍，最重要的是，必须从今本《辑稿》的分类、标目、编排中解脱出来。《辑稿》是一部经几次不得其法的整理后准备丢弃的本子。它的分类有许多错误；即使那些分类合理的部分，各门先后次序也有许多问题；甚至有将《宋会要》中的一门分在两类，或将几门拼凑成一门的情况。标目也有许多问题。如果循着《辑稿》的路走下去，只能钻进死胡同。这是我们整理工作中得到的最深刻的教训之一。因此必须另辟蹊径。只有这样才有可能汲取过去整理工作的积极成果。换句话说，今本《辑稿》的分类、标目、编排等，只能作参考，不能引以为据。

出路何在？

第五节　关键是掌握《永乐大典》收录《宋会要》的规律

这也就是掌握从《宋会要》到《永乐大典》的变化规律。

前面已经提过，《永乐大典》编纂的原则是“用韵以统字，用字以系事”，“事”指“事目”，它是《大典》收录文献的基本单位。《宋会要》的体系为类—门—条三级，有时在门下还有目一级。“门”是《宋会要》分类的基本单位，“条”则是其细胞。

所谓《永乐大典》收录《宋会要》的规律，也就是《大典》的“事目”与《宋会要》的“门”这两种基本单位的对应关系。它们之间是只有一种对应关系还是有多种对应关系？如果有多种对应关系，它们在《辑稿》中又如何表现？完全掌握了这些规律，就可以解开《宋会要》的类门之谜。

为此，我们先要将《大典》的“事目”与《宋会要》的“门”分别加以研究。

第六节 《大典》的事目

《永乐大典》现存不到800卷，仅为全书百分之三左右。我们了解《大典》的事目，主要依靠60卷《永乐大典目录》，它是帮助我们解开《宋会要》之谜的一把极重要的钥匙。但只有对照现存的《大典》残本，我们才能理解《大典目录》每个项目的含义，才能充分利用《大典目录》。

《永乐大典目录》看起来很简单，它只是记载《大典》每卷所收的字韵，有的在字韵下加上各种注文，如姓氏、诗文、事韵等，有的没有任何注文。对照《大典》残本，可以懂得这些注文或不加注文的含义。

（一）为何没有注文？因为这是一个生僻字，《大典》没有以此字为关键字的事目。如《大典》卷490的“霟”字。

（二）何谓姓氏？是以该字为姓的人物的传记资料。如《大典》卷489“终”字，《目录》下注“姓氏”，该卷收录了汉代人终军的传记材料。

（三）何谓诗文？是有关该字的诗或文。同上卷，“终”字，《目录》下注“文”，正文中收录了宋人叶适《水心集》中的《终论》等文章。

（四）何谓地名？是末字为该字韵的地方的地志材料。同上卷，“终”字，《目录》注“无终县”，正文收录了《汉书》及《隋书》地理志中有关无终县的记载。

（五）何谓事目？凡在《大典目录》中各字下所注的事目，正如《永乐大典凡例》中所说的，都是“切要事目”，即以此字为关键字而又较重要、分量较多的事目。如同卷，“终”字，《目录》下注“送终”。“送终”就是一个“切要事目”，该卷《大典》收录了历代有关“送终”的记载。

不仅如此，有些特别重要或分量特多的事目，在“事目”下还分“子目”，而这些“子目”在《大典目录》的注文中有些也反映出来。如《大典》卷5435至5512共78卷都是“郊”字韵的“郊祀”事目；《大典目录》在“郊祀”下还有“御札”、“神位”等注文，说明“郊祀”事目下再分“郊祀御札”、“郊祀神位”等子目；对照现存的卷5453、5454两卷，更知道在“郊祀神位”这个子目下，还分“神位”和“座席”两细目，其下又各自再分“事实”和“议论”两个小目，《大典》是按小目收录各种文献的。虽然这样的事例在《大典》中不多见，但我们还是要据此而补充我们在前面的说法：一般来说，《大典》收录文献的基本单位是“事目”，但某些分量很大的事目，下面再分子目以至细目、小目，在这种情况下，《大典》是以子目或细目、小目作为收录文献的基本单位。

此外，我们在《大典目录》中还可发现，有的事目名上冠以朝代，有的事目在注中分朝代。前者如卷5351至5356，为“朝”字韵，“宋朝仪”事目（前后分别为“五代朝仪”和“辽朝仪”事目）。后者如卷17516至17580为“货”字韵，“食货”事目，而在卷17522至17572下注“宋”（前后分别注“唐、五代”和“辽、金”）。这两者的含义其实是一样的，即其收录文献的单位不是“朝仪”和“食货”，而是“宋朝仪”和“宋食货”。从下文就可知道，事目之下是否再分朝代对收录《宋会要》文是否完整，有很大关系。

（六）何谓事韵？在《大典目录》中，许多字韵下注“事韵”两字。在这种情况下，该卷包含若干以该字为关键字的事目，因为这些事目所收的内容不多，或者带有很大的特殊性，只为某一朝代所特有，因此目录不一一表示，而用事韵来概括。如卷489，“终”字韵，《目录》下注“事韵”，该卷《大典》包括“有始无终”、“慎终”、“临终”、“无疾而终”等十余个事目。当然，这些事目必带“终”字。

第七节　确认《宋会要》的门，突破口何在?

如果说，我们要认识《大典》的事目还比较容易的话，要认识《宋会要》的门就困难得多。因为记载《宋会要》类名的文献中没有门名的记载。

我们的任务就是要全力寻找隐藏在《辑稿》中的指示《宋会要》类门的痕迹，并充分加以利用。最根本的是要寻找出两种标志：第一种，指示《宋会要》各门范围、特征的标志；第二种，指示《宋会要》门名的标志。这就是突破口。这两种标志在《辑稿》中确实存在，而且每一种都有不同的表现形态。

第八节　指示《宋会要》各门范围、特征的标志

这种标志，首先是“以上××会要，××会要无此门”的小注。

在上一章中，我们已把《辑稿》中这一类小注全部用表列出，并用以证明《宋会要》甲合订本的存在。在这一章中，这些小注又可以给我们提示《宋会要》一个门的范围和特征。

具体地说，它至少可以提示我们四点：

第一，由于宋代多次编修会要，各部会要的内容（指横的方面）不尽相同，某一门，可能只在某一部或几部会要中存在，而在其他会要中不存在。但只要它确实存在于其中一部会要中，就不妨碍其成为《宋会要》的一门。换句话说，是否是《宋会要》的一门，并非以是否包括从太祖初年至宁宗末年全部记事为必要条件。如《辑稿》蕃夷5之46的“邈黎国”虽然只有一条条文（在《续国朝会要》范围内），不足百字，但从小注可知，它确实是一门。而且我们还可以据这个例子推论，在《宋会要》的蕃夷类中，每一“国”的记事单立一门。

第二，《永乐大典》同一卷同一事目所收录的《宋会要》，并不一定属于同一门。如《大典》卷3187为“臣”字韵“大臣”事目，这一卷收录的《宋会要》文在《辑稿》礼47之1至12和礼59之1至12中，共包括《宋会要》的三门。礼47之1至47之3宣和七年十二月十六日条为一门，因此条末有“以上续国朝会要，中兴、乾道会要无此门”的小注。此条以后，已属于另一门。但此条与下一条之间，也就是两门之间，除上面这个小注之外，没有其他明显的分门标志。下一门又从太宗端拱元年起记事，一直到礼47之12，隆兴二年十一月十日条止，各段之末有“以上国朝会要”至“以上乾道会要”的小注，第二门至此为止。礼47之12与《辑稿》礼59之1本在同一页紧相连接。下文开始为“国朝开宝通礼载”云云，与一般条文不同，是第三门的序言，此门正文又从太宗淳化五年开始，直至乾道九年十二月十七日止，各段之末亦有“以上国朝会要”至“以上乾道会要”的小注（《辑稿》礼59之8）。从礼59之9至11为淳熙元年至开禧三年记事，其内容则为第一、第二两门的综合（即淳熙以后，一、二两门合为一门）。由此可知，划分《宋会要》各门的标志还有：1. 序言为一门之开首，2. 记事从新开始，3. 内容的转换。

第三，比较上面这个例子的第一门与第二、三门，可见“以上××会要，××会要无此门”与“以上××会要”这两种小注，其实是同一类型的两种表现形态。前者反映的，是只存在于某一部或几部会要中的门，后者反映的，则是贯通各部会要的门。前者固然是《宋会要》的一门，后者当然也是《宋会要》的一门。

第四，它启发我们进一步思考：为什么《大典》的一个“事目”竟包括《宋会要》的几门？为什么这几门之间并没有明显的分门标志？如何分解《宋会要》的各门，并进而确定其门名及在《宋会要》中的排列顺序？当然，这些问题不是靠这种标志就能解决的，我们还必须深入分析第二种标志，即指示《宋会要》门名的标志，而这种标志的情况，远比第一种标志复杂，需要把它分解为若干较简单的问题，循序渐进地加以解决。

第九节　指示《宋会要》门名的基本标志

在《辑稿》的正文中，偶尔可见在某一条文末，有“详见××门”，或“具××门”，或“互见××门”等小注。如本篇第十一章所分析，这是《宋会要》编者原注，是供查阅会要时使用的，意思是说，这一条文详见或互见于另外一门中。既然如此，它所指的××门必然是《宋会要》的一门。例如，《辑稿》方域13之5，标目为“四方津渡”，文中有小注：“详见桥门”，说明《宋会要》原本中有“桥”门。

但是，在利用这种标志时必须把两种情况排除在外。一种是《中兴礼书》和《文献通考》的小注。今本《辑稿》中收录了《中兴礼书》的部分内容，《中兴礼书》原书也有“详见××门”的小注。如《辑稿》礼23之4，有小注“详见祀上帝门”。但此段正文为《中兴礼书》的“社稷”门，所以这个“祀上帝”门，也是《中兴礼书》的门，而非《宋会要》的门。据《中兴礼书》目录，它在该书卷90、卷91两卷中。又今本《辑稿》中常以《文献通考》作注文，这是《大典》编者所为。所引《通考》中偶有“见××门”字样。如《辑稿》选举14之14，为《宋会要》“发解”门，《大典》编者引《通考》一段作注，注文最后为：“诏劾本部官滥举之罪，见孝廉门。”这个“孝廉”门乃是《通考》之门，也非《宋会要》之门。

另一种是《永乐大典》的注文。《辑稿》中偶有“详见×字”的小注。例如礼9之38，标目为“兵捷献俘”，有“详见‘俘’字”小注，这是《大典》编者注，指详见《大典》“俘”字韵。如何区别《大典》编者注和《宋会要》原注呢？《宋会要》原注或作“详××门”，或作“详××”，而《大典》编者注则必作“详×字”或“详×”，因为它的编纂原则是“用字以系事”，所谓“×字”、“×”就是指“×字韵”。

我多次翻检全部《辑稿》及《补编》，在排除上述《大典》及《中兴礼书》、《通考》的小注之后，共查出“详见××门”的小注310处，因为有些门名多次出现，实际出现的门名为200个。

我的下一步工作就是对这些小注进行验证。所谓验证，就是要在《辑稿》中查出相应的内容，由此就可以确定《宋会要》的某一门在《辑稿》中的位置，亦即确定其存在。

验证的结果如下：

一、在《辑稿》中确实查出了相应的内容，这是绝大多数。但又可以细分为不同的情况，举例如下：

（一）亲飨庙门：《辑稿》礼10之12，后妃庙，隆兴二年七月二十二日条：“礼部、太常寺言，将来郊祀前一日朝飨太庙，皇帝合谒别庙懿节皇后室行礼，欲从本寺参照修定仪注关报。”此下有小注：“仪注附见亲飨庙门。”可见《宋会要》有“亲飨庙”门，其中载皇帝谒别庙行礼仪注。我在《辑稿》礼 17 之 22 查到《亲飨太庙别庙行礼仪注》，并根据上节所述指示一门范围的标志，知礼 17 之 10 至 29 为一门。此门辑自《大典》卷 17059，为“庙”字韵“宋宗庙”事目。据礼 10 之 12 的小注，可以确定这就是《宋会要》的“亲飨庙”门，在《辑稿》“宋会要”下的标目也正是“亲飨庙”。此例《宋会要》门名与《大典》的事目名不同，而与《辑稿》的标目相同。类似的例子还不少，其原因及意义将在分析《大典》事目与《宋会要》门的对应关系时予以解答。

（二）日历所门、国史院门：《辑稿》职官 18 之 55 至 56，国史院，乾道二年闰九月（按：该年无闰九月，“闰”字衍）二十九日条记国史院及日历所分别上《三朝帝纪》、《光尧寿圣太上皇帝圣政》，条末注“官吏推恩见圣政日历所门”；又《辑稿》礼 7 之 32，日历所，同日条记“国史日历所上《光尧寿圣太上皇帝圣政》”，条末注“进御仪注见国史院上《三朝帝纪》”。对应第一条，我在礼 7 之 36 查到了上《三朝帝纪》官吏的推恩；对应第二条，我在职官 18 之 55 查到了进《光尧圣政》的仪注。由此可知《大典》卷 20845“历”字韵“日历”事目所收《宋会要》文（在《辑稿》运历 1 之 15 至 28 和礼 7 之 32 至 36）为《宋会要》的“日历所”门；《大典》卷 16650，“院”字韵“乾元等院”事目所收《宋会要》文（在《辑稿》职官 18 之 53 至 60）为《宋会要》的“国史院”门。我费数日之功才查清以上事实，原因在于情况的复杂：1. 事实本身的复杂：国史院与日历所两个机构同日分别上进《三朝帝纪》和《光尧圣政》两部书，而日历所正式名称是国史日历所，又称圣政日历所。2.《宋会要》编者将推恩情况载于“日历所”门，进书仪注载于“国史院”门。3. 被整理者搅乱：“日历所”门本应同“国史院”门一样归入职官类，而整理者却将此门一分为三，首尾置于运历类，中间置于礼类。4. 书吏在抄写中又将“日历所”门的小注误抄作大字正文，不易发现。在这一例中，《大典》事目的名称也与《宋会要》的门名有异。

（三）社稷门：《辑稿》礼20之1，山川祠，崇宁二年九月二十八日条记臣僚奏请降诏戒敕州县恭行社稷之礼，条末注“详社稷下”。在《辑稿》和《补编》中虽然都没有与之相对应的条文，但在现存的《大典》卷20424中却有与之对应的条文，即崇宁二年九月二十二日（按：两处日期，必有一误）诏，令监司戒敕郡县恭行社稷之礼。《大典》此卷为“稷”字韵，“郡县社稷”事目，宋代记事分六段，第一段录自《宋会要》，自景德四年至政和元年；第二段录自《政和五礼新仪》；第三段录自《中兴礼书》，自绍兴二十年至淳熙六年，在淳熙五年十二月十四日条后，以《宋会要》同日记事作注；第四段录自《文献通考》，为淳熙七年记事；第五段为朱熹《州县社稷坛说》；第六段又录自《宋会要》，为绍熙三年至嘉定十年记事。《辑稿》只有第六段（礼23之14）而无第一、第三段，可能为书吏漏抄。幸好此卷尚存，使我们得以验实此门。但《宋会要》原注作“社稷下”，《大典》事目则为“郡县社稷”。按《大典》卷20422至20423为“稷”字韵，“社稷（宋）”事目，《宋会要》及《中兴礼书》文见《辑稿》礼23之1至13，记事自天圣十年至淳熙四年，其内容为京师社稷。可能在《宋会要》中，京师及郡县社稷共为一门，分为上下，也可能本为两门，原注为简便计，将后者记作“社稷下”。

（四）尚书左选门：《辑稿》职官10之31，考功部，乾道二年六月十七日条末有小注“详见尚左门”。在选举23之18正有相对应的条文，它辑自《大典》卷16785，为“选”字韵“宋铨选”事目。这一事目之文，在《补编》532页下及《辑稿》选举23之2至19；在选举23之2正文中（其实是从《补编》532页第8行中挖出移于此）正有“尚书左选上”五字，故知注中的“尚左门”是“尚书左选门”的简称。类似的还有将“提举常平农田水利差役门”简称作“提举常平门”等。此例《大典》的事目为“宋铨选”，而《宋会要》“尚书左选”门的门名在正文之中，为解开类门之谜提供了重要线索。此外，在《辑稿》职官11之55，也有“尚书左选”门的序文节文，在条末注“详选下”，这是《大典》编者作的小注，指内容详见“选”字韵，即上述“选”字韵“宋铨选”事目。这段序言节文辑自《大典》卷14615，为“部”字韵，“吏部”事目，其中《宋会要》“吏部”门内容见《辑稿》职官8之1至68，而“审官东院”、“尚书左选”、“审官西院”、“尚书右选”、“流内铨”、“侍郎左选”、“三班院”、“侍郎右选”、“格式司”等门，都是极简单的节文，条末分别有《大典》编者加的“详‘院’下”、“详‘选’下”、“详‘铨’”、“详‘司’”等小注，内容大部删去。在《大典》“吏部”事目之下收入《宋会要》十门，也是值得注意的。

（五）奏辟门：《辑稿》职官61之47，对换官，绍兴三年十月十一日条末有小注“详见奉辟门”。在《辑稿》选举31之3至4中，正有对应之条文。选举31之1至11录自《大典》卷10672，为“举”字韵“辟举”事目，而其内容及宋代习惯用语则应为“奏辟”。奏、奉形近，易误。类似的还有“久任”误“久在”，“黜降”误“黜监”等。致误者，究竟是《会要》编者，还是《大典》抄者，抑或《辑稿》抄者，都有可能。此处《大典》事目与《宋会要》门名亦不一致。

（六）叙用门：《辑稿》职官57之46，俸禄，元丰八年四月二十七日条：“尚书省奏：刑部言：今年正月九日赦书应复旧官者，支所叙官俸。从之。”条末有小注：“详见叙用门”。职官76之17正载正月九日赦书内容。职官76之1至59录自《大典》卷3866、3867，为“官”字韵“收叙放逐官”事目，但在《宋会要》中应为“叙用”门。此处《大典》事目与《宋会要》门名也不同。

（七）冠服门：《辑稿》后妃1之15，皇太后皇后杂录，元祐三年七月九日条末小注“其详见冠服门”；仪制 8 之 16，集议，嘉祐四年八月二十五日条末小注“事具冠服篇”；食货 52 之 36，祗候库，绍兴三十二年十月三日条末小注“详见冠服门”。第一、三两条分别在舆服 4 之 4、2 中有相对应的条文，前者录自《大典》卷 19786，“服”字韵“皇后服”事目，后者录自《大典》卷 19785，“服”字韵“皇太子服”事目。此处《宋会要》“冠服”门包括了《大典》“皇后服”、“皇太子服”等事目。第二条内容为诏胡宿等人详定官制，小注的“事具冠服篇”恐有错误。此例的特点是《宋会要》的一门包括了《大典》的多个事目，类似的例子还有“仪卫”门包括《大典》“皇太后仪卫”与“皇太妃仪卫”事目等。

（八）重华宫尊号门、寿康宫尊号门：《辑稿》礼 50 之 6，后妃尊号，绍熙元年正月一日条末，50 之 7 绍熙四年八月二十八日条末，50 之 8 同年十一月二十日条末，分别有“详附”、“详见”、“备载”、“重华宫尊号门”的小注；礼 50 之 10 庆元二年十月三日条末小注“仪注备载于寿康宫尊号门”。对应的内容见礼 49 之 50 至 55、71。而从 49 之 44 至 97 录自《大典》卷 17291、17292，均为“号”字韵“宋尊号”事目。此例《大典》的一个事目包括了《宋会要》的数门。

（九）知县门：《辑稿》职官 48 之 28，县官，皇祐三年三月条末小注“事具知县”；48 之 87，县尉，嘉定十二年九月二十九日条末小注“详见知县门”。对应的条文在职官 48 之 26 及 48 之 49，而职官 48 之 25 至 52 均录自《大典》卷 16599，“县”字韵“县官”事目。此例《大典》事目与《宋会要》门名也不同。在下节中将结合其他标志加以分析。

上面九种例子虽情况不全相同，但都可以说是《宋会要》的门名得到验证了，因为我们在《辑稿》及《补编》中查到了对应的内容，并知其起讫。这种情况计有 126 门。

二、《辑稿》有此门，但没有此一时期记事。

宗室女门：《辑稿》帝系2之37，濮王，大观元年二月条末有小注“详见宗室女门”。查《辑稿》帝系8之44至45，录自《大典》卷10788，为“女”字韵，《大典目录》在“女”字下注“事韵”，《辑稿》帝系8之44在“宋会要”下标目为“宗女”，再结合条文内容，可断定这就是《宋会要》的“宗女”或“宗室女”门。但《辑稿》只有淳熙十六年至开禧三年记事，即只有《光宗会要》及《宁宗会要》的“宗室女”门，而没有《孝宗会要》以前记事。

这种情况，可以认为所指示的门已得到验证，只是有关内容没有保存下来。何以见得？因为在第一种情况下也有类似情况。如上文所举的“叙用”门，在小注中出现两次，一在元丰八年，已经验证，另一在淳熙元年，而《辑稿》“叙用”门记事至乾道九年止。可见淳熙以后仍有“叙用”门，但内容已失传。

此种情况共有7门，分别是：“都提举市易司”（《大典》卷1124），“经筵”（《大典》卷4846），“亲试”（《大典》卷10647至10648），“宗室女”（《大典》卷10788），“太常寺”（《大典》卷13731、6398），“考功”（《大典》卷14646），“赐衣服分物”（《大典》卷19817）。

三、《辑稿》有此门，也有此一时期记事，但无相应条文。

皇后杂录门：《辑稿》仪制12之7，外戚追赠，元祐七年十二月十六日条，诏赠孟皇后曾祖、祖父等官，原注“父在见存，已入皇后杂录”。意指孟皇后之父孟在，当时在世，其赠官见“皇后杂录”门。查《辑稿》后妃1之10至2之15，录自《大典》卷19310，“后”字韵“宋后”事目，“宋会要”下标目为“皇后皇太后杂录”，结合条文内容，可以确认就是“皇后杂录”门，为咸平二年至乾道九年记事。其中有关于孟后亲属的记载，但没有与上述小注对应的条文。其原因可能同《宋会要》的不同本子有关。

此种情况共有3门：“崇文院”（《大典》卷16650），“皇后杂录”

（《大典》卷 19310），“册后”（《大典》卷 19318 至 19319）。

四、《辑稿》无此门，但有证据证明《宋会要》原本确有此门，故知此门内容已佚。

枢密院门：《辑稿》职官 1 之 47，三省，建炎元年六月二十一日条载置赏功司，条末小注：“三年六月七日罢赏功司，详载枢密院门。”但查遍《辑稿》，竟然没有枢密院这样一个重要机构的内容。但很有意思的是，在《建炎以来系年要录》卷 24，建炎三年六月甲寅（七日）条末有李心传一条长注。他在正文中记述罢赏功司，为纠正熊克《中兴小历》的错误，在注中引《宋会要》为证：“《会要》三月六月七日诏，赏功司自今月七日为头，限十日结局。应于以前积压文字，并于限内结绝。自十七日以后，生事更不收接，依旧令部官看详。”这段《会要》，正是上引小注中所说的《会要》“枢密院”门详载罢赏功司的条文。此外，《山堂考索》、《合璧事类》等南宋类书及《玉海》，都引了《宋会要》关于枢密院的条文。这些都可证明《宋会要》原本中确有“枢密院”门，只是内容失传了。

此种情况共有 8 门，分别是：“皇太子”“枢密院”“军器监”“进书”“修书”“夏州”“青唐”“高丽”。

五、《辑稿》无此门，但《宋会要》原本应有此门。《宋会要》该门失传的原因，是记事与他书相同或较简，《大典》编者取他书而放弃《宋会要》。因为根据《大典》凡例，一事而两书相同时，只取详者。

天申节门：《辑稿》礼 49 之 42，太上皇，孝宗隆兴元年五月二十一日条：“天申节，上诣德寿宫起居、上寿。”原注：“自后同此，详见天申节门。”《辑稿》两“申”字都误作“中”字。天申节在五月二十一日，为宋高宗诞辰。隆兴元年高宗已退位为太上皇，居德寿宫。孝宗于该年天申节赴德寿宫上寿，以后成为常例。《中兴礼书》“天申节”一门占了整整 4 卷篇幅，肯定比《宋会要》的“天申节”门详细，《大典》编者很可能采用《中兴礼书》而舍弃了《宋会要》的

“天申节”门。

还有“（郊祀）器用”、“（郊祀）总仪”（一作“行事总仪”）两门，大概也属于这种情况。

六、《辑稿》无此门，其原因不能确定：可能属于四、五两种情况，可能由于我还没有认识到的因素，也有可能《辑稿》有此门而我没有查出。

这种情况共有19门，它们是：“恭皇后”、“嘉礼”、“先代陵庙”、“褒崇先圣”、“丧华”、“白鹭车”、“辟车”、“公侯大夫车制”、“旗物制度”、“宝符旗”、“封爵”、“职掌”、“六曹杂录”、“总管”、“监”、“堤堰”、“刑制”、“议兵”、“诸州监牧”。

第十节 指示门名的其他标志

除了“详见××门”这样明确指示门名的标志以外，在《辑稿》某些门的序文、按语或注文中，有时也会提示相关类门的门名。这种情况比较复杂，需要作较多说明：

一、郊祀五使门：《辑稿》礼1之1，郊祀仪注职事，（按：这是《辑稿》的标目，不一定就是《宋会要》的门名。下同。）序文曰：“亲郊其五使已载别门。”在礼28之76下半页，我发现没有标目的一门，序文开头就说：“国朝亲祭祀举大礼，沿唐制置五使，以宰臣为大礼使，……”可见上文所说的“别门”就是此门。为什么定此门名为“郊祀五使”而不是“亲郊五使”或“大礼五使”，因为该门录自《大典》卷5484，为“郊”字韵“郊祀”事目“五使”子目。整门在《辑稿》礼28之76至87。

二、赙赠杂录门：《辑稿》礼44之18，赙赠，文中有按语：“建炎有诏应孝赠并权住支，今所载者特恩焉。详见杂录。”礼44之28中正载有建炎三年二月十九日权住支孝赠等钱物的诏书，知礼 44 之 24 至 29 为“赙赠杂录”门。此门录自《大典》卷 14909，“赙”字韵“赙例”事目。

三、曲宴门、外国使人见辞门、诞圣节门：《辑稿》礼 45 之 16，宴享，政和七年九月十五日条后有按语：“按旧会要所载大宴，唯春、秋与南郊、明堂礼成。非时喜庆则六（云）大宴某殿。又有观赏谓之曲宴，别立为门。其正旦、生辰、外国使人见辞宴饮，各随本门附书之。”这里的“旧会要”应指《五朝会要》。玩其文意，在《五朝会要》中“曲宴”为一门。此外，元旦、皇帝诞辰及外国使人见辞时的宴饮，各载于元旦等门中，不另立门。礼 45 之 29，“宋会要”下标目为“曲宴”，序言曰：“国朝凡幸苑囿、池籞、观稼、畋猎，所至曲宴，……”与上述按语符合，知此门即为“曲宴”门，录自《大典》卷 16753，“宴”字韵“习射宴”等事目。此门至神宗熙宁二年十月二十五日止，以上正属《五朝会要》范围。跳过《续国朝会要》范围，下条即是《中兴会要》范围的绍兴十三年，自此直至门末的乾道二年，都是记外国使人见辞（包括赐宴），疑绍兴十三年以后为“外国使人见辞”门。又礼 57 之 14 至 19，录自《大典》卷 16749，为“宴”字韵“圣节宴”事目，“宋会要”下标目为“诞圣节”，序文开头也是“国朝诞圣节日”云云，应为“诞圣节”门，记皇帝诞辰庆贺情况，包括宴饮，应即是上述按语中的“生辰”。至于“元旦”门则未查到。

四、中书门下门、三省门：《辑稿》职官 1 之 16，三省，序言说：“旧会要係中书门下，今依元丰官制改为三省。”这里的“旧会要”也是指《五朝会要》。序言的意思是说，元丰改官制以后的“三省”，就是改制以前的“中书门下”，在《五朝会要》中称“中书门下”门，《续国朝会要》之后则为“三省”门。《辑稿》职官 1 之 68 至 77，记事自乾德至治平，属《五朝会要》范围，正文开首标“中书门下”，正是“中书门下”门。此门录自《大典》卷 11939，“省”字韵“两省”事目，“宋会要”下标目为“中书门下省”。这是《大典》编者及后来的整理者都不了解宋代官制，误以为“中书门下”是“中书”与“门下”两省合称的缘故。由此也可知，职官1之16至52，记事自神宗即位至绍兴，录自《大典》卷11941，“省”字韵“三省”事目，即为“三省”门。

五、铨选门：《辑稿》职官8之1及《补编》520页下，标目同为“吏部”，序言相同，曰：“今录四司杂事，余见铨选门。”《补编》此下有小注“以上国朝会要”。这是《五朝会要》“吏部”门的序言，“四司”指流内铨、格式司、南曹和甲库。意思是说，“吏部”门只载流内铨等四司的杂事，其余见于“铨选”门。但《五朝会要》的“铨选”门未查到。

六、光禄寺门、管勾门、提举诸司库务司门：《辑稿》职官21之1，光禄寺，序言说：“元丰以后，太官令、法酒库……并入此门，余见诸司库务。”职官22之34，管勾，有徐松按语：“《续会要》元丰以后郊社令……并入此门，余见诸司库务。”《辑稿》职官27之41至49，录自《大典》卷1118，为“司”字韵“提刑按察等司”事目。正文开首题“提举在京诸司库务司”，序言说“凡京城诸司库务场院坊作共七十四所隶提举司”，即此门。可见“诸司库务”应是“提举诸司库务司”门的简称。此外，据本节开首所引两段序言，录自《大典》卷13737“寺”字韵“光禄寺”事目的“光禄寺”（《辑稿》职官21之1至7）和录自《大典》卷19367“勾”字韵事韵的“管勾”（在职官22之34，仅余一按语）也应各是《宋会要》的一门。

七、大理寺门、审刑院门、法官门：《辑稿》职官24之1，大理寺，序言说：“自余互见审刑院及见法官门。”职官15之28至31，31至43，在“宋会要”下标目分别为“审刑院”及“法官”，同录自《大典》卷14673，为“部”字韵“刑部”事目，即是“审刑院”门与“法官”门。而职官24之1至44，录自《大典》卷13735，“寺”

字韵“大理寺”事目的，更应是“大理寺”门了。

八、国子监门、广文馆门：《辑稿》职官 28 之 30，广文馆，序言曰：“旧会要不载，今附于国子监。”正文记事从元祐开始，所谓“旧会要”，亦应指《五朝会要》。所谓“附于”国子监，指附于“国子监”门之后，而并非内容附于“国子监”门之中。《辑稿》职官 28 之 1 至 28，“宋会要”下标目及正文开首均为“国子监”，录自《大典》卷 19501 至 19503，“监”字韵“国子监”事目，即为“国子监”门。而“广文馆”亦应为一门，录自《大典》卷 11306“馆”字韵，事韵（职官 28 之 30 至 32）。在《宋会要》原本中，“广文馆”的位置，应在“国子监”之后。

九、司天监门、太史局门、翰林天文院门：《辑稿》职官 36 之 107，翰林天文院，序言曰：“掌察天文祥异，与司天监互相关防以质同异，事具备于司天监。”又职官 18 之 82，太史局，序言曰：“旧名司天监，元丰官制行，改今名。”可见《宋会要》有“司天监”门。查职官 31 之 1 至 9，“宋会要”下标目为“司天监”，录自《大典》卷 19514“监”字韵“司天监”事目，即为“司天监”门。而“翰林天文院”（职官 36 之 107 至 108，录自《大典》卷 16647，“院”字韵“翰林院”事目）和“太史局”（职官 18 之 82 至 101，录自《大典》卷 19778，“局”字韵“诸局沿革”事目）也各为《宋会要》的一门。将“司天监”门与“太史局”门对比，有一些值得注意的情况。司天监于元丰五年改官制时改名太史局，并改隶秘书省。但现在《辑稿》的“司天监”门既包括《五朝会要》的“司天监”门，又包括《续国朝会要》、《中兴会要》和《乾道会要》的“太史局”门，以及紧连“太史局”门的“测验浑仪刻漏所”门和“钟鼓院”门。而《辑稿》的“太史局”门，除了包括《续国朝会要》以下内容外，在“钟鼓院”门之后又载《孝宗会要》、《光宗会要》、《宁宗会要》的“太史局”门。这种情况，证明了甲、乙两合订本及甲、乙两本之外的其他本的存在。

十、知县门、县令门、县官门：《辑稿》职官 48 之 25，县官，《续国朝会要》序言：“旧会要分知县及县令为两门，今依《神宗正史职官志》并为一门。”这里所指的“旧会要”，只能是《五朝会要》。就是说，在《五朝会要》中，知县及县令分为两门，《续国朝会要》合为“县官”一门。在《辑稿》中，职官 48 之 25 至 52，记事自太祖建隆四年至宁宗嘉定十三年，跨越十三朝。但细查内容即知，自 48 之 25 至 27 为《国朝会要》（即《五朝会要》）的“知县”门，48 之 27 至 29 为《国朝会要》的“县令”门，48 之 29 至 43 为《续国朝会要》、《中兴会要》、《孝宗会要》、《光宗会要》、《宁宗会要》的“县官”门。而 48 之 43 至 52 又似为《光宗会要》、《宁宗会要》的“知县”门。其中《国朝会要》及《宁宗会要》的知县门，在上节中已经验证。以上《宋会要》各门录自《大典》卷 16599，为“县”字韵“县官”事目。《辑稿》的另一处，职官 48 之 18 至 24，“宋会要”下标目为“县令”，录自《大典》卷 18998，“令”字韵“县令”事目，此门应为“县令”门，记事自淳熙十二年至嘉定九年，属《孝宗会要》、《光宗会要》、《宁宗会要》的范围。即《孝宗会要》有“县官”、“县令”两门，《光宗会要》、《宁宗会要》更有“县官”、“知县”、“县令”三门，而且除个别条文外，均不重复。

十一、外任宫观门：《辑稿》职官 54 之 1，宫观使，序言：“凡侍从及勋戚、武臣、内臣兼领在京宫观，并附此，余官别入外宫观。”可见《宋会要》有“外宫观”门。查《辑稿》职官 54 之 27 至 42，录自《大典》卷 16251，“观”字韵，事韵，“宋会要”下标目为“任宫观”。文首引《哲宗正史职官志》：“外任宫观，非自陈而朝廷特差者，如降黜人例。”其内容为安置诸臣衰老不任职者，给以宫观差遣，应即为上文所指的“外宫观”门，但此处标目却为“任宫观”。根据内容及国史，此门全称应是“外任宫观”，上引序言脱“任”字，标目脱

“外”字。

十二、书判拔萃科门、武举门：《辑稿》选举10之17，制科，天圣七年闰二月二十三日条，载复置制科的诏文，然后说：“又置书判拔萃科、武举”，下有小注：“条目各见本篇。”在选举10之2、《补编》331页下，有同一诏文置书判拔萃科的内容；在选举17之5，载同一诏文置武举的内容。由此可见，《宋会要》编者将天圣七年闰二月二十三日复置制科、书判拔萃科、武举的诏文一分而三，分载于“制科”、“书判拔萃科”和“武举”三门中，《辑稿》选举10之1至5（录自《大典》卷16301，“判”字韵“试判”事目）和《补编》330至334页（录自《大典》卷10649，“举”字韵“举士”事目），均为“书判拔萃科”门；选举17之5至18之20（录自《大典》卷10673、10674，“举”字韵“武举”事目）则为“武举”门。

十三、三班院门、侍郎右选门：《辑稿》选举25之10，侍郎右选，《续国朝会要》序言：“旧係三班院，元丰五年改今名，其五年以前仍具载于此。”这里的“旧”仍指《五朝会要》。序言的意思是：三班院在元丰五年改为侍郎右选。在《五朝会要》中为“三班院”门，神宗即位至元丰五年改官制前，虽仍为三班院，但内容载于《续国朝会要》的“侍郎右选”门中。《补编》535页上和选举25之1至10，录自《大典》卷16787，“选”字韵“宋铨选”事目，正文开首标“侍郎右选三班院”，正是《国朝会要》（《五朝会要》）的“三班院”门。它的记事至熙宁七年止，末注“以上国朝会要”；以下紧接“侍郎右选”门，记事自熙宁五年起，至宣和二年止（《辑稿》选举25之10至17）。两门时间有交叉，但内容不重复。

十四、市易门、和市门：《辑稿》食货38之1，和市，序言：“前会要名市易，以修立熙宁以后市易法为一门，易此门以别之。”这里的“前会要”仍指《五朝会要》。序言的意思是，“和市”原名“市易”，因熙宁五年行市易法，市易法的内容当然入“市易门”，因此另立

“和市门”。现在我们看到的“市易门”（《辑稿》食货 37 之 1 至 36，录自《大典》卷 17553，“货”字韵，“食货”事目），内容正包括熙宁五年前之“和市”及此后之“市易法”；而《辑稿》食货 38 之 1 至 25（录自《大典》卷 13478，“市”字韵，“和市”事目）则为“和市”门，为熙宁二年后之“和市”。这两门都有复文，“市易门”又见《补编》352 至 370 页，录自《大典》卷 11044，“买”字韵“和买”事目。“和市门”又见《补编》653 至 658 页，录自《大典》卷 17554，“货”字韵，“食货”事目。

十五、辽门、西蕃门、南蕃门、归明门：《辑稿》兵 17 之 2，归明，在神宗即位前有一段文字，应是《续国朝会要》该门的序言，说：“应大辽、西蕃、南蕃及羁縻等处归投事迹，可以分入逐门者，已随类分入外，其不指一处总称归明者，悉载于此。”宋朝将自辽、金及其他境外来投本朝者，称为“归明人”。这段序文的意思是，凡具体记载自辽、西蕃、南蕃及羁縻等处来归投者，各入本门，只有泛指归明者，才归本门——归明门。可见应有辽、西蕃等门。查《辑稿》蕃夷 1 之 1 至 2 之 38，录自《大典》卷 5257，“辽”字韵，“宋会要”事目，记载宋辽关系，包括辽人归投宋朝的事实，即为《宋会要》之“辽门”（《大典目录》注“宋会要”事目，更证明全卷均为《宋会要》的辽门）。《辑稿》蕃夷 6 之 6 至 42，录自《大典》卷 4258“蕃”字韵“吐蕃”事目，记“西蕃”事，即为《宋会要》的“西蕃”门（《大典》称“吐蕃”，是明代名词）。本章第九节也验证了此门。《辑稿》蕃夷 5 之 10 至 42，录自《大典》卷 4260，“蕃”字韵“西南蕃”事目；蕃夷 5 之 68 至 104，录自《大典》卷 4229 至 4231，“蛮”字韵“南蛮传”事目，以《宋史》的《西南溪峒诸蛮列传》为正文，《宋会要》为注文。上引序文中的“南蕃”，可能指其中一处（一门），亦可能包括此两门。序言所说“羁縻等处”，应指各羁縻州，非专指一处。

十六、东京杂录门、行在门：《辑稿》方域 2 之 3，行在所，序言："旧係京都杂录。自建炎以来车驾巡幸，至绍兴八年驻跸临安，为行在。"此处的"旧"，指北宋。《会要》记北宋都城事，为"京都杂录"门；南宋绍兴八年定都临安前，为"行在"门。查《辑稿》方域1之1至23，录自《大典》卷7699，"京"字韵"东京"事目，收入《宋会要》相连的"东京"、"西京"、"东京杂录"三门，后者应是上引序言所指"京都杂录"门。序言本身之门应为"行在"门。

十七、黄河门、二股河门：《辑稿》方域14之21，治河，熙宁前有一段注文："旧会要黄河、二股河各五（立）门，今并二股河附于此。"作此注文者为《续国朝会要》编者，"旧会要"指《五朝会要》。意思是：在《五朝会要》中，"黄河"及"二股河"各为一门，至《续国朝会要》，将"二股河"合并于"黄河"门中。今《辑稿》方域14之1至20，为《国朝会要》的"黄河"门；14之20至21，为《国朝会要》的"二股河"门；14之21至15之32，为《续国朝会要》的"黄河"门，其中包含了"二股河"的内容。以上会要文，均录自《大典》卷5643至5647，为"河"字韵"宋治河"事目。

第十一节　《宋会要》已验证各门一览表

现将第九、十两节已经验实的《宋会要》各门，按其在《永乐大典》中出现的先后，列表表示如下：

《宋会要》已验证各门一览表

门名	《辑稿》标目	《永乐大典》			《辑稿》位置	记事起讫	附注
		卷数	字韵	事目			
宗室杂录	宗室杂录等	123	宗	宗室	帝7/28－32	绍熙5/嘉定2	
丰州	丰州	343	丰	丰州	方21/9－13	开宝2/绍圣1	

续表

门名	《辑稿》标目	《永乐大典》			《辑稿》位置	记事起讫	附注
		卷数	字韵	事目			
给事中	给事中	449	中	给事中	职 2/7 –9	元丰 5/淳熙 12	
出师	讨叛	930 932	师	出师	兵 7/23 –10/37	建隆 1/绍兴 4	
监司杂录	监司提举郡守	1109	司	监司	职 45/1 –45	元丰 3/嘉定 14	
提举茶盐司	提举茶盐司	1115	司	下卸司等司	职 43/43 –46	淳熙 1/嘉定 17	
提举常平农田水利差役	提举常平仓农田水利差役	1117	司	提举常平司	职 43/2 –38，40 –42	熙宁 2/开禧 2	
提举诸司库务司	提举诸司库务司	1118	司	提刑按察等司	职 27/41 –49	景德 2/熙宁 3	
分司	分司	1118	司	提刑按察等司	职 46/1 –9	建隆 1/绍兴 31	
浚河司	疏浚黄河司	1119	司	营缮司等司	职 5/45 –46	熙宁 7/熙宁 10	
市舶司	市舶司	1124	司	市舶司	职 44/1 –34	开宝 4/嘉定 6	
都提举市易司		1124	司	市舶司等	职 27/36 –40	熙宁 3/元丰 4	
神祠杂录	山川祠等	1203	祠	事韵	礼 20/10 –14	天禧 3/绍兴 23	
勘书籍	勘书	1742	书	校勘书籍	崇 4/1 –4	淳化 5/乾道 7	
优礼	优礼大臣	3187	臣	大臣	礼 47/3 –12，13 –14	端拱 1/隆兴 2	10454 有复文。
官制	官制别录	3805 3806	官	宋官	职 56/1 –52	元丰 3/靖康 1	

续表

门名	《辑稿》标目	《永乐大典》			《辑稿》位置	记事起讫	附注
		卷数	字韵	事目			
叙用	收叙放逐官	3866 3867	官	收叙放逐官	职 76/1 －59	建隆 1/乾道 9	
久任	久任官	3876	官	久任官	职 60/20 －42	庆历 7/嘉定 11	
黜降官	黜降官	3883 3894	官	黜降宫	职 64/1 －75/42	建隆 4/嘉定 17	原注误作“黜监”。
关	关杂录	4185 4188	关	事韵	方 12/3 －11	兴国 8/嘉泰 15	
溪洞诸蛮	南蛮	4229 4230	蛮	南蛮传	蕃 5/73 －104	乾德 3/嘉泰 5	
西蕃	吐蕃	4258	蕃	吐蕃	蕃 6/6 －42	治平 4/绍兴 6	原注误作“蕃西”。
职田	职田	4782	田	职田	职 58/1 －31	咸平 1/嘉定 2	
经筵	经筵	4846	筵	经筵	崇 7/1 －38	建炎 2/嘉定 14	
辽	辽	5257	辽	宋会要	蕃 1/1 －2/38	建隆 2/绍兴 31	行首作“契丹”。
常参起居	常参起居	5352	朝	宋朝仪	仪 2/20 －24	崇宁 2/淳熙 9	
正衙	正衙	5353	朝	宋朝仪	仪 4/1 －8	乾德 2/元丰 4	
班序	朝仪班序	5354 5355	朝	宋朝仪	仪 3/1 －54	建隆 3/乾道 7	
桥	桥梁	5420	桥	事韵	方 13/19 －28	建隆 2/乾道 4	
雅乐	郊祀乐	5465	郊	郊祀·乐舞	乐 5/1 －26	皇祐 3/宣和 4	

续表

门名	《辑稿》标目	《永乐大典》			《辑稿》位置	记事起讫	附注
		卷数	字韵	事目			
郊祀五使	郊祀事务	5484	郊	郊祀·五使	礼 28/76 – 87	建隆 4/绍兴 4	
二股河	治河	5643	河	宋治河	方 14/20 – 21	嘉祐 8/治平 3	
汴河	汴河	5651	河	河名	方 16/1 – 19	建隆 3/建炎 3	
白沟河	白沟河	5654	河	河名	方 16/28 – 33	咸平 6/政和 3	
金水河	金水河	5654	河	河名	方 16/26 – 27	建隆 2/宣和 1	
茶	茶法杂录	5784	茶	榷茶	食 30/11 – 32/31	熙宁 4/乾道 9	17560 – 62 有复文。
秀王	安僖秀王	6761	王	宗室封王	帝 2/56 – 58	淳熙 16/嘉定 3	
濮王	濮秀二王杂录	6762	王	宗室封王	帝 2/34 – 36, 48 – 55	淳熙 1/嘉定 12	
资善堂	资善堂	7215	堂	堂名	方 3/20 – 39	天禧 2/淳祐 7	
京都杂录	东京	7699	京	东京	方 1/1 – 23	建隆 3/宣和 6	
亲征	亲征	7999	征	亲征	兵 7/1 – 22	建隆 1/乾道 8	
永厚陵	英宗永厚陵	8189	陵	历代帝王陵	礼 37/10 – 12	治平 4/元丰 4	
安陵	宋宣祖安陵	8189	陵	历代帝王陵	礼 37/1 – 2	乾德 1/祥符 4	
僧官	僧道官	8706	僧	僧官	道 1/11 – 12	景德 2/乾道 1	《辑稿》此段被挖去,该卷《大典》现存。

续表

门名	《辑稿》标目	《永乐大典》			《辑稿》位置	记事起讫	附注
		卷数	字韵	事目			
判知诸州府军监	判知府州军监	9777	监	判知府州军监	职 47/1 –38	乾德 4/乾道 9	亦有作“知州”门。
交趾	交趾	10122 10123	阯	交阯	蕃 4/20 –57	开宝 5/嘉定 8	
御史台	御史台	10167	史	御史	职 17/5 –22	景德 4/绍兴 21	
优礼	优礼大臣	10454	礼	事韵	礼 47/13 –14	政和 6/宣和 6	3187 有复文。
贡举	贡举	10641 10644 10645	举	举士	选 1/1 –29	建隆 1/嘉定 16	
贡举杂录	贡举杂录	10641 10646	举	举士	选 3/1 –6/50	建隆 3/嘉定 16	
亲试	亲试	10647 10648	举	举士	选 7/1 –8/15，8/31 –8/45	景德 2/乾道 8	
试法	试法	10649	举	举士	选 13/11 –29	雍熙 3/乾道 6	16301 有复文。
进士	进士	10652	举	举士	选 2/1 –33	开宝 5/嘉定 16	5696 有复文。
举遗逸	举遗逸	10653	举	举士	选 34/31 –46	开宝 3/乾道 5	
奏辟	辟举	10672	举	辟举	选 31/1 –11	建炎 1/乾道 9	原注误作“奉辟”。
武举	武举	10673	举	武举	选 17/5 –18/20	咸平 3/嘉定 17	

续表

门名	《辑稿》标目	《永乐大典》			《辑稿》位置	记事起讫	附注
		卷数	字韵	事目			
宗室女	宗女	10788	女	事韵	帝 8/44 – 45	淳熙 16/开禧 3	
提点仓场所	提点仓草场所	10940	所	玉牒等所	职 26/24 – 27	咸平 5/熙宁 8	
府州	府州	11003	府		方 21/1 – 8	建隆 1/政和 5	
广文馆	广文馆	11306	馆	事韵	职 28/30 – 32	元祐 7/绍圣 2	
罢免	罢免	11424	免	事韵	职 78/1 – 60	建隆 4/淳熙 9	
买马	买马	11669	马	买马	兵 22/1 – 23/28	兴国 4/嘉定 15	原注误作“茶马”。
军赏	军赏	11866 11868	赏	军赏	兵 18/1 – 20/46	景德 1/嘉定 17	
中书门下	中书门下省	11939	省	两省	职 1/68 – 77	乾德 2/治平 3	
三省	三省	11941	省	三省	职 1/16 – 67	治平 4/淳熙 14	
秘书省	秘书省	11943	省	秘书省	职 18/1 – 45	淳化 1/淳熙 15	
殿中省	殿中省	11947	省	殿中省	职 19/1 – 12	兴国 6/靖康 1	
安抚使	安抚使	13304	使	安抚使	职 41/79 – 118	咸平 3/嘉定 16	
发运使	发运使	13319	使	发运使	职 42/15 – 57	乾道 2/乾道 6	
群臣言事	诏群臣言事	13396	事	事韵	帝 9/1 – 33	兴国 6/乾道 6	应为诏群臣奏事。
诏群臣奏事	群臣奏事	13396	事	事韵	仪 6/1 – 31	开宝 9/嘉定 8	应为群臣言事。
和市	和市	13478	市	和市	食 38/1 – 25	熙宁 2/嘉定 16	

续表

门名	《辑稿》标目	《永乐大典》			《辑稿》位置	记事起讫	附注
		卷数	字韵	事目			
太常寺	太常寺	13731	寺	太常寺	职 22/17－18	序	6398 有复文。
大理寺	大理寺	13735	寺	大理寺	职 24/1－44	建隆 2/嘉泰 3	
光禄寺	光禄寺	13737	寺	光禄寺	职 21/1－7	开宝 6/隆兴 1	
司农寺	司农寺	13739	寺	司农寺	职 26/1－22	咸平 4/嘉定 8	
缘祀裁制	群祀	13841 13843	祀	历代群祀	礼 14/1－108	建隆 4/嘉定 14	
州县升降废置	州县升降废置	14188 14189	地	地理	方 5/10－7/31	建隆 1/绍兴 32	此为杂录之记事起讫。
吏部	吏部	14614 14615	部	吏部	职 8/1－68	兴国 3/嘉定 16	
考功	考功部	14646	部	吏部·考功部	职 10/20－44	元丰 5/嘉泰 1	
审刑院	审刑院	14673	部	刑部	职 15/28－31	淳化 2/熙宁 1	
法官	法官	14673	部	刑部	职 15/31－43	乾德 4/熙宁 5	
杂物库	杂物库	14789	库	库名	食 52/8	景德 4/熙宁 3	
诏葬赙赠	赙赠	14909	赙	赙例	礼 44/1－23	格目	19133 有复文。
赙赠杂录	赙赠杂录	14909	赙	赙例	礼 44/24－29	建隆 1/乾道 5	
市易务	市易务	14989	务	务名	食 50/31－46	熙宁 3/靖康 1	一作“市易上下界”。
赈贷	赈贷	15003	贷	赈贷	食 68/74－111	淳熙 1/嘉定 16	

续表

门名	《辑稿》标目	《永乐大典》			《辑稿》位置	记事起讫	附注
		卷数	字韵	事目			
县尉	县尉	15277	尉	县尉	职 48/60 – 88	建隆 3/嘉定 13	
仪卫	皇太妃仪卫	15312 15313	卫	皇太妃仪卫等	舆 1/13 – 14	天圣 1/绍圣 1	
商税	商税	15434	税	商税	食 18/1 – 31	建隆 1/嘉定 17	17556 – 57 有复文。
水陆运	宋漕运	15944 15948	运	宋漕运	食 42/1 – 45/19	建隆 3/嘉定 15	17547、17347 有复文。
外任宫观	任宫观	16251	观	事韵	职 54/27 – 42	熙宁 2/绍熙 5	
神御殿	神御殿	16562	殿	殿名	礼 13/1 – 24	祥符 5/嘉定 2	
释奠	释奠	16574	奠	释奠	礼 16/1	淳熙 4/绍熙 3	
知县	县官	16599	县	县官	职 48/25 – 27	建隆 4/至和 1	
县令	县官	16599	县	县官	职 48/27 – 29	乾德 2/至和 2	
翰林学士	翰林院	16647	院	翰林院	职 6/46 – 56	乾德 1/乾道 9	
翰林天文院	翰林天文院	16647	院	翰林院	职 36/107 – 108	祥符 2/绍兴 14	
国史院	国史院	16650	院	乾元等院	职 18/53 – 60	绍兴 28/嘉泰 4	
实录院	实录院	16650	院	乾元等院	职 18/60 – 74	绍兴 7/乾道 9	
起居院	起居院	16652	院	起居院	职 2/10 – 22	淳化 5/乾道 9	
进奏院	进奏院	16652 16656	院	××等院	职 2/44 – 51	兴国 8/淳熙 13	

续表

门名	《辑稿》标目	《永乐大典》			《辑稿》位置	记事起讫	附注
		卷数	字韵	事目			
敦宗院	敦宗院	16666	院	太子宾客等院	职 20/34－41	崇宁 1/乾道 7	
粮料院	粮料院	16669	院	左藏等院	职 5/65－66，27/57－60	开宝 6/淳熙 12	
都盐院	都盐院	16669	院	左藏等院	职 5/67－68	咸平 5/熙宁 8	
诞圣节	诞圣节	16749	宴	圣节宴	礼 57/14－19	建隆 1/乾道 9	
曲宴	曲宴	16753	宴	习射等宴	礼 45/29－30	景德 2/乾道 2	
尚书左选	尚书左选	16785	选	宋铨选	选 23/2－19	熙宁 2/乾道 9	原注作“尚左”门。
侍郎左选	侍郎左选	16786	选	宋铨选	选 24/9－26	建隆 3/乾道 9	
侍郎右选	侍郎右选	16787	选	宋铨选	选 25/1－17，22－32	咸平 2/嘉定 16	原注作“侍右”门。
三公三少	三公三少	16918	少	事韵	职 1/1－8	治平 4/嘉定 16	
奉上祖宗徽号	庙号追尊	17056	庙	宋宗庙	帝 1/9－17	建隆 1/绍兴 13	
时飨	时飨	17057	庙	宋宗庙	礼 17/30－40	乾德 6/绍熙 5	11846 有复文。
亲飨庙	亲飨庙	17059	庙	宋宗庙	礼 17/10－29	乾德 1/嘉定 14	
禘祫	禘祫	17061	庙	宋宗庙	礼 535－541	咸平 2/淳熙 1	
配享功臣	配享功臣	17064	庙	宋宗庙	礼 11/1－7	咸平 2/绍熙 1	3184 有复文。

续表

门名	《辑稿》标目	《永乐大典》			《辑稿》位置	记事起讫	附注
		卷数	字韵	事目			
庙议	庙议	17065	庙	宋宗庙	礼 15/又 22 –64	建隆 1/绍熙 15	
别庙	后妃庙	17086	庙	历代后妃庙	礼 10/1 –3	建隆 3/淳熙 15	他两处注作“皇后庙”。
册尊号	册尊号	17288	号	宋尊号	礼 49/22 –24	元祐 1/淳熙 14	7664 有复文。
重华宫尊号	尊号	17291	号	宋尊号	礼 49/44 –67	淳熙 16/绍熙 5	
寿康宫尊号	尊号	17291 17292	号	宋尊号	礼 49/67 –97	绍熙 5/嘉定 17	
慈福宫尊号	后妃尊号	17297	号	宋后妃尊号	礼 50/6 –14	淳熙 14/嘉泰 2	
赋税	赋税杂录	17532	货	食货	食 70/1 –67	建隆 4/乾道 9	
方田	方田	17533	货	食货	食 70/114 –123	熙宁 5/宣和 3	4751 有复文。
屯田	屯田杂录	17536	货	食货	食 4/1 –6	淳化 4/政和 6	4769 有复文。
营田	营田杂录	17536 17537	货	食货	食 2/1 –3/21	端拱 2/乾道 9	4776 有复文。原误注作“屯田”。
农田	农田杂录	17537 17538	货	食货	食 1/15 –47	建隆 3/乾道 9	4749 有复文。

续表

门名	《辑稿》标目	《永乐大典》			《辑稿》位置	记事起讫	附注
		卷数	字韵	事目			
官田	官田杂录	17538	货	食货	食 5/19－37	建炎 1/乾道 9	4784 有复文。
水利	水利	17540	货	食货	食 61/89－122	至道 1/乾道 9	11107 有复文。
恤灾	赈恤	17543	货	食货	食 68/112－127	熙宁 1/乾道 9	2633 有复文。
陆运	陆运	17547	货	食货	食 48/13－21	建隆 3/乾道 9	
免役	免役	17549 17551	货	食货	食 66/46－72	治平 4/乾道 9	20726、4686 有复文。
市易	市易	17553	货	食货	食 37/1－36	建隆 1/绍兴 30	
酒麯杂录	酒麯杂录	17558 17559	货	食货	食 19/1－21/12	建隆 2/乾道 9	
检正	检正	18911	正	检正	职 3/46－47	熙宁 3/乾道 8	
定格令	格令	19027 19028	令	宋格令	刑 1/1－61	建隆 4/嘉定 15	
赠官	宗室追赠	19125	赠	封赠	帝 3/9	格目	
再赠官	再赠官	19126	赠	封赠	仪 12/15－19	建隆 1/乾道 9	
赠官杂录	杂录	19128	赠	封赠	仪 13/8－11	淳化 3/乾道 4	
存先代后	存先代后录诸国后	19323	后	事韵	崇 7/69－76	建隆 1/淳熙 15	
章奏条贯	章奏	19343	奏	事韵	仪 7/19－34	雍熙 2/绍熙 2	
管勾	管句	19367	句	事韵	职 22/34		为徐松按语引《续会要》。

续表

门名	《辑稿》标目	《永乐大典》			《辑稿》位置	记事起讫	附注
		卷数	字韵	事目			
国子监	国子监	19501 19503	监	国子监	职 28/1 – 28	建隆 3/嘉定 7	
司天监	司天监	19514	监	司天监	职 31/1 – 9	兴国 6/乾道 8	神宗以后改名“太史局”。
太史局	太史局	19778	局	诸局沿革	职 18/82 – 101	熙宁 2/嘉定 8	
编估局	编估局	19781	局	诸局沿革	职 27/20	绍兴 7/淳熙 4	
冠服	皇后服 皇太子服	19785 19786	服	天子服等	舆 4/1 – 4	建隆 1/乾道 7	
赐服	赐服	19817	服	事韵	仪 9/24 – 33	建隆 1/天圣 7	
天竺	天竺国	19878	竺	事韵	蕃 4/85 – 90	乾德 3/熙宁 5	
社稷	社稷	20422 20424	稷	社稷、郡县社稷	礼 23/1 – 14	天圣 10/绍熙 3	原注作“社稷下”，为郡县社稷，此卷现存。
避亲	避亲嫌	20480	职	事韵	职 63/1 – 16	淳化 4/乾道 9	
日历所	修日历	20845	历	日历	运 1/15 – 28，礼 7/32 – 36	乾兴 1/乾道 7	一处注“圣政日历所”。
幕职官	幕职官	21928 21930	幕	幕职	职 48/5 – 17	乾德 3/嘉定 16	
主客	主客部	22309	客	主客	职 13/46 – 47	元祐 1/乾道 9	

续表

门名	《辑稿》标目	《永乐大典》			《辑稿》位置	记事起讫	附注
		卷数	字韵	事目			
玉牒所	玉牒	22856	牒	玉牒	职 20/42－53	淳熙 1/嘉定 6	
安车	皇后车辇	1689	车	皇后车制	舆 1/3－4		
四望车	皇后车辇	1689	车	皇后车制	舆 1/4		

第十二节 《宋会要》之门与《永乐大典》事目的比较——十四种类型

如上表所示，经过验证的《宋会要》的门共 157 门，如以《国朝会要》的 858 门计算，约占百分之十八。虽然还不到五分之一，但对我们却非常宝贵。因为这是经过验证的、实实在在的、确知其名、确知其起讫的《宋会要》原本的门，而且已经达到了相当的数量。这样，我们就达到了一个新的起点。下一步，我们就要从这个新起点继续向上攀登，力争到达最高点。具体地说，就是将《宋会要》这些已经验证的门同《永乐大典》的事目进行比较，找出《大典》收录《宋会要》各门的规律及其在《辑稿》的表现，进而最大限度地复原《宋会要》的类、门。

比较需要遵循正确的步骤与原则。我们既然是要比较《宋会要》的门与《大典》的事目，实质上就是寻找两者之间的对应关系。因此必须：第一，将经过验证的 157 门逐一查找其对应的《大典》事目；第二，查《大典目录》，《大典》这一事目所涵盖的《大典》卷数；第三，查本书附录《〈永乐大典〉所收〈宋会要〉文一览表》，在此卷数之内是否还有其他《宋会要》文，如有，将其标目列出。只有这样才不至遗漏。比较的内容，一是两者范围大小，二是两者名称异同。

下面举三个例子：

一、丰州门。辑自《大典》卷343，为“丰”字韵，“丰州”事目。查《大典目录》，“丰州”事目只在《大典》卷343中。再查上述《一览表》，《大典》“丰州”事目收录的只有《宋会要》“丰州”一门。可见此处《大典》事目的范围正相当于《宋会要》之门，两者名称也相同。

二、优礼门：辑自《大典》卷3187，为“臣”字韵“大臣”事目。查《大典目录》，“大臣”事目涵盖《大典》卷3187、3188两卷。再查《一览表》，在此两卷《大典》中，《宋会要》辑文除“优礼”门外，还有标目为“优礼大臣”、“册命亲王大臣”、“群官仪制”的三段《宋会要》文（这是《辑稿》的标目，均误），实际上还有《宋会要》的另外两门。可见此处《大典》事目的范围大于《宋会要》的门，其名称也不相同。

三、冠服门：辑自《大典》卷19785、19786，为“服”字韵，“天子服”、“皇太子服”、“皇后服”三事目。查《大典目录》，以上三事目只在《大典》卷19785、19786两卷中。再查《一览表》，此两卷《大典》只有《宋会要》“冠服”一门。此处《大典》事目范围小于《宋会要》之门，《大典》“天子服”、“皇太子服”、“皇后服”三事目范围相当于《宋会要》“冠服”一门，两者名称自然也不同。

上述三个例子分别代表了《大典》事目与《宋会要》之门间三种不同的对应关系，即《大典》事目的范围等于、大于和小于《宋会要》之门。但这还只是粗略的分类，还不能解决复原《宋会要》类门的问题。进一步分析的结果表明，《大典》事目与《宋会要》之门共有十四种对应关系，或者说，两者的对应关系可概括为十四种类型。

一、食货型

已验证的赋税、方田、屯田、营田、农田、官田、水利、恤灾、陆运、免役、市易、商税、酒麴杂录、茶共14门，辑自《大典》卷17532至17562，同属“货”字韵“食货”事目。查《大典目录》，“食货”事目在《大典》中共占65卷之多，包括卷17516至17580。再查《一览表》，并根据第八节指示《宋会要》各门范围的标志，可知在《大典》“食货”事目的65卷中，共收录《宋会要》48门。各门门名、在《大典》中卷数、在《辑稿》或《补编》中位置、记事起讫的情况如下：

1. 户口：卷17531，食货69/70－81，建隆1－乾道9。

2. 版籍：卷17531，食货11/10－25，建隆4－乾道6。

3. 逃移：卷17531，食货69/35－64，乾德1－乾道8。

4. 赋税：卷17532－17533，食货70/1－67，建隆4－乾道9。

5. 方田：卷17533，食货70/114－123，熙宁5－宣和3。

6. 经界：卷17533，食货6/36－52，绍兴12－绍兴28。

7. 钞旁定帖：卷17534，食货70/135－152，崇宁3－乾道9。

8. 均籴：卷17534，食货70/152－155，政和1－宣和7。

9. 蠲放：卷17534－17535，食货70/155－182、63/1－34，乾德4－乾道8。

10. 屯田：卷17536，食货4/1－6，淳化4－政和6。

11. 营田：卷17536－17537，食货2/1－3/21，端拱2－乾道9。

12. 农田：卷17537－17538，食货1/15－47，建隆3－乾道9。

13. 官田：卷17538，食货5/19－37，建炎1－乾道9。

14. 民产：卷17539，食货61/56－67，建隆3－乾道9。

15. 检田：卷17539，食货61/71－78，建隆2－乾道9。

16. 限田：卷17539，食货61/78－80，绍兴1－乾道8。

17. 垦田：卷 17539，食货 61/81 – 88，绍兴 2 – 乾道 9。

18. 水利：卷 17540，食货 61/89 – 122，至道 1 – 乾道 9。

19. 常平仓：卷 17541，食货 53/6 – 19，淳化 3 – 宣和 7。

20. 义仓：卷 17541，食货 53/19 – 33，建隆 4 – 乾道 9。

21. 广惠仓：卷 17541，食货 53/34，嘉祐 2 – 嘉祐 4。

22. 诸州仓库：卷 17542，食货 54/1 – 10，建隆 4 – 乾道 9。

23. 赈贷：卷 17542 – 17543，补编 583 上 – 599 上，建隆 1 – 乾道 9。

24. 恤灾：卷 17543，食货 68/112 – 127，熙宁 1 – 乾道 9。

25. 居养院等：卷 17544，食货 68/128 – 152，熙宁 2 – 乾道 2。

26. 上供：卷 17544，食货 64/45 – 60，建炎 3 – 乾道 9。

27. 无额上供：卷 17544，食货 64/63 – 65，建炎 1 – 绍兴 29。

28. 免行钱：卷 17544，食货 64/65 – 69，绍兴 1 – 绍兴 25。

29. 受纳：卷 17544，食货 68/1 – 11，绍兴 3 – 乾道 7。

30. 身丁：卷 17544，食货 12/8 – 22，建炎 3 – 乾道 9。

31. 月桩钱：卷 17545，食货 64/79 – 82，绍兴 7 – 乾道 4。

32. 经总制钱：卷 17545，食货 35/19 – 29，建炎 2 – 乾道 8。

33. 水运：卷 17545 – 17547，食货 46/1 – 48/13，开宝 3 – 乾道 9。

34. 陆运：卷 17547，食货 48/13 – 21，建隆 3 – 乾道 9。

35. 市籴粮草：卷 17547 – 17549，补编 599 下 – 637 下，建隆 1 – 乾道 9。

36. 免役：卷 17549 – 17551，食货 66/32 – 89，治平 4 – 乾道 9。

37. 青苗：卷 17551 – 17552，食货 4/16 – 5/18，熙宁 2 – 政和 8。

38. 市舶：卷 17552，补编 638 上 – 682 下，开宝 4 – 乾道 9。

39. 市易：卷 17553，食货 37/1 – 36，建隆 1 – 绍兴 30。

40. 和市：卷 17554，补编 653 上 – 658 下，熙宁 2 – 乾道 9。

41. 互市：卷 17554，补编 658 下 – 662 下，乾德 4 – 乾道 9。

42. 榷易：卷 17555，补编 662 下 – 670 下，乾德 1 – 宣和 2。

43. 商税：卷 17556 – 17557，食货 15/1 – 16/22、补编 671 上 – 685 上，建隆 1 – 乾道 9。

44. 酒麯：卷 17558 – 17559，食货 19/1 – 21/12，建隆 2 – 乾道 9。

45. 买扑坊场：卷 17559，食货 21/12 – 15，建炎 1 – 绍兴 32。

46. 茶：卷 17560 – 17562，食货 29/2 – 16、30/1 – 10、补编 686 下 – 713 下，乾德 5 – 乾道 8。

47. 盐：卷 17562 – 17565，补编 713 下 – 800 下，建隆 2 – 乾道 9。

48. 坑冶：卷 17565 – 17566，食货 33/1 – 5、33/27 – 29、33/7 – 26。

上述情况可以归纳为四点：第一，《大典》“食货”事目收录的《宋会要》48 门已经包含了食货类的基本内容；第二，《宋会要》有关食货各门集中在《大典》卷 17531 至 17566 的范围之内；第三，各门的记事下限为乾道九年；第四，《辑稿》已经完全打乱了原辑本在《大典》中的顺序，相当一部分甚至被舍弃（即《补编》中的部分）。

鉴于《宋会要》各门在《大典》中如此集中，我计算了《大典》“食货”事目各卷中《宋会要》辑文的字数，结果如下：17531：3.15 万，17532：2.03 万，17533：2.48 万，17534：2.17 万，17535：2.98 万，17536：2.83 万，17537：2.91 万，17538：2.69 万，17539：2.69 万，17540：3.00 万，17541：2.54 万，17542：2.21 万，17543：2.85 万，17544：3.20 万，17545：2.65 万，17546：2.38 万，17547：2.48 万，17548：2.17 万，17549：2.22 万，17550：2.38 万，17551：2.64 万，17552：2.16 万，17553：1.66 万，17554：1.91 万，17555：1.52 万，17556：3.63 万，17557：2.43 万，17558：2.33 万，17559：2.58 万，17560：1.90 万，17561：2.99 万，17562：3.06 万，17563：2.89 万，17564：3.69 万，17565：2.47 万，17566：0.88 万。

从这一连串看似平淡的数字中可以引导出一个重要的结论：《大

典》卷17531至卷17566的前半部连续35卷半，它所收录的全部是《宋会要》，没有掺入其他文献。何以得出这个结论？《永乐大典》正文共22877卷，约3.7亿字，平均每卷约1.62万字。而上述35卷半《大典》共收《宋会要》文90.75万字，除最后的卷17566外，平均每卷2.57万字，超过《大典》每卷平均字数的百分之五十九。这不是孤立的一两卷，而是连续的35卷。我还检查了这36卷《大典》的《宋会要》辑文，各门之间紧密连接，更为上述结论提供了佐证。

《大典目录》也提供了重要信息。《大典》卷17516至17580的目录及其小注是这样的：

17516至17517：食货一至二，汉。

17518：食货三，汉、晋、魏、隋。

17519至17520：食货四至五，唐。

17521：食货六，唐、五代。

17522至17572：食货七至五七，宋。

17573：食货五八，辽、金。

17574：食货五九，金。

17575至17576：食货六〇至六一，元。

17577至17580：食货六二至六五，杜氏通典。

从上引《大典目录》关于“食货”事目的小注可见：一、《大典》的事目名称“食货”同《宋会要》的类的名称“食货”完全相同。二、《大典》在“食货”事目之下没有再分子目，“食货”事目就是它的基本收录单位。三、《大典》“食货”事目是按朝代顺序收录文献的。四、在按朝代收录文献时，又是逐部收录而非插花式收录，即先录完某部书的“食货”，再收录另书的“食货”，杜佑《通典》的食货门因为不是专述某一朝代而是贯穿各代，被置于最后。

既然《宋会要》食货类的主要内容被集中收录在《大典》“食货”事目的35卷半中，这35卷半《大典》除《宋会要》外又没有收录他书，《大典》“食货”事目的名称又与《宋会要》“食货”类的类门相同，《大典》“食货”事目之下没有再分子目，“食货”事目就是基本收录单位，我们完全可以断定：《大典》“食货”事目全类完整地收录了《宋会要》的食货类（确切地说是《宋会要》甲合订本的食货类）。将被《辑稿》打乱、删削的《大典》“食货”事目所收录的《宋会要》文按《大典》顺序恢复，我们也就全类复原了《宋会要》甲合订本的食货类。

所谓全类复原，即不但内容完整，而且各门门名及顺序也都保持原样。

食货型所体现的对应关系，就是《大典》的事目相当于《宋会要》的类，《大典》一个事目就全文收录了《宋会要》的一类。可惜的是食货型只有唯一的一例。但食货类是《宋会要》中使用率最高、内容甚丰富的类，能够完整保存并复原，是值得庆幸的。

产生食货型——全类收录型的条件是：一、《大典》的事目名称与《宋会要》类名相同；二、《大典》该事目之下没有再分子目，事目就是基本收录单位；三、该事目按朝代并逐书收录有关内容。

食货型在《辑稿》（及《补编》）中表现的特征是：一、《大典》事目名与《宋会要》类名相同。二、《大典》连续若干卷全收《宋会要》文，中间没有掺入他书。

二、举士型

已验证的贡举、贡举杂录、亲试、试法、进士、举遗逸 6 门辑自《大典》卷 10641 至 10653，同属“举”字韵“举士”事目，可见《大典》“举士”事目范围大于《宋会要》的门。查《大典目录》，“举士”事目在《大典》中占 26 卷，包括卷 10635 至 10662。再查《一览表》，可知在《大典》“举士”事目范围内，共收《宋会要》24 门。

这 24 门按在《大典》中出现的顺序，依次是：贡举、贡举杂录、亲试、亲试杂录、发解、锁厅、试判、试法、新科明法、铨试、试官、宏词、进士、明经、经明行修、八行、礼遣、举遗逸、赐及第、赐出身、百篇、特奏名、宗室应举、效士。

这24门集中收入《大典》卷10641至10654连续14卷中，共约24万字。除最后的卷10654外，《大典》卷10641至10653 13卷，最少的一卷收《宋会要》文1.1万字，多者达2.8万字，平均每卷收《宋会要》文1.79万字，超过《大典》每卷平均字数1.62万字百分之十以上，而且《大典》许多门在《大典》同一卷中紧密相连，门名就夹在正文之中，可见《大典》"举士"事目全文收录了《宋会要》有关贡举的相连的24门。

有关贡举的内容在《宋会要》中属选举类，是选举类的重要内容之一。除此之外，选举类还包括铨选等方面的内容。

举士型所体现的对应关系是，《大典》的事目范围小于《宋会要》的类而大于《宋会要》的门，在类与门之间；《大典》一个事目收录了《宋会要》相连的若干门，这些门内容完整，而且各门门名及顺序也都保持原貌。

举士型与食货型的区别只在于两者范围大小的不同。《大典》事目在食货型中相当于《宋会要》的类，在举士型中，相当于类下的若干门。

产生举士型——相连诸门收录型的条件是：1.《大典》事目的范围大于《宋会要》的门而小于《宋会要》的类；2.《大典》该事目之下没有再分子目；3. 该事目按朝代并逐书收录有关内容。

这一类型在《辑稿》中表现的特征是：1.《大典》事目的名称既不同于《宋会要》的类名，也不同于它的任何一门的门名，而范围则在类与门之间。2.《大典》连续若干卷全收《宋会要》文，中间没有掺入他书。

举士型在《大典》中多见，情况也有差别，少的只收录《宋会要》相连的两门，多的如“举士”事目，可达20多门。它虽不如食货型之完整，但保存了《宋会要》相连的若干门，使我们既可以知道这些门的原名，也可以确定其在《宋会要》中原来的顺序，对复原《宋会要》也是很可贵的。

三、宋宗庙型

已经验证的奉上祖宗徽号、时飨、亲飨庙、禘祫、配享功臣、庙议6门都辑自《大典》“庙”字韵“宋宗庙”事目。可见《大典》“宋宗庙”事目的范围大于《宋会要》的门。查《大典目录》“宋宗庙”事目包括卷17053至17073，共21卷。在此范围内，从卷17053至17065，共收《宋会要》的14门，在《辑稿》中还有《中兴礼书》的3门。按在《大典》中出现的次序，依次是：宗庙、朝日夕月（《礼书》）、缘庙裁制、奉上祖宗徽号、加上徽宗谥号（《礼书》）、时飨、荐新、亲飨庙、亲飨庙杂录、朝飨太庙、禘祫、亲祫、帝后祔庙（《礼书》）、配享功臣、配享功臣杂录、太庙乐章、庙议。

《大典》“宋宗庙”事目所收录的《宋会要》有关宗庙的14门，计12.0万字，其中卷17065一卷收录《宋会要》文达3.9万字之多，相当可观。但细加分析，《大典》“宋宗庙”事目与上述“举士”事目不同，它并不是在相连的若干卷中集中收录《宋会要》文，在收录《宋会要》的各卷中，大多同时收录其他文献，如卷17054既收录了《宋会要》的“缘庙裁制”门，也收录了《中兴礼书》的“朝日夕月”门。从另一个角度看，《宋会要》有关宗庙的各门分散在《大典》“宋宗庙”事目的各卷，卷17058、17060、17064三卷所收录的《宋会要》文都只有五六千字，卷17062没有《宋会要》文。

为什么“宋宗庙”事目没有将《宋会要》有关宗庙的各门集中收录呢？它同“举士”事目究竟有什么不同呢？它同“举士”事目的区别就在于，“举士”事目之下没有再分子目，事目就是基本收录单位；

而“宋宗庙”事目之下还分了“缘庙裁制”、“时飨”、“荐新”等子目，它是按子目而不是事目的范围收录各书的，即先将一个子目的有关文献录完再收录下一个子目的内容。这样，《宋会要》对应于“宋宗庙”事目的相连各门被分开收录在各子目中，而且，由于《大典》“宋宗庙”事目下各子目的次序与《宋会要》有关各门顺序不一致，各门顺序也打乱了，但从内容看，《宋会要》各门大都保存完整。

产生宋宗庙型——不相连诸门收录型的条件是：《大典》事目的范围虽小于《宋会要》的类，但大于《宋会要》的门；而且，它的基本收录单位不是事目，而是事目下之子目；它的子目的范围及名称一般相当于《宋会要》的门。

这一类型在《辑稿》中表现的特征是：1.《大典》事目的名称既不同于《宋会要》的类名，也不同于它的任何一门的门名，其范围则在类与门之间。2.《大典》该事目间断地收入《宋会要》文，中间明显掺入他书。3.《宋会要》的门一般保持完整。

宋宗庙型在《大典》中也不少。它虽不如举士型，所收《宋会要》各门的顺序不一定同于《宋会要》原本，需要参考其他标准加以确定；但一般完整地保存了《宋会要》的门，对复原《宋会要》也是可贵的。

四、郊祀型

已验证的雅乐、郊祀五使两门都录自《大典》的“郊”字韵“郊祀”事目，可见《大典》“郊祀”事目的范围也大于《宋会要》的门。查《大典目录》，“郊祀”事目为一大事目，占《大典》卷 5435 至 5512 共 78 卷的篇幅。开首卷 5435 至 5440 共 6 卷为总论，自卷 5441 以下 72 卷再分“议论”、“神位”、“神位座席”等 40 余个子目。其中卷 5453 至 5456 四卷现存，为我们了解这一事目提供了宝贵的资料。

《大典》“郊祀”事目在卷 5438 至 5504 的范围内共收录《宋会

要》31门，按在《大典》中的顺序，依次为：郊祀御札，皇地祇、汾阴后土，五方帝、感生帝，郊祀议论，郊坛，郊祀神位，祖宗配侑，祭器，玉币，牲牢，酒馔，明水明火，冰鉴，礼料，雅乐，郊祀乐章，祝词，郊祀祭服，郊祀卤簿，卜日用日，斋戒，郊祀五使，行事执事官，郊祀坛殿大小次，郊祀位次，郊祀奏告，郊祀陈八宝，郊祀仪注，恭谢，郊祀赏赐，郊祀赏赐杂录。

“郊祀”事目与“宋宗庙”事目相同之处是，它不是在相连的若干卷中集中收录《宋会要》文，《宋会要》有关郊祀的各门分散在《大典》“郊祀”事目的各卷中。

它与“宋宗庙”型不同之处是，“宋宗庙”型所收《宋会要》各门内容是完整的，而“郊祀型”所收《宋会要》各门，有许多是不完整的。许多条文缺年号、缺年份。有的子目只收《宋会要》一条条文，无头无尾，不像是《宋会要》的完整一门。为什么会出现这种情况？对比现存的《大典》卷5453至5456四卷与相应的《辑稿》，比较“宋宗庙”与“郊祀”两个事目，可以得到答案。

《大典》卷5453至5456包括“郊祀”事目下的“神位”、“神位座席”、“配侑”三个子目，而且这三个子目每个再分“事实”与“议论”两个细目。在这几卷里，《大典》收录文献的基本单位不是事目，甚至也不是子目，而是子目下的细目。例如卷5455至5456两卷，“郊祀”事目“配侑”子目，下面再分“事实”与“议论”两个细目。《大典》先按时代收录有关郊祀配侑的事实的文献，宋代部分先后收录1.《宋会要》，2.曾巩《元丰类稿》，3.《宋会要》，4.《宋史》胡宿传，5.《宋会要》，共5段文字，其中《宋会要》3段。然后再按时代先后收录有关郊祀配侑的议论的文献，宋代部分先后收录1.《宋会要》，2.胡宿《胡文恭公集》的《论郊丘定配奏议》，3.《宋会要》，4.宋祁《宋景文公笔录》，5.宋祁《宋景文公集》的《祭法》，6.余靖《武溪集》的《禘郊论》，7.《宋会要》，8.《郊庙奉祀礼文》，

9.《文献通考》，10. 曾巩《元丰类稿》的《郊配》，11. 王安石《临川集》的《郊宗议》，12.《宋会要》，13. 吕祖谦《吕东莱杂说》，14. 胡铨《澹庵集》的《祖考配天地说》，15.《山堂考索》，共15段文字，其中《宋会要》4段。再看《辑稿》的相应辑文，在礼25之73至97。抄写时，抄者先漏抄了第2段，发现后又另纸补抄（礼25之73至74）；又漏抄了第6段，发现后又补抄在第7段之后（礼25之87至94），以致时间顺序颠倒；抄完第6段后，忘记前面已抄过第7段，又接着再抄第7段，以致第7段出现复文（礼25之84至87与礼25之94至97）。而编者则将第2段（礼25之73至74）置于第1段（礼25之75）之前，更增加了混乱。

由于《大典》“郊祀”事目是以子目甚至细目为收录文献的基本单位，分韵很细；又因为它是先分子目、细目，每一细目再按时代先后收录有关文献，它划分子目、细目的标准，主要根据明初的情况，不一定与宋朝情况符合。由此，在收录《宋会要》时产生了三个结果：第一，《大典》子目或细目的范围不一定与《宋会要》的门的范围符合。比如，《宋会要》关于郊祀神位的内容，不会再细分为神位及神位座席两门，更不会在神位及神位座席之下再分事实及议论两门。很可能《大典》这4个细目在《宋会要》是一门——郊祀神位，因为《中兴礼书》就只有“郊祀神位”门。第二，即使两者范围相同，《大典》的子目或细目的名称不一定与《宋会要》的门名相同。如“郊祀配侑”，所引《宋会要》第一段，在表明出处的红字“宋会要”下，是“祖宗配侑”四字。这在《大典》中不常见。原因就在于，《大典》此子目为“郊祀配侑”，而《宋会要》此门名称应为“祖宗配侑”（其内容不仅包括郊祀时的配侑），所以《大典》在收录时把《宋会要》的门名也连带录下。在《辑稿》中的表现就是这四个字写在正文开首（礼25之75第3行）。第三，即使两者范围相同、名称也相同，由于《大典》编者并不是在子目或细目的范围内逐书收录，而是做了许多加工，每一段时间内只收录一种文献的记载，可以断定，《宋会要》的许多内容因与其他文献相近而被舍弃了，它是不完整的。当然，在将来整理《宋会要》时，如果没有其他证据，可仍以《大典》的子目作为分门的标准。

现在可以再回过头来分析《大典》“宋宗庙”与“郊祀”两个事目的不同了。从范围来说，它们不是同一级的。与“郊祀”事目相当的应是“宗庙”。但《大典》编者没有设立“宗庙”这个事目，而是直接设立“唐宗庙”、“宋宗庙”等事目，所以“宋宗庙”事目之下虽然也分了子目，而且《大典》也是按子目收录相关文献的，但“宋宗庙”事目所分的子目当然与《宋会要》的门相近甚至相同，所以《宋会要》的门一般完整保存下来了。而“郊祀”事目则是先分子目甚至细目，再分朝代。这种不同的划分次序就决定了收录《宋会要》的完整与否。

郊祀型——不相连且不完整收录型在《辑稿》中表现的特征是：1.《大典》事目的名称既不同于《宋会要》的类名，也不同于它的任何一门的门名，其范围则在类与门之间。2.《宋会要》文广泛分布于该事目的各卷中，而且断断续续。3.《宋会要》的门不一定保持完整。

郊祀型的《宋会要》辑文，无论是门的划分还是门名的确定，都需要在整理时慎重处理。至于被《大典》删去的内容，如果不能找到有力的证据加以补充，只能留下永远的遗憾了。

五、吏部型

已验实的吏部门、考功门都辑自《大典》“部”字韵“吏部”事目，可见“吏部”事目的范围也大于《宋会要》的门。查《大典目录》，卷14614至14646共33卷都是“吏部”事目，其中最后3卷分别为“司封部”、“司勋部”、“考功部”三子目。《大典》“吏部”事目共收《宋会要》的15门，即：1. 吏部；2. 审官东院；3. 尚书左选；4. 审官西院；5. 尚书右选；6. 流内铨；7. 侍郎左选；8. 三班院；9. 侍郎右选；10. 格式司；11. 流外铨；12. 甲库；13. 司封部；14. 司勋部；15. 考功部。

吏部型与郊祀型有相似的地方。郊祀型开头几卷不分子目，以后分为若干子目，《宋会要》文分布在前后各卷中；吏部型也是如此。但两者实质上有很大差别。《大典》“郊祀”事目的头几卷带有总论性质，而“吏部”事目的前30卷收录有关吏部及其直属机构的记载，实际上就是“吏部”子目，只因与事目同名而没有列出。《大典》“吏部”事目所收《宋会要》15门，有13门集中在“吏部”子目，并且集中在开头两卷，后3门则对应于最后3卷的3个子目。第2至第9门及第11门，虽然大都只有序言，没有正文，但每门之末，《大典》编者注“详院下”、“详选下”等，指在“院”字韵、“选”字韵中录全文。《大典》“选”字韵“宋铨选”事目属于“举士型”，共收录《宋会要》有关铨选的相连的10门（《大典》卷16784至16787，《辑稿》选举23之1至25之33、《补编》520至535页），相当于本事目的1至9门及11门。《大典》编者因两者文字大部重复，所以将全文集中于“宋铨选”事目中。由此可见，“吏部”型所收《宋会要》各门本来是完整的，“郊祀”型则不一定是完整的。

所以会产生这种差别，是因为郊祀起源已久，而以“三省六部”为核心的中央机构，建立于隋唐，确立于宋。所以“吏部”事目中宋以前的内容很少，有关吏部及其直属机构的《宋会要》文就集中在头两卷，而吏部下的司封等部，名称与宋代全同。所以《宋会要》各门一般还是完整地保存下来了。

这一类型包括吏、户、礼、兵、刑、工六部等。但从现存辑文看，只有吏部、户部保存较完整，礼部、刑部有缺文，兵部缺文更多，工部全缺。

六、河名型

已验实的汴河门、金水河门、白沟河门、惠民河门都辑自《大典》“河”字韵“河名”事目，可见“河名”事目的范围也大于《宋会要》的门。查《大典目录》，卷5650至5661共12卷都属“河名”事目，其中9卷有《宋会要》文，它们的标目依次是：1. 汴河，2. 金水河，3. 白沟河，4. 月河，5. 运河，6. 许浦河，7. 吕城河，8. 嵎河，9. 盐河，10. 马岗河，11. 二股河，12. 奉口河，13. 五河，14. 新河，15. 广济河，16. 惠民河。

《大典目录》在“河名”事目之下虽然没有小注，但从事目名称以及《宋会要》辑文可见，《大典》“河名”事目之下肯定再分子目，每一条具体的河，如汴河、白沟河等，就是一个子目。但与子目相对应的《宋会要》辑文，是否就是一门？即便是一门，是否完整保存？还要具体分析。如“汴河”、“白沟河”和“惠民河”，肯定各是一门，并且保存完整；多数河仅有一两条记事，很难说就是一门，所以我用“标目”来代替“门名”。（将来整理时，可将每一子目的《宋会要》文作一门处理。）在《宋会要》原本中，各门的顺序也不一定同于《大典》，广济河、惠民河等只有北宋记事的门，肯定在较前的位置。

“河名”型的特征明显，从事目名称即可分辨。“河名”事目是一条河为一子目，同属此型的如“诸局沿革”事目（《大典》卷19778至19781），以一局为一子目，如太史局、礼仪局等。与此相对应，《宋会要》一般是一河、一局为一门。

七、粮料院型

已验证的崇文院门、国史院门、实录院门、起居院门、进奏院门、敦宗院门、粮料院门、都盐院门分属于《大典》卷16650、16652、16666、16669。查《大典目录》，《大典》卷16646至16669共24卷均为“院”字韵，《大典目录》所注的事目分别为“宣徽等院”、“起居等院”等。对照《宋会要》辑本，卷16652，“起居等院”，有《宋会要》起居院门及舍人院门两门，从而知道所谓“宣徽等院”，是指分“宣徽院”、“××院”、“××院”等事目。每事目相当于《宋会要》的一门。也就是说，这种类型，《大典》事目的范围与《宋会要》的门相当，名称也相同。

《宋会要》辑本中，“院”字韵“××等院”事目下所录《宋会要》辑文，计有宣徽院、翰林院、集贤院、崇文院、编修院、国史院、实录院、起居院、舍人院、礼仪院、谏院、登闻院、进奏院、审官东院、审官西院、官告院、天文院、钟鼓院、御药院、敦宗院，御辇院、车辂院、骐骥院、御马院、省马院、乳酪院、文思院、西内染院、西染色院、绫锦院、文绣院、裁造院、弓弩院、弓弩造箭院、粮料院、三部勾院、都盐院、都麴院、都商税院、礼宾院、粜盐院。其中除“翰林院”属吏部型外，其余各院，大都相当于《宋会要》的一门。这种类型的事目之所以与《宋会要》的门在范围及名称都相对应，是因为它的外延弹性较大，可以容纳各时代的不同名称。它的特征也很明显，容易分辨。

八、辽型

据《大典目录》，《大典》卷5246至5257为“辽”字韵，其中最后一卷5257，所注事目为“宋会要”。这是什么意思呢？对照《辑稿》就可以明白。《辑稿》蕃夷1之1至2之38为同一门，从标目及内容知为“辽”门，共77页约3.6万字，全辑自《大典》卷5257，可见此卷《大典》全部为《宋会要》文。门名为“辽”，全卷只收《宋会要》，所以《大典目录》在该卷注事目为“宋会要”。

与此相类似的还有“金”门。据《大典目录》，卷9501、9502两卷为“金”字韵，事目为“宋会要蕃夷传一二”。从上例可以知道，此两卷都是《宋会要》蕃夷类的“金”门，可惜已佚。为何《大典》作“蕃夷传”，前文第十章已做解释。所谓“蕃夷传一二”，说明“金”门在《宋会要》的蕃夷类开首两卷。但这部《宋会要》，肯定不是北宋的《五朝会要》、《续国朝会要》，而是南宋的会要，因为北宋时还没有金朝。建国前的女真，有“女真”门，辑自《大典》卷2916，“真”字韵“女真国”事目，记北宋建隆至天禧时女真事，在《辑稿》蕃夷3之1至3。

辽型的特点就是：《大典》事目，无论名称与范围，都与《宋会要》的门完全相同。辽、金两门之所以在《大典目录》中显示出来，是因为门名为单名，相当于《大典》的某一字韵。

《宋会要》门名为两字或两字以上，属于辽型的，即门名与范围都与《大典》事目相同的，还有许多。已验证的，如“军赏”门（《辑稿》兵18之1至20之46），录自《大典》卷11866至11868三卷，为“赏”字韵“军赏”事目，一门即有6.1万字。

这一类型在《辑稿》中的表现是，其标目及内容，都同《大典》事目相符。

九、三公三少型

已验证的“三公三少”门，录自《大典》卷16918。查《大典目录》为“少”字韵，下注“事韵”。何谓“事韵”，本章第六节已做了解释。由于《大典目录》注“事韵”的事目，或者内容较少，或者性质较特殊，只为某朝代甚至某书所独有。所以，《宋会要》收入《大典》某字韵“事韵”的，门名、范围一般与《大典》事目相符，该门也保存完整。

三公三少型在《辑稿》中表现的特征是，在《大典目录》该字下注“事韵”，门名必带该字，因此标目也应带该字。这是检验标目是否正确的重要标准。

十、冠服型

上文已经提到，已验证的“冠服”门，包括了《大典》卷 19785“服”字韵的三个事目：天子服、皇太子服、后妃服。在此情况下，《宋会要》的门，范围大于《大典》的事目，其名称自然也不同于其中的任何一个事目。

这一类型如不经验证，较难辨认。

十一、帝号型

帝号门为《辑稿》开卷第一门，分别录自《大典》卷 12300、12315 等，为“宋”字韵“太祖”、“太宗”等事目。《续资治通鉴长编》的太祖纪、太宗纪等也收入《大典》“太祖”、“太宗”等事目中。由此可知，从横的方面比较，《大典》“太祖”、“太宗”等事目，其范围（内容）远远超过《宋会要》的帝号门；但从纵的方面比较，《宋会要》的帝号门记事跨越数代，因而被分割收入《大典》的数个事目中。这是一种特殊的对应关系。

十二、京都杂录——宫门型

已经验实的“京都杂录”门，录自《大典》卷 7699，为“京”字韵“东京”事目。但《大典》卷 3521（《辑稿》误作 3520）“门”字韵“宋辽金元宫门”事目（《辑稿》方域 3 之 31 至 46）所引《宋会要》文也多次出现“京都杂录”。如方域 3 之 31 有如下条文：“京都杂录：东京大内南中（按：中字衍）三门，中曰宣德……”这段文字见“京都杂录”门（《辑稿》方域 1 之 2 至 3）。原因何在？原来，《大典》编者立了“宋辽金元宫门”这个事目，但《宋会要》没有相应的门，于是《大典》编者将《宋会要》京都杂录门中有关宫门的记载分别摘出，编入该事目中。

上例是《大典》编者注明《宋会要》原来的门名，即注明出处的。也有不注出处的，如《辑稿》食货12之23有“参役钱”、“辞役钱”、“醋息钱”三条，辑自《大典》卷4680，为“钱”字韵，事韵。其实《宋会要》并没有上述三门，这三条条文同摘自《宋会要》的“免役”门，见《辑稿》食货14之40至41、65之95至96、66之85（该门有三处复文），《大典》编者在文字上还做了加工。就是说，《大典》编者设“参役钱”、“辞役钱”、“醋息钱”三个事目，从《宋会要》“免役”门中摘出有关内容编入。如不熟悉《宋会要》内容，这种例子很难发现。

这一类型所引的《宋会要》原文，有些现仍保存，可作校勘（如“京都杂录”门）；有的现已不传，可以补充（如“舆辇旗物制度”门）。

十三、宋乐型

《大典》卷21679至21692共14卷为“乐”字韵“宋乐”事目。事目名称与《宋会要》的“乐”类相符，而且按朝代分，本来有可能成为食货型的第二例，即将乐类全文录下。但检查结果，《宋会要》文虽大量分布在《大典》卷21679至21684、卷21689至21692共10卷中，但是作为《宋史·乐志》的注文，凡是《宋会要》文与正文相近者，都被删去。所以，《宋会要》的乐类现在没有完整保存下来。当然，《大典》编者用《宋会要》的乐类作《宋史·乐志》的注文，说明两者大同小异。这对我们了解《宋会要》乐类是有意义的。

这一类型的特点是，《宋会要》作为其他文献的注文。

十四、他书引《宋会要》

《辑稿》食货11之4至6，录自《大典》卷5329，为“饶”字韵“饶州府”事目，为《番阳志》引《会要》。也就是说，《大典》此处不是直接收录《宋会要》文，而是《大典》所收其他文献中，引用了《宋会要》，徐松当年也将它作为辑文收录。古人引书不注明起讫，亦有删改，故这类辑文只能作参考。

第十三节　《宋会要》辑文的归类

上述14种类型，概括了《大典》事目与《宋会要》之门的对应关系。

决定不同类型有四个关键因素：一、《大典》事目范围之大小。究竟是以《宋会要》的类名分韵，抑或是以类门之间的名称分韵，还是以门名分韵，甚至是以一字一句分韵。二、《大典》事目之下是否再分子目、细目。如是，子目、细目才是基本收录单位。三、《大典》事目是否分朝代。四、《大典》事目是逐书收录还是插花式收录。第二、第三两个因素的先后次序也大有关系。《大典》某一事目之下如再分子目及朝代，究竟是先分子目再分朝代，还是先分朝代再分子目，对《大典》与《宋会要》两者的对应关系，从而对《宋会要》原文的完整性有很大影响。

我们的下一步工作，就是将所有《宋会要》辑文按照它们在《辑稿》（及《补编》）中表现的特征，分别归入各种类型。然后根据各种类型的特点，并参照辑文的内容以及宋代其他文献（主要是《宋史》各志、《通考》、《玉海》），尽量确定每门（1）门名，（2）起讫，（3）所属《宋会要》之类，（4）在该类中的顺序。也就是说，尽量完整地复原《宋会要》。

第十五章 简短的总结

前面十四章我已经从纵横两个方面对《宋会要》辑本进行了系统的分析。本书下篇将提出复原《宋会要》的具体方案。下篇是专为使用和研究《宋会要》的读者写的，其他读者大致浏览就可以了。因此，在这里可以对我研究《宋会要》的工作做一个简短的总结了。

一、确定一个经过努力可以达到的目标

开始研究《宋会要》时，我并没有预料到能取得现在的结果。现在回过头来看，能取得这样的结果并非偶然，并不侥幸，有它的必然性。其中关键的一点，是因为一开始就比较清醒地估计了主客观条件，对《宋会要辑稿》的历史进行了详细的调查，从而确定了一个经过努力可以达到的目标。这就是，我们是“辑”《宋会要》而非“编”《宋会要》，因此在内容上要把后人所加的东西全部清除，在编排上要将《永乐大典》同一事目的内容尽量集中。后来更明确为回到徐松原来的出发点，即恢复《大典》所收录的《宋会要》的原状。

这个目标经过努力达到了。而一当达到这个目标以后，在我面前就展现了更广阔的前景。我们原定的目标成了达到现在结果的一个必经的阶段。如果我们一开始就把目前取得的结果作为争取的目标，恐怕连开始的目标也达不到。这是事物发展的辩证法。

二、系统收集和充分利用材料

一个问题能解决到何等程度，受客观条件制约。历史问题能解决到什么程度，不能不受材料的制约。

我经过详细调查，在北京图书馆发现了被刘富曾当作复文舍弃的《宋会要辑稿》遗文，在浙江图书馆找到了嘉业堂清本。读者从本书的前十四章中可以看到，这两种材料，特别是《宋会要辑稿》遗文，对解开《宋会要》之谜起了何等重要的作用!

即使是已有的材料，也有一个能否充分利用的问题。《永乐大典目录》是解开《宋会要》之谜的钥匙之一。我通过《永乐大典》残本理解了《大典目录》各种小注的含义，又利用被我掌握了的《大典目录》，解决了复原食货类等难题。

三、敢于走自己的路

《宋会要辑稿》长期以来使人产生误解，以为它是经屠寄、刘富曾等人精心整理的徐松原辑本，并引以为据。这也是我原来的认识。经过调查研究，我确认《辑稿》不过是刘富曾过录在他们的嘉业堂清本上的、用完以后准备丢弃、已被搅乱的底本；而且《宋会要》辑本经过历次不得其法的整理，在《宋会要》本来面目上增添了许多迷雾。因此下决心另辟蹊径，走一条与前人完全不同的道路，并义无反顾地走到现在。只有这样，才能取得今天的结果。也只有这样，才能真正汲取前人的成果和教训。

四、化复杂为简单

这并不意味着可以用简单化的办法去处理复杂的历史问题。科学是老老实实的学问，简单化的办法不能解决任何科学问题。

复杂是由简单构成的。任何复杂的问题都可以分解为比较简单的问题，又进而分解为更简单的问题，直至最基本的问题。而最基本的问题往往是很简单的。但复杂问题并不等于简单问题之和，问题的复杂在于构成的复杂。本书着力的所在，为正确的分解（分解为什么）以及解决问题的正确次序。本书的结构以及十三、十四两章的论述可作为例证。

五、全力抓住突破口

链条有薄弱的环节。棋局有关系胜负的一两着。军队的防线有最脆弱的部分，这是攻击的突破口。

要全力抓住突破口。首先是发现突破口在哪里，然后集中力量去攻击它。如果能发现真正的突破口，并透彻了解它的情况，解决的办法往往就在其中了。

第十章格式的“变例”，第十三章《国朝会要》与《续国朝会要》的重叠部分，第十四章“以上××会要”的小注，都是一些重要的突破口。

六、不断由已知领域向未知领域扩展

已知的领域不是我们认识的终点，它只是向下一个未知领域前进的出发点。

不断由已知领域向新的未知领域前进，需要有永不满足的精神，需要不断进行分析与综合，需要从实际出发，从其中引出规律，又回到实际中去。

对《宋会要》的门，从一无所知到通过“以上××小注”知有200门的门名，到经过验证而知道有确切起讫、实实在在的157门，以至到现在的近千门，就是一个由已知领域向未知领域扩展的过程。

对本书也应作如是观。现在已取得的认识不过是再向前进的新起点而已。

下　篇

复　原

本书下篇的具体目的是使读者能正确而充分地利用《宋会要》。在理想的整理本未问世之前，是要使读者了解《宋会要辑稿》问题及价值之所在，避免误用并能充分利用。更进一步，则是为整理《宋会要》提供一个可操作的方案。

理想的整理本《宋会要》，应是“辑”而非“编”。所谓“辑”，就是尽量恢复《宋会要》的原貌，而不是新“编”一部《宋会要》。即只问其是否符合原貌，而不问其是否“合理”，或按今天的标准是否合理。

所谓恢复《宋会要》的原貌，从内容方面说，是剔除《辑稿》中的非《宋会要》内容，增入《辑稿》之外的《宋会要》文；从编排方面说，就是将《宋会要》的辑文按原来的顺序正确地归入原来的类、门。

我们没有必要也不可能完全复原《宋会要》。所谓“没有必要”，是因为如上篇所述，《宋会要》的原本就有十六部之多，其中多部内容有重叠，逐部复原，不但内容重复，翻检使用也不方便。比较可行的办法是，按原本甲、乙“合订本”的办法，将同一门的条文编在一起，一通到底。所谓“不可能”，一是各部会要类、门的划分不完全一致，而我们又没有各部会要的目录；二是许多内容已经遗失，不可能补全。

下面就按顺序逐类加以复原。具体到每一类，又分两部分。第一部分是对《辑稿》该类的分析。因为《辑稿》尽管有诸多问题，包括分类有很多错误，但终究已流传多年，为诸者所熟悉，在整理本出版之前，还是可作为一个基础。我的分析又分三点：一、提出《辑稿》该类的目录。它对读者使用《辑稿》也会提供方便。二、指出哪些内容非《宋会要》文，哪些内容虽为《宋会要》文而非该类内容，以及哪些内容应从《辑稿》其他类及他书中划入。三、编排上的问题。包括顺序是否正确，是否有割裂、拼凑等情况。第二部分则是复原的方案，也就是整理本的详细目录。食货型当然是最理想的，《宋会要》的全类，无论内容、门名、顺序都完整、正确。其次是举士型，《宋会要》相邻的若干门，内容、门名、顺序都完整、正确。再次，也要力争《宋会要》的一门内容完整，门名正确。最后，则是保持《永乐大典》一事目之内的《宋会要》文不致被分割。

第一章

帝系类

一、《辑稿》帝系类目录

《辑稿》标目	《辑稿》位置	《大典》卷数	《大典》字韵/事目	备注
帝号	1/1－7	12300	宋/太祖	1/3 为“帝号杂录”。
		12315	宋/太宗	正文为《十朝纲要》，《宋会要》作注文。
		12378 12445	宋/仁宗	正文为《十朝纲要》，《宋会要》作注文。
		12931 12951	宋/孝宗	
帝谥	1/8	13350	谥/历代帝谥	
太子谥	1/8	13350	谥/历代帝谥	
庙号追尊	1/9－20	17055 17056	庙/宋宗庙	
		17289	号/宋尊号	
宰臣	1/21－23	12299	宋/太祖	正文为《十朝纲要》，《宋会要》作注文。
		12315	宋/太宗	正文为《十朝纲要》，《宋会要》作注文。

续表

《辑稿》标目	《辑稿》位置	《大典》卷数	《大典》字韵/事目	备　注
太子诸王	1/24－60	373 370 6761 6763	封/追封 封/进封 王/宗室封王	
皇子诸王杂录	2/1－27	125 6761 6738 6763	宗/宗室 王/宗室封王 王/宗室封王 王/宗室封王	《大典》此卷为西汉之“宗室封王”，卷数似有误。
皇孙	2/28－33	3552	孙/皇孙	
濮秀二王杂录	2/34－58	6762 125 6761	宗/宗室封王 宗/宗室 宗/宗室封王	
封建	3/1－8	16629	建/封建	
宗室追赠	3/9－39	19125	赠/封赠	
宗室杂录	4/1－7/32	125 128 122 123	宗/宗室 宗/宗室	
公主	8/1－5	10728	主/公主	
驸马都尉	8/5－7	10728	主/公主	
公主	8/7－43	10728 10730	主/公主	
宗女	8/44－45	10788	女/事韵	
驸马	8/46－58	11681 11682	马/驸马	

续表

《辑稿》标目	《辑稿》位置	《大典》卷数	《大典》字韵/事目	备　注
进马	8/59	11650 11651	马/事韵	
诏群臣言事	9/1－33	13396	事/事韵	
三元灯	10/1－2	8666	灯/事韵	
上元灯、中元灯、下元灯	10/2－8	8666	灯/事韵	
守法	11/1－14	21302 21304	法/事韵	

二、《辑稿》帝类系的问题

《辑稿》帝类系相当混乱。从客观上看，是因为有些门的情况比较特殊。开卷第一门——帝号门，如上篇第十四章第十二节所分析的，就属于一种特殊的类型。《大典》事目在横的方面（内容）远远超过《宋会要》的帝号门；但在纵的方面（时间），《宋会要》的帝号门却跨越了《大典》的数个事目，因而被分割收入几个事目中。不仅如此，帝系类的某些门，《大典》是以他书作正文，《宋会要》作注文的。

从主观上看，帝系类为《宋会要》的第一类，缪荃孙、屠寄、刘富曾都曾下大力整理。但因为他们都是编书而非辑书，《宋会要》原来的一门，被移花接木、挖腹掏心，张冠李戴，不一而足，真可谓治丝益棼。而且有些内容也被他们抛弃了。

下面从内容和编排两方面具体分析《辑稿》帝系类的问题。

（一）内容中的非《宋会要》文

1. 帝系1之4至6、1之21至23为帝号门，正文是《十朝纲要》，注文是《宋会要》。但与《大典》一般注文不同，《十朝纲要》与《宋会要》帝号门比较，内容大部相同而稍详，所以《大典》以《十朝纲要》作正文，而将《宋会要》与《十朝纲要》相同之处删去，只保留不同之处或独有之处作注文。因此，《十朝纲要》文仍需保留。

2. 帝系2之3第5行“三年七月甲午”以下至2之5第13行，和4之31第11行“裁定宗室授官”以下至4之36，均为《续资治通鉴长编纪事本末》文，在《大典》中原是小字注文。即《宋会要》为正文，他书为注文。《辑稿》中这一类情况不少，将来整理时如何处理这些注文，应有统一的体例。

（二）需增补的内容

帝号门只有太祖（包括僖祖至宣祖）、太宗、仁宗、孝宗四朝内容，所缺甚多，可据嘉业堂清本卷1补全。

（三）应划归他类的内容

1. 帝系1之8，为“帝谥”及“太子谥”，录自《大典》卷13350，“谥”字韵“历代帝谥”事目，应属礼类。

2. 帝系1之9至20，《辑稿》标目为“庙号追尊”，分别录自《大典》卷17055至17056及17289，“庙”字韵“宋宗庙”事目及“号”字韵“宋尊号”事目，均应入礼类。

3. 帝系8之59，为“进马”，录自《大典》卷11650或11651，“马”字韵，事韵，应入职官类。

4. 帝系9之1至33，为“诏群臣言事”，录自《大典》卷13396，“事”字韵，事韵，应入仪制类。

5. 帝系10之1至8，《辑稿》标目为“三元灯”等，录自《大典》卷8666，“灯”字韵，事韵，应入礼类。

6. 帝系11之1至14，《辑稿》标目为“守法”，录自《大典》卷21302、21304，“法”字韵，事韵，应入刑法类。

（四）编排上的问题

《辑稿》帝系类编排混乱，《宋会要》的一门有时被分割数处，有时又将数门合而为一。

1. 进封门，录自《大典》卷370，“封”字韵“进封”事目，部分被编者舍弃（今收入《补编》47至49页），部分与其他门拼凑为“太子诸王”标目，部分置于仪制类10之10至13，标目为“勋臣封赠”，应复原。

2. 追封门，录自《大典》卷373，“封”字韵“追封”事目，被编者分割于两处，并与其他门拼凑为“太子诸王”，应复原。

3. 皇子诸王门，4. 皇孙门，5. 濮安懿王门，6. 宗室杂录门：以上四门，录自《大典》卷125至128，卷121至123，“宗”字韵，“宗室”事目。此四门原来情况比较复杂。在《宋会要》的甲合订本（即乾道以前）中，此四门相连，为《大典》编者连续收入卷125至128中，属举士型。淳熙以后的“宗室杂录”门，为《大典》分别收入卷121至123中，淳熙以后的“濮安懿王”门、“皇子诸王”门则收入卷6762、6763，“王”字韵“宗室封王”事目中。历次《辑稿》编者不了解此种复杂情况，加以分割拼凑，卷125的38页《宋会要》辑文，竟分割为12段，造成许多混乱。应加以复原，并将次序理顺。

3. 皇子诸王门（淳熙以后），5. 濮安懿王门（淳熙以后），7. 宗室封王门，8. 秀王门以及礼类之濮安懿王园陵门录自《大典》卷6761至6763。《辑稿》将“宗室封王”门次序颠倒并分割，英宗以后诸帝子孙置于前（1之52至60），仁宗以前诸帝子孙反置于后（1之44至51），应复原。

三、《宋会要》帝系类复原方案

门名	出　处	备注
帝号	1/1－7，21－23，嘉 1	
皇子诸王	2/1－2，5－6，补 17，2/6－8，10－25，25－27	
皇孙	2/28－33，补 18－19，2/56－57	
濮安懿王	2/36－48，34－36，48－55	
秀安僖王	2/56－58	
宗室杂录	4/1－7/12，补 7－17，7/13－32	
宗室封王	1/52－60，2/3－5，补 312，2/9－10，1/44－51	
宗室追赠	3/9－39	
进封	补 47－49，1/41－43，仪 10/10－13	
追封	1/24－41，51	
封建	3/1－8	
公主	8/1－5，7－43	
驸马都尉	8/5－7	
驸马都驸杂录	8/46－58	
宗女	8/44－45	

说明：

①1/1－7，指《辑稿》本类（帝系类）1 之 1 至 17。②仪 10/10－13 指《辑稿》仪制类 10 之 10 至 13。③嘉 1 指嘉业堂清本卷 1。④补 17 指《辑稿补编》17 页。以下各章均同。

第二章

后妃类

一、《辑稿》后妃类目录

《辑稿》标目	《辑稿》位置	《大典》卷数	《大典》字韵/事目	备　注
皇后	1/1－9	19305 19307 19309 19311	后/宋后 后/宋后	
皇后皇太后杂录	1/10－2/20	19310 19311	后/宋后	
皇后杂录	2/21－29	19311	后/宋后	
贵妃	3/1－11	1265	妃/贵妃	
淑妃	3/12	1266	妃/淑妃	
德妃	3/12－14	1266	妃/德妃	
贤妃	3/14－17	1266	妃/贤妃	
昭仪	3/18	1305	仪/事韵	
淑仪	3/18	1305	仪/事韵	
充仪	3/18	1305	仪/事韵	
贵仪	3/18－19	1305	仪/事韵	

续表

《辑稿》标目	《辑稿》位置	《大典》卷数	《大典》字韵/事目	备　注
婉仪	3/20	1265	妃/贵妃	应为“贵妃”，《辑稿》标目误。
美人	3/21－23	2972	人/美人	《大典》此卷现存，《辑稿》漏序言。
才人	3/24－25	2972	人/才人	
顺容	3/26	2972	人/贵人	应为“贵人”，《辑稿》标目误。
郡夫人	3/27－28	2968	人/夫人	应为“夫人”，《辑稿》标目误。
乳母	3/29－35	10811	母/事韵	
内职	4/1－29	20478	职/事韵	

二、《辑稿》后妃类的问题

相对而言，《辑稿》后妃类的问题较少，原因在于《宋会要》的后妃类内容比较单纯，不易引起误解。

《宋会要》的皇后门，从《辑稿》多次标“宋会要”可知，《大典》在每一后之下，收录各种文献的有关记载，这样，皇后门不但在《大典》中被分割，而且有些内容因与其他文献相同或不如其他文献详尽，已被《大典》编者删去。太祖贺后、王后，神宗向后，哲宗孟后，高宗吴后等内容全缺，就是这个缘故。皇后门已非全貌。

皇后及皇太后杂录，在乾道九年之前合而为一，淳熙元年之后则分为皇太后杂录及皇后杂录两门，这也是《宋会要》存在甲、乙两合订本的坚强证据。

（一）需增补的内容

1. 乳母门。《辑稿》之乳母门，录自《大典》卷10811，“母”字韵，事韵。另一乳母门，录自《大典》卷2969，“人”字韵，“夫人”事目，为整理者舍弃，现收入《补编》。两者文字及内容不尽相同，现列出。

2. 外戚杂录门。嘉业堂清本卷18有“外戚杂录”，应据以补入。

（二）应从他类划入的内容

出宫人门。《辑稿》崇儒类中有“出宫人”门（7之77至81），应划入本类。

（三）编排上的问题

1. 《辑稿》贵仪、淑仪门置于昭仪门之下，误。

2. 贵妃门被分割出一条作“婉仪”，误。应改正。

三、《宋会要》后妃类复原方案

门　名	出　处	备　注
皇后	1/1－9	
皇后皇太后杂录	1/10－2/15	乾道以前。
皇太后杂录	2/16－20	淳熙以后。
皇后杂录	2/21－29	淳熙以后。
贵妃	3/1－11，20	
淑妃	3/12	
德妃	3/12－14	
贤妃	3/14－17	

续表

门　名	出　处	备　注
贵仪	3/18 – 19	
淑仪	3/18	
昭仪	3/18	
充仪	3/18	
美人	3/21 – 23	
才人	3/24 – 25	
贵人	3/26	
夫人	3/27 – 28	
乳母	3/29 – 35	
乳母	补 81 – 82	
内职	4/1 – 3	此卷《大典》20478 现存。
内职杂录	4/3 – 29	此卷《大典》20478 现存。
外戚杂录	嘉 16	
出宫人	崇儒 7/77 – 81	

第三章

礼　类

一、《辑稿》礼类目录

《辑稿》标目	《辑稿》位置	《大典》卷数	《大典》字韵/事目	备　注
郊祀仪注职事	1/1 – 27	5485 5486	郊/郊祀/执事官	
郊祀仪注	1/28 – 39	5490 5495	郊/郊祀/仪注	
郊祀坛殿大小次	2/1 – 14	5487	郊/郊祀/坛殿	2/14 – 15 为《中兴礼书》文。
郊祀位次	2/14 – 16	5487	郊/郊祀/位次	2/14 – 15 为《中兴礼书》文。
郊祀奏告	2/16 – 27	5488	郊/郊祀/奏告	为《中兴礼书》文。
郊祀陈八宝	2/27 – 33	5488	郊/郊祀/陈八宝	为《中兴礼书》文。
郊祀卤簿	2/34 – 37	5479 5480	郊/郊祀/卤簿	
郊祀冕辂冠服	2/38 – 40	5476	郊/郊祀/祭服	
南北郊坛	2/41 – 43	5451	郊祀/议论	

续表

《辑稿》标目	《辑稿》位置	《大典》卷数	《大典》字韵/事目	备注
郊坛	2/44	4366	坛/历代郊坛	
郊祀议论	3/1－32	5448 5451	郊/郊祀/议论	3/19为《山堂考索》文。
朝日夕月	4/1	17054	庙/宋宗庙	为《中兴礼书》文。
祀荧惑星	4/2－14	7855	星/荧惑星	为《中兴礼书》文。
祈雨雪	4/15－17	16019	旱/宋旱	
风伯雨师雷神坛	4/18	923	师/事韵	
五龙祠	4/19	523	龙/事韵	有《金楼子》等文。
祠宫观	5/1－2	249	宫/祠宫	
	5/3	234	宫/宋宫	
	5/4－10	259 262	宫/道宫	
	5/11－24	16224 16229	观/道观	
	5/25	17130	庙/群邑神庙	
亲飨先农耕耤	6/1－38	11854	享/享先农	为《中兴礼书》文。
禘祭	7/1－2	11854	享/享先农	为《中兴礼书》文。
帝后祔庙	7/3－22	17063 17056	庙/宋宗庙 庙/宋宗庙	为《中兴礼书》文。 从帝1/15－16中挖出。

续表

《辑稿》标目	《辑稿》位置	《大典》卷数	《大典》字韵/事目	备注
加上徽宗谥号册宝	7/22-31	17056	庙/宋宗庙	为《中兴礼书》文。
进圣政记	7/32-36	20845	历/日历	从运 1/26-27 中挖出。
告礼	7/37-40	17325	告/事韵	
祝文版	7/41	19862	祝/祝文	为《中兴礼书》文。
礼器	7/42	10947	俎/事韵	
圣节	8/1 8/1	22 15225	冬/孟冬 会/宋朝会	《大典》卷数误。 为《中兴礼书》文。
朝贺	8/2-3	17464	贺/宋朝贺	为《中兴礼书）文。
朝会	8/4-20	15225	会/宋朝会	为《中兴礼书）文。
追封先世名臣谥	8/21	162	公/封公名号	
旌表	8/22	14914	妇/孝妇	
田猎	9/1-4	22818	猎/田猎	
大阅讲武	9/5-34	11008 21527	武/讲武 阅/事韵	
兵捷献俘	9/35-38	22812	捷/兵捷	
后妃庙	10/1-13	17086	庙/历代后妃庙	
配享功臣	11/1-12	17064 11853	庙/宋宗庙享/配享功臣	

续表

《辑稿》标目	《辑稿》位置	《大典》卷数	《大典》字韵/事目	备注
群臣士庶家庙	12/1－14	17090	庙/君臣士庶家庙	
九宫太乙祠	12/15－16	2935 3527	神/神名 门/门名	标目误，应为“九宫贵神”。
神御殿	13/1－25	16562	殿/殿名	
祭名臣茔庙	13/26	17092	庙/群臣士庶家庙	
群祀	14/1－120	13841 13843	祀/历代群祀	注文为《宋会要》之“告礼”及“大礼五使”门。
祭器	14/121－126	5461 5462	祀/郊祀/酒馔等	
缘庙裁制	15/1－22	17054	庙/宋宗庙	
庙议	15/又22－64	17065	庙/宋宗庙	
释奠	16/1	16574	奠/释奠	
祝文	16/2	19862	祝/祝文	
幸太学	16/3－5	21997	学/幸太学	
幸武学	16/5－7	21999	学/幸武学	16/6－7 亦为“幸太学”。
宗庙	17/1	17053	庙/宋宗庙	
朝飨太庙	17/2－9	17060	庙/宋宗庙	
亲飨庙	17/10－29	17059	庙/宋宗庙	
时飨	17/30－85	17057 11846	庙/宋宗庙 享/时享	除首条外，全为《文献通考》文。
荐新	17/86－91	17058	庙/宋宗庙	

续表

《辑稿》标目	《辑稿》位置	《大典》卷数	《大典》字韵/事目	备　注
祈穀	18/1	19603	穀/事韵	
祈雨	18/2－31	10600	雨/祈雨	
祈雪	18/32－33	21548	雪/祈雪	
祈晴	18/34－36	8542 8544	晴/诗文	
祷灾异	18/37－38	11612	祷/事韵	末有“末岛”，非《宋会要》文。
酺祭	18/39－40	2942	神/神名	标目误，应为“酺神”。
祀诸星	19/1－15	7872 7874 7855	星/祀诸星 星/荧惑星	
长星等	19/16－17	7866 7867	星/长星等 星/星变	
黄帝坛等	19/18－21	4371 4372	坛/坛名	
蜡腊	19/22－24	22665 17717	腊/事韵 蜡/事韵	
山川祠	20/1－20	1203 1204	祠/事韵 祠/天地月星等	
诸祠庙	20/21－171	1205 1239	祠/帝王祠、名臣祠等	
四镇	21/1－2	15488	镇/四镇	

续表

《辑稿》标目	《辑稿》位置	《大典》卷数	《大典》字韵/事目	备　注
岳渎诸庙	21/3－64	2945 4161 6773 17127 17162 11048 2488 9249 17098 17102 17095 17302	神/封祀诸神 山/事韵 王/神封王号 庙/群邑神庙 海/事韵 淮/事韵 侯/事韵 庙/王庙 庙/帝王庙 号/事韵	
封禅	22/1－19	16849	禅/封禅	
社稷	23/1－14	20422 20424	稷/社稷	23/4－13 为《中兴礼书》文。23/14 为“郡县社稷”。
明堂御札	24/1－83	7199 7200	堂/明堂	
明堂颁朔	24/84	7201	堂/明堂	
明堂大礼	24/84－110	7201	堂/明堂	
郊祀赏赐	25/1－14	5504	郊/郊祀/赏赐	
郊祀赏赐杂录	25/14－27	5504	郊/郊祀/赏赐	
郊祀赐例	25/28－49	13719	赐/庆赐	
郊祀恭谢	25/50－59	5503	郊/郊祀/恭谢	
郊祀祭器	25/60－62	5457	郊/郊祀/祭器	25/62 第 2 条为“郊祀冰鉴”。
郊祀祝词	25/63	5472	郊/郊祀/祝词	

续表

《辑稿》标目	《辑稿》位置	《大典》卷数	《大典》字韵/事目	备　注
郊祀神位	25/64－72	5453 5454	郊/郊祀/神位	此两卷《大典》现存。
郊祀配侑	25/73－74	5455	郊/郊祀/配侑	此卷《大典》现存。
祖宗配侑	25/75－97	5455 5456	郊/郊祀/配侑	此两卷《大典》现存。
郊祀	26/1－7	5459	郊/郊祀/玉币	应为“郊祀玉币”。
郊祀牲牢	26/7－15	5460	郊/郊祀/牲牢	
大礼五使	27/1－16	13326	使/大礼五使	
郊祀御札	28/1－40	5438 5439	郊/郊祀	
郊祀事务（一）	28/40－62	5439 5440	郊/郊祀	
郊祀事务（二）	28/62－65	5440	郊/郊祀	
郊祀事务（三）	28/66－69	5483	郊/郊祀/卜日	
郊祀事务（四）	28/69－77	5484	郊/郊祀/斋戒	
郊祀事务（五）	28/77－87	5484	郊/郊祀/五使	
郊祀事务（六）	28/88	14785	库/库名	应为“玉津园南郊家事库”。
历代大行丧礼	29/1－30/96	7346 7364	丧/丧礼	
后丧	31/1－34/39	7365 7379	丧/丧礼	
请听政御殿	35/1－2	16572	殿/事韵	

续表

《辑稿》标目	《辑稿》位置	《大典》卷数	《大典》字韵/事目	备注
请举乐	35/3－16	21717	乐/彻乐	
丧服	36/1－22	19797 19812	服/丧服	
展日视事	36/23	13395	事/事韵	为《中兴礼书》文。
宋宣祖安陵等	37/1－27	8189	陵/历代帝王陵	
缘陵裁制	37/27－46	8189	陵/历代帝王陵	
昭宪皇后陵等	37/47－75	8192	陵/历代皇后陵	
守陵等	38/1－6	8198	陵/守陵等	
拜扫	39/1－2	11585	扫	
命公卿巡陵	39/3－15	8197	陵/命公卿巡陵	
改卜陵	39/16－20	7346	丧/丧礼	
濮安懿王园陵	40/1－5	6762	王/宗室封王	
濮安懿王园庙	40/6－12	17085	庙/亲庙	此卷《大典》现存。
秀安僖王园庙	40/13－14	17085	庙/亲庙	此卷《大典》现存。
亲临宗戚大臣丧	41/1－10	7381	丧/丧礼	
外国发哀	41/10－14	7383	丧/丧礼	
临奠	41/15－23	16590	奠/事韵	
辍朝	41/24－60	5365	朝/辍朝	

续表

《辑稿》标目	《辑稿》位置	《大典》卷数	《大典》字韵/事目	备　注
国忌	42/1－17	14019	忌/国忌	
攒所	43/1－16	3995	攒/事韵	
吊仪	43/17	16892	吊/事韵	
吊祭	43/18－19	16892	吊/事韵	
赙赠	44/1－23	14909	赙/赙例	
赙赠杂录	4/24－30	14909 19133	赙/赙例 赠/赙赠	
宴享	45/1－21	16746 16747	宴/宴享	
杂宴	45/22－39	16751 16755	宴/曲宴等	
宴饯	45/40－41	16755	宴/事韵	
乡饮酒礼	46/1－5	12070	酒/乡饮酒仪	
优礼大臣	47/1－14	3187 10454	臣/大臣 礼/事韵	
祃祭	48/1	16597	县	《大典》卷数有误。
受降	48/2	7670	降/纳降	
尊号	49/1－97	17287 17292 7664	号/宋尊号 皇/太上皇	
后妃尊号	50/1－18	17297	号/宋后妃尊号	
徽号	51/1－24	17302	号/事韵	
巡幸	52/1－18	18586	幸/巡幸	

续表

《辑稿》标目	《辑稿》位置	《大典》卷数	《大典》字韵/事目	备　注
册后	53/1－14	19318 19319	后/历代册后礼	
册命皇太子妃	53/15－17	1267	妃/太子纳妃仪	
亲王娶	53/18－19	1268	妃/亲王纳妃仪	
改元诏	54/1－21	5149 5150 16924	元/改元 诏/改元	《大典》卷16924宁宗前内容已被删，余下者为理宗朝，似非《会要》文。
听政	55/1－4	16572	殿/事韵	
朝会	56/1－12	5351	朝/宋朝仪	
皇帝朝德寿宫	56/12－13	5356	朝/宋朝仪	
命妇内朝	56/13－15	5356	朝/宋朝仪	
朝贺	57/1－4	17464 14	贺/宋朝贺 冬/冬至朝仪	
上寿	57/5－13	19252	春/事韵	
诞圣节	57/14－19	16749	宴/圣节宴	
节	57/20－38	21416 21430 21415 5231	节/圣节 节/时节 宵/元宵	
谥	58/1－10	13347	谥/谥法	

续表

《辑稿》标目	《辑稿》位置	《大典》卷数	《大典》字韵/事目	备　注
历代帝谥	58/11－65	13348 13349	谥/历代帝谥	
后谥	58/66－78	13352 13353	谥/历代皇后谥	
王谥	58/79－85	13354	谥/历代王谥	
群臣谥	58/86－114	13360	谥/历代群臣谥	
处士谥	58/115	13365 13366	谥/事韵	
僧谥	58/115	13365 13366	谥/事韵	
册命亲王大臣	59/1－21	3187 3184 3185	臣/大臣 臣/配享功臣 臣/赐功臣号	
赐功臣字	59/20－26	3185	臣/赐功臣号	
赐酺	60/1－9	2135	酺/赐酺	
旌表	61/1－15	11548	表/旌表	
赉赐	62/1－90	13723 13728	赐/赉赐	
滥赐	62/91－93	13730	赐/事韵	

二、《辑稿》礼类的问题

礼类约占《辑稿》百分之十七的篇幅，是《宋会要》内容最丰富的三类之一；但也是问题很多，最为混乱的一类。造成混乱的原因是多方面的。

首先是《大典》收录《宋会要》礼类的特点决定的。以《大典》“郊祀”事目为例，这一事目在《大典》中占了78卷之多，它的内容不仅包括冬至南郊，还包括夏至北郊、汾阴后土等。《大典》在“郊祀”事目之下再划分“神位”、“配侑”等三十几个子目。从现存的卷5453至5456四卷中我们可以看到，在这些子目之下还分“事实”、“议论”等细目。也就是说，《大典》是按细目，如“郊祀·神位·议论”来收录有关文献的，而且是插花式地收录的。其直接结果是：(1)《宋会要》的许多门不是整门收录，而是被分割。如《大典》“郊祀·配侑”子目收录了《宋会要》礼类的“祖宗配侑”门，但“配侑”子目下面又分“事实”与“议论”两细目，因此《宋会要》的“祖宗配侑”门也被分割为两部分。(2)因为《大典》是插花式地收录各种文献的，如果《宋会要》的记载与他书相同，可能会被舍弃；如果不及他书详细，肯定会被舍弃。这是《大典》编者根据《大典》的凡例有意舍弃的。因此《宋会要》礼类多门的内容被部分甚至大部删去，收录的只是零碎的片断，现存《大典》卷5453、5454所收《宋会要》“郊祀神位”门就是如此。(3)也因为《大典》是插花式地收录各种文献，而宋代有关礼制的记载又很多，《大典》编者无意中遗漏《宋会要》，或将《宋会要》误标为他书的情况也难免发生。如“郊祀神位”中，有多段标《九朝长编纪事本末》，但用数字记日，很可能实际是《宋会要》。(4)《大典》事目或子目名称与《宋会要》门名不一致。上述“郊祀·配侑”子目收录的是《宋会要》“祖宗配侑”门，我们可从现存的《大典》卷5455觉察到。而“群祀”事目之收《宋会要》“缘祀裁制”门，如果不是通过其他途径是很难了解的。

因为《宋会要》礼类文零碎，在徐松命书吏从《大典》中辑录《宋会要》时，漏辑的现象难免发生。一个典型的例子是“郊祀冰鉴”。《辑稿》礼14之125第二段末尾有“郊祀冰鉴”四字，但该段内容是“明水明火”，辑自《大典》卷5461，我在礼25之62第二段发现了“郊祀冰鉴”的条文，但《辑稿》的标目却是“郊祀祭器”，该页版心注《大典》卷数为5457，查《大典目录》，5457确为“郊祀祭器”。为什么《宋会要》“郊祀冰鉴”的标题与内容分在两处？唯一的可能是，书吏在抄完《大典》卷5461的《宋会要》文（“明水明火”）后，准备接抄卷5462的《宋会要》文，但在抄了子目名称“郊祀冰鉴”后，却漏抄了内容。以后发现了这个问题，原纸已接抄了“郊祀礼料”，于是顺手在“郊祀祭器”的空白下补抄。这是当时发现漏抄而补抄的例子，没有发现的已无法补足了。

屠寄与刘富曾因为不了解上述情况，经过他们的整理，礼类的混乱状况至少没有改变。

同时需要指出，“嘉业堂清本”的礼类，不论分类、编排是否恰当，总还是按照吉礼、凶礼、嘉礼、宾礼、军礼五大类划分的，而《辑稿》的礼类则连这样的划分都没有。原因很简单，刘富曾在“清本”写定以后，本来无意保存作为底稿的《辑稿》，因此随意放置，并没有按照他整理的顺序。

下面具体列出《辑稿》礼类的问题：

（一）内容中的非《宋会要》文

1.《辑稿》礼类中的又11、又31、又32、又33、又43、又47，均为“广雅稿本”的礼类。因为作为其来源的《辑稿》现在都存在，所以这些“广雅稿本”都应删去。

2.《中兴礼书》文，大量分布在《辑稿》各门中。《中兴礼书》仅记高宗、孝宗两朝事，却有200卷之多。《中兴礼书》与《宋会要》礼类记事重叠部分，肯定比《宋会要》详细，《大典》必收《中兴礼书》而舍弃《宋会要》，“天申节”门就是一例。所以，《辑稿》中的《中兴礼书》门仍暂时保留。

（二）应划归他类的内容

1. 4之15至17，标目为“祈雨雪”，录自《大典》卷16019，

“旱”字韵，“宋旱”事目，应划归瑞异类。

2. 5之3，标目为“龙德宫”，录自《大典》卷234，“宫”字韵，“宋宫”事目，应划归方域类。

3. 5之4至10，标目为“神霄玉清万寿宫”等，录自《大典》卷259、262，“宫”字韵，“道宫”事目，应划归道释类。

4. 5之11至24，标目为“景灵宫太极观”等，录自《大典》卷16224、16229，“观”字韵，“道观”事目，也应划归道释类。

5. 7之32至36，标目为“进圣政记”，录自《大典》卷20845，“历”字韵，“日历”事目，为“日历所”门的一部分，应划归职官类。

6. 18之1，标目为“祈穀”，录自《大典》卷19603，“穀”字韵，事韵，为乐章，应划归乐类。

7. 19之16至17，标目为“长星”等，录自《大典》卷7866，7867，“星”字韵，“长星”、“星变”等事目，应划归瑞异类。

8. 28之88，标目为“郊祀事务”，录自《大典》卷14785，“库”字韵，“库名”事目，为“南郊家事库”门，应划归职官类。

9. 47之1至14，标目为“优礼大臣”，分别录自《大典》卷3187，“臣”字韵，“大臣”事目，卷10454，“礼”字韵，事韵，均应划归职官类。

10. 59之20至26，标目为“赐功臣字”等，录自《大典》卷3185，“臣”字韵，“赐功臣号”事目，应划归职官类。

11. 62之1至93，标目为“赉赐”等，录自《大典》卷13723至13730，“赐”字韵，“赉赐”事目及事韵，也应划归职官类。

（三）应从他类划入的内容

1. 帝谥门，在帝系1之8，应划入本类。

2. 庙号追尊，在帝系1之9至17、18至20，分属庙号追尊门及册尊号门，应划入本类。

3. 三元观灯门，在帝系10之1至8，应划入本类。

4. 私忌门，在仪制13之31至32，应划入。

5. 敕置守坟门，6. 尧陵门，分别在崇儒6之38至39、6之40，应划入。

7. 存先代后门，8. 录诸国后门，分别在崇儒7之69至75、7之75至76，应划入。

9. 天书门，在瑞异1之29至34，应划入。

10. 悯恤旧族门，在选举32之11至26，应划入。

11. 青城，在方域3之41，实为“郊祀坛殿大小次”门之一部分，应划入。

12. 历代朝贡门，在蕃夷7之1至58，应划入。

13. 太一宫门，14. 上清宫门，15. 玉清昭应宫门，16. 太宁宫门，17. 景灵宫门，在《补编》19至47页，应归入本门。

（四）编排的问题

大量存在，不一一列举。比较本章“三、《宋会要》礼类复原方案”中各门顺序与原在《辑稿》中的位置，可以有一个大概的了解。

三、《宋会要》礼类复原方案

门　名	出　处	备　注
缘祀裁制	14/1－108	以下为“吉礼”。注文为“告礼”及“大礼五使”门。
祀祭行事官	14/108－120，27/1－16	
郊祀御札	28/1－40	
郊祀议论	3/1－2，4－32	3/2（1）似另卷。3/19为《山堂考索》文，删。
郊坛	2/41－43，3/2（2）－3	2/44及补130下－131上有复文。

续表

门　名	出　处	备　注
郊祀神位	25/64－72	《大典》再分“事实”、“议论”。
祖宗配侑	25/73－97	《大典》再分“事实”、“议论”。
祭器	25/60－62（1），28/87（3、4）	
玉币	26/1－7	
牲牢	26/1－15	
酒馔	14/121－125	
明水明火	14/125（2）	
冰鉴	25/62	
礼料	14/125（3）－126	
祝词	26/63	
祭服	2/38－40	
郊祀卤簿	2/34－37	
卜日用日	28/66－69	
斋戒	28/69－76	
大礼五使	28/76－87，14/100－106	
行事执事官	1/1－27，28/87（2）	
郊祀坛殿大小次	2/1－14，方 3/41	
郊祀位次	2/14－16	中有一段《中兴礼书》。
郊祀奏告	2/16－27	为《中兴礼书》文。
郊祀陈八宝	2/27－33	为《中兴礼书》文。
郊祀仪注	1/28－39	
恭谢	25/50－59	

续表

门　名	出　处	备　注
郊祀赏赐	25/1－14	25/28－48 有复文。
郊祀赏赐杂录	25/14－27，48－49	
皇地祇、汾阴后土	28/40－62	
五方帝、感生帝	28/62－65	
黄帝坛	19/18	
明堂	24/1－68，84－110	
明堂制度	24/68－77	
明堂颁朔布政	24/77－84	
社稷	23/1－13	23/4－13 为《中兴礼书》文。
郡县社稷	《大典》20424	23/14 仅有绍熙两条。
四镇	21/1－2	
封祀诸神	21/3－5	
山颓	21/6（1）	
海神庙	21/9	
淮渎庙	21/10	
四望坛	19/21	
亲飨先农耕耤	6/1－38	《中兴礼书》文。
先农坛	19/19	
先蚕坛	19/20	
告礼	14/5－99 之注文，7/37－40	正文为“缘祀裁制”门。
祈雨	18/2－31	
祈雪	18/32－33	

续表

门　名	出　处	备　注
祈晴谢晴	18/34－36	
祈祷	18/37－38	18/38（3）非《宋会要》文。
朝日夕月	4/1	《中兴礼书》文。
九宫贵神	19/1（2）－9	12/15－16有复文。
祀大火星	19/9－13	
祀荧惑星	19/14－15，4/2－14	4/2－14为《中兴礼书》文。
风师雨师等坛	19/1（1），4/18	
蜡腊	19/22，23－24，24	
酺神	18/39－40	
封禅	22/1－19	21/6自22/12中摘出。
朝谒太清宫	51/1－6	
上玉皇圣祖徽号	51/6－13	
上皇地祇徽号	51/13	
迎奉圣像	51/13－14	
玉清和阳宫奉安圣像	51/14－16	
天书	51/16－19	瑞1/29－34有复文。
朝谒上帝祖宗圣容	51/19－22	
祭鼒鼎	51/22－24	
奉安神霄飞云鼒	51/24	
封武成王	8/21	
释奠	16/1	

续表

门　名	出　处	备　注
先圣祝文	16/2	
守陵	38/1－3	
修陵	38/3－5	
发陵	38/5－6	
勅置守坟	崇6/38－39	
尧陵	崇6/40	
天地日星祠	20/15－20	
帝王祠	20/21－22	
名臣祠	20/23－45，13/26	
生祠	20/46	
忠孝节义祠	20/47－49	
王公隐士祠	20/50－51	
神祠	20/51－171，4/19（1）	4/19（2）－（4）为他书，删。
祠杂录	20/1－15	分为9段。
帝王庙	21/55	
王庙	21/19－21，23，24，48，53，56，58	
群邑神庙	21/8，13－18，22，25－47，49－52，54，57，59－64，5/25	
神封王号	21/7，12	21/7与21/8实为同一条。
侯庙	21/11	
缘庙裁制	15/1－22	

续表

门 名	出 处	备 注
庙议	15/又 22－64	
宗庙	17/1	
禘祫	补 535 下－540 下，7/1－2	补 857 下－867 下“祫”为“禘祫”与“亲祫”之综合。71/1－2 为《中兴礼书》文。
亲祫	补 540 下－541 下	
时飨	17/30－40，41	17/41－85 为《通考》文。
朝飨太庙仪注	17/2－9	
亲飨庙	17/10－11	
亲飨庙杂录	17/11－29	
荐新	17/86－91	
庙号追尊	帝 1/9－15，礼 7/21（2）－22，帝 1/16－17	
帝谥	58/11－65，帝 1/8	
加上徽宗谥号册宝	7/23－31	为《中兴礼书》。
奉上祖宗徽号	49/56－67，79－96	
帝后祔庙	7/3－21	为《中兴礼书》
皇后庙	10/1－13	
皇后谥	58/66－78	
景灵宫	补 29 上－47 上	
神御殿	13/1－25	13/25 自“京都杂录”等摘出。
配享功臣	11/1	

续表

门　名	出　处	备　注
配享功臣杂录	11/1－7，8－12	59/12－19 有复文。
太一宫	补 19 下－22 上	
上清宫	补 22 下－24 上	
玉清昭应宫	补 24 下－28 上	
太宁宫	补 28 下	
鸿庆宫	5/1	
凤台山宫	5/1－2	
上清宝箓宫	5/2（2）	
群臣家庙	12/1－14	
尊号	49/1	以下为“嘉礼”。
册尊号	49/1－24，帝 1/18－20，礼 49/44－55，67－78，96－97	
太上皇尊号	49/25－43	
皇帝朝德寿宫	56/12－13	
皇帝朝	49/55－56，78－79	
命妇内朝	56/13－15	
后妃尊号	50/1－14	
后妃尊号杂录	50/14－18	
册后礼	51/1－14	
册命皇太子妃	53/15－17	
册命亲王大臣	59/1－8	
改元	54/1－21	
圣节	57/33－36，37－38，20－26	

续表

门　名	出　处	备　注
诞圣节	57/14－19	
上寿	57/5－13	
诸庆节	57/28－33	8/1（4）为“降圣节”残文。
宴享	45/1－21	
曲宴	45/29	
外国使人见辞宴	45/29－30	
喜雪宴等	45/25（2）－29，30（2）－39	
宴饯	45/40－41	
巡幸	52/1－18	
三元观灯	帝10/1－2	
上元灯中元灯下元灯	帝10/2－8	
元宵	57/27	
上元节	57/28	
赐酺	60/1－9	
幸太学	16/3－5	
幸武学	16/5－6	16/6（2）－7非《宋会要》。
宴射	45/22－25	
乡饮酒礼	46/1－5	
亲王娶	53/18－19	
旌表	61/1－15	
孝妇	8/22	

续表

门　名	出　处	备　注
大朝会	56/1－12，8/4－19，补497上，8/1（5），8/20	以下为“宾礼”。8/4以下为《中兴礼书》。补496有复文。
冬至朝贺仪	57/2－4，8/2－3	8/2－3为《中兴礼书》。
朝贺	57/1	
存先代后	崇7/69－75	
录诸国后	崇7/75－76	
悯恤旧族	选32/11－26	
朝贡	蕃7/1－58	
祃祭	48/1	以下为“军礼”。
讲武	9/5－33	
大阅	9/34	
纳降	48/2	
受降礼	补313下－315上	
兵捷献俘	9/35－38	
大行丧礼	29/1－30/96	以下为“凶礼”。
安陵	37/1－4	宣祖。
永昌陵	37/4	太祖。
永熙陵	37/5	太宗。
永定陵	37/5－9	真宗。
永昭陵	37/9－10	仁宗。
永厚陵	37/10－12	英宗。
永裕陵	37/13－14	神宗。
永泰陵	37/14－16	哲宗。

续表

门　名	出　处	备　注
永祐陵	37/16（2）－23	徽宗。
永献陵	37/23（2）	钦宗。
永思陵	37/23（3）－24	高宗。
永阜陵	37/24（2）－25	孝宗。
永崇陵	37/25（2）－26	光宗。
永茂陵	37/26（2）－27	宁宗。
改卜安陵	39/16－20	
皇后丧礼	31/1－7，32/1－14，31/7（2）－53，32/15－29，33/1－6，32/30－44，33/7－34/11，34/13－19，34/12－13，20－39，《大典》7358	《大典》7358为《中兴礼书》，以《宋会要》作注。
昭宪皇后陵	37/47－48	太祖母杜太后。
孝章皇后陵	37/48（2）－49	太祖宋后。
元德皇后陵	37/49（2）－50	太宗李贤妃。
明德皇后陵	37/50(2)－55	太宗李后。
庄怀皇后陵	37/55（2）	真宗潘后。
章穆皇后陵	37/55（3）－56	真宗郭后。
章懿皇后陵	37/56（2）－57	真宗李宸妃。
章献皇后陵	37/57（2）－60	真宗刘后。
章惠皇后陵	37/60（2）－61	真宗杨淑妃。
张皇后陵	37/61（2）	仁宗张美人。
郭皇后陵	37/61（3）	仁宗郭后。
温成皇后陵	37/61（4）－63	仁宗张贵妃。

续表

门　名	出　处	备　注
慈圣皇后陵	37/63（2）－64	仁宗曹后。
宣仁皇后陵	37/64（2）－66	英宗高后。
钦圣皇后陵	37/66（2）－68	神宗向后。
钦成皇后陵	37/68（2）－69	神宗朱后。
显仁皇后陵	37/69（2）－73	徽宗韦贤妃。
宪圣皇后陵	37/74－75	高宗吴后。
缘陵裁制	37/27－46	
请听政御殿	55/1－4，35/1－2	
诸举乐	35/3－16	
乞展日视事	36/23	为《中兴礼书》。
濮安懿王园陵	40/6－12	40/1－5 有复文。
秀安僖王园庙	40/13－14	
景献太子攒所	43/1－16	
遣官朝拜诸陵	39/3－15	
国忌	42/1－17	
私忌	仪 13/31－32	
外国发哀	41/10－14	
外夷入吊之仪	43/17	
吊祭	43/18－19	
亲临宗戚大臣丧	41/1	
发哀	41/1－6	
发哀杂录	41/6－10	
临奠	41/15－22	
临奠杂录	41/22－23	

续表

门　名	出　处	备　注
辍朝	41/24－55	
辍朝杂录	41/55－60	
赙赠	44/1－23	
赙赠杂录	44/24－29，30	
谥法	58/1－10	
王谥	58/79－85	
群臣谥	58/86－114	
处士谥、僧谥	58/115	
赐先生号	崇6/33	
拜扫	39/1－2	
斩衰服	36/1－5	以下为“丧服”。
齐衰服	36/6－9	
齐衰杖期	36/10－12	
齐衰不杖期	36/13	
缌麻服	36/14	
短丧	36/20－22	
成服	36/19	
杂服制	36/15－16	
追行服	36/17－18	

第四章
乐　类

一、《辑稿》乐类目录

《辑稿》标目	《辑稿》位置	《大典》卷数	《大典》字韵/事目	备　注
律吕	1/1－2/32	20916 21679 5464	律/律吕 乐/宋乐 郊/郊祀/乐舞	
详定乐律	3/1－15	21679 21680	乐/宋乐	《大典》以《宋史·乐志》为正文，《宋会要》作注文。
宋乐	3/16－28	21681 21682	乐/宋乐	《大典》以《宋史·乐志》为正文，《宋会要》作注文。
乐器乐舞	4/1－8	21683	乐/宋乐	《大典》以《宋史·乐志》为正文，《宋会要》作注文。
郊祀乐	4/9－5/26	5464 5465	郊/郊祀·乐舞	中间多所割裂，在《补编》221－251页。
诗乐	5/27－28	21691	乐/宋乐	为《宋史·乐志》文。

续表

《辑稿》标目	《辑稿》位置	《大典》卷数	《大典》字韵/事目	备　注
教坊乐	5/29 –39	21692	乐/宋乐	为《宋史·乐志》文。
郊社群祀乐歌	6/1 –15	5470 248 8868 21684	郊/郊祀·乐章 宫/祠宫 丘/方丘 乐/宋乐	
祠祭朝献	6/16 –20	248	宫/祠宫	6/20 为《宋史·乐志》文。
皇地祇	6/21 –26	5471	郊/郊祀·乐章	
庙祀并各典礼乐歌	7/1 –32	17065 5471 21689 17293	庙/宋宗庙 郊/郊祀·乐章乐 乐/宋乐 号/宋尊号	正文为《宋史·乐志》，注文为《宋会要》。
鼓吹导引乐歌	8/1 –32	5471 11186 21690 21691	郊但祀·乐章 引/事韵 乐/宋乐	正文为《宋史·乐志》，注文为《宋会要》。

二、《辑稿》乐类的问题

《辑稿》乐类篇幅不多，但问题不少。

第一，《宋会要》文与非《宋会要》文混淆，不易分辨。如 5 之 27 至 39，全部是《宋史·乐志》文，又无任何标志，极易导致误用。

第二，“雅乐”门的内容破割裂、丢弃，而它是乐类中极重要的一门。

第三，“云韶乐”等三门被全部删去。

第四，大部分标目错误。

这些问题的存在，严重影响了对《宋会要》乐类的正确而充分的利用。

产生这些问题的原因是多方面的。

首先是《永乐大典》方面的原因。《大典》卷21679至21692为“乐”字韵“宋乐”事目，其前后分别是“五代乐”与“辽乐”事目。实际上这一事目的总名称就是“乐”，下面再按朝代收录文献。这一事目的名称与《宋会要》乐类的类名相同，如果《大典》编者也按“食货”事目的方法处理，《宋会要》的乐类就会被全类完整收入。可惜的是，《大典》编者只是将《宋史》的《乐志》全文收录（《乐志》的志名与《大典》事目名称也相同），而将《宋会要》的乐类作为注文。既然《大典》是以《宋史·乐志》为主，《宋会要》乐类的内容与《乐志》相同或近似的，或因分段不当的就被删掉，各门的顺序也因迁就《乐志》而不一定能保持原样。先天不足是《辑稿》乐类的根本缺陷。

其次是辑者（徐松）方面的原因。《大典》“宋乐”事目的实际情况是，《大典》先收录一段《宋史·乐志》文，然后再用小字录一段《宋会要》乐类作注文，即《宋史》与《宋会要》文交叉收录，一为大字、一为小字。徐松在辑《宋会要》时，具体抄录这一事目的书吏没有采取统一的体例，出现了四种不同的方式。开始时，是先摘取《宋史》该段的最后几个字，然后用大字全文抄录《宋会要》文。如乐3之1，第1行“俾来者有考焉为乐志”，就是《宋史·乐志》总序的最后几个字，见《宋史》卷126，点校本2939页。第2行标“宋会要”，第3行以下就是《宋会要》乐类文，至下半页第10行止。下半页第11行“其冠服同引舞之制”，又是《宋史》一段的最后数字，见点校本2940页。然后又用大字抄录《宋会要》文，如此等等，整理者在栏上有按语："标题皆乐志"，如果注意的话，还不至弄错。至乐章部分，书吏换了一种行款，为每半页16行，每行28字，字体缩小，而《宋史》与《宋会要》各段之间，又没有任何标志，如果不同时查对《宋史》，根本无法将二者区别。如乐6之9，第4行"孟夏雩祀"至第6行"威灵赫奕"为《宋史》文，见点校本3082页。自"降神"至第9行"乐曲同圜丘"为《宋会要》文。自"绍兴雩祀一首"以下又是《宋史》文。两者同为小字，中间又无标志。再往下，自乐7之5起，《宋史》用大字，《宋会要》用小字，整理者在乐7之5第1行"宋会要"下有按语，"大字皆乐志"，还可区别。乐5之27至39，为"诗乐"及"教坊"，全为《宋史・乐志》文，但没有任何标志或按语，极易被误认为《宋会要》。

最后是整理者（主要是刘富曾）方面的原因。面对上述复杂情况，再加上《宋会要》乐类有些门在《大典》中有复文，有些门之间内容有交叉，刘富曾未能分辨，加以割裂、拼凑，更增加了混乱。如所谓"律吕"（乐1之1至2之32），就是由三个事目拼凑而成的。一是《大典》"律吕"事目所收的《宋会要》"律吕"门，这一门本是完整的。一是《大典》"宋乐"事目所收的《宋会要》"雅乐门"，一是"郊祀"事目所收的"雅乐"门，这两处"雅乐"门都不全。刘富曾把这三者拼凑在一起，其结果真是非驴非马的"四不像"。

总之，《宋会要》的乐类在《辑稿》中已经面目全非，复原的难度很大，有些缺陷已经无法弥补了。

（一）内容中的非《宋会要》文

《辑稿》中的《宋史・乐志》文，应分别处理。全为《宋史》文，中间没有《宋会要》注文的，应删去；有《宋会要》作注文的部分，其内容有的与《宋会要》乐类相似，而该部分《宋会要》文有可能已被删去，应用适当方式注明。

（二）应划归他类的内容

1. “律吕”门应划归“动历”类。

（三）应从他类划入的内容

1. 祈穀，在《辑稿》礼 18 之 1，为祈穀乐章，应划入本类。

2. 鼓吹门，在舆服 3 之 16 至 24，应划入本类。

3. 教坊门，4. 云韶部门，5. 钧容直门，6. 四夷乐门，在职官 22 之 28 至 33，均应划入本类。

（四）编排上的问题

1. 雅乐门。本门分别收入《大典》“宋乐”事目（《大典》卷 21679 至 21683）和“郊祀”事目（《大典》卷 5464 至 5466）中。前者因作为《宋史・乐志》的注文，部分与《宋史》相近的内容，已被《大典》删去。辑文经刘富曾的“整理”，被分割为 17 段之多，被其舍弃的内容，幸好都已收入《补编》中。后者是同其他文献插花式地收入“郊祀”事目的“乐章”子目的，也有部分内容已被删去。辑文被刘富曾分割为 31 段，被其舍弃的内容，业已收入《补编》中。因为“雅乐”门收入《大典》两个事目被删去的内容并非一致，所以这两者可以互相补充。现在将两者的辑文按其在《大典》中的顺序复原，使用及整理时需相互参照、补充。

2. 乐章各门。《大典》卷 21684 至 21689 收录了《宋史・乐志》的“乐章”篇，其中卷 21684 及 21689 两卷有《宋会要》文，都是作为注文。此外，在《大典》的其他事目中也收录了《宋会要》乐类有关乐章的内容。《宋会要》乐类有关乐章各门，肯定没有全部收入《大典》中，次序也不可考。现依《宋史》“乐章”篇的次序将现存的部分编排。

3. 鼓吹门。《宋会要》“鼓吹”门在《大典》中分别收入卷 15389 至 15390，“吹”字韵“鼓吹”事目及卷 21690“宋乐”事目，两者可互校。

4. 导引门。《宋会要》“导引”门在《大典》中分别收入三处，卷5471“郊”字韵“郊祀”事目“乐章”子目及卷21690“宋乐”事目两处都不全，只有卷11186“引”字韵“导引”事目所收最全，但大部被刘富曾舍弃，现在《补编》中。

5. 教坊门、云韶部门、钧容直门、四夷乐门，相连收入《大典》卷6134，“坊”字韵“教坊”事目，可见它们在《宋会要》中原是紧相连接的。教坊门也被收入《大典》卷21692中作注文。

三、《宋会要》乐类复原方案

门名	出　处	备注
雅乐	①3/1－3，补830下，3/3－4，补831上，3/4－8，补831上－833上，1/23，补833上－837下，3/9，补837下－838上，3/9－12，补838下－844上，3/13－15，补844下－846下，3/16－23，补847，3/23－4/8 ②补211上，4/9－10，补211下－212上，4/11－14，补212下，4/14－16，补213，4/16，补214上－222上，2/2－7，补222下－229上，4/17，补229上，4/17－20，补229下，4/20－5/1，补230上－232下，5/2－4，补233，5/5，补233下－234上，5/6－8，补234下，5/9－12，补235上－236上，5/13－15，补236下－237下，5/16－18，补238上，5/18－26，补238下－251	①录自《大典》卷21679至21683， ②录自《大典》卷5464至5466，其中有部分为《中兴礼书》文。
南郊亲祀	6/1－2，5	
孟春祈穀	6/8	补848上及礼18/1为复文。
孟夏雩祀	6/9	《宋会要》作注文。
五方帝	6/9－14	《宋会要》作注文。

续表

门名	出处	备注
祀感生帝	6/14－15	《宋会要》作注文。
祀皇地祇	6/21－23	
神州地祇	6/23－25	
方丘乐歌	6/6－7	
祫飨太庙	7/1－2	
祠祭乐章	6/16－19，2－6，20	朝享景灵宫。
祀汾阴	6/25－26	
御楼	①7/3－4，补252下②7/5－6	①②部分内容同。
朝会	7/8	《宋会要》作注文。
皇帝上尊号等	补543，7/32，补542下	7/6有复文。
鼓吹	舆3/16－24	补848下－852下有复文。
导引	补370下－372下，8/5－7，补373上－380下	8/1－5，8/10－11有部分复文。
教坊	职22/28－31	补855下至856下有复文。
云韶部	职22/31	
钧容直	职22/31－33	
四夷乐	职22/33	

第五章
舆服类

一、《辑稿》舆服类目录

《辑稿》标目	《辑稿》位置	《大典》卷数	《大典》字韵/事目	备　注
大驾五副辂	1/1－2	1687 1688	车/车制	多为《大典》自《宋会要》“卤簿法驾”门中辑出。
皇后车辇	1/3－4	1689	车/皇后车制	
皇太子车辂	1/4	1689	车/皇太子车制	
皇太子辂	1/5－6	14760	辂/皇太子辂	
皇帝仪卫	1/7－12	15312 18256	卫/皇帝仪卫 仗/宋仪仗	
皇太后仪卫	1/13－14	15313	卫/皇太后仪卫	
皇太妃仪卫	1/14	15313	卫/皇太妃仪卫	
常行仪卫	1/14－15	18256	仗/宋仪仗	
卤簿杂律仪仗	1/16－20	18256	仗/宋仪仗	
卤簿	1/21－2/37	14586 14587	簿/宋卤簿	

续表

《辑稿》标目	《辑稿》位置	《大典》卷数	《大典》字韵/事目	备　注
卤簿杂录	3/1－15	1497 15040 1500 11837 6526 8018 21813 8237 10879 5570 21439 11209 2024 19585 18217	旗/事韵 盖/盖名 旂/事韵 氅/事韵 幢/事韵 钲/事韵 角/角名 鸣/事韵 弩/事韵 弓/事韵 节/事韵 盾/事韵 舒/事韵 剑/剑名 象/事韵	多为《大典》自《宋会要》“卤簿法驾”及“舆辇旗物”门中辑出。
鼓吹	3/16－24	15389 15390	吹/鼓吹	
天子服	4/1	19785	服/天子服	
皇太子服	4/1－3	19785	服/皇太子服	
皇后服	4/4	19786	服/后妃服	此卷《大典》现存。
臣庶服	4/5－10	19815	服/臣庶服	
朝服	4/11－14	19790	服/朝服	此卷《大典》现存。
祭服	4/15－27	19791	服/祭服	此卷《大典》现存。
公服	4/28－29	19792	服/公服	此卷《大典》现存。
章服	4/30－32	19792	服/章服	
衮冕	5/1－4	11429	冕/冕制	
冕冠	5/5－6	3927 3928	冠/冠名	应为“衮冕”及“通天冠”。

续表

《辑稿》标目	《辑稿》位置	《大典》卷数	《大典》字韵/事目	备　注
诸臣冕	5/7 – 13	11429	冕/冕制	
诸色袍	5/14 – 27	5515	袍/事韵	大多为《大典》自《宋会要》之“大驾卤簿”、“大驾外仗”等门辑出。
带制	5/28 – 32	15016 19792	带/带制 服/公服	
尊号宝	6/1 – 6	11574	宝/尊号宝	
传国之宝等	6/7 – 13	11572 11573	宝/帝王宝	
鼎	6/14 – 17	11965	鼎/事韵	为《长编纪事本末》文。
洗制	6/18	11421	洗/事韵	为《中兴礼书》文。
百官佩绶	6/19	19250	绶/事韵	为舆 4/13 – 14 之复文。
鱼袋	6/20 – 21	1618	鱼/事韵	
旌节	6/22	21439	节/事韵	
卫士帽	6/23	17275	帽/帽名	《大典》辑自《宋会要》“大驾卤簿”门。
鸣鞭	6/24	4723	鞭/事韵	
马珂	6/25	5626	珂/事韵	
繖	6/26 – 27	11420	繖	
用毛饰甲等	6/28 – 29	22686	甲/事韵	

二、《辑稿》舆服类的问题

主要是内容的归属。《辑稿》中有些内容相当于《宋史·舆服志》，归入《宋会要》舆服类没有疑问。还有一些内容相当于《宋史·仪卫志》，即仪卫与卤簿，《宋会要》21类中没有与之相应的类；但仪卫与舆服关系密切，《通考》车旗卤簿同在一门，“嘉业堂清本”将仪卫、卤簿归入舆服类颇有道理，在找到更合适的方案之前，我也将这部分内容暂时归入舆服类。

另一个问题是本类有许多事目，《大典》是从《宋会要》的“卤簿法驾”、“舆辇旗物制度”等门中摘出的，前者《辑稿》有，后者《辑稿》无，前者可作对校之用，后者更可为将来辑出此门打下基础，现均予保留。

（一）内容中的非《宋会要》文。

1. 6之14至17，标目为“鼎”，实为《长编纪事本末》卷128文，应删。

2. 6之18，标目为“洗制”，为《中兴礼书》文，与本类无关，亦应删去。

（二）应划归他类的内容。

1. 3之16至24，鼓吹门，录自《大典》卷15389、15390，“吹”字韵，“鼓吹”事目，应划归乐类。

2. 6之28全29，“用毛饰甲”等，录自《大典》卷22686，“甲”字韵，事韵，应划归兵类。

（三）应从他类划入的内容。

1. 门戟门，在仪制4之9，应划入本类。

2. 贡举印，在选举6之51，应划归本类。

（四）编排上的调整，在下文复原表中直接表示，不赘。

三、《宋会要》舆服类复原方案

门　名	出　处	备　注
车制	1/1－2	大部自“卤簿法驾”摘出。
皇后车辇	1/3－4	
皇太子车辂	1/4（2）	
皇太子辂	1/5－6	
繖	6/26－27	
门戟	仪 4/9	
旌节	6/22	
钲	3/9	自“卤簿法驾”摘出。
天子服	4/1	
冕制	5/1－4	
通天冠	5/5－6	
绛纱袍等	5/14－27	大部自“大驾卤簿”等摘出。
皇太子服	4/1－3	
皇后服	4/4	
祭服	4/15－27	
朝服	4/11－14	6/19 自此摘出。
公服	4/28－29，5/31－32	
章服	4/30－32	
诸臣冕	5/7－13	
带制	5/28－31	
鱼袋	6/20－21	
臣庶服	4/5－10	
尊号宝	6/1－6	

续表

门　名	出　处	备　注
传国宝等	6/7 - 11	
皇后之宝	6/11 - 12	
皇太子宝	6/12 - 13	
亲王之印	6/13	
贡举印	选 6/51	
仪仗	补 803 上，1/12（2）， 补 803 下，1/12（1）	
立仗	补 804 上	2/34 - 35 有复文。
常行仪卫	1/14（2） - 15	
皇帝仪卫	1/7 - 11	
皇太后仪卫	1/13 - 14	
皇太妃仪卫	1/14	
政和宣和 大驾卤簿	2/1 - 5	
中道卤簿	2/5 - 22	
大驾外仗	2/22 - 34	
小驾	2/35 - 37	
卤簿杂录	1/16 - 20，补 804 下 - 805 下， 补 458 上，2/1，1/21 - 43	
导驾象	3/15	自“舆辇旗物制度”摘出。
旗	3/1 - 4	多自“舆辇旗物制度”、“卤簿法驾”摘出。
旂	3/6	自“卤簿法驾”摘出。
幢	3/8	自“卤簿法驾”摘出。
氅	3/7	自“卤簿法驾”摘出。

续表

门　名	出　处	备　注
金节	3/11（4）	自“卤簿法驾”摘出。
盖	3/5	自“卤簿法驾”、“舆辇旗物制度”摘出。
金吾大角	3/10	自“卤簿法驾”摘出。
中鸣	3/11（1）	自“卤簿法驾”摘出。
班剑	3/14	自“卤簿法驾”、《宋史》摘出。
刀	3/11（3）	自“舆辇旗物制度”摘出。
盾	3/12	
𧇑弩	3/11（2）	自“舆辇旗物制度”摘出。
柯舒	3/13	
鸣鞭	6/24	
马珂	6/25	
卫士帽	6/23	自“大驾卤簿”摘出。

第六章

仪制类

一、《辑稿》仪制类目录

《辑稿》标目	《辑稿》位置	《大典》卷数	《大典》字韵/事目	备　注
垂拱殿视朝	1/1－18	5352 1681	朝/宋朝仪 居/事韵	
文德殿视朝	1/19－36	5352	朝/宋朝仪	原题“入閤”，被涂去。
常参起居	2/1－24	5352	朝/宋朝仪	补 92－102 为复文。
德寿宫起居	2/25	1681	居/事韵	
朝仪班序	3/1－54	5353 5355	朝/宋朝仪	补 102－130 为复文。
正衙	4/1－8	5353	朝/宋朝仪	
门戟	4/9	20734	戟	
朱衣吏引	4/10－11	11186	引/事韵	
导从	4/12－21	13227	从/事韵	
得替官送还公人	4/22－29	12210	送/事韵	
接送	4/30－33	12210	送/事韵	与上栏为同一门。

续表

《辑稿》标目	《辑稿》位置	《大典》卷数	《大典》字韵/事目	备　注
群官仪制	5/1－36	13573	制/仪制	
群臣奏事	6/1－31	13396	事/事韵	
拜表例	7/1－13	11496	表/拜表例	
拜表仪	7/13－18	11496	表/拜表仪	
章奏	7/19－34	19343	奏/事韵	
集议	8/1－24	13949	议/事韵	
弹劾	8/25－42	4382	弹/弹劾文	
告谢	9/1－5	5356	朝/宋朝仪	
辞谢	9/6－23	5354 5355	朝/宋朝仪	
赐服	9/24－33	19817	服/事韵	
官诰	10/1－5	17308	诰/官诰	删落部分在补550－555。
臣僚恩庆封赠	10/6－9	19130	赠/封赠	
勋臣封赠	10/10－13	370	封/进封	
陈请封赠	10/14－21	19131	赠/封赠	
宗室外戚等叙封母妻	10/22－41	365	封/妇人受封	
宰相等追赠	11/1－11	19127	赠/封赠	
正郎以下特赠	11/11－12	19127	赠/封赠	
从官赠职等	11/13－29	19128	赠/封赠	
外戚追赠	12/1－15	19126	赠/封赠	
再赠官	12/15－19	19126	赠/封赠	
内侍等追赠	13/1－8	19128	赠/封赠	

续表

《辑稿》标目	《辑稿》位置	《大典》卷数	《大典》字韵/事目	备注
追赠杂录	13/8－11	19128	赠/封赠	
帝讳	13/12－13	15251	讳/帝王名讳	
庙讳	13/13－19	15251	讳/帝王名讳	
群臣名讳	13/19－23	15251	讳/事韵	
家讳等	13/24－28	15251	讳/事韵	
犯讳	13/29	15252	讳/事韵	
不讳	13/29－30	15252	讳/事韵	
私忌	13/31－32	14021 14022	忌/事韵	

二、《辑稿》仪制类的问题

《辑稿》仪制类的主要问题也是内容的归属。在《宋史》各志中没有与《宋会要》仪制类完全相当的志，以致《辑稿》仪制类内容庞杂混乱；也为复原《宋会要》仪制类带来一定难度。但在《宋会要》的辑文中，终究可以找到一些分类的线索。

第一，《大典》卷13573“制”字韵有“仪制”事目，这一事目的名称与《宋会要》仪制类的类名完全相同。这一事目收录的《宋会要》文现在《辑稿》仪制5之1至36，整理者加的标目是“群官仪制”，它的内容大致相当于《宋史·礼志》中“宾礼”的“百官相见仪制”篇（卷118）和“宾礼”附录的“臣僚上马之制”、“臣僚呵引之制”篇（卷120）。虽然《宋会要》仪制类不可能只限于这三篇的内容，但肯定包含这些内容。

第二，《大典》卷4382“弹”字韵“弹劾文”事目收录的《宋会要》文在《辑稿》仪制8之25至42，标目为“弹劾”，应为《宋会要》的“弹奏”门。该门的序言一开头就说，“国朝仪制，百官起居，文班失仪，右巡使弹奏”等，可见，百官起居也属于《宋会要》仪制类的范围，而百官起居在《宋史》中归入《礼志》宾礼中的“常朝仪”篇（卷116）。

第三，《辑稿》仪制1之28（为《宋会要》的“入閤”门）载熙宁三年五月知制诰宋敏求等奏言，“奉诏重修定閤门仪制，内文德殿入閤仪所载与《国朝会要》……颇或异同”等，可见入閤仪也属于《宋会要》仪制类，而入閤仪在《宋史》中也归入《礼志》中的宾礼（卷117）。

从《宋史·礼志》宾礼序可以知道，有关朝仪等内容，在宋代国史中可能归入嘉礼，在《政和五礼新仪》中又归入宾礼，它的归属不定。根据上述线索，我将有关常朝仪等内容归入仪制礼。

（一）应从他类划入的内容

1. 诏群臣言事门，在帝系9之1至33，应归入本类；2. 转对门，在职官60之1至7；3. 宣对门，在职官60之8；4. 轮对门，在职官60之9至12；5. 面对门，在职官60之13至14；均应归入本类。

（二）应划归他类的内容

1. 4之9，门戟，录自《大典》卷20734，“戟”字韵，应划归舆服类。

2. 4之10至11，朱衣吏引门，录自《大典》卷11186，“引”字韵，事韵，应划归职官类。

3. 4之12至21，导从，录自《大典》卷13227，“从”字韵，事韵，应划归职官类。

4. 4之22至33，得替官送还公人门，录自《大典》卷12210，“送”字韵，事韵，应划归职官类。

5. 9 之 24 至 33，赐服门，录自《大典》卷 19817，“服”字韵，事韵，应划归职官类。

6. 10 之 1 至 5 及《补编》550 上至 555 下，官诰门，录自《大典》卷 17308，“诰”字韵，“官诰”事目，应划归职官类。

7. 10 之 10 至 13，勋臣封赠，录自《大典》卷 370，“封”字韵，“进封”事目，应划归帝系类。

8. 10 之 6 至 9，臣僚恩庆封赠；9. 10 之 14 至 21，陈请封赠；10. 11 之 1，宰相追赠；11. 11 之 2，三公追赠；12. 11 之 2 至 3，使相追赠；13. 11 之 3，东宫官僚追赠；14. 11 之 3 至 11，尚书丞郎追赠；15. 11 之 11 至 12，正郎以下特赠；16. 11 之 13 至 14，从官赠职；17. 11 之 14 至 24，武臣追赠；18. 11 之 24 至 29，观察使追赠；19. 12 之 1 至 15，外戚追赠；20. 12 之 15 至 19，再赠官；21. 13 之 1 至 5，内侍追赠；22. 13 之 5 至 6，奉使追赠；23. 13 之 6 至 7，伪国主追赠；24. 13 之 7，前朝臣追赠；25. 13 之 7 至 8，外臣追赠；26. 13 之 8，隐逸追赠；27. 13 之 8 至 11，追赠杂录：录自《大典》卷 19126 至 19131，“赠”字韵，“封赠”事目，均应入职官类。

28. 10 之 22 至 41，叙封门，录自《大典》卷 365，“封”字韵，“妇人受封”事目，应入职官类。

29. 13 之 13 至 19，庙讳门，录自《大典》卷 15251，“讳”字韵，“庙讳”事目；30. 13 之 12 至 13，帝讳，录自《大典》卷 15251，“讳”字韵，“帝王名讳”事目；均应入礼类。

31. 13 之 19 至 23，群臣名讳；32. 13 之 24，家讳；33. 13 之 24 至 25，改地避讳；34. 13 之 25 至 28，辞官避讳；35. 13 之 29，犯讳；36. 13 之 29 至 30，不讳：录自《大典》卷 15251 至 15252，“讳”字韵，事韵，均应入礼类。

37. 13 之 31 至 32，私忌门，录自《大典》卷 14021 至 14022，“忌”字韵，事韵，应入礼类。

三、《宋会要》仪制类复原方案

门　名	出　处	备　注
视朝	1/1 – 16	
入閤	1/19 – 36	
常参起居	2/1 – 24	补 92 下至 102 上有复文。
班序	3/1 – 54	补 102 上至 130 上有复文。
起居	1/17 – 18	
德寿宫起居	2/25	
正衙	4/1 – 8	
辞谢	9/6 – 23	
告谢	9/1 – 5	
弹奏	8/25 – 42	
面对	职 60/13 – 14	
转对	职 60/1 – 7	
宣对	职 60/8	
轮对	职 60/9 – 12	
章奏条贯	7/19 – 34	
诏群臣言事	帝 9/1 – 33	
群臣奏事	6/1 – 31	
群官仪制	5/1 – 36	
拜表例	7/1 – 13	
拜表仪	7/13 – 18	
集议	8/1 – 24	

第七章

崇儒类

一、《辑稿》崇儒类目录

《辑稿》标目	《辑稿》位置	《大典》卷数	《大典》字韵/事目	备　注
宗学	1/1－28	21952	学/宗学	
太学	1/29－49	21946 21947	学/太学	
在京小学	2/1	21953	学/在京小学	
郡县学	2/2－40	21955 21957	学/郡县学	
乡学	2/41	21954	学/乡学	
书学	3/1－2	22000	学/书学	
算学	3/2－7	22000	学/算学	
律学	3/7－11	22000	学/律学	
医学	3/11－26	22000 22001	学/医学	
画学	3/26－27	22001	学/画学	
武学	3/28－45	21995	学/武学	
勘书	4/1－44	1742	书/校勘书籍	

续表

《辑稿》标目	《辑稿》位置	《大典》卷数	《大典》字韵/事目	备　注
求书藏书	4/15－32	1742	书/求遗书	应为“求遗书”。
编纂书籍	5/1－17	5818	华/文苑英华	除前两条外，均非《宋会要》文。
校勘经籍	5/18	20358	籍/事韵	
献书升秩	5/19－43	1741	书/献书	
说书除职	5/44	1733	书/事韵	
律製	6/1－3	13585	製/御製	
御书	6/4－24	1753	书/御书	
录贤	6/25－28	4840	贤/事韵	
赐处士号	6/29－32	13449	士/处士	
赐先生号	6/33－36	8570 8571	生/事韵	
赐名赐第	6/37	?	?	
敕置守坟	6/38－39	3455	坟/古人坟	
尧陵	6/40	8187	陵/历代帝王陵	
经筵	7/1－38	4846	筵/经筵	
观赏	7/39－46	11857	赏/事韵	
却贡	7/47－53	13097	贡/却贡	
罢贡	7/54－68	13097	贡/罢贡	
存先代后	7/69－75	19323	后/事韵	
录诸国后	7/75－76	19323	后/事韵	
出宫人	7/77－81	2990	人/事韵	

二、《辑稿》崇儒类的问题

在《宋史》各志中也没有与《宋会要》崇儒类完全相当的志，《宋会要》崇儒类究竟包含哪些内容呢?

章如愚的《群书考索》（续集卷16）与林駉的《源流至论》（前集卷4）都记载了《三朝会要》十五类的名称及卷数，在舆服类之后，运历类之前有学校类四卷。《玉海》（卷51）著录《五朝会要》的二十一类，学校类的名称消失了，代之而出现的是崇儒类，由此可知崇儒类的主要内容是学校。除此之外，还应包括与类名相符而又不能纳入其他类的内容。以此为标准，可以对《辑稿》崇儒类的内容作出评价。至于各门的顺序，只能参照《通考》的学校考及《宋史·选举志》有关部分做安排，是否符合原来的编排，已无从查考。

（一）内容中的非《宋会要》文

1.5 之1 至17，《辑稿》标目为“编纂书籍”，录自《大典》卷5818“华”字韵，“文苑英华”事目，《辑稿》标目误。内容中，除前两条有关编修《文苑英华》的记载可能为《宋会要》文，其余皆非《宋会要》文，应删。

（二）应从他类划入的内容

1. 郡县学门。选举17 之1 至4，标目为“教授”，录自《大典》卷21958，“学”字韵，“郡县学”事目，为《宋会要》郡县学门孝宗与光宗两朝内容，标目误。这一门的高宗朝以前内容在崇儒2 之2 至40。应将选举17 之1 至4 划入本类，与前半部合并。

（三）应划归他类的内容

1. 先生门，6 之33 至36，应入道释类。

2. 勅置守坟，6 之 38 至 39；3. 尧陵，6 之 40：均应入礼类。

4. 却贡门，7 之 47 至 53；5. 罢贡门，7 之 54 至 68：均应入食货类。

6. 存先代后门，7 之 69 至 75；7. 录诸国后门，7 之 75 至 76：均应入礼类。

8. 出宫人门，7 之 77 至 81，应入后妃类。

三、《宋会要》崇儒类复原方案

门　名	出　处	备　注
太学	1/29 - 49	
律学	3/7 - 11	
宗学	1/1 - 28	
武学	3/28 - 45	
算学	3/2 - 7	
书学	3/1 - 2	
画学	3/26 - 27	
医学	3/11 - 26	
在京小学	2/1	
郡县学	2/2 - 40，选 17/1 - 4	
乡学	2/41	
御製	6/1 - 3	
御书	6/4 - 24，补 869 上	补 869 自 6/9 挖出。
文苑英华	5/1	5/1 第 12 行“崇文总目”以下至 5/17 删。
圣宋文海	5/18	即《宋文鉴》。
勘书	4/1 - 14	

续表

门　名	出　处	备　注
求遗书	4/15－32	
献书	5/19－43	
说书讲书	5/44	
经筵	7/1－38	
观赏	7/39－46	
录贤	6/25－28	
处士	6/29－32	
先生	6/33	
赐名赐出身	6/37	

第八章
运历类

一、《辑稿》运历类目录

《辑稿》标目	《辑稿》位置	《大典》卷数	《大典》字韵/事目	备　注
五运	1/1 – 4	15951	运/五运	此卷《大典》现存。
历法	1/5 – 14	20829	历/宋历	
修日历	1/15 – 28	20845	历/日历	
修实录	1/29 – 30	19702	录/帝王实录	
诸儒论三家异同	1/31 – 33	1298	仪/运天仪	
铜仪	2/1 – 26	1302	仪/运天仪	
节候	2/27 – 36	290	风/事韵	
禁火	2/37	11639	火/事韵	

二、《辑稿》运历类的问题

（一）内容中的非《宋会要》文

1. 运历1之31至33，录自《大典》卷1298，“仪”字韵，“运天仪”事目，标目为“诸儒论三家异同”，载汉扬雄议论，虽标“宋会要”，非《宋会要》文，应删去。

（二）应划入本类内容

1. 律吕门，在乐1之1至22、2之1至2、2之7至32，录自《大典》卷20916，“律”字韵，“律吕”事目，似应入本类。

2. 权衡门，在食货69之1至13，录自《大典》卷5213，“权”字韵，事韵，另有复文在食货41之27至35（《大典》卷8633，“衡”字韵，事韵），现归入本类。

（三）应划归他类的内容

1. 运历1之15至28，录自《大典》卷20845，“历”字韵，“日历”事目，标目为“修日历”，内容为“日历所”，应入职官类。

2. 运历1之29至30，录自《大典》卷19702，“录”字韵，“帝王实录”事目，标目为“修实录”，实际包括“重修太祖实录”等三门，应入职官类。

三、《宋会要》运历类复原方案

门　名	出　处	备　注
五运	1/1－4	
历法	1/5－14	
律吕	乐1/1－22，2/1－2，2/7－32	
权衡	食69/1－13	食41/27－35有复文。
运天仪	2/1－26	
节候风	2/27－36	
禁火	2/37	

第九章

瑞异类

一、《辑稿》瑞异类目录

《辑稿》标目	《辑稿》位置	《大典》卷数	《大典》字韵/事目	备　注
天瑞	1/1－2	7861 7862	星/寿星等	
	1/3	3209	云/事韵	
	1/4－5	21547	雪/瑞雪	
物瑞	1/6－7	685 2705	芝/事韵 龟/事韵	
祥瑞杂录	1/8－28	15396 15397	瑞/宋祥瑞	
天书	1/29－34	1758	书/天书	
日食	2/1－5	20097 20098	日/日蚀	
日中黑气	2/6	20094	日/日变	
彗	2/7－12	7864	星/彗星	
孛	2/13	7865	星/彗星	
星变	2/14	7863	星/袄星	

续表

《辑稿》标目	《辑稿》位置	《大典》卷数	《大典》字韵/事目	备　注
虹异	2/15	152	虹/事韵	其中有三段为《宣政杂录》等。
雪异	2/16 – 17	21550	雪/事韵	
雷震	2/18 – 19	2720	雷/事韵	
旱	2/20 – 30	16019 16020	旱/宋旱	部分内容被整理者挖出，移至礼类。
火灾	2/31 – 45	11642 11643	火/火灾	
水灾	3/1 – 33	11121	水/水灾	
地震	3/34 – 38	14208	地/地震	
地坼	3/38 – 39	14208	地/地异	
地生毛	3/39	14208	地/地异	
蝗灾	3/40 – 47	7666	蝗/历代蝗	正文为《宋史·五行志》，以《宋会要》作文。

二、《辑稿》瑞异类的问题

由于瑞异类的内容比较明确，不易与其他类混淆，所以《辑稿》瑞异类的问题较少。

现参考《通考》的《象纬考》、《物异考》和《宋史》的《五行志》，对各门次序加以调整；根据《大典》事目对门名加以修正；并将内容适当调整。

（一）应从他类划入的内容

1. 旱门，在礼 4 之 15 至 17，标目作“祈雨雪”，误。录自《大典》卷16019，“旱”字韵，“宋旱”事目，从旱门中挖出，应归回本类。

2. 长星、流星、飞星、陨星，在礼19之16至17，录自《大典》卷7866、7867，“星”字韵，“长星”、“星变”等事目，应归回本类。

（二）应划归他类的内容

1. 天书门，瑞异1之29至34，应归礼类。

三、《宋会要》瑞异类复原方案

门　名	出　处	备　注
祥瑞	1/8－9，补498，1/10－28	
寿星	1/1－2	
含誉星	1/2	
客星	1/2	
庆云	1/3	
瑞雪	1/4－5	
芝草	1/6	
瑞龟	1/7	
日蚀	2/1－5	
日变	2/6	
彗星	2/7－12	
孛星	2/13	
长星、流星、飞星	礼19/16	
星变	礼19/17	
妖星	2/14	
虹异	2/15	

续表

门　名	出　处	备　注
水灾	3/1－33	
火灾	2/31－45	
地震	3/34－38	
地异	3/38－39	
旱	2/20－23，礼4/15－17，瑞2/23－30	
雪异	2/16－17	
雷震	2/18－19	
蝗	3/40－47	

第十章

职官类

一、《辑稿》职官类目录

《辑稿》 标目	《辑稿》 位置	《大典》 卷数	《大典》 字韵/事目	备　注
三公三少	1/1－11	16918 159	少/事韵 公/三公	
太尉	1/12－15	15269	尉/太尉	
三省	1/16－67	11941 11942	省/三省	
中书门下省	1/68－77	11939	省/两省	
中书门下后省	1/78－83	11939	省/中书后省	
门下省	2/1－6	11936	省/门下省	
给事中	2/7－9	449	中/给事中	序在补49。
起居院	2/10－22	16652	院/起居院	
舍人院	2/23－24	2966	人/起居舍人	应为“起居舍人”。
起居郎舍人	2/25	2966	人/起居舍人	为上条之序文。
通进司	2/26－36	1101	司/通进司	
银台司	2/37－40	1101	司/银台司	
发敕司	2/41	1102	司/大宗正司等	原无标目。

续表

《辑稿》标目	《辑稿》位置	《大典》卷数	《大典》字韵/事目	备　注
门下封驳司	2/42 – 43	1102	司/大宗正司等	
进奏院	2/44 – 51	16652 16656	院/起居等院	
奉安符宝所	2/52	10945	所/提举所等	
中书省	3/1 – 12	11937	省/中书省	
舍人院	3/13 – 21	16652 2959	院/起居院等 人/中书舍人	标目在 2/22。
五房五院	3/22 – 45	16670	院/五房五院	
检正	3/46 – 48	18911 10944	正/检正所/总领所等	原题“检正所”。
裕民局	3/49	19781	局/诸局沿革	此卷《大典》现存。
谏院	3/50 – 61	16654 16413	院/谏院 谏/谏官	大部被屠寄删去。
登闻院	3/62 – 74	16654	院/谏院	
登闻院鼓	3/74	16654	院/谏院	
诉理所	3/75 – 78	10943	所/御前军器所等	3/77 – 78 为“当赎”及“检覆”。
尚书省	4/1 – 18	11940	省/尚书省	
都司左右司	4/19 – 27	1099	司/左右司	原无标目。
应奉司	4/28 – 35	1108	司/国用司等	
行在诸司	4/36 – 42	1125	司/公主邑司等	
提举修勅令	4/43 – 44	18986	令/事韵	
勅令所	4/45 – 52	10942	所/勅令所等	

续表

《辑稿》标目	《辑稿》位置	《大典》卷数	《大典》字韵/事目	备　注
制置三司条例司	5/1－7	1098	司/制置三司条例司等	
编修条例司	5/8－11	1098	司/制置三司条例司等	原无标目。
讲议司	5/12－18	1107	司/讲议司等	
详议司	5/19－20	1107	司/讲议司等	
议礼局	5/21－23	19779	局/诸局沿革	
礼制局	5/23	19779	局/诸局沿革	
三部勾院	5/23－24	16669	院/左藏院等	
都磨勘司	5/25－32	1098	司/制置三司条例司等	前数条为“广雅稿本”，原文已佚。
理欠司	5/33	1098	司/制置三司条例司等	
都凭由司	5/34	1098	司/制置三司条例司等	
三司承受御宝凭由司	5/34－37	1098	司/制置三司条例司等	
开拆司	5/38	1098	司/制置三司条例司等	
衙司	5/39－41	1098	司/制置三司条例司等	
河渠司	5/42－43	1119	司/营缮司等	
勾当公事	5/43－44	1119	司/营缮司等	
疏浚黄河司	5/45－46	1119	司/营缮司等	
三司推勘院	5/47－64	19401	勘/推勘	应为“推勘”。

续表

《辑稿》标目	《辑稿》位置	《大典》卷数	《大典》字韵/事目	备注
粮料院	5/65－66	16669	院/左藏院等	后半部分被置于27/57－60。
都盐院	5/67－68	16669	院/左藏院等	
粜盐院	5/68	16669	院/左藏院等	
枢密院承旨司	6/1－19	1101	司/通进司等	原无标目。
检详所	6/19	10944	所/总领所等	
国用司	6/20－22	13322	使/国用使	应为“国用使”。
国用所	6/23－28	10945	所/提举所等	
枢密院编修司	6/29	1098	司/制置三司条例司等	
时政记	6/30－32	18931	政/事韵	
御前弓马子弟所	6/33－35	10945	所/提举所等	
皮剥所	6/35－42	10940	所/玉牒所等	
东西府	6/43	10989	府/东西府	
宣徽院	6/44－45	16646	院/宣徽院等	
翰林院	6/46－63	16647	院/翰林院	应为“学士院”。又，6/56－62为“侍读侍讲”。
知制诰	6/65－69	17309	诰/知制诰	两段相同，书吏抄重。
侍讲	6/70－73	11916	讲/侍讲	
讲筵所	6/74－76	10941	所/国信所等	一条摘自“京都杂录”。
学士	7/1－5	13422	士/学士	

续表

《辑稿》标目	《辑稿》位置	《大典》卷数	《大典》字韵/事目	备　注
文明殿学士	7/6－8	13422	士/学士	
徽猷阁学士等	7/9－16	13423	士/学士	
观文殿学士等	7/17－21	13422	士/学士	
东宫官	7/22－46	239 11581 7684 1125 10941 17230	宫/东宫 保/太保 卿/太常卿 司/亲王诸宫司 所/管勾北宅所 教/宫教	尚包括《大典》“诸王宫教授”(19240)、“司农卿”(7690)、“宗正卿”(7687)等事目。
吏部	8/1－68	14614 14615	部/吏部	
司封部	9/1－17	14644 375	部/吏部·司封 部封/司封	大部内容被屠寄删去。
司勋部	10/1－17	14645 3288	部/吏部·司勋 部勋/司勋	大部内容被屠寄删去。
勋官	10/18－19	3288	勋/勋官	
考功部	10/20－44	14646	部/吏部·考功部	
审官东院	11/1－4	16661	院/吏部选院等	
审官西院	11/4－5	16661	院/吏部选院等	
磨勘	11/6－54	19400	勘/磨勘	
审官东院	11/55	14615	部/吏部	原无标目，自此以下至“流外铨”均节文。
尚书左选	11/55	14615	部/吏部	

续表

《辑稿》标目	《辑稿》位置	《大典》卷数	《大典》字韵/事目	备注
审官西院	11/55－56	14615	部/吏部	原无标目。
尚书右选	11/56	14615	都/吏部	
流内铨	11/56	14615	部/吏部	
侍郎左选	11/56－57	14615	部/吏部	
三班院	11/57	14615	部/吏部	
侍郎右选	11/57－58	14615	部/吏部	
格式司	11/58	14615	部/吏部	
流外铨	11/58－59	14615	部/吏部	
官告院	11/60－75	16661	院/吏部选院等	
吏部格式司	11/76－78	1108	司/国用司等	原无标目。
甲库	11/79	14615	部/吏部	
户部属官	12/1	7312	郎/员外郎	
总制司	12/2	1122	司/制置使司等	
膳部判司事等	12/3	7313	郎/员外郎	原无标目。
礼部	13/1－8	14659	部/礼部	
贡院	13/8－15	14659	部/礼部	13/15 之《大典》卷数待考。
祠部	13/16－39	14665	部/礼部·祠部	
度牒库	13/39－41	14665	部/礼部·祠部	
膳部	13/42－45	14667	部/礼部·膳部	
主客部	13/46－47	22309	客/主客	
兵部	14/1－19	14668	部/兵部	
职方	14/20	6125	方/职方氏	

续表

《辑稿》标目	《辑稿》位置	《大典》卷数	《大典》字韵/事目	备　注
刑部	15/1－28	14673	部/刑部	
审刑院	15/28－31	14673	部/刑部	
法官	15/31－43	14673	部/刑部	刑法1之62至68为复文。
纠察在京刑狱司	15/44－46	1118	司/提刑按察司等	原无标目。
都官部员外郎等	15/47	7314	郎/员外郎	原无标目。
刑部侍郎等	16/1	7307 7308	郎/刑部侍郎等	
屯田部员外郎等	16/2－3	7314	郎/员外郎	
军器所	16/4－21	10943	所/御前军器所等	
军器局	16/22－23	19781	局/诸局沿革	
弓弩院	16/24	16668	院/文思院等	
弓弩造箭院	16/24	16668	院/文思院等	
侍郎	16/25	7292	郎/侍郎	
御史台	17/1－22	2607 10167	台/御史台 史/御史	原无标目。部分为“三京留司御史台”。此卷《大典》现存。
御史中丞	17/23－28	8129	丞/御史中丞	
殿中御史	17/29－30	10170	史/殿中侍御史	
监察御史	17/31－35	10171 21248	史/监察御史 察/事韵	应为“六察”。

续表

《辑稿》标目	《辑稿》位置	《大典》卷数	《大典》字韵/事目	备　注
御史裹行	17/36	10172	史/监察御史裹行	
御史知杂	17/36 – 37	10172	史/御史知杂	
三京留司御史台	17/38 – 40	2607	台/御史台	原无标目。
秘书省	18/1 – 45	11943 11944	省/秘书省	
著作佐郎	18/46	7320	郎/著作佐郎	
秘阁	18/47 – 49	21837	阁/阁名	
集贤院	18/50	16650	院/乾元院等	
崇文院	18/50 – 53	16650	院/乾元院等	
编修院	18/53	16650	院/乾元院等	
国史院	18/53 – 60	16650	院/乾元院等	
实录院	18/60 – 74	16650	院/乾元院等	
监修国史	18/75 – 76	10163	史/监修国史	
史官	18/77	40163	史/史官	
修撰	18/78 – 79	16468 16469	撰/修撰	
会要所	18/80 – 81	10940	所/玉牒所等	
太史局	18/82 – 102	19778	局/诸局沿革	内有“刻漏所”及“钟鼓院”。
国史日历所	18/102 – 109	10940	所/玉牒所等	
天文院	18/110	16665	院/推事院等	原无标目。
钟鼓院	18/110 – 111	16665	院/推事院等	原无标目。

续表

《辑稿》标目	《辑稿》位置	《大典》卷数	《大典》字韵/事目	备　注
刻漏所	18/112	10940	所/玉牒所等	
殿中省	19/1－12	11947	省/殿中省	
御药院	19/13－15	16665	院/推事院等	原无标目。
御辇院	19/16－20	16667	院/典瑞院等	原无标目。
宗正寺	20/1－15	13738	寺/宗正寺	
大宗正司	20/16－32	1102	司/大宗正司等	
外宗正司	20/33	1102	司/大宗正司等	
敦宗院	20/34－41	16666	院/太子宾客院等	
玉牒	20/42－54	22856 10940	牒/玉牒 所/玉牒所等	应为“玉牒所”，大部被屠寄删去。
修玉牒官	20/55－63	22857	牒/玉牒	
光禄寺	21/1－7	13737	寺/光禄寺	
翰林司	21/8－9	1125	司/公主邑司等	
牛羊司	21/10－14	1119	司/群牧司	原无标目。
乳酪院	21/15	16667	院/典瑞院等	
卫尉寺	22/1－4	13737	寺/卫尉寺	
仪鸾司	22/5－12	1106	司/仪卫司等	原无标目。
金吾街仗司	22/13－16	1106	司/金吾街仗司	原无标目。
太常寺	22/17－18	13731 6398	寺/太常寺 常/事韵	
斋郎	22/19－20	7320	郎/斋郎	
挽郎	22/21	7327	郎/承信郎等	此卷《大典》现存。

续表

《辑稿》标目	《辑稿》位置	《大典》卷数	《大典》字韵/事目	备注
礼仪院	22/22－24	16653	院/太常院等	
大晟府	22/25－27	10981	府/都督府等	
教坊	22/28－33	6134	坊/教坊	内有“云韶部”、“钧容”、“四夷乐”门。
管勾	22/34	19367	句/事韵	
郊社局	22/34	19779	局/诸局沿革	
太社局	22/34	19779	局/诸局沿革	
大乐局	22/34	19779	局/诸局沿革	
鼓吹局	22/34	19779	局/诸局沿革	
太医院	22/35－44	19780	局/诸局沿革	应为“太医局”。
车辂院	23/1－2	16667	院/典瑞院等	
骐骥院	23/2	16667	院/典瑞院等	
养象所	23/3	10940	所/玉牒所等	
群牧司	23/4－18	13328 1119	使/通政使等 司/群牧司	应为“群牧制置使”。
淇水二监	23/19	19522	监/左右大监等	
大理寺	24/1－44	13735	寺/大理寺	
鸿胪寺	25/1－5	13738	寺/鸿胪寺	
礼宾院	25/6－7	16669	院/左藏院等	
寺务司	25/8	1125	司/公主邑司等	
课利司	25/9－10	1125	司/公主邑司等	
同文馆	25/11	11306	馆/事韵	原无标目。
司农寺	26/1－22	13739	寺/司农寺	

续表

《辑稿》标目	《辑稿》位置	《大典》卷数	《大典》字韵/事目	备　注
提点仓草场所	26/23 – 27	10940	所/玉牒所等	
四排岸司	26/28 – 31	1114	司/发运司等	原无标目。
下卸司	26/32	1115	司/下卸司等	原无标目。
都麯院	26/33 – 34	16669	院/左藏院等	
太府寺	27/1 – 33	13733	寺/太府寺	
都商税院	27/34 – 35	16669	院/左藏院等	
都提举市易司	27/36 – 40	1124	司/市舶司等	原无标目。
提举在京诸司库务司	27/41 – 49	1118	司/提刑按察司等	原无标目。
四辖	27/50 – 53	21231	辖/事韵	原无标目。为他书引《宋会要》。
供奉	27/54 – 56	13056	奉/供奉	
粮料院	27/57 – 60	16669	院/左藏院等	与 5/65 – 6 为一门。
审计司	27/61 – 63	1107	司/讲议司等	
抵当免行所	27/64 – 65	10942	所/勅令所等	
惠民和剂局	27/66 – 68	19780	局/诸局沿革	
修合卖药所	27/69	1108	司/国用司等	标目有误。
编估局	27/70	19781	局/诸局沿革	
国子监	28/1 – 28	19501 19503	监/国子监	
监学教授	28/29	19240	授/监学教授	
昭文馆	28/30	11306	馆/事韵	
广文馆	28/30 – 32	11306	馆/事韵	

续表

《辑稿》标目	《辑稿》位置	《大典》卷数	《大典》字韵/事目	备　注
文思院	29/1－6	16668	院/文思院等	
西内染院	29/7－8	16668	院/文思院等	原无标目。尚有“西染色院”。
绫锦院	29/8	16668	院/文思院等	
文绣院	29/8	16668	院/文思院等	
裁造院	29/8	16668	院/文思院等	
提举修内司	30/1－6	1118	司/提刑按察司等	原无标目。
东西八作司	30/7－15	1119	司/营缮司等	原无标目。
提点修造司	30/16－17	1118	司/提刑按察司等	原无标目。
沟河司	30/18	1119	司/营缮司等	原无标目。
街道司	30/18－19	1119	司/营缮司等	原无标目。
司天监	31/1－9	19514	监/司天监	尚有“刻漏所”及“钟鼓院”。
殿前司	32/1－12	1103	司/都统司等	原无标目。
马步军殿前司	32/13－25	1103	司/都统司等	原无标目。
行宫禁卫所	32/26－27	10943	所/御前军器所等	
主管禁卫所	32/27－29	10943	所/御前军器所等	
差使剩员所	32/29－34	10942	所/勅令所等	
御营使	32/35－36	13322	使/御营使	
都统制	32/37－50	13583	制/都统制	
御马院	32/51－55	16667	院/典瑞院等	

续表

《辑稿》标目	《辑稿》位置	《大典》卷数	《大典》字韵/事目	备　注
省马院	32/55	16667	院/典瑞院等	
环卫	33/1－5	15315	卫/环卫	
六军诸卫	33/6－8	15318	卫/左右卫等	
三卫	33/9－11	15318	卫/左右卫等	
閤门通事舍人	34/1－11	2967	人/閤门通事舍人	
带御器械	34/12－13	15126	械/事韵	
内殿崇班	34/14	4224	班/事韵	
皇城司	34/15－13	1105	司/皇城司等	原无标目。
四方馆	35/1－21	11307	馆/事韵	
閤门司	35/22	1125	司/公主邑司等	原无标目。
閤门使	35/22－23	13326	使/大礼五使等	
引进使	35/23	13326	使/大礼五使等	
内侍省	36/1－27	11946	省/内侍省	
内东门司	36/28－30	1106	司/仪卫司等	原无标目。
合同凭由司	36/31	1098	司/制置三司条例司等	
主管往来国信所	36/32－71	10941	所/主管往来国信所等	
后苑造作所	36/72－76	10940	所/玉牒所等	
烧朱所	36/76	10940	所/玉牒所等	
军头引见司	36/77－94	1105	司/军头引见司	
翰林院	36/95－108	16647	院/翰林院	原无标目。内有“翰林御书院”等。

续表

《辑稿》标目	《辑稿》位置	《大典》卷数	《大典》字韵/事目	备注
天文局	36/109	19779	局/诸局沿革	应为“翰林天文局”。
技术官	36/110－125	3838	官/事韵	
天策上将军府	37/1	10981	府	
元帅府	37/1－2	10981	府	
元帅	37/3	15129	帅/元帅	
开封尹	37/4－6	11190	尹/开封尹	
临安尹	37/6－8	11190	尹/临安尹	
左右厢公事所	37/9－10	10942	所/勑令所等	
州牧	37/11－12	19642	牧/事韵	
行府	37/13	10988	府/行府	
节度使	38/1－5	13274	使/节度使	
节度使杂录	38/6	13274	使/节度使	
承宣使	38/7	13318	使/承宣使	
观察使	38/8	13296	使/观察使	
刺史	38/9－10	10175	史/刺史	
都督府	39/1－21	10981	府/都督府	
司户	39/22	14779	户/司户	
制置使	40/1－19	13298	使/制置使	
宣谕使	41/1－17	13312	使/宣谕使	
宣抚使	41/18－43	13314	使/宣抚使	
总领所	41/44－70	10944	所/总领所等	尚有“四川总领所”及“杂录”。
圣政所	41/70－74	10944	所/总领所等	

续表

《辑稿》标目	《辑稿》位置	《大典》卷数	《大典》字韵/事目	备　注
经略使	41/75－78	13304	使/经略使	
安抚使	41/79－118	13304	使/安抚使	
参议	41/119	13953	议/参议等	
走马承受公事	41/120－136	13391	事/事韵	
劝农使	42/1－3	610	农/农官	
盐铁使	42/4	13321	使/盐铁使	有一条为“营田使”。
发运司催纲司	42/5－14	1114 1114	司/发运司等 司/发运司等	42/5－12为发运司。42/13－14为催纲司。
发运使	42/15－57	13319	使/发运使	
转运使	42/58－61	13287	使/转运使	
察访使	42/62－63	13318	使/察访使	
招讨使	42/64－66	13324	使/招讨使	
招抚使	42/67－68	13324	使/招抚使	
抚谕使	42/69－73	13312	使/抚谕使	
镇抚使	42/74－78	13325	使/镇抚使	
提点司	43/1	1117	司/提举常平司等	
提举常平仓农田水利差役	43/2－38	1117	司/提举常平司等	原无标目。
御史台主簿	43/39	14607	簿/御史台主簿	
提举常平仓农田水利差役	43/40－42	1117	司/提举常平司等	原无标目。

续表

《辑稿》标目	《辑稿》位置	《大典》卷数	《大典》字韵/事目	备　注
提举茶盐司	43/43－46	1115	司/茶盐司等	原无标目。
都大提举茶马司	43/47－118	11683 11684	马/都大提举茶马	尚有“提点纲马驿程”。
提点坑冶铸钱司	43/119－180	1120	司/提点坑冶铸钱司	原无标目。
市舶司	44/1－34	1124	司/市舶司等	原无标目。
河北籴便司	44/35－38	1118	司/提刑按察司等	原无标目。
解盐司	44/39－41	1115	司/下卸司等	原无标目。
经制使	44/42－50	1122	司/制置使司等	应为“经制司”。44/50 为《通考》文。
提举保甲司	44/51－52	1108	司/国用司等	
提举弓箭手司	44/53－55	1124	司/市舶司等	
监司	45/1－45	1109	司/监司	
分司	46/1－9	1118	司/提刑按察司等	原无标目。
判知州府军监	47/1－58	9777 9776	监/判知府州军监监/知府州军监	
通判知州府军监	47/58－70	9776	监/知府州军监	
通判	47/71－73	16293	判/通判	
司理院	47/74	19989	狱/事韵	原题“狱官”。
上佐官	48/1－3	3838	官/事韵	

续表

《辑稿》标目	《辑稿》位置	《大典》卷数	《大典》字韵/事目	备　注
幕职官	48/4 – 17	14397 21928	记/事韵 幕/幕职	原题“掌书记”。
县令	48/18 – 24	18998	令/县令	
县官	48/25 – 52	16599	县/县官	
县丞	48/53 – 58	8139	丞/县丞	
驿丞	48/59	8141	丞/驿丞	
县尉	48/60 – 88	15277	尉/县尉	
镇寨官	48/88 – 91	15277	尉/县尉	
镇将	48/92 – 93	15489	镇/事韵	
牙职	48/94 – 106	20479	职/事韵	此卷《大典》现存。
都钤辖钤辖	48/107 – 121	21231	辖/钤辖等	原无标目。
巡检	48/122 – 137	12206	检/巡检	尚有“都巡检使”、“提举兵甲巡检事”等内容。
监当	48/138 – 147	9775	监/事韵	
监押	49/1 – 9	22783	押/事韵	
遣使巡抚	50/1 – 4	1098	抚/巡抚	
国信使	51/1 – 45	13327	使/国信使	
馆伴使	51/45 – 46	13327	使/国信使等	
正旦使	51/46 – 47	13327	使/国信使等	
祭奠使	51/47 – 49	13327	使/国信使等	
祈请使通问使	51/49	13327	使/国信使等	
报谢使	51/49	13327	使/国信使等	

续表

《辑稿》标目	《辑稿》位置	《大典》卷数	《大典》字韵/事目	备注
奉使	52/1－8	13265	使/奉使	
遣使	52/9－19	13256 4054	使/遣使 山/山名	似为《茅山志》引《宋会要》。
诸使杂录	52/20－27	13336	使/事韵	
提举所	53/1－6	10945	所/提举所	
宫观使	54/1－26	13323	使/宫观使	
任宫观	54/27－42	16251	观/事韵	应为“外任宫观”。
御史台	55/1－28	2607	台/御史台	原无标目。此卷《大典》现存。
纳粟补官	55/29－53	3878	官/纳粟补官等	原无标目。
官制别录	56/1－52	3805 3806	官/宋官	
俸禄	57/1－17	13175	俸/俸禄	
俸禄杂录	57/18－100	13176 13177	俸/俸禄	57/92 以后似为“吏禄”。
职田	58/1－31	4782	田/职田	
考课	59/1－30	17484	课/宋考课	
转对	60/1－7	15145	对/事韵	
宣对	60/8	15145	对/事韵	
轮对	60/9－12	15146	对/事韵	
面对	60/13－14	15144	对/事韵	
休沐	60/15	19636	休/事韵	此卷《大典》现存。
自代	60/16－19	15008	代/事韵	

续表

《辑稿》标目	《辑稿》位置	《大典》卷数	《大典》字韵/事目	备　注
久任官	60/20－42	3876	官/久任官	
再任	60/43	19387	任/事韵	原无标目。
省官	61/1	3880	官/省官	
改官	61/2	3873	官/改官	
换官	61/3－23	3874	官/换官	
以官回授	61/24－37	3875	官/以官回授	
对换官	61/38－57	3875	官/对官	
借补官	62/1－8	3877	官/借补官	
特恩补官	62/8－10	3877	官/特恩补官	
借补官	62/11－37	3877 3878	官/特恩补官等	尚有“特恩补官”、“特恩除职”等。
假试官	62/38	3838	官/事韵	
摄官	62/38－60	3838	官/事韵	
避亲嫌	63/1－16	20480	职/事韵	
黜降官	64/1－75/42	3883 3894	官/黜降官	尚有“黜降官内外任”及“杂录”等。
收叙放逐官	76/1－59	3866 3867	官/收叙放逐官	
追复旧官	76/60－72	3869	官/追复旧官	
追复	76/73－74	19824	复/事韵	
起复	77/1－24	19825	复/事韵	
陈乞侍养	77/25－27	11826	养/事韵	
致仕	77/28－86	13462 13463	仕/致仕	

续表

《辑稿》标目	《辑稿》位置	《大典》卷数	《大典》字韵/事目	备注
罢免	78/1-68	11424 11425 17595	免/事韵 罢/事韵	78/61-63与78/64-68为复文。
戒饬官吏	79/1-41	3900	官/戒饬官吏	

二、《辑稿》职官类的问题

《宋会要》职官类各门在《大典》中不出粮料院型、三公三少型、吏部型、河名型，其特点是：（一）每门大多保持完整；（二）分散在《大典》各卷中，因而必有遗漏（如枢密院门），但也不致大漏；（三）不易确定各门的顺序；（四）某些门的归属不明。

《辑稿》职官类大致沿袭了徐松、屠寄、刘富曾的编排，他们主要参考了《宋史·职官志》，但也出现了一些令人费解的错误，如把户部及仓场库务划归食货类等。

这次复原职官类，我对每一门的内容进行考察，并参考《通考·职官考》及《宋史·职官志》对内容及顺序均做了调整。

（一）应划入本类的内容

因数量很大，为节省篇幅，表述从简。

1. 帝系类：进马（8之59）。

2. 礼类：日历所（7之32至36），南郊家事库（28之88），赐大臣（47之1至3、59之9至11），优礼大臣（47之3至14），赐功臣字（59之20至26）。

3. 仪制类：朱衣吏引（4之10至11），导从（4之12至21），得替官送还公人（4之22至33），赐服（9之24至33），官告院（10之1至5，为复文），臣僚恩庆封赠等（10之6至9、10之14至11之

29），私忌（13 之 31 至 32）。

4. 运历类：日历所（1 之 15 至 28），重修太宗实录等（1 之 29 至 30）。

5. 食货类：公用钱（35 之 46），转运司（49 之 1 至 46），内藏库等仓、场、库、务（51 之 1 至 34、52 之 1 至 41、53 之 35 至 36、54 之 11 至 21、55 之 1 至 48、62 之 1 至 17，62 之 53 至 75、64 之 83），户部等（51 之 35 至 49、53 之 1 至 5、56 之 1 至 76）。

6. 方域类：玉津园等（3 之 10 至 13），琼林苑（3 之 17），资善堂（3 之 20 至 29），左右天厩坊等（3 之 48 至 53），御厨（4 之 1 至 10），官廨（4 之 11 至 21），第宅（4 之 22 至 25），都亭驿等（10 之 11 至 12）。

（二）应划归他类的内容

1. 应划归乐类者：教坊等（22 之 28 至 33）。

2. 应划归仪制类者：转对等（60 之 1 至 14）。

3. 应划归选举类者：纳粟补官等（55 之 29 至 53、62 之 1 至 37），假试官（62 之 38），摄官（62 之 38 至 60），磨勘（11 之 6 至 54）。

4. 应划归刑法类者：诉理所（3 之 75 至 78），推勘（5 之 47 至 64）。

（三）编排的调整

因数量甚大，读者可参照下节的复原表，对比第一栏的顺序与第二栏的出处。

三、《宋会要》职官类复原方案

门　名	出　处	备　注
三公三少	1/1 – 6	
三公三少杂录	1/6 – 8	
三公	1/9 – 11	1/9 似录自另一事目。

续表

门　名	出　处	备　注
太尉	1/12－15	
中书门下	1/68－77	
三省	1/16－67	
中书门下后省	1/78－83	
总制司	12/2	
门下省	2/1－6	以下为门下省及所属。
发勅司	2/41	
门下封驳司	2/42－43	
给事中	2/7－9	
起居院	2/10－22	
奉安符宝所	2/52	
通进司	2/26－36	
银台司	2/37－40	
进奏院	2/44－51	
中书省	3/1－12	以下为中书省及所属。
五房五院	3/22－45	
舍人院	3/13－20	
中书舍人	3/21	
起居舍人	2/25，23－24	
检正	3/46－47	
检正所	3/48	
裕民局	3/49	
谏院	3/50－59	
登闻院	3/62－74	

续表

门　名	出　处	备　注
登闻院鼓	3/74	
谏官	3/60 - 61	
尚书省	4/1 - 18	以下为尚书省及所属。
都司左右司	4/19 - 27	
封桩库	食 52/17 - 22	
提举修勑令	4/43 - 44	
勑令所	4/45 - 52	
制置三司条例司	5/1 - 7	
编修条例司	5/8 - 11	
讲议司	5/12 - 18	
议礼局	5/21 - 23	
礼制局	5/23	
详议司	5/19 - 20	
应奉司	4/28 - 35	
行在诸司	4/36 - 42	
枢密院承旨司	6/1 - 19	以下为枢密院所属。
检详所	6/19	
枢密院编修司	6/29	
时政记	6/30	
御营使	32/35 - 36	
国用使	6/20 - 22	
国用司	6/23 - 28	
御前弓马子弟所	6/33 - 35	
皮剥所	6/35 - 42	

续表

门　名	出　处	备　注
东西府	6/43	
宣徽院	6/44 –45	
三部勾院	5/23 –24	以下为三司所属。
盐铁使	42/4（1）	
都磨勘司	5/25 –26	
提举三司帐勾磨勘司	5/26 –32	
理欠司	5/33	
都凭由司	5/34	
三司承受御宝凭由司	5/34 –37	
开拆司	5/38	
衙司	5/39 –41	
河渠司	5/42 –43	
勾当公事	5/43 –44	
三司推勘院	5/47	
粮料院	5/65 –66，27/57 –60	
都盐院	5/67 –68	
粜盐院	5/68	
文书库	食 52/11 –12	
铸钨务	食 55/19	
学士院	6/46 –56，62 –63	以下为学士院及所属。
知制诰	6/65 –69	为抄重之相同两段。
侍读恃讲	6/56 –62，70 –73	6/58 插入一段“翰林侍书”。
学士待制	7/1 –5	

续表

门　名	出　处	备　注
文明殿学士	7/6－8	
观文殿学士	7/17	
资政殿学士	7/20－21	
保和殿学士	7/9－10	
延康殿学士	7/9	
枢密直学士	7/19	
龙图阁学士	7/13－15	
天章阁学士	7/10－12	
宝文阁学士	7/17－18	
徽猷阁学士	7/9	
敷文阁学士	7/15－16	
东宫官	7/22－34	
东宫官杂录	7/40－46	
太子太保	7/35	
左右坊	7/36	
资善堂	方 3/20－29	
讲筵所	6/74	自“京都杂录”摘出。
赞读直讲	7/39	
亲王诸宫司	7/37（1）	
管勾北宅所	7/37（2）	
宫教	7/38（1）	
诸王宫教授	7/38（2）	
吏部	8/1－68	以下为吏部及所属。
审官东院	11/55（1），1－4	前者为节文。

续表

门　名	出　处	备　注
尚书左选	11/55（2）	为节文。
审官西院	11/55（3）-56（1），4-5	前者为节文。
尚书右选	11/56（2）	为节文。
流内铨	11/56（3）	为节文。
侍郎左选	11/56（4）-57（1）	为节文。
三班院	11/57（2）	为节文。
侍郎右选	11/57（3）-58（1）	为节文。
格式司	11/58（2），76-78	前者为节文。
流外铨	11/58（3）-59；补 160 上，选 25/18-21	前者为节文。
甲库	11/79	
司封	9/1-17	
司勋	10/1-15，16-17	
考功	10/20-44	
官告院	11/60-75	仪 10/1-5，补 550 上-550 下有复文。
户部	食 56/9-76	以下为户部及所属。
度支	食 51/35-49	职 12/1（1）自食 51/35 摘出。
金部	食 56/1-8	职 12/1（2）自食 56/1-2 摘出。
仓部	食 53/1-5	职 12/1（3）自食 53/1 摘出。
礼部	13/1-8	以下为礼部及所属。
贡院	13/8-15	13/15《大典》卷数待查。

续表

门　名	出　处	备　注
度牒库	13/39－41	
礼仪院	22/22－24	
祠部	13/16－39	12/3（1）自 13/16 摘出。
主客	13/46－47	
膳部	13/42－45	12/3（2）自 13/42 摘出。
大晟府	22/25－27	
兵部	14/1－19	以下为兵部及所属。
职方	14/20	
职方员外郎等	12/3	
内军器库	食 52/27－30	
刑部	15/1－28	以下为刑部及所属。16/1（1）自 15/11 摘出。
审刑院	15/28－31	
法官	15/31－43	刑 1/62－68 有复文。
纠察在京刑狱司	15/44－46	
都官员外郎等	15/47	
工部侍郎	16/1（2）	以下为工部所属。 仅一条，为摘出者。
屯田员外郎等	16/2－3	为摘出者。
军器所	16/4－21	
军器局	16/22－23	
弓弩院	16/24	

续表

门　名	出　处	备　注
弓弩造箭院	16/24	
六部侍郎	16/25	
御史台	17/1 –3，55/1 –28	以下为御史台及所属。
御史	17/5 –22	原误标“御史台”。
御史中丞	17/23 –28	
殿中侍御史	17/29 –30	
监察御史	17/31 –35	
六察	17/35（2）	
御史裹行	17/36	
御史知杂	17/36 –37	
御史台主簿	43/39	
三京留司御史台	17/3 –4，38 –40	
秘书省	18/1 –45	以下为秘书省及所属。
著作佐郎	18/46	
崇文院	18/50 –53	28/30（1）自 18/51 摘出。
集贤院	18/50	
秘阁	18/47 –49	
编修院	18/53	
日历所	运 1/15 –26，礼 7/32 –36，运 1/27 –28，职 18/102 –109	运 1/15 为“修日历”。
圣政所	41/70 –74	
会要所	18/80 –81	
国史院	18/53 –60	

续表

门　名	出　处	备　注
实录院	18/60－74	
监修国史	18/75－76	
史官	18/77	
修撰	18/78（2）－79，78（1）	
重修太祖实录	运 1/29（1）	
修太宗实录	运 1/29（2）	
修哲宗实录	运 1/29（3）－30	
太史局	18/82－101	元丰前为“司天监”，见后。
天文院	18/110	
钟鼓院	18/110－111	
刻漏所	18/112	
殿中省	19/1－12	以下为殿中省及所属。
御辇院	19/16－20	
御药院	19/13－15	
尚衣库	食 52/25	
内衣物库	食 52/23－24	
新衣库	食 52/24－25	
朝服法物库	食 52/16	
内茶纸库	食 52/4	
太常寺	22/17－18	以下为太常寺及所属。22/18 为《翰苑新书》。
太常寺主簿	《大典》14607	
郊社局	22/34	

续表

门　名	出　处	备　注
太社局	22/34	
太医局	22/35 - 44	
大乐局	22/34	
鼓吹局	22/34	
管勾	22/34	
宗正寺	20/1 - 15	以下为宗正寺及所属。
大宗正司	20/16 - 32	
外宗正司	20/33	
敦宗院	20/34 - 41	
玉牒	20/55 - 63，42 - 53	
玉牒所	20/54	大部被删。
光禄寺	21/1 - 7	以下为光禄寺及所属。
光禄寺主簿	《大典》14607	
御厨	方 4/1 - 9	
内酒坊	方 3/49 - 50	
法酒库	食 52/1 - 3	
御酒库	食 52/1	
翰林司	21/8 - 9	
牛羊司	21/10 - 14	
供庖务	食 55/46 - 48	
乳酪院	21/15	
油醋库	食 52/3	
物料库	食 52/4 - 5	
卫尉寺	22/1 - 4	以下为卫尉寺及所属。

续表

门　名	出　处	备　注
内弓箭库	食 52/30－32	
军器库	食 52/25－27	
仪鸾司	22/5－12	
金吾街仗司	22/13－16	
车辂院	23/1－2	以下为太仆寺及所属。
骐骥院	23/2	
鞍辔库	食 52/37－39，41	
养象所	23/3	
驼坊	方 3/48－49	
车营务	食 55/19－20	
致远务	食 55/20	
左右天厩坊	方 3/48	
群牧司	23/5－18	
群牧制置使	23/4	
淇水监	23/19	
大理寺	24/1－44	以下为大理寺及所属。
大理寺主簿	《大典》14607	
鸿胪寺	25/1－5	以下为鸿胪寺及所属。
都亭驿	方 10/11	
礼宾院	25/6－7	
怀远驿	方 10/12	
来远驿	方 10/11	
寺务司	25/8	
课利司	25/9－10	

续表

门　名	出　处	备　注
同文馆	25/11	
司农寺	26/1－22	以下为司农寺及所属。
司农寺主簿	《大典》14607	
司农仓	食 53/35	
京诸仓	食 62/1－17	
折中仓	食 53/36	
提点仓草场所	26/23－27	
草料场	食 54/16	
四排岸司	26/28－31	
玉津园	方 3/10－13	
瑞圣园	方 3/13	
琼林苑	方 3/17	
下卸司	26/32	
都麯院	26/33－34	
水磨务	食 55/1	
茶汤步磨务	食 55/48	
内柴炭库	食 52/4	
炭场	食 54/11－12	
太府寺	27/1－33	以下为太府寺及所属。
左藏库	食 51/8－34	
封桩库	食 52/17－22	
内藏库	食 51/1－8，食 64/83	
奉宸库	食 52/17	
祇候库	食 52/35－37	

续表

门　名	出　处	备　注
元丰库	食 52/14 – 16	
元祐库	食 52/16	
大观库	食 52/10 – 11	
供奉	27/54 – 55	
供奉官	27/56	
布库	食 52/33 – 34	
茶库	食 52/3 – 4	
杂物库	食 52/8	
瓷器库	食 52/37	
药蜜库	食 52/13	
香药库	食 52/5 – 7	
粮料院	27/57 – 60	
审计司	27/61 – 63	
都商税院	27/34 – 35	
都提举市易司	27/36 – 40	
提举在京诸司库务司	27/41 – 49	
市易务	食 55/31 – 46	
榷货务	食 55/22 – 31	
杂买务	食 55/15 – 19	食 64/40 – 44 为复文。
杂卖场	食 54/17 – 21	
抵当免行所	27/64 – 65	
惠民和剂局	27/66 – 68	
修合卖药所	27/69	
左右厢店宅务	食 55/2 – 13	

续表

门　名	出　处	备　注
编估打套局	27/70	
寄桩库	食 55/22－23	
四辖	27/50－53	为他书引《宋会要》。
国子监	28/1－28	以下为国子监及所属。
国子监主簿	《大典》14603	
监学教授	28/29	
广文馆	28/30－32	
文思院	29/1－6	以下为少府监所属。
绫锦院	29/8（1）	
西内染院	29/7－8	
裁造院	29/8（3）	
文绣院	29/8（2）	
将作监主簿	《大典》14608	以下为将作监所属。
提举修内司	30/1－6	
东西八作司	30/7－15	
提点修造司	30/16－17	
竹木务	食 55/13	
事材场	食 54/15	
麦䴵场	食 54/14	
窑务	食 55/20－21	
退材场	食 54/15	
抽税箔场	食 54/13	
南郊家事库	①礼 28/88，②食 52/17	②较简，但含宣德门家事库。

续表

门　名	出　处	备　注
军器监主簿	《大典》14608	以下为军器监所属。
东西作坊	方 3/50－53	
皮角场库	食 52/9－10	
煎胶务	食 55/13－14	
疏浚黄河司	5/45－46	以下为都水监所属。
沟河司	30/18	
街道司	30/18－19	
司天监	31/1－9	至钟鼓院为司天监及所属。
刻漏所	31/9	
钟鼓院	31/9	
殿前司	32/1－12	
马步军殿前司	32/13－25	
御营使	32/35－36	
差使剩员所	32/29－34	
御马院	32/51－55	
省马院	32/55	
环卫	33/1－5	
六军诸卫	33/6－8	
皇城司	34/15－43	
行宫禁卫所	32/26－27	
主管禁卫所	32/27－29	
冰井务	食 55/1－2	
三卫	33/9－11	

续表

门　名	出　处	备　注
四方馆	35/1－21	
引进使	35/23	
閤门司	35/22	
閤门使	35/22－23	
閤门通事舍人	34/1－11	
带御器械	34/12－13	
内侍省	36/1－27	
内殿崇班	34/14	
内东门司	36/28－30	
合同凭由司	36/31	
主管往来国信所	36/32－71	
后苑造作所	36/72－76	
后苑烧朱所	36/76	
军头引见司	36/77－94	
翰林院	36/95	
翰林御书院	36/95－97	
翰林医官院	36/97－106	
翰林图画院	36/106－107	
翰林天文院	36/107－108	
翰林天文局	36/109	
技术官	36/110－125	
开封尹	37/4－6	
左右厢公事所	37/9－10	
临安尹	37/6－8	

续表

门　名	出　处	备　注
州牧	37/11－12	
天策上将军府	37/1（1）	
元帅府	37/1（2）－2	
元帅	37/3	
行府	37/13	
节度使	38/1－6	
承宣使	38/7	
观察使	38/8	
刺史	38/9－10	
都督府	39/1－21	
制置使	40/1－19	
宣谕使	41/1－17	
宣抚使	41/18－43	
总领所	41/44－60	
总领所杂录	41/60－70	
大军库	食 52/8－9	
经略使	41/75－78	
安抚使	41/79－118	
参议	41/119	
走马承受公事	41/120－136	
发运司	42/5－12	
发运使	42/15－17	
催纲司	42/13－14	
转运司	食 49/1－46	

续表

门　名	出　处	备　注
转运使	42/58 - 61	
招讨使	42/64 - 66	
招抚使	42/67 - 68	
抚谕使	42/69 - 73	
镇抚使	42/74 - 78	
提点司	43/1	
营田使	42/4（2）	
劝农使	42/1 - 3	
察访使	42/62 - 63	
提举常平仓 农田水利差役	43/2 - 38，40 - 42	
提举茶盐司	43/43 - 46	
都大提举茶马司	43/47 - 118	附"提点纲马驿程"。
提点坑冶铸钱司	43/119 - 180	
市舶司	44/1 - 34	
河北籴便司	44/35 - 38	
解盐司	44/39 - 41	
经制司	44/42 - 50	44/44 之前为"经制边防财用司"，44/50 为《通考》文。
提举保甲司	44/51 - 52	
提举弓箭手司	44/53 - 55	
分司	46/1 - 9	
监司	45/1 - 45	
知府州军监	47/1 - 38，39 - 58	

续表

门　名	出　处	备　注
通判诸州府军监	47/58－70	与下条同一门，前后相接。
通判	47/71－73	
幕职官	48/5－17	
掌书记	48/4	
司户	39/22	
狱官	48/74	
上佐官	48/1－3	
县官	48/25－52	《五朝会要》分为“知县”与“县令”两门。
县令	48/18－24	
县丞	48/53－58	
县主簿	《大典》14609	
县尉	48/60－88	
镇寨官	48/88－91	
镇将	48/92－93	
牙职	48/94－106	
都钤辖钤辖	48/107－121	
都监监押	49/1－9	
都统制	32/37－50	
巡检	48/122－137	
监当	48/138－147	
馆驿使	48/59	
官制别录	56/1－52	

续表

门　名	出　处	备　注
戒饬官吏	79/1 －41	
横班东西班诸司使	52/20（2） －27	
改官	61/2	
换官	61/3 －23	
勋官	10/18 －19	
赐功臣字	礼 59/21 －26，20 －21	
朱衣吏引	仪 4/10 －11	
导从	仪 4/12 －21	似为“宫中导从”及“人从”两门。
赐大臣	礼 47/1 －3，59/9 －11	
优礼大臣	礼 47/3 －12，13 －14	
遣使巡抚	50/1 －4	
遣使	52/9 －18	52/19 为《茅山志》。
国信使	51/1 －45	
馆伴使	51/45 －46	
正旦使	51/46 －47	
祭奠使	51/47 －49	
祈请使通问使	51/49	
报谢使	51/49	
奉使	52/1 －8	
宫观使	54/1 －26	以下三门部分重叠。
外任宫观	54/27 －42	
提举所	53/1 －6	
臣僚恩庆封赠	仪 10/6 －9	

续表

门　名	出　处	备　注
陈请封赠	仪 10/14－21	
宰相追赠	仪 11/1	
三公追赠	仪 11/2（1）	
使相追赠	仪 11/2（2）－3（1）	
东宫官僚追赠	仪 11/3（2）	
尚书丞郎追赠	仪 11/3（3）－11（1）	
正郎以下特赠	仪 11/11（2）－12	
从官赠职	仪 11/13－14（1）	
武臣追赠	仪 11/14（2）－24（1）	
观察使追赠	仪 11/24（2）－29	
外戚追赠	仪 12/1－15（1）	
再赠官	仪 12/15（2）－19	
内侍追赠	仪 13/1－5（1）	
奉使追赠	仪 13/5（2）－6（1）	
伪国主追赠	仪 13/6（2）－7（1）	
前朝臣追赠	仪 13/7（2）	
外臣追赠	仪 13/7（3）－8（1）	
隐逸追赠	仪 13/8（2）	
封赠杂录	仪 13/8（3）－11	
叙封	仪 10/22－41	
致仕	77/28－86	
斋郎	22/19－20	
挽郎	22/21	
进马	帝 8/59	

续表

门　名	出　处	备　注
俸禄	57/1 – 17	以下七门内容有交叉。
俸禄杂录	57/18 – 92	
吏禄	57/92 – 100	
公用钱	食 35/46	
公使钱	食 64/113 – 114	
赉赐	礼 62/1 – 93	
赐服	仪 9/24 – 33	
职田	58/1 – 31	
官廨	方 4/11 – 21	
第宅	方 4/22 – 25	
得替官送还公人	仪 4/22 – 33	
休沐	60/15	
久任官	60/20 – 42	
再任	60/43	
省官	61/1	
以官回授	61/24 – 37	
对换官	61/38 – 57	
避亲嫌	63/1 – 16	
黜降官	64/1 – 75/40	
黜降官杂录	75/40 – 42	
叙用	76/1 – 59	
追复旧官	76/60 – 72，73 – 74	
起复	77/1 – 24	
陈乞待养	77/25 – 27	
罢免	78/1 – 60，64 – 68	78/61 – 63 有复文。

第十一章

选举类

一、《辑稿》选举类目录

《辑稿》标目	《辑稿》位置	《大典》卷数	《大典》字韵/事目	备　注
贡举	1/1 –29	10641 10645	举/举士	
进士科	2/1 –33	5696 10652	科/进士科 举/举士	
贡举杂录	3/1 –12	10641	举/举士	
科举条制	3/13 –58	10642 10643	举/举士	《辑稿》标目误，应为“贡举杂录”。
考试条制	4/1 –44	10643 10644	举/举士	《辑稿》标目误，应为“贡举杂录”。
贡举杂录	5/1 –6/50	10645 10646	举/举士	
贡举印	6/51	15514	印/事韵	
亲试	7/1 –8/30	10647 10648 13245	举/举士 试/殿试	
亲试杂录	8/31 –45	10648	举/举士	

续表

《辑稿》标目	《辑稿》位置	《大典》卷数	《大典》字韵/事目	备　注
赐及第	9/1－3	10653	举/举士	
赐出身赐同出身	9/3－20	10653 10654	举/举士	
童子出身	9/21－30	10675	举/童子举	
试判	10/1－5	16301	判/试判	标目下注："一作书判拔萃科"。
制科	10/6－29	10669	举/举贤良方正	
举贤良方正等科	11/1－31	10669	举/举贤良方正	
制科	11/32－41	5697	科/制科	
经明行修科	11/42－43	10652	举/举士	
制科宏词科	12/1	?	?	
宏词科	12/2－25	10651 5699	举/举士 科/宏词科	
明经科	12/26－32	10652	举/举士	
八行科	12/33－37	10652	举/举士	
童子科	12/38－40	5695	科/童子科	
唱名	13/1	8248	名/事韵	
恩科	13/2－10	5700	科/恩科	标目下注："即特奏名"。
试法	13/11－29	10649	举/举士	
新科明法	14/1－7	10650	举/举士	
锁厅	14/8－13	10649	举/举士	

续表

《辑稿》标目	《辑稿》位置	《大典》卷数	《大典》字韵/事目	备　注
发解	14/13－16/37	10648 10649 15089	举/举士 解/发解	
教授	17/1－4	21958	学/郡县学	
武举	17/5－18/20	10673 10674	举/武举	
宗室应举	18/21－25	10654	举/举士	
效士	18/25－26	10654	举/举士	
百篇	18/27	10654	举/举士	
童子试	18/28－29	?	?	
试官	19/1－20/23	10650 10651	举/举士	
选试	21/1－19	13250	试/选试	与“试官”为同一门，时间紧接。
考试	22/1－28	13251	试/考试	
吏部	23/1	16785	选/宋铨选	
尚书左选	23/2－19	16785	选/宋铨选	
尚书右选	24/1－8	16785	选/宋铨选	
侍郎左选	24/9－26	16786	选/宋铨选	24/9－12 应为“流内铨”。
三班院	25/1－10	16787	选/宋铨选	
侍郎右选	25/1－17	16787	选/宋铨选	
流外铨	25/18－33	5059 16787	铨/事韵 选/宋铨选	

续表

《辑稿》标目	《辑稿》位置	《大典》卷数	《大典》字韵/事目	备　注
铨试	26/1 -26	10650 13249	举/举士 试/铨试	标目下注："右选呈试附"。
举官	27/1 -30/29	10664 10665	举/举官	
辟举	31/1 -11	10672	举/辟举	
召试	31/12 -23	13248	试/召试	
召试除职	31/24 -38	20480	职/事韵	
宗室召试	32/1 -5	13248	试/召试	
召试杂录	32/5 -10	13248	试/召试	
悯恤旧族	32/11 -26	19651	族/事韵	
特恩除职	33/1 -34/30	20480	职/事韵	
举遗逸	34/31 -46	10653	举/举士	
礼遗	34/47 -53	10652	举/举士	标目下原注："本书敦遣"。

二、《辑稿》选举类的问题

上篇第十四章第十二节已经详细分析了《大典》"举士"事目，它连续收录了《宋会要》选举类有关贡举的相连的24门，使我们既可以确知这些门的原名，也可以确定它们在《宋会要》原本的顺序。《大典》"宋铨选"事目也属于"举士"型，它连续收录了《宋会要》选举类有关铨选的相连的10门。贡举和铨选是选举类的主要内容，复原《宋会要》选举类本来有良好的基础。

但《辑稿》选举类仍存在不少问题，主要是次序不当，标目错误，归类不当等。其原因，除了整理者不了解《大典》收录《宋会要》的规律，以“编”代“辑”外，也有客观的因素。主要是复文较多，而且产生复文的原因多种多样。如铨选各门与职官类吏部各门的重复，是《宋会要》原本的复文，同样的内容，归入不同的类门中。“试法”门的复文，则是《大典》收录《宋会要》过程中产生的，《宋会要》的同一门，被《大典》收入范围大小不同的事目中。虽是复文，内容也不尽全同。《辑稿》的整理者加以拼凑，以致造成混乱。在复原方案中，遇到出现复文的情况时，以一种辑文为基础，同时列出复文，供校勘、补充之用。

（一）应增补的内容

1.《补编》442页下至444页下，录自《大典》卷13245，“试”字韵，“殿试”事目，为“亲试”门淳熙元年至绍熙四年记事，被整理者误作复文删落，应增补，“亲试”一门内容始完整。

（二）应从他类划入的内容

1. 摄官门：职官62之38至60。
2. 考课门：职官59之1至30。
3. 磨勘门：职官11之6至54。
4. 特恩除职门：淳熙元年至十六年记事，职官62之19至27。
5. 特恩补官门：职官62之8至10，12至19。
6. 借补官门：职官62之1至8，11至12。
7. 纳粟补官门：职官55之29至53，62之27至31。
8. 赈济补官门：职官62之31至37。

（三）应划归他类的内容

1. 选举6之51，为“贡举印”，录自《大典》卷15514，“印”字韵，事韵。应归入舆服类。

2. 选举17之1至4，为“郡县学”门（《辑稿》标作“教授”），录自《大典》卷21958，“学”字韵，“郡县学”事目，应归入崇儒类。

3. 选举32之11至26，为“悯恤旧族”，录自《大典》卷19651，“族”字韵，事韵。应归入礼类。

（四）编排上的问题

有关贡举及铨选各门，属于举士型，《大典》事目保留了《宋会要》各门原来的顺序，应据以调整。

三、《宋会要》选举类复原方案

门　名	出　处	备　注
贡举	1/1－17，18－29	
贡举杂录	3/1－15，补872，3/15－4/44，5/1－6/50	
亲试	7/1－8/15，补442－444，8/16－30	补436－442为复文。
亲试杂录	8/31－45	
发解	14/13－16/18，16/19－37	补460－489为复文。
锁厅	14/8－13	
试判	补330－334	10/1－5及补268－272为复文。
试法	13/11－29	
新科明法	14/1－7	补255－257及补826－828均为复文。
铨试	26/1－7，8－26	补452－455为复文。
试官	19/1－20/23，21/1－19	
考试	22/1－28	

续表

门　名	出　处	备　注
宏词	12/2－21，22－25，1	补60 － 67 及补 261 －268 均为复文。
进士	补335－336，2/5， 补337－345，2/21－33	2/1－4，6－21 为复文。
明经	12/26－32	补258－261 为复文。
经明行修	11/42－43	补257－258 为复文。
八行	12/33－37	补287－289 及补806 均为复文。
礼遗	34/47－53	
举遗逸	34/31－46	
赐及第	9/1－3	补456－457 为复文。
赐出身	9/3－20	补67－76 为复文。
百篇	18/27	补289 及补 872 均为复文。
特奏名	补345－348，13/7－10	13/2－7 及补 872 均为复文。
宗室应举	18/21－25	
效士	18/25－26	
唱名	13/1	
制举	10/6－11/31，11/32－41	补253－254 为复文。
武举	17/5－18/20	补273－287 为复文。
童子举	9/21－30，12/38－40	补3－4 及补 76－80 均为复文。
童子试	18/28－29	
吏部	补520，23/1，补520－530	自此以下至流外铨，与职官类内容有重叠。
审官东院	补531－532	

续表

门　名	出　处	备　注
尚书左选	补 532，23/2 - 19	
审官西院	补 533	
尚书右选	补 533，24/1 - 8	
流内铨	补 534，24/9 - 12	
侍郎左选	补 534，24/12 - 26	
三班院	补 535，25/1 - 10	
侍郎右选	25/10 - 17	
流外铨	25/22 - 33	
摄官	职 62/38（2）-60	职 62/38（1）干支纪日，似非《宋会要》。
举官	27/1 - 30/29	
自代	补 349 - 350	职官 60/16 - 19 为复文。
辟举	31/1 - 11	
磨勘	职 11/6 - 54	
考课	职 59/1 - 30	
召试	31/12 - 23	
宗室召试	32/1 - 5	
召试杂录	32/5 - 10	
召试除职	补 445 - 452	31/24 - 38 为复文。
特恩除职	33/1 - 34/30，职 62/19 - 27	
特恩补官	职 62/8 - 10，12 - 19	
借补官	职 62/1 - 8，11 - 12	
纳粟补官	职 55/29 - 53，62/27 - 31	
赈济补官	职 62/31 - 37	

第十二章

道释类

一、《辑稿》道释类目录

《辑稿》标目	《辑稿》位置	《大典》卷数	《大典》字韵/事目	备　注
封号真人	1/1	2975	人/事韵	
大师	1/2－5	925	师/事韵	
禅师	1/6	924	师/事韵	
大师禅师杂录	1/7－9	8706	僧/僧号	《大典》此卷现存。
女冠	1/10	3931	冠/事韵	《辑稿》无标目。
僧道官	1/11－12	8706	僧/僧官	
披度、普度、度牒	1/13－38	14706 8706 8706	度/事韵 僧/僧籍 僧/度僧	1/38 第 3 段《大典》卷数不明。
放免僧道身丁钱	1/39－40	8797	僧/事韵	《辑稿》无标目。
开坛受戒	2/1－3	15065	戒/事韵	
道士受戒	2/3	15065	戒/事韵	
笔受译经	2/4	?	?	

续表

《辑稿》标目	《辑稿》位置	《大典》卷数	《大典》字韵/事目	备　注
释院	2/5－14	16683 16704	院/释院	《辑稿》无总标目。
僧寺	2/15－18	13797 13827	寺/僧寺	《辑稿》无总标目。

二、《辑稿》道释类的问题

顾名思义，道释类包括道、佛两教的材料。《辑稿》道释类道教内容很少，佛教内容也相当零散，显然非《宋会要》道释类的全部内容。但此责任不在《辑稿》整理者。内容的缺失，一则发生在《大典》收录《宋会要》的过程中；还有则是徐松辑《宋会要》时，《大典》已经散失了一部分。因此已无法补全。

《辑稿》的问题，主要发生在《大典》卷8706上。此卷《大典》现存，为“僧”字韵，其中的僧官、僧隶、僧封、僧谥、僧号、僧衣、僧籍、度僧、禁私度僧、汰僧等事目都收录有《宋会要》文。《辑稿》有的漏抄，有的虽抄而标以不同的标目，有的因内容与其他门有交叉而加以删落、拼凑。

《大典》卷8706的各事目虽然不一定与《宋会要》的门完全对应，但现在既然还无法确定《宋会要》道释类每门的门名，可暂以《大典》的事目作门名，并采纳其顺序。

应从他类划入的内容。

1. 道宫门。《辑稿》礼类中有“祠宫观”，自礼5之1至25，其中5之4至10录自《大典》卷259、262，为“宫”字韵“道宫”事目，应划归本类。

2. 道观门。上述《辑稿》“祠宫观”，其中礼5之11至24录自《大典》卷16224至16229，为“观”字韵“道观”事目，亦应划归本类。

3. 先生门。《辑稿》崇儒类有“先生”门（崇儒6之33至36），应划归本类。

三、《宋会要》道释类复原方案

门　名	出　处	备　注
披度	1/13－15，补458，1/17－37	普度、度牒附。
僧官	1/11，补323，1/12	
僧隶	补323	
僧封	《大典》卷8706/10下	《大典》漏标出处。在《长编纪事本末》之下。
僧谥	《大典》卷8706/11上	《大典》漏标出处。在《通鉴》之下。
僧号	1/7－9	
僧衣	《大典》卷8706/12下－13下	
僧籍	补324，1/15中	
度僧	1/15－16，补324，1/38，补324－325，1/38，补325	
禁私度僧	补326	
汰僧	补326	
真人	1/1	
大师	1/2－5	
先生	崇6/34－36	
禅师	1/6	
女冠	1/10	
僧度身丁钱	1/39－40	
开坛受戒	2/1－3	

续表

门　名	出　处	备　注
道士受戒	2/3	
笔受译经	2/4	
道宫	礼 5/4 – 10	开元宫等。
道观	礼 5/11 – 24	太极观等。
释院	2/5 – 14	
僧寺	2/15 – 18	

第十三章
食货类

一、《辑稿》食货类目录

《辑稿》标目	《辑稿》位置	《大典》卷数	《大典》字韵/事目	备　注
检田杂录	1/1－14	4750	田/田制	
农田杂录	1/15－47	17537 17538	货/食货	
营田杂录	2/1－3/21	17536	货/食货	
屯田杂录	4/1－6	17536	货/食货	
方田	4/7－15	4751	田/田制	
青苗	4/16－5/18	17551 17552	货/食货	
官田杂录	5/19－37	17538	货/食货	
限田杂录	6/1－10	4750	田/田制	
垦田杂录	6/11－34	4750	田/田制	
经界	6/35－52	2267 17533	湖/湖名 货/食货	似非《宋会要》文。
水利	7/1－8/32	11106 11109	水/水利	7/18－32及8/1－4为方域类之水利门。

续表

《辑稿》标目	《辑稿》位置	《大典》卷数	《大典》字韵/事目	备注
造水磑	8/33－34	15340	磑/事韵	
堰	8/35－40	6671 16766 16767	江/镇江府 堰/堰名	为《嘉定镇江志》引《宋会要》。
闸	8/41－46	22784 22785	闸/事韵	
渠	8/47－50	1701 1704	渠/渠名	
斗门	8/51－52	3526	门/门名	此卷《大典》现存。
堤岸	8/53	16210	岸/事韵	
受纳	9/1－11	4687	钱/事韵	
赋税杂录	9/12－10/31	15422	税/赋税	
钱法	11/1	4670	钱/钱币	
铸钱监	11/2－3	4676	钱/事韵	
钱法	11/4－6	5329	饶/饶州府	为《番阳志》引《宋会要》。
钱	11/7	4673	钱/异品钱、外国钱	
铸钱监	11/8－9	4676	钱/事韵	
版籍	11/10－25	17531	货/食货	
户口杂录	11/26－12/7	12135	口/历代户口	
身丁	12/8－22	17544	货/食货	
参役钱	12/23	4680	钱/事韵	摘自“免役”。
辞役钱	12/23	4680	钱/事韵	摘自“免役”。

续表

《辑稿》标目	《辑稿》位置	《大典》卷数	《大典》字韵/事目	备注
醋息钱	12/23	4680	钱/事韵	摘自“免役”。
免役钱	13/1－14/48	4685 4686	钱/事韵	
商税	15/1－17/10	17556 15433	货/食货 税/商税	
商税杂录	17/10－18/31	15433 15434	税/商税	
酒麹杂录	19/1－21/12	17558 17559	货/食货	
买扑坊场	21/12－15	17559	货/食货	
公使酒	21/16－21	12051	酒/公使酒	
榷醋	21/22	14701	醋	
盐法	22/1－23/18	9787 9788	盐/盐法	
盐法杂录	23/18－28/58	9788 9794	盐/盐法	
茶色号	29/1	5782	茶/榷茶	
产茶额	29/2－5	17560	货/食货	
买茶额	29/6－7	17560	货/食货	
卖茶额	29/7	17560	货/食货	
买茶场	29/7	17560	货/食货	
买茶价	29/8－10	17560	货/食货	
卖茶价	29/10－14	17560	货/食货	
卖茶场	29/14－16	17560	货/食货	

续表

《辑稿》标目	《辑稿》位置	《大典》卷数	《大典》字韵/事目	备　注
产茶额	29/17－22	5781 5782	茶/榷茶	
茶法杂录	30/1－31/34	17560 5781 5785	货/食货 茶/榷茶	
茶盐杂录	32/1－33	5785 10952	茶/榷茶 抚/抚州府	为《抚州志》引《宋会要》。
各路坑冶置场务所	33/1－5	17565	货/食货	
各路坑冶所出额数	33/6－18	? 17566	? 货/食货	
各路坑冶兴发停闭	33/18－26	17566	货/食货	
诸坑冶务	33/27－29	17565	货/食货	
矾场	34/1－11	4269	矾/事韵	
产砂	34/12	5750	砂/事韵	
坑冶杂录	34/13－30	9482 11732 66 67	金/事韵 冶/坑冶 铜/事韵	
禁铜	34/31－33	66 67	铜/事韵	
採铅	34/34－35	4877	铅/事韵	
坑冶杂录	34/36－37	11732	冶/坑冶	为《宋史·食货志》文。
各路产物买银价	34/38－39	?	?	

续表

《辑稿》标目	《辑稿》位置	《大典》卷数	《大典》字韵/事目	备　注
钞旁印帖	35/1 – 18	15434	税/商税	
经总制钱	35/19 – 29	17545	货/食货	
无额上供钱	35/30 – 31	4688	钱/事韵	
上供钱	35/31 – 45	4688	钱/事韵	
公用钱	35/46	17538	货/食货	从食货 5/25 中挖出的错简。
榷易	36/1 – 33	20719	易/事韵	
市易	37/1 – 36	17553	货/食货	
和市	38/1 – 25	13478	市/和市	
互市	38/26 – 44	13477	市/互市	
市籴粮草	39/1 – 40/56	11596 11598	草/市籴粮草	
和籴	41/1 – 21	20787	籴/和籴	
均籴	41/22 – 25	20791	籴/和籴	
遏籴	41/26	20792	籴/事韵	
量衡	41/27 – 35	8633	衡/事韵	应为“权衡”。
诸郡进贡	41/36 – 38	13096	贡/诸郡进贡	
诏令入贡	41/39	13086	贡/历代土贡	
历代土贡	41/39 – 44	13086	贡/历代土贡	
禁珠玉、贡珠玉、献珠玉	41/45 – 50	2045 19973	珠/事韵 玉/事韵	
宋漕运	42/1 – 44/22	15944 15946	运/宋漕运	
纲运设官	45/1 – 7	15947	运/宋漕运	

续表

《辑稿》标目	《辑稿》位置	《大典》卷数	《大典》字韵/事目	备　注
纲运令格	45/8－19	15948	运/宋漕运	
水运	46/1－48/13	17545 17547	货/食货	
陆运	48/13－22	17546 17547	货/食货	
转运	49/1－46	1112	司/转运司	应为“转运司”。
船	50/1－35	4920	船/诗文	
内藏库	51/1－8	14785	库/库名	
左藏库	51/8－34	14785	库/库名	次序颠倒。
度支库	51/35－49	14657	部/户部	应为“度支部”。
御酒库	52/1	14788	库/库名	
法酒库	52/1－3	14788	库/库名	
油醋库	52/3	14788	库/库名	
茶库	52/3－4	14788	库/库名	
内茶纸库	52/4	14788	库/库名	
内茶炭库	52/4	14788	库/库名	
物料库	52/4－5	14788	库/库名	
内香药库	52/5－7	14788	库/库名	
甲库	52/7	14788	库/库名	
杂物库	52/8	14789	库/库名	
大军库	52/8－9	14789	库/库名	
皮角场库	52/9－10	14789	库/库名	
专副库	52/10	14789	库/库名	摘自“诸州仓库”。
大观库	52/10－11	14789	库/库名	

续表

《辑稿》标目	《辑稿》位置	《大典》卷数	《大典》字韵/事目	备注
文书库	52/11－12	14789	库/库名	
药蜜库	52/13	14789	库/库名	
元丰库	52/14－16	14789	库/库名	
元祐库	52/16	14789	库/库名	
法物库	52/16	14789	库/库名	应为“朝服法物库”。
南郊家事库	52/17	14789	库/库名	
奉宸库	52/17	14789	库/库名	
封桩库	52/17－22	14789	库/库名	
寄桩库	52/22－23	14789	库/库名	
内衣物库	52/23－24	14789	库/库名	
新衣库	52/24－25	14789	库/库名	
尚衣库	52/25	14789	库/库名	
军器库	52/25－27	14789	库/库名	
内军器库	52/27－30	14789	库/库名	
内弓箭库	52/30－32	14789	库/库名	
军资库	52/32－33	14789	库/库名	从“诸州仓库”中摘出。
布库	52/33－34	14789	库/库名	
省库	52/34	14789	库/库名	从“诸州仓库”中摘出。
祇候库	52/35－37	14790	库/库名	
瓷器库	52/37	14790	库/库名	
鞍辔库	52/37－39	14790	库/库名	

续表

《辑稿》标目	《辑稿》位置	《大典》卷数	《大典》字韵/事目	备　注
库子	52/39－40	14791	库/事韵	自54/9摘出。
鞍辔库	52/41	14790	库/库名	
仓部	53/1－5	14658	部/户部	
常平仓	53/6－19	17541	货/食货	
义仓	53/19－33	17541	货/食货	
广惠仓	53/34	17541	货/食货	
司农仓	53/35	7513	仓/仓名	
折中仓	53/36	7514	仓/仓名	
诸州仓库	54/1－10	17542	货/食货	
炭场	54/11	16480	炭/事韵	
增钱市炭	54/12	16480	炭/事韵	
抽税箔场	54/13	6538	场/事韵	
麦䴵场	54/14	6539	场/事韵	
事材场	54/15	6537	场/事韵	
退材场	54/15	6537	场/事韵	
草料场	54/16	6537	场/事韵	
杂卖场	54/17－21	6538	场/事韵	
水磨务	55/1	14990	务/务名	
冰井务	55/1－2	14990	务/务名	
左右厢店宅务	55/2－13	14990	务/务名	
竹木务	55/13	14990	务/务名	
煎胶务	55/13－14	14990	务/务名	
杂买务	55/15－19	14990	务/务名	

续表

《辑稿》标目	《辑稿》位置	《大典》卷数	《大典》字韵/事目	备　注
铸镪务	55/19	14990	务/务名	
车营务	55/19－20	14990	务/务名	
致远务	55/20	14990	务/务名	
折抟务	55/20	14990	务/务名	为《中书备对》及《建安志》文。
窑务	55/20－21	14990	务/务名	
榷货务	55/22－31	14990	务/务名	
市易务	55/31－46	14990	务/务名	
供庖务	55/46－48	14990	务/务名	
茶汤步磨务	55/48	14990	务/务名	
金部	56/1－8	14658	部/户部	
户部	56/9－76	14647 14648	部/户部	
赈贷	57/1－58/34	20898 15239 2633	恤/赈恤 惠/事韵 灾/恤灾	
恤灾	59/1－52	2633 20899	灾/恤灾 恤/赈恤	
恩惠	60/1－17	16715 20900 5136 11621	院/杂院 恤/赈恤 园/园名 老/事韵	
官田杂录	61/1－46	4784	田/官田	
赐田杂录	61/47－55	4782	田/职田	
民产杂录	61/56－67	17539	货/食货	

续表

《辑稿》标目	《辑稿》位置	《大典》卷数	《大典》字韵/事目	备　注
水利田	61/68－69	4785	田/水利田	为《中书备对》文。
淤田	61/69	4785	田/淤田	为《续资治通鉴长编》文，应删。
诸路职田	61/70	4782	田/职田	为《中书备对》。
检田杂录	61/71－78	17539	货/食货	
限田杂录	61/78－80	17539	货/食货	
垦田杂录	61/81－88	17539	货/食货	
水利杂录	61/89－150	17540 11109	货/食货 利/水利	
京诸仓	62/1－17	7511	仓/仓名	
义仓	62/18－52	7509	仓/义仓	
诸州仓库	62/53－75	7512	仓/仓名	
蠲放	63/1－34	17535	货/食货	
屯田杂录	63/35－66	4769 4770	田/屯田	
营田杂录	63/67－160	4775 4776	田/营田	
农田杂录	63/161－225	4748 4749	田/田制	
匹帛	64/1－16	22217	帛/事韵	
匹帛杂录	64/16－34	22217	帛/事韵	
折帛钱	64/35－39	4685	钱/事韵	为《文献通考》文，应删。
和买	64/40－44	?	?	与34/38为同一事目。应为“杂买务”。

续表

《辑稿》标目	《辑稿》位置	《大典》卷数	《大典》字韵/事目	备　注
上供	64/45 – 60	17544	货/食货	
上供银	64/61 – 62	3284	银/事韵	
无额上供	64/63 – 65	17544	货/食货	
免行钱	64/65 – 69	17544	货/食货	
封桩	64/70 – 78	6524	桩/事韵	
月桩钱	64/79 – 82	17545	货/食货	
内藏库钱	64/83	14785	库/库名	应为“内藏库”。
经总制钱	64/84 – 113	4682	钱/事韵	
公使钱	64/113 – 114	4682	钱/事韵	
免役	65/1 – 102	20725 20726	役/免役	
身丁钱	66/1 – 20	4687 7879	钱/事韵 丁/事韵	
役法	66/21 – 31	20723	役/历代役法	
免役	66/32 – 89	17549 17551	货/食货	
置市	67/1 – 2	13476	市/历代置市	
受纳	68/1 – 27	17544 22669	货/食货纳/事韵	
赈贷	68/28 – 111	15002 15003	贷/赈贷	
恤灾	68/112 – 127	17543	货/食货	
恩惠	68/128 – 152	17544	货/食货	
宋量	69/1 – 13	5213	权/事韵	应为“权衡”。

续表

《辑稿》标目	《辑稿》位置	《大典》卷数	《大典》字韵/事目	备　注
景祐权量律度式	69/14－15	5213	权/事韵	为《玉海》引《宋会要》，应删。
版籍	69/16－34	20359	籍/事韵	
逃移	69/35－69	17531 5578	货/食货 逃/事韵	
户口	69/70－77	17531	货/食货	
户口杂录	69/77－81	17531	货/食货	
赋税杂录	70/1－113	17532 17533 15423	货/食货 税/赋税	
方田杂录	70/114－123	17533	货/食货	
经界杂录	70/124－134	15076	界/经界	
钞旁定帖杂录	70/135－152	17534	货/食货	
均籴杂录	70/152－155	17534	货/食货	
蠲放杂录	70/155－182	17534	货/食货	

二、《辑稿》食货类的问题

上篇第十四章已经详细分析，《大典》“货”字韵“食货”事目全文收录了《宋会要》的食货类，确切地说，是全文收录了包括宋初至孝宗乾道九年的《宋会要》甲合订本的食货类，这本来为复原食货类打下了良好的基础。历次整理者即使没有认识到这一点，只要原样保留《大典》“食货”事目的全部《宋会要》文，不加任何改动，也会给后人的使用和研究提供方便。但他们舍此不图，却将它加以割裂、拼凑、删削，以致《宋会要》食货类的面目全非，长期影响了人们对它的使用和了解。

使他们舍简就繁的重要原因是，《大典》中《宋会要》食货类有多种类型的众多复文。第一类，是单门的复文。如“均籴”门，还有收入“和籴”事目中的复文。第二类，是多门的复文。如农田、检田、限田、垦田、方田五门，又收入“田制”事目中。第三类，是记事延至宁宗朝的复文。《大典》“食货”事目所收各门均以乾道九年为下限，但另一些事目所收的《宋会要》文，记事直至宁宗朝。如“版籍”门，收入《大典》“籍”字韵“版籍”事目的《宋会要》文，记事自建隆四年直至嘉定十四年。也就是说，乾道九年以前记事，它与“食货”事目所收“版籍”门相同，为复文；而淳熙以后记事则是甲合订本所没有的。第四类，是分合不同的复文。《大典》“赈恤”事目所收的《宋会要》“赈恤”门，为甲合订本“赈贷”与“恤灾”两门的综合；《大典》“宋漕运”事目所收的“漕运”门，为“水运”与“陆运”两门的综合。第五类，是跨类的复文。《宋会要》食货类有“市舶”门，职官类有“市舶司”门。《大典》“市舶司”事目所收“市舶司”门，记事自开宝四年至嘉定六年，其中乾道九年以前部分，与甲合订本的“市舶”门完全相同。除此之外，“逃移”、“受纳”、“身丁”、“和籴”（即“市籴粮草”）、“免役”等门，《大典》在其他事目中还收录了淳熙以后的《宋会要》文，即《宋会要》的同一门，被分割收入不同事目中。还有些门存在两种类型的复文。

《宋会要》的历次整理者面对这些不同类型的复文，又不理解产生这些复文的不同原因，自然就不能设计和实施一个科学的合理的整理方案。

还需要说明的是，《辑稿》的食货类与嘉业堂清本的食货类也不完全一样。大致来说，嘉业堂清本的食货类相当于《辑稿》食货类的1至60卷，其中某些门顺序稍有不同；60至70卷，大致是当作复文处理的。

我们现在既已复原了《宋会要》甲合订本的食货类，即可以此为基础，补入淳熙以后的内容，划出大量应属他类的内容，少数甲合订本没有而又确应属于本类的门，置于整类的后部。

（一）内容中的非《宋会要》文

1. 食货34之36至37，坑冶，为《宋史》卷185《食货志》下七坑冶文，应删。

2. 食货55之20，折博务，为《中书备对》文及《建安志》引《宋会要》。

3. 食货61之68至69，水利田；及61之70，诸路职田，均为《中书备对》文。

4. 食货61之69，淤田，为《续资治通鉴长编》卷221文，应删。

5. 食货64之35至39，折帛钱，为《文献通考》卷20市籴考文，应删。

6. 食货69之14至15，景祐权量律度式，为《玉海》卷8律历，引《宋会要》“律吕”门文。

（二）应从他类划入的内容

1. 却贡门，在《辑稿》崇儒7之47至53，应归入本类。

2. 罢贡门，在《辑稿》崇儒7之54至68，也应归入本类。

3. 方域17之12首段及17之17，本为食货类水利门的部分内容（从《辑稿》食货7之39及7之27中挖出），应归回。

（三）应划归他类的内容

1. 水硙门（8之33至34），2. 堰门（8之35至40），3. 闸门（8之41至46），4. 渠门（8之47至50），5. 斗门门（8之51至52），6. 堤岸门（8之53）应划入方域类。

7. 公用钱门（35之46），应划归职官类。

8. 权衡门（41之27至35误作“量衡”，69之1至13误作“宋量”），应划归运历类。

9. 转运司门（49之1至46，误作“转运”），应划归职官类。

10. 船门（50之1至35），应划入方域类。

11至46. 内藏库门至鞍辔库门（51之1至52之41），除“军资库”及“省库”外，应划归职官类。

47. 仓部门（53之1至5），48. 司农仓门（53之35），49. 折中仓门（53之36），50至70. 炭场门至茶汤步磨门（54之11至55之48），应划归职官类。

71. 金部门（56之1至8），应划归职官类。

72. 户部门（56之9至76），应划归职官类。

73. 赐田门（61之47至55），74. 职田门（61之70），应划归职官类。

75. 京诸仓门（62之1至17），应划归职官类。

76. 杂买务门（64之40至44，误作“和买”），77. 内藏库门（64之83，误作“内藏库钱”），78. 公使钱门（64之113至114），应划归职官类。

三、《宋会要》食货类复原方案

门　名	出　处	备　注
户口	69/70－77，11/29－30	11/26－29为复文。
户口杂录	69/77－81	12/1－7为复文。
版籍	11/10－25，69/31－34	69/16－31为复文。
逃移	69/35－64，65－69	
赋税	70/1－67，68－113	9/12－10/31为复文。
方田	70/114－123	4/7－15为复文。

续表

门　名	出　处	备　注
经界	6/36－52，70/133－134	70/124－133 及补 131－139 均为复文。
钞旁定帖	70/135－152	35/1－18 及补 868 均为复文。
均籴	70/152－155	41/22－25 为复文。
蠲放	70/155－182，63/1－34	
屯田	4/1－6，63/52－66	63/35－52 为复文。
营田	2/1－3/21，63/153－160	63/67－153 及补 158 均为复文。
农田	1/15－47，63/222－225	63/161－221 为复文。
官田	5/19－37，61/34－46	61/1－34 为复文。
民产	61/56－67	
检田	61/71－78	1/1－14 为复文。
限田	61/78－80，6/7－10	6/1－6 为复文。
垦田	61/81－88，6/26－34	6/11－25 为复文。
水利	61/89－122，123－150	7/1－57，8/4－17 为复文。
常平仓	53/6－19	《大典》卷 7506 有复文，此卷现存。
义仓	53/19－33，62/47－52	62/18－47 及补 312 均为复文。
广惠仓	53/33－34	补 313 为复文。
诸州仓库	54/1－10，62/64－75	52/32－33 及 52/34（2）从此摘出。 62/53－64 为复文。

续表

门　名	出　处	备　注
赈贷	补583－599，68/74－111	68/28－73；及补497，57/3－58/12；及57/1－2，补809－816，59/13，16－52；均为复文。
恤灾	68/112－127，58/13－34	59/1－12，14－15为复文。
居养院、安济坊、漏泽园	68/128－152，60/17，16，1－2	60/3－15，及补160－163，及补308－310，均为复文。
上供	64/45－60	35/31－45为复文。
无额上供	64/63－65	35/30－31为复文。
免行钱	64/65－69	
受纳	68/1－11，12－27	9/1－11为复文。
身丁	12/8－22，66/15－20	66/1－14为复文。
月桩钱	64/79－82	《大典》卷6524有复文，此卷现存。
经总制钱	35/19－29，64/102－113	64/84－102为复文。
水运	46/1－48/13，44/14－19，48/21－22，44/20－45/19	补556－582及42/1－44（包括陆运）为复文。
陆运	48/13－21	
市籴粮草	补599－637，41/1－21	39/1－40/56为复文。
免役	66/32－89，21－31	13/1－14/48及65/1－102均为复文。
青苗	4/16－5/18	补163－210为复文。
市舶	补638－652，职44/30－34	职44/1－30为复文。
市易	37/1－36	补352－358及补873－890均为复文。

续表

门　名	出　处	备　注
和市	补 653－658，38/24－25	补 358－370 及 38/1－24 均为复文。
互市	补 658－662，38/43－44	38/26－43，补 456 为复文。
榷易	补 662－670	36/1－33，补 808－809 为复文。
商税	15/1－16/22，补 671－685，18/8－31	补 498－518，17/1－18/7 为复文。
酒麹	19/1－19	
酒麹杂录	20/1－21/12	
买扑坊场	21/12－15	
茶	补 686，29/2－16，30/1－10，补 687－713，31/22－34	29/1，17－22，30/11－31/21，32/1－31，补 290－308 为复文。32/32－33 为《抚州志》。
盐	补 713－800，28/1－58	22/1－27/45，补 329－330 为复文。
坑冶	33/1－6，27－29，7－26，34/17－19	34/36－37 为《宋史·食货志》文。
匹帛	64/1－16	
匹帛杂录	64/16－34	
钱币	11/1，7	尚有 11/4－6 为《番阳志》引《宋会要》。
铸钱监	11/2－3，8－9	11/8－9 为《中书备对》文。
诏令入贡	41/39	
土贡	41/39－44	
诸郡进贡	41/36－38	

续表

门　名	出　处	备　注
却贡	崇 7/47 - 53	
罢贡	崇 7/54 - 68	
上供银	64/61 - 62	
封桩	64/70 - 78	
置市	67/1 - 2	
遏籴	41/26	
公使酒	21/16 - 21	
公酒	21/21	
矾	34/1 - 11	
朱砂	34/12	
产金	补 327 上	
课金	34/13 - 16，补 327 下 - 329 上	
铜	34/30，27 - 29，33，补 4 下 - 5 下，34/20 - 26，31 - 32	
铅	补 158 下 - 159 下，34/34 - 35	

第十四章

刑法类

一、《辑稿》刑法类目录

《辑稿》标目	《辑稿》位置	《大典》卷数	《大典》字韵/事目	备　注
格令	1/1－61	19027 19028	令/宋格令	
法律	1/62－68	21309	法/事韵	应为“法官”。
刑法禁约	2/1－161	21777 21779 19392	约/禁约 禁/事韵	应为“禁约”。
杂禁	2/162－163	9484	金/事韵	有“禁造伪金”等小目，应为“金禁”。
定赃罪	3/1－9	7520	赃/事韵	
诉讼	3/10－43	13220	讼/事韵	
田讼	3/43－48	13220	讼/事韵	
勘狱	3/49－88	19978	狱/事韵	
配隶	4/1－68	15168	配/事韵	
断狱	4/69－84	19979	狱/事韵	
狱空	4/85－92	19982	狱/事韵	

续表

《辑稿》标目	《辑稿》位置	《大典》卷数	《大典》字韵/事目	备注
冤狱	4/93－94	19987	狱/事韵	
断死罪	4/95	15459	罪/事韵	
出入罪	4/95	15459	罪/事韵	
亲决狱	5/1－15	19980	狱/事韵	
省狱	5/15－48	19980	狱/事韵	
检验	6/1－8	12206	检/事韵	
矜贷	6/9－50	15004	贷/事韵	
禁囚	6/51－76	9216	囚/事韵	
枷制	6/77－79	5811	枷/事韵	
军制	7/1－39	8345	兵/兵令	
赦宥	8/1	9060	仇/事韵	应为“复仇”。

二、《辑稿》刑法类的问题

刑法类的辑文属起居院型及三公三少型，因此《宋会要》的各门，绝大部分保存完整；但也正因为属于此两类型，第一，各门的归属及顺序不明确；第二，在《大典》收录《宋会要》及从《大典》辑录《宋会要》的过程中，容易遗失。根据《辑稿》中的小注及《续资治通鉴长编》与《建炎以来系年要录》的注文，可知《宋会要》原有刑制门、特用刑门等，均属刑法类，现已遗失。其中的刑制门是刑法类中相当重要的一门。

（一）应从他类划入的内容

1. 守法门。《辑稿》帝系类有“守法”门，据《唐会要》，应入刑法类。

2. 诉理所门。《辑稿》职官类（3 之 75 至 78）有“诉理所”，附“当赎”、“检覆”，应入本类。

3. 推勘门。《辑稿》职官类（5 之 47 至 64）有“推勘”，亦应入本类。

（二）应划归他类的内容

1. 刑法 1 之 62 至 68，《辑稿》标目为“法律”，录自《大典》卷 21309，“法”字韵，事韵，为“法官”门，应属职官类。

（三）编排上的问题

现参照《文献通考》的《刑考》及《宋史》的《刑法志》，对《辑稿》刑法类各门顺序加以调整。

三、《宋会要》刑法类复原方案

门　名	出　处	备　注
格令	1/1－61	
定赃罪	3/1－9	
禁约	2/1－159	
禁采捕	2/159－161	
金禁	2/162－163	
亲决狱	5/1－15	
矜贷	6/9－50	
断狱	4/69－84	
配隶	4/1－68	
勘狱	3/49－88	
推勘	职 5/47－64	

续表

门　名	出　处	备　注
诉讼	3/10－43	
田讼	3/43－48	
狱空	4/85－92	
冤狱	4/93－94	
断死罪	4/95	
出入罪	4/95	
省狱	5/15－48	
检验	6/1－8	《大典》卷 914 有“验尸”事目，为复文。《大典》此卷现存。
诉理所	职 3/75－78	
禁囚	6/51－76	
枷制	6/77－79	
兵令	7/1－39	
复仇	8/1	
守法	帝 11/1－14	

第十五章
兵　类

一、《辑稿》兵类目录

《辑稿》标目	《辑稿》位置	《大典》卷数	《大典》字韵/事目	备　注
乡兵	1/1－36	8305	兵/乡兵	
义勇保甲	2/1－45	8306	兵/乡兵	
保甲	2/46－49	8306	兵/乡兵	
忠义巡社	2/50－60	8306	兵/乡兵	
厢巡	3/1－12	8304	兵/乡兵	
弓兵	3/13－37	8307	兵/乡兵	《辑稿》无标目。
弓箭手	4/1－31	8307	兵/乡兵	
峒丁	4/32－39	8306	兵/乡兵	
屯戍	5/1－6/11	8309	兵/戍兵	
营垒	6/12－30	11073	垒/事韵	
亲征	7/1－22	7998 7999	征/亲征	
讨叛	7/23－10/37	930 932	师/出师	

续表

《辑稿》标目	《辑稿》位置	《大典》卷数	《大典》字韵/事目	备　注
捕贼	11/1－13/50	22488 22491	贼/捕贼	
便宜行事	14/1－9	1297	宜/事韵	
兵捷	14/10－48	22810	捷/兵捷	
归正	15/1－16/18	18908	正/事韵	
归明	17/1－40	8210 8211	明/事韵	
军赏	18/1－20/46	11866 11868	赏/军赏	
监牧	21/1－16	11673	马/马政	
估马司	21/17－18	11673	马/马政	
牧马官	21/19－22	11673	马/马政	
祷马祀	21/23	11672	马/马政	
牧地	21/24－35	14199	地/事韵	
凉棚	21/36－37	11673	马/马政	
买马	22/1－23/28	11669	马/买马	
川马纲	23/29－37	11673	马/马政	
马政杂录	24/1－26/23	11672 11677	马/马政	
兵械	26/24－40	1692 5570 204 205 10879 11685 1567 2545 18288	车/兵车制 刀/事韵 弓/事韵 弩/事韵 箭 藜 牌/事韵 棒/事韵	

续表

《辑稿》标目	《辑稿》位置	《大典》卷数	《大典》字韵/事目	备　注
备边	27/1 －29/30	4710 4713	边/备边	
备禦	29/31 －39	14464	禦/备禦	《辑稿》原无标目。此卷《大典》现存。
边防	29/40 －52	6150	防/边防	

二、《辑稿》兵类的问题

对照《文献通考》的《兵考》及《宋史》的《兵志》，可知《辑稿》兵类内容不全，有关兵制、禁军、厢军等重要内容都缺。先天不足，非整理者的责任。

《辑稿》兵类的主要问题在于，《大典》“乡兵”及“马政”两事目，都属举士型，连续收录了《宋会要》相连的若干门，《宋会要》各门顺序及内容均保持原状。以前的整理者不明此理，将它打乱重编，反失原貌。现在只需按《大典》原样恢复即可。

此外，还有：

（一）应从他类划入的内容。

甲门。录自《大典》卷22686，“甲”字韵，事韵，现在《辑稿》舆服类6之28至29，应归入兵类。

（二）应划归他类的内容。

1. 归正门。录自《大典》卷18908，“正”字韵，事韵，在兵15之1至16之8，应划归蕃夷类。

2. 归明门。录自《大典》卷8210至8211，“明”字韵，事韵，在兵17之1至40，亦应划归蕃夷类。

（三）《辑稿》蕃夷类1/9，兴国八年十二月条末小注“事具义兵”，《宋会要》应有义兵门。

三、《宋会要》兵类复原方案

门　名	出　处	备　注
厢巡	3/1－12	
乡兵	1/1－36	
义勇保甲	2/1－45	
保甲	2/46－49	
忠义巡社	2/50－60	
峒丁	4/32－39	
弓兵	3/13－37	
弓箭手	4/1－31	
屯戍	5/1－6/11	
兵车	26/24－25	
刀	26/26－32	
弩	26/34－35，补 352	
箭	26/36	
甲	舆 6/28－29	
火蒺藜	26/37	
牌	26/38－39	
棒	26/40	
祭马祖	21/23	可据《艺风钞书》补。
马政杂录	24/1－26/23	可据《艺风钞书》补。
川马纲	23/29－37	
牧养上下监	21/1－4	
诸州监务	21/4－5	

续表

门　名	出　处	备　注
监牧杂录	21/5－16	
御马院	补 411－413	职官 32/51－53 为复文。
估马司	21/17－18	
牧地	补 413－419	21/24－35 为复文。
凉棚	21/36－37	补 6 及补 410 为复文。
监牧使	21/19－20，补 420－422，21/20－22	职官 4－18 为复文。
买马	22/1－23/28	
营垒	6/12－30	补 320－323 为复文。
亲征	7/1－22	
出师	7/23－10/37	
捕贼	11/1－13/50	
便宜行事	14/1－9	
兵捷	14/10－48	
军赏	18/1－20/29	补 253 为复文。
犒设	20/29－46	
备边	27/1－29/30	
备禦	29/31－39	
边防	29/40－52	

第十六章
方域类

一、《辑稿》方域类目录

《辑稿》标目	《辑稿》位置	《大典》卷数	《大典》字韵/事目	备　注
东京	1/1－23	7699	京/东京	1/22－23 为《玉海》文。
西京杂录	1/24－25	7698	京/西京	
南京	2/1	7701	京/南京	
北京	2/1－2	7702	京/北京	
行在所	2/3－23	10940	所/行在所	
杭州府城	2/24－25	8072	城/城名	内容为“临安府城”。杭州府为明代建制。
宫	3/1－2	234 237	宫/宋宫 宫/后宫	
殿	3/3－6	16555 16564	殿/殿名	摘自“京都杂录”等门。
阁	3/7－9	21841	阁/阁名	部分摘自“京都杂录”门。
园	3/10－13	5134	园/园名	

续表

《辑稿》标目	《辑稿》位置	《大典》卷数	《大典》字韵/事目	备　注
亭	3/14 – 16	7902 7956	亭/亭名	部分摘自“京都杂录”门。
苑	3/17	11480	苑/苑名	
堂	3/18 – 30	7215 7217	堂/堂名	3/18“继照堂”为《玉海》文。
门	3/31 – 47	3521 3523 5487	门/宋宫门 门/宋都城门 郊/郊祀/坛殿	“京都杂录”等门中摘出。
坊	3/48 – 53	6137	坊/坊名	包括“左右天厩坊”等门。
御厨	4/1 – 10	2065	厨/事韵	4/10 为《中书备对》文。
官廨	4/11 – 21	15093	廨/官廨	
第宅	4/22 – 25	22224	宅/事韵	
节镇	5/1 – 9	15483	镇/节镇	应为“节镇升降”。
州县升降废置	5/10 – 7/32	14188 14189 6025 3313	地/地理 阳/东阳县 春/阳春县	为《续东阳志》引《宋会要》。
诸城修改移并	8/1 – 9/29	8063 8106	城/城名	《大典》卷 8091、8093 现存。
澄州	9/30	8175	澄	
道路	10/1 – 10	14749	路/事韵	
驿传	10/11 – 12	20545 20547	驿/驿名	为怀远驿等。

续表

《辑稿》标目	《辑稿》位置	《大典》卷数	《大典》字韵/事目	备　注
驿传杂录	10/13 – 17	20544	驿/事韵	
急递铺	10/18 – 11/39	14574 14575	铺/急递铺	
关	12/1 – 2	4181 4184	关/关名	
关杂录	12/3 – 11	4185	关/事韵	
市镇	12/12 – 18	15484 15485	镇/市镇	
市镇杂录	12/18 – 21	15486	镇/市镇	
山泉	13/1 – 2	4133 5063	山/山名 泉/泉名	摘自“东京杂录”。
四方津渡	13/3 – 18	14723	渡/渡名	
桥梁	13/19 – 28	5420	桥/事韵	
浮桥	13/29	5414	桥/桥名	
河锁等	13/30 – 31	11647	锁/事韵	
治河	14/1 – 15/32	5643 5647 5658	河/宋治河 河/河名	
诸河	16/1 – 42	5651 5661	河/河名	包括“汴河”、“广济河”等。
水利	17/1 – 25	11106 11108	水/水利	17/17 为食货类水利门。
壕堑	18/1	5528	壕/事韵	
诸寨	18/2 – 32	35117 15119	寨/寨名	

续表

《辑稿》标目	《辑稿》位置	《大典》卷数	《大典》字韵/事目	备　注
诸寨杂录	19/1－46	15119 15121	寨/寨名 寨/事韵	补 490－491 有复文。
请城山界	19/47－49	8107	城/城名	
诸堡	20/1－16	11584	堡/事韵	
堡寨城垒杂录	20/16－21	11584	堡/事韵	
边州	21/1－23	11003 343 6625	府/府州 丰/丰州 凉/西凉府	包括“府州”、“丰州”等。

二、《辑稿》方域类的问题

《宋会要》的方域类大致相当于《宋史》的《地理志》及《河渠志》。

《辑稿》方域类的问题主要是某些内容的归属不当。既有本类而划入他类的，也有他类而划入本类的。

关于《大典》“水利”事目同时收录了《宋会要》食货与方域两类的“水利”门，以及《辑稿》把部分方域类水利门的内容归入食货类的问题，第十三章已做分析。

此外还有大量职官类的内容被归入本类，如方域 3 之 10 至 13 的“玉津园”，就是司农寺属下的机构。

本类中还有一些为《大典》编者自《宋会要》一门中摘出部分内容重编的事目，如“宋宫门”事目就是从《宋会要》的“京都杂录”（或作“东京杂录”）门中摘出有关宫门的内容编成的。“宋宫门”为《大典》的事目，并非《宋会要》的门。这一类事目现仍暂时保留。

（一）内容中的非《宋会要》文

1. 方域1之22至23，现附于“东京”之后，为《玉海》卷174之文，《玉海》现存，应删。

2. 方域3之18“继照堂”，为《玉海》卷161文，应删。

3. 方域4之10为《中书备对》文，暂留。

（二）应从他类划入的内容

1. 宫门。礼5之3“龙德宫”，录自《大典》卷234，“宫”字韵“宋宫”事目，应归入本类，与“寿康宫”（方域3之1）同为一门。

2. 船门。食货50之1至35“船”，录自《大典》卷4920，“船”字韵“诗文”事目，应归入本类。

3. 水磑门。食货8之33至34“造水磑”，录自《大典》卷15340，为“磑”字韵，事韵。水磑及以下堰、闸等都是水利设施，应归入本类。

4. 堰门。食货8之38至40“堰”，录自《大典》卷16766至16767，为“堰”字韵，事韵。应归入本类。又食货8之35至37，为《嘉定镇江志》文中引《宋会要》，暂作本门附录。

5. 闸门。食货8之41至46“闸”，录自《大典》卷22784至22785，为“闸”字韵，事韵。应归入本类。

6. 渠门。食货8之47至50“渠”，录自《大典》卷1701至1704，为“渠”字韵，“渠名”事目。应归入本类。

7. 斗门门。食货8之51至52“斗门”，录自《大典》卷3526，为“门”字韵，“门名”。应归入本类。

8. 堤岸门。食货8之53“堤岸”，录自《大典》卷16210；为“岸”字韵，事韵，应归入本类。

（三）应划归他类的内容

1. 玉津园（3之10至13），2. 琼林苑等（3之17），3. 资善堂（3之19至30），4. 左右天厩坊等（3之48至53），5. 御厨（4之1至10），6. 官廨（4之11至21），7. 第宅（4之22至25），8. 都亭驿等（10之11至12）均应划归职官类。

9. 青城（3之41）应划归礼类。

三、《宋会要》方域类复原方案

门　名	出　处	备　注
东京	1/1－7	
西京	1/7－11	
东京杂录	1/11－21	有作“京都杂录”。
西京杂录	1/24－25	
宫	礼5/3，3/1－2	
南京	2/1	
北京	2/1－2	
行在所	2/3－23	
节镇升降	5/1－9	
州县升降废置	5/10－7/24	
州县升降废置杂录	7/24－32，9/30	7/32、9/30似非《宋会要》文。
修城	2/24－25，8/1－9/29，19/47－49	
府州	21/1－8	
丰州	21/9－13	
西凉府	21/14－23	

续表

门 名	出 处	备 注
市镇	12/12－18	
市镇杂录	12/18－21	
诸寨	18/2－32	
诸寨杂录	19/1－46	
诸堡	20/1－16	
诸堡杂录	20/16－21	
殿	3/3－6	多摘自“京都杂录”门。
阁	3/7－9	部分摘自“京都杂录”门。
亭	3/14－16	部分摘自“京都杂录”门。
宫门都城门	3/31－40，42－47	摘自“京都杂录”门。
道路	10/1－10	
驿传	10/13－17	
急递铺	10/18－11/39	
关	12/1－2	
关杂录	12/3－11	
山	13/1	摘自“东京杂录”门。
泉	13/2	
船	食50/1－35	
渡	13/3－18	
桥	13/19－29	
锁	13/30－31	
壕堑	18/1	
水利	17/1－16，18－25，食8/1－4，食8/18－32	17/3－6错简，17/12首段为食货类之水利门。

续表

门　名	出　处	备　注
水磑	食 8/33－34	
堰	食 8/38－40	食 8/35－37 为《嘉定镇江志》，中有引《宋会要》堰闸内容。
闸	食 8/41－46	
渠	食 8/47－50	
斗门	食 8/51－52	
堤岸	食 8/53	
治河	14/1－26，15/1－32	
二股河	14/27	
汴河	16/1－19	
广济河	16/20－21	
惠民河	16/22－25	
金水河	16/26－27	以《宋史·河渠志》为正文，《宋会要》作注文。
白沟河	16/28－33	
运河等	16/34－42	

第十七章
蕃夷类

一、《辑稿》蕃夷类目录

《辑稿》标目	《辑稿》位置	《大典》卷数	《大典》字韵/事目	备　注
辽	1/1－2/38	5257	辽/宋会要	
女真	3/1－3	2916	真/女真国	
真腊	3/4－5	22666	腊/真腊国	《辑稿》原无标目，据内容补。
回鹘	4/1－11	21199	鹘/回鹘	以《宋史》卷490《回鹘传》作注文。
高昌	4/12	6291	昌/高昌县	与《宋史》卷490《高昌传》相同之内容似未收入《大典》。
龟兹	4/13－15	1076	兹/龟兹国	
于阗	4/16－18	4810	阗/于阗国	与《宋史》卷490《于阗传》相同之内容已被《大典》删去。
拂菻	4/19	12164	菻/拂菻国	
交趾	4/20－57	10122 10123	阯/交阯	淳熙元年改为“安南”。

续表

《辑稿》标目	《辑稿》位置	《大典》卷数	《大典》字韵/事目	备　注
大理国	4/58 – 60	10353	理/大理国	
占城蒲端	4/61 – 84	8116	城/占城国	标目“蒲端”两字衍。
天竺国	4/85 – 90	19878	竺/事韵	
大食	4/91 – 94	20522	食/大食国	
蒲端	4/95 – 96	3997	端/事韵	
阇婆国	4/97 – 98	5737	婆/阇婆国	
真理富国	4/99 – 101	14902	富/真理富国	
佛泥国	4/102	1552	泥/佛泥国	
渤海国	4/103 – 105	11053	海/勃海国	
瓜沙二州	5/1 – 3	5770	沙/沙州	
雅州西山野川路蛮	5/4	4235	蛮/诸蛮	
安化州	5/5 – 9	17671	化/古州郡名	
西南蕃	5/10 – 42	4260	蕃/西南蕃	
黎峒	5/43 – 46	1566	黎/姓氏	
邈黎国	5/46	1566	黎/姓氏	《辑稿》无标目。
黎峒	5/47 – 50	13081	峒/峒名	与卷1566部分内容有交叉。
黎州诸蛮	5/51 – 56	4234	蛮/诸蛮	《大典》以《宋史》卷496《山后两林蛮传》为正文，《宋会要》为注文。
邛部川蛮	5/56 – 58	4234	蛮/诸蛮	《大典》以《宋史》卷496《邛部川蛮传》为正文，《宋会要》文为注文。

续表

《辑稿》标目	《辑稿》位置	《大典》卷数	《大典》字韵/事目	备　注
风琶蛮	5/58	4234	蛮/诸蛮	
保塞蛮	5/58－60	4234	蛮/诸蛮	
依氏	5/61－67	641	侬/姓氏	
南蛮传	5/68－72	4231	蛮/南蛮传	《大典》以《宋史》卷493、494《西南溪峒诸蛮传》为正文，《宋会要》为注文。
南蛮	5/73－104	4229 4230	蛮/南蛮传	《大典》以《宋史》卷493、494《西南溪峒诸蛮传》为正文，《宋会要》为注文。
唃厮囉	6/1－5	5686	囉/事韵	
吐蕃	6/6－42	4258	蕃/吐蕃	
历代朝贡	7/1－58	13092 13096	贡/历代朝贡	

二、《辑稿》蕃夷类的问题

《辑稿》蕃夷类的问题相对较少，原因在于：第一，《宋会要》蕃夷类的范围比较明确，大致相当于《宋史》的外国及蛮夷两传，不易混淆。第二，本类以一国或一部为一门，又不出河名、粮料院、辽、三公三少四种类型，所以各门一般保持完整。

主要的问题是缺门相当多，明显的如“金”门（见《大典目录》）、“西夏”、“日本”、“高丽”等门均缺。可能徐松辑《宋会要》时，《大典》有关各卷已经散失，现已无法补全。

此外，高昌、于阗等门，与《宋史》对应各传内容相同部分，似已被《大典》编者删去。山后两林蛮、邛部川蛮、西南溪峒诸蛮等门，

《大典》以《宋史》有关各传为正文，《宋会要》作注文，《会要》与《宋史》相同部分也已被删去。无论是使用还是将来整理时，均必须考虑到此点。

（一）内容中的非《宋会要》文

西南溪峒诸蛮等门，《大典》以《宋史》为正文，《宋会要》为注文。在《辑稿》中，大字正文为《宋史》文，双行小字为《宋会要》文。但《宋史》文不能轻易取消。如《辑稿》蕃夷5之75第9行，大字正文为“闰三月，以下溪州刺史彭允殊为右千牛卫将军致仕，以其姪文勇为刺史”。双行小字注文为：“会要：允殊老疾陈乞，荆湖转运使张素上言而有是命。”查《宋史》卷493《西南溪峒诸蛮传》，此为咸平二年事，《宋史》无“闰三月”三字，知为《大典》编者据《宋会要》所加；而从所录《宋会要》文，可见《宋会要》此门必有与《宋史》相同或相近的命彭允殊致仕、其姪继任的内容。将来整理时，如果简单地将《宋史》文删去，将使文义不通、不全。

（二）应划归他类的内容

朝贡门，应划归礼类。

（三）应从他类划入的内容

1. 归正门，辑自《大典》卷18907、18908，“正”字韵，事韵，《辑稿》收入兵类（兵15之1至16之18）。正文开首有“蕃夷”两字，可见在《宋会要》中原属蕃夷类。从内容也可确定它应属蕃夷类。

2. 归明门，辑自《大典》卷8210、8211，“明”字韵，事韵，《辑稿》也收入兵类（兵17之1至40）。《续会要》该门序言称：“应大辽、西蕃、南蕃及羁縻等处归投事迹可以分入逐门者已随类分入外，其不指一处总称归明者悉载于此。”（兵17之2）大辽等门属蕃夷类，故知此门亦应属蕃夷类。

（四）编排上的问题

各门次序，现按《宋史》外国及蛮夷两传次序调整。《辑稿》西南溪峒诸蛮门前后颠倒，也予改正。

三、《宋会要》蕃夷类复原方案

门　名	出　处	备　注
辽	1/1－2/38	
女真	3/1－3	
交趾	4/20－57	
大理	4/58－60	
占城	4/61－84	《辑稿》标目误作“占城蒲端”。
蒲端	4/95－96	
真腊	3/4－5	
邈黎	5/46	
真理富	4/99－101	
阇婆	4/97－98	
天竺	4/85－90	
于阗	4/16－18	
高昌	4/12	
回鹘	4/1－11	
大食	4/91－94	
龟兹	4/13－15	
瓜沙二州	5/1－3	

续表

门　名	出　处	备　注
拂菻	4/19	
渤海	4/103－105	
佛泥	4/102	
唃厮啰	6/1－5	
吐蕃	6/6－42	
西南溪峒诸蛮	5/73－104，68－72	
安化州	5/5－9	
侬氏	5/61－67	
黎峒	5/43－46，47－50	
西南蕃	5/10－42	
雅州西山野川路蛮	5/4	
山后两林蛮	5/51－56	《辑稿》标目作“黎州诸蛮”，为总称。
邛部川蛮	5/56－58	
风琶蛮	5/58	
保塞蛮	5/58－60	
归正	兵15/1－16/18	
归明	兵17/1－40	

附　录

《永乐大典》所收《宋会要》文一览表

《大典》卷数	字韵	事目	标目	位置	内容	备注
00014	冬	冬至朝仪	朝贺	礼 57/2－4	建隆 1－绍兴 12	
00014	冬	冬至朝仪	冬至群臣朝贺仪	补 1 上－3 上	建炎 4－淳熙 15	为《中兴礼书》文。
00022	冬	孟冬仲冬	太公金匮	礼 8/1		非《宋会要》文。
00022	冬	孟冬仲冬	圣节	礼 8/1	祥符 5	
00059 00060	童	童子科	童子出身	补 3 下－4 上	淳化 2－绍兴 10	
00066	铜	事韵	坑冶杂录	食 34/27－29	绍兴 12－乾道 7	
00066	铜	事韵	坑冶杂录	食 34/30	康定 1－绍圣 1	第 3 段录自卷 9482。
00066	铜	事韵	禁铜	食 34/33	嘉泰 1	
00067	铜	事韵	铜场	补 4 下－5 下	铜场、坑冶总额	
00067	铜	事韵	坑冶杂录	食 34/20－26	天圣 8－嘉定 14	共 2 段。
00067	铜	事韵	禁铜	食 34/31－32	兴国 2－淳熙 4	
00079	棚	事韵	马棚	补 6	建隆 4－熙宁 3	
00121	宗	宗室	宗室	补 7 上－17 上	淳熙 1－16	

续表

《大典》卷数	字韵	事目	标目	位置	内容	备注
00122	宗	宗室	绍熙宗室杂录	帝 7/13－15	淳熙 16－绍熙 4	
00123	宗	宗室	宗室袭封等	帝 7/16－32	绍熙 5－嘉定 16	题《经进续总类会要》。
00125	宗	宗室	皇子诸王杂录	帝 2/1－2	开宝 6－雍熙 2	以下 5 段本相连，被整理者分割。
00125	宗	宗室	皇子诸王杂录	帝 2/5	端拱 1－淳化 3	
00125	宗	宗室	皇子诸王杂录	补 17 下	淳化 3	
00125	宗	宗室	皇子诸王杂录	帝 2/6－8	淳化 5－祥符 8	
00125	宗	宗室	皇子诸王杂录	帝 2/10－25	乾兴 1－乾道 8	
00125	宗	宗室	皇孙	补 18 上（1）	绍兴 16	以下 5 段本相连，为同一门，被分割。
00125	宗	宗室	秀王	帝 2/56（1）	绍兴 20	
00125	宗	宗室	皇孙	补 18 上（2）	绍兴 21－28	
00125	宗	宗室	秀王	帝 2/58（2）	绍兴 29	
00125	宗	宗室	皇孙	补 18 下－19 上	绍兴 30－乾道 6	
00125	宗	宗室	濮秀二王杂录	帝 2/36－48	熙宁 2－乾道 7	应为“濮王”。

续表

《大典》卷数	字韵	事目	标目	位置	内容	备注
00125	宗	宗室	宗室杂录	帝 4/1 – 5	雍熙 1 – 景祐 3	
00126	宗	宗室	宗室杂录	帝 4/6 – 36	宝元 2 – 熙宁 10	
00127	宗	宗室	宗室杂录	帝 5/1 – 37	元丰 1 – 绍兴 1	题《经进总类会要》。
00128	宗	宗室	宗室杂录	帝 6/1 – 7/12	绍兴 2 – 乾道 9	题《经进总类会要》。
00152	虹	事韵	虹异	瑞 2/15	淳熙 1 – 5	有 3 条非《宋会要》文。
00159	公	三公	三公三少	职 1/9 – 11	淳化 3 – 治平 2	
00162	公	封公名号	历代名臣谥	礼 8/21	祥符 1	有 1 条非《宋会要》文。
00194	功	考功	考功部			与职 10/20 同，被屠寄删去。
00204 00205	弓	事韵	兵械·弓弩	兵 26/28 – 33	嘉祐 2 – 乾道 1	为神劲弓等。
00234	宫	宋宫	宫	礼 5/3	元符 3 – 靖康 1	为“龙德宫”。
00234	宫	宋宫	寿康宫	方 3/1	乾道 2 – 4	原未注卷数。
00237	宫	后宫	慈福宫	方 3/2	淳熙 15 – 16	
00239	宫	东宫	东宫官	职 7/22 – 34	至道 1 – 淳熙 15	
00239	宫	东宫	东宫官杂录	职 7/40 – 46	淳熙 2 – 嘉定 13	

续表

《大典》卷数	字韵	事目	标目	位置	内容	备注
00242	宫	祠宫	太一宫	补19下－22上	兴国初－靖康1	
00244	宫	祠宫	上清宫	补22下－24上	至道1－绍圣4	
00244	宫	祠宫	玉清昭应宫	补24下－28上	祥符1－天圣5	
00244	宫	祠宫	太宁宫	补28下	祥符3－6	
00246	宫	祠宫	景灵宫	补29上－47上	建炎1－庆元5	
00248	宫	祠宫	祠祭朝献	乐6/16－20	祠祭乐章	6/20为《宋史·乐志》文。
00248	宫	祠宫	郊社群祀乐歌	乐6/2－5	朝献乐章	
00249	宫	祠宫	祠宫	礼5/1－2	鸿庆宫等	
00259	宫	道宫	开元宫	礼5/8－10	嘉泰1－嘉定16	
00262	宫	道宫	神霄玉清万寿宫	礼5/4－7	政和7－建炎1	
00290	风	事韵	节候	运2/27－36	绍兴32－嘉定17	
00343	丰	丰州	丰州	方21/9－13	开宝2－绍圣1	
00365	封	妇人受封	叙封母妻	仪10/22－41	开宝9－乾道9	
00370	封	进封	进封	补47下－49上	魏王－越王	
00370	封	进封	太子诸王	帝1/41－43	郓王－信王	
00370	封	进封	勋臣封赠	仪10/10－13	石守信等	
00373	封	追封	太子诸王	帝1/24－41	曹王－郊王	
00373	封	追封	太子诸王	帝1/51	郓王－肃冲昭王	

续表

《大典》卷数	字韵	事目	标目	位置	内容	备注
00375	封	司封等	司封部	职 9/17	引神宗正史职官志	大部被屠寄删去。
00449	中	给事中	给事中	补 49 下	序	
00449	中	给事中	给事中	职 2/7 – 9	元丰 5 – 淳熙 12	
00523	龙	事韵	五龙祠	礼 4/19	建隆 3 – 大观 2	有 3 条非《宋会要》文。
00610	农	农官	劝农使	职 42/1 – 3	至道 2 – 至和 2	
00612 00613	农	享先农	享先农	补 50 上 – 59 上	雍熙 4 – 绍兴 15	
00641	依	姓氏	依氏	蕃 5/61 – 67	皇祐 1 – 元祐 2	
00685	芝	事韵	芝草	瑞 1/6	绍熙 1	
00923	师	事韵	风伯雨师雷神坛	礼 4/18	淳熙 7	
00924	师	事韵	正觉禅师	道 1/6	正觉禅师	
00925	师	事韵	定应大师等	道 1/2 – 5	定应大师等	
00930	师	出师	讨叛	兵 7/23 – 8/37	李筠 – 交州	应为“出师”。
00931	师	出师	讨叛	兵 9/1 – 14	青唐 – 金国	
00931	师	出师	讨叛	兵 10/1 – 19	黎泸州蛮 – 陈通	
00932	师	出师	讨叛	兵 10/20 – 37	李成 – 杨么	
00932	师	出师	讨叛	兵 9/15 – 27	金国	
01056	池	池名	池	补 59 下	乾德 3	摘自“东京杂录”门。

续表

《大典》卷数	字韵	事目	标目	位置	内容	备注
01076	兹	龟兹国	龟兹	蕃 4/13 – 15	兴国 1 – 熙宁 5	
01098	司	制置三司条例司等	制置三司条例司	职 5/1 – 7	熙宁 2 – 3	
01098	司	制置三司条例司等	编修条例司	职 5/8 – 11	皇祐 5 – 元丰 3	
01098	司	制置三司条例司等	都磨勘司	职 5/25 – 26	开宝 7 – 咸平 4	前半为“广雅稿本”。
01098	司	制置三司条例司等	提举三司帐勾磨勘司	职 5/26 – 32	熙宁 5 – 9	
01098	司	制置三司条例司等	理欠司	职 5/33	淳化 3 – 4	
01098	司	制置三司条例司等	都凭由司	职 5/34	雍熙 4 – 至道 2	
01098	司	制置三司条例司等	三司承受御宝凭由司	职 5/34 – 37	景德 4 – 绍兴 3	
01098	司	制置三司条例司等	合同凭由司	职 36/31	淳熙 6 – 14	
01098	司	制置三司条例司等	开拆司	职 5/38	兴国 3 – 祥符 8	
01098	司	制置三司条例司等	衙司	职 5/39 – 41	景德 3 – 熙宁 7	
01098	司	制置三司条例司等	枢密院编修司	职 6/29	淳熙 3 – 嘉定 7	
01099	司	左右司	都司左右司	职 4/19 – 27	元丰 6 – 庆元 5	

续表

《大典》卷数	字韵	事目	标目	位置	内容	备注
01101	司	通进银台司等	通进司	职 2/26 – 36	淳化 4 – 庆元 2	
01101	司	通进银台司等	银台司	职 2/37 – 40	淳化 4 – 元丰 6	
01101	司	通进银台司等	枢密院承旨司	职 6/1 – 19	兴国 7 – 绍熙 4	
01102	司	大宗正司等	大宗正司	职 20/16 – 32	庆历 4 – 乾道 7	
01102	司	大宗正司等	外宗正司	职 20/33	绍兴 2 – 隆兴 1	
01102	司	大宗正司等	发勅司	职 2/41	淳化 3 – 景德 3	
01102	司	大宗正司等	门下封驳司	职 2/42 – 43	淳化 4 – 嘉祐 5	
01103	司	都统司等	殿前司	职 32/1 – 12	乾德 4 – 绍兴 8	
01103	司	都统司等	马步军殿前司	职 32/13 – 25	淳熙 2 – 嘉定 8	
01105	司	军头引见司	军头引见司	职 36/77 – 94	端拱 1 – 淳熙 13	
01105	司	皇城司	皇城司	职 34/15 – 43	淳化 2 – 嘉定 3	
01106	司	金吾街仗司	金吾街仗司	职 22/13 – 16	淳化 5 – 庆元 6	
01106	司	仪卫司等	仪鸾司	职 22/5 – 12	咸平 4 – 嘉定 5	
01106	司	仪卫司等	内东门司	职 36/28 – 30	景德 3 – 乾道 1	
01107	司	讲议司等	讲议司	职 5/12 – 18	崇宁 1 – 宣和 7	
01107	司	讲议司等	详议司	职 5/19 – 20	靖康 1	

续表

《大典》卷数	字韵	事目	标目	位置	内容	备注
01107	司	讲议司等	审计司	职 27/61－63	建炎 1－庆元 1	
01108	司	国用司等	吏部格式司	职 11/76－78	建隆 1－熙宁 4	
01108	司	国用司等	应奉司	职 4/28－35	宣和 3－7	
01108	司	国用司等	修合卖药所	职 27/69	政和 4	
01108	司	国用司等	提举保甲司	职 44/51－52	熙宁 3－崇宁 5	
01109	司	监司	监司	职 45/1－45	元丰 3－嘉定 14	
01112 01113	司	转运司	转运	食 49/1－46	建隆 1－乾道 8	应为“转运司”。
01112 01113	司	转运司	转运	补 870 下	祥符 4	从食 49/6 中挖出。
01114	司	发运司等	发运司	职 42/5－12	治平 3－宣和 7	
01114	司	发运司等	催纲司	职 42/13－14	祥符 4－政和 5	
01114	司	发运司等	四排岸司	职 26/28－31	景德 4－开禧 3	
01115	司	下卸司等	下卸司	职 26/32	熙宁 3－9	
01115	司	下卸司等	提举茶盐司	职 43/43－46	淳熙 1－嘉定 17	
01115	司	下卸司等	解盐司	职 44/39－41	熙宁 2－大观 4	
01117	司	提举常平司等	提举常平仓农田水利差役	职 43/2－38	熙宁 2－乾道 9	
01117	司	提举常平司等	提举常平仓农田水利差役	职 43/40－42	淳熙 1－开禧 2	

续表

《大典》卷数	字韵	事目	标目	位置	内容	备注
03117	司	提举常平司等	提点司	职 43/1	两朝国史志	
01118	司	提刑按察司等	纠察在京刑狱司	职 15/44－46	祥符 2－熙宁 3	
01118	司	提刑按察司等	提举在京诸司库条司	职 27/41－49	景德 2－熙宁 3	
01118	司	提刑按察司等	提举修内司	职 30/1－6	天禧 4－淳熙 16	
01118	司	提刑按察司等	提点修造司	职 30/16－17	淳化 4－熙宁 2	
01118	司	提刑按察司等	河北粜便司	职 44/35－38	治平 4－大观 2	
01118	司	提刑按察司等	分司	职 46/1－9	建隆 1－绍兴 31	
01119	司	群牧司	河渠司	职 5/42－43	皇祐 3－嘉祐 3	
01119	司	营缮司等	勾当公事	职 5/43－44	康定 1－熙宁 3	
01119	司	营缮司等	疏浚黄河司	职 5/45－46	熙宁 7－10	
01119	司	营缮司等	东西八作司	职 30/7－15	景德 4－熙宁 4	
01119	司	营缮司等	沟河司	职 30/18	熙宁 9	
01119	司	营缮司等	街道司	职 30/18－19	嘉祐 2－熙宁 5	
01119	司	群牧司	群牧司	职 23/5－12	咸平 3－元丰 3	
01119	司	群牧司	牛羊司	职 21/10－14	咸平 5－嘉定 14	

续表

《大典》卷数	字韵	事目	标目	位置	内容	备注
01120	司	提点坑冶铸钱司	提点坑冶铸钱司	职 43/119 - 180	元丰 3 - 嘉定 15	
01122	司	制置使司等	总制司	职 12/2	绍兴 5 - 6	
01122	司	制置使司等	经制使	职 44/42 - 49	熙宁 10 - 绍兴 9	
01124	司	市舶司等	市舶司	职 44/1 - 34	开宝 4 - 嘉定 6	
01124	司	市舶司等	都提举市易司	职 27/36 - 40	熙宁 3 - 元丰 4	
01124	司	市舶司等	提举弓箭手司	职 44/53 - 55	元丰 5 - 靖康 1	
01125	司	公主邑司等	行在诸司	职 4/36 - 42	开宝 2 - 祥符 6	
01125	司	公主邑司等	亲王诸宫司	职 7/37（1）	序	
01125	司	公主邑司等	翰林司	职 21/8 - 9	淳熙 1 - 绍熙 5	
01125	司	公主邑司等	课利司	职 25/9 - 10	祥符 6 - 熙宁 9	
01125	司	公主邑司等	寺务司	职 25/8	序	
01125	司	公主邑司等	閤门司	职 35/22	序	
01135	词	宏词	宏词科	补 60 上 - 67 上	景德 3 - 乾道 8	
01203	祠	事韵	山川祠	礼 20/1 - 15	开宝 4 - 乾道 6	共有 9 段。

续表

《大典》卷数	字韵	事目	标目	位置	内容	备注
01204	祠	天地月星等	灵星祠等	礼 20/15－20	灵星祠等	
01205	祠	历代帝王祠等	诸祠庙	礼 20/21－24	舜帝祠－李冰庙	
01206	祠	周秦汉名臣祠	诸祠庙	礼 20/24－28	萧相国祠等	
01207	祠	三国等名臣祠	诸祠庙	礼 20/29－30	诸葛武侯祠等	
01208	祠	梁隋唐名臣祠	诸祠庙	礼 20/30－32	沈约祠等	
01209	祠	唐名臣祠	诸祠庙	礼 20/33－34	颜鲁公祠等	
01210	祠	唐宋名臣祠	诸祠庙	礼 20/34－37	陈明府祠等	
01211	祠	宋名臣祠	诸祠庙	礼 20/38－40	陆弼祠等	
01214	祠	宋名臣祠	诸祠庙	礼 20/41－43	萧元礼祠等	
01215	祠	宋名臣祠	诸祠庙	礼 20/44－45	种师道祠等	
01219	祠	生祠	诸祠庙	礼 20/46	邵宏渊庙	
01229	祠	忠孝节义祠等	诸祠庙	礼 20/47－49	董孝子祠等	
01230	祠	王公隐士祠	诸祠庙	礼 20/50－51	项羽祠等	
01231	祠	神祠	诸祠庙	礼 20/51－53	水仙王祠等	
01232	祠	神祠	诸祠庙	礼 20/54－56	刘真人祠等	
01233	祠	神祠	诸祠庙	礼 20/57－64	舜二妃祠等	
01234	祠	神祠	诸祠庙	礼 20/65－83	游江七娘祠等	

续表

《大典》卷数	字韵	事目	标目	位置	内容	备注
01235	祠	神祠	诸祠庙	礼 20/84－105	蒋山神祠等	
01236	祠	神祠	诸祠庙	礼 20/106－131	万岩山神祠等	
01237	祠	神祠	诸祠庙	礼 20/132－153	望帝祠等	
01238	祠	神祠	诸祠庙	礼 20/154－170	钱清镇神祠等	
01239	祠	神祠	诸祠庙	礼 20/171	白马祠	
01264	妃	历代帝妃	内职			与后 4/4 同，被屠寄删去。
01265	妃	贵妃	贵妃	后 3/1－11	太宗－宁宗	
01265	妃	贵妃	婉仪	后 3/20	高宗慕容氏	应为“贵妃”。
01266	妃	淑妃	淑妃	后 3/12	真宗－高宗	
01267	妃	德妃	德妃	后 3/12－14	太宗－神宗	
01266	妃	贤妃	贤妃	后 3/14－17	太宗－高宗	
01267	妃	太子纳妃仪	册命皇太子妃	礼 53/15－17	政和 5－乾道 7	
01268	妃	亲王纳妃仪	亲王娶	礼 53/18－19	序	
01297	宜	事韵	便宜行事	兵 14/1－9	淳化 5－绍兴 5	
01298	仪	浑天仪	诸儒论三家异同	运 1/31－33	杨雄论	似非《宋会要》文。
01302	仪	浑天仪	铜仪	运 2/1－13	祥符 3－元丰 5	大部为《宋史·天文志》文。
01302	仪	浑天仪	铜仪	运 2/13－26	元祐 3－庆元 4	

续表

《大典》卷数	字韵	事目	标目	位置	内容	备注
01305	仪	事韵	昭仪	后 3/18	鲍氏等	原注 1304，误。
01305	仪	事韵	淑仪	后 3/18	李氏等	
01305	仪	事韵	充仪	后 3/18	尚氏等	
01305	仪	事韵	贵仪	后 3/18 – 19	张氏	
01497	旗	事韵	卤簿杂录	舆 3/1 – 4	五龙旗等	《大典》从《宋会要》“卤簿法驾”等门中摘出。
01500	旂	事韵	卤簿杂录	舆 3/6	右龙旂	
01552	泥	佛泥国	佛泥国	蕃 4/102	元丰 4	
01566	黎	姓氏	黎峒	蕃 5/43 – 46	祥符 2 – 乾道 9	
01566	黎	姓氏	邈黎国	蕃 5/46	元祐 4	
01567	藜		火蒺藜等	兵 26/37	咸平 3	
01618	鱼	事韵	鱼袋	舆 6/20 – 21	雍熙 1 – 政和 1	
01681	居	事韵	垂拱殿视朝	仪 1/17 – 18	淳熙 7 – 嘉定 12	应为“起居”。
01681	居	事韵	德寿宫起居	仪 2/25	淳熙 12	
01687 01688	车	车制	大驾五副辂	舆 1/1 – 2	五副辂等	
01689	车	皇后车制	皇后车辇	舆 1/3 – 4	序	
01689	车	皇太子车制	皇太子车辂	舆 1/4	政和 3	
01692	车	兵车制	兵械	兵 26/24 – 25	陷阵车等	

续表

《大典》卷数	字韵	事目	标目	位置	内容	备注
01701	渠	渠名	渠	食 8/47	龙首渠	
01702	渠	渠名	渠	食 8/48	永丰渠	
01703	渠	渠名	渠	食 8/50	木渠	
01704	渠	渠名	渠	食 8/49	古渠	
01733 01735	书	事韵	说书除职 讲书赐予	崇 5/44	景祐 1－嘉祐 6	
01741	书	献书	献书升秩	崇 5/19－43	兴国 5－绍熙 3	
01742	书	校勘书籍	勘书	崇 4/1－14	淳化 5－乾道 7	
01742	书	求遗书	求书藏书	崇 4/15－32	乾德 1－淳熙 16	
01753	书	御书	御书	崇 6/4－24	淳化 4－绍熙 2	
01753	书	御书	御书	补 869 上	神宗	从崇 6/9 中挖出。
01758	书	天书	天书	瑞 1/29－34	祥符 1－天禧 1	
02024	舒	事韵	卤簿杂录	舆 3/13	柯舒	
02045	珠	事韵	禁珠玉等	食 41/45－48	开宝 5－乾道 4	
02065	厨	事韵	御厨	方 4/1－10	淳化 3－庆元 1	4/10 为《中书备对》文。
02135	酺	赐酺	赐酺	礼 60/1－9	雍熙 1－天禧 5	
02267	湖	湖名	经界	食 6/35	熙宁间	为他书引《宋会要》。
02488	淮	事韵	岳渎诸庙	礼 21/10	淮渎庙	
02545	牌	事韵	兵械	兵 26/38－39	竹牌等	
02607	台	御史台	御史台	职 55/1－28	开宝 7－嘉定 4	

续表

《大典》卷数	字韵	事目	标目	位置	内容	备注
02607	台	御史台	御史台	职 17/1 – 4	两朝国史志等	部分为“三京留司御史台”。
02607	台	御史台	三京留司御史台	职 17/38 – 40	咸平 6 – 崇宁 1	
02633	灾	恤灾	恤灾	食 59/1 – 12	熙宁 1 – 政和 8	以下 3 条本相连。
02633	灾	恤灾	恤灾	食 59/14 – 15	宣和 1 – 靖康 1	
02633	灾	恤灾	恤灾	食 58/13 – 34	淳熙 1 – 嘉定 17	
02705	龟	事韵	物瑞	瑞 1/7	白龟等	
02720	雷	事韵	雷震	瑞 2/18 – 19	咸平 6 – 嘉定 12	
02916	真	女真国	女真	蕃 3/1 – 3	建隆 2 – 天禧 3	
02921	身	出身	赐进士出身	补 67 下 – 74 上	开宝 3 – 乾道 9	
02921	身	出身	赐本科出身	补 74 上 – 74 下	开宝 4 – 景德 4	
02921	身	出身	赐学究出身	补 74 下 – 75 上	开宝 6 – 天禧 3	
02921	身	出身	赐上舍出身	补 75 上	政和 3 – 宣和 2	
02921	身	出身	赐三传出身	补 75 上 – 75 下	开宝 6 – 兴国 5	
02921	身	出身	赐同出身	补 75 下	景德 1 – 天禧 6	
02921	身	出身	赐出身	补 75 下 – 76 上	祥符 4 – 天禧 2	

续表

《大典》卷数	字韵	事目	标目	位置	内容	备注
02921	身	出身	童子出身	补 76 上 – 80 下	淳化 2 – 乾道 9	
02935	神	神名	九宫太乙祠	礼 12/15 – 16	咸平 4 – 祥符 1	应为“九宫贵神”。
02942	神	神名	酺祭	礼 18/39 – 40	绍兴 32 – 嘉定 8	应为“酺神。”
02945	神	封祀诸神等	岳渎诸庙	礼 21/3 – 5	祥符 1 – 乾道 4	
02959	人	中书舍人	中书舍人	职 3/21	淳熙 8	大部被屠寄删去。
02966	人	起居舍人	起居郎舍人	职 2/25	序	
02966	人	起居舍人	舍人院	职 2/23 – 24	淳熙 2 – 绍熙 1	
02967	人	閤门通事舍人	閤门通事舍人	职 34/1 – 11	乾德 5 – 嘉定 2	
02968	人	夫人	郡夫人	后 3/27 – 28	熙宁 10 – 乾道 9	应为“夫人”。
02969	人	夫人	乳母	补 81 上 – 82 上	太宗 – 光宗	
02969	人	夫人	叙封母妻	补 82 上 – 83 上	申国太夫人等	
02972	人	美人	美人	后 3/21 – 23	吴美人等	漏抄 1 条。
02972	人	才人	才人	后 3/24 – 25	孙才人等	
02972	人	贵人	顺容	后 3/26	戴贵人	应为“贵人”。
02975	人	事韵	封号真人	道 1/1	灵应真人等	
02990	人	事韵	出宫人	崇 7/77 – 81	开宝 5 – 庆元 5	

续表

《大典》卷数	字韵	事目	标目	位置	内容	备注
03184	臣	配享功臣	册命亲王大臣	礼 59/12－19	咸平 2－乾道 5	应为“配享功臣”。
03185	臣	赐功臣号	赐功臣字	礼 59/21－25	王彦超等	
03185	臣	赐功臣号	赐功臣字	礼 59/25－26	元丰 1－政和 3	
03185	臣	赐功臣号	册命亲王大臣	礼 59/20－21	上刘岳李魏传表	
03187	臣	大臣	优礼大臣	礼 47/1－3	建隆 2－宣和 7	似为“赐大臣”。
03187	臣	大臣	优礼大臣	礼 47/3－12	端拱 1－隆兴 2	
03187	臣	大臣	册命亲王大臣	礼 59/1－8	淳化 5－乾道 9	
03187	臣	大臣	群官仪制	礼 59/9－11	淳熙 1－开禧 3	应为“赐大臣”及“优礼大臣”。
03209	云	事韵	庆云	瑞 1/3	淳熙 2	
03284	银	银课	银课	补 83 下－85 下	租税之入等	
03284	银	事韵	上供银	食 64/61－62	雍熙 4－绍兴 26	
03288	勋	司勋	司勋部	职 10/16－17	绍圣 2	大部被屠寄删去。
03288	勋	勋官	勋官	职 10/18－19	淳化 1－绍兴 3	
03313	春	阳春县	阳春县	方 7/32		似非《宋会要》文。
03455	坟	古人坟	勅置守坟	崇 6/38－39	开宝 3－景祐 3	

续表

《大典》卷数	字韵	事目	标目	位置	内容	备注
03521	门	宋辽金元宫门	门	方 3/31－40	东京宣德门等	《大典》从《宋会要》“京都杂录”门中摘出。
03523	门	晋至明都城门	门	方 3/43－47	东京广利门等	《大典》从《宋会要》“京都杂录”门中摘出。
03523	门	晋至明都城	门	方 3/42	元丰 6	《大典》从《宋会要》“京都杂录”门中摘出。
03525	门	门名	牙门			为《事物纪原》引《宋会要》。
03526	门	门名	斗门	食 8/51－52	天圣 4－乾道 7	
03527	门	门名	坤道人门	礼 12/16	序	
03534	门	东西上閤门	东西上閤門	补 86 上－91 下	兴国 9－绍熙 1	
03534	门	左右监门	监门内待	补 91 下－92 上	雍熙 2－绍兴 26	
03552	孙	皇孙	皇孙	帝 2/28－33	政和 7－淳熙 16	
03805 03806	官	宋官	官制别录	职 56/1－52	元丰 3－靖康 1	
03838	官	事韵	假试官	职 62/38（1）	元丰 4	
03838	官	事韵	摄官	职 62/38（2）－60	开宝 4－嘉定 16	
03838	官	事韵	技术官	职 36/110－125	开宝 8－嘉定 2	原无卷数。

续表

《大典》卷数	字韵	事目	标目	位置	内容	备注
03838	官	事韵	上佐官	职 48/1－3	开宝 4－淳熙 7	原无卷数。
03866 03867	官	收叙放逐官	收叙放逐官	职 76/1－59	建隆 1－乾道 9	
03869	官	追复旧官	追复旧官	职 76/60－72	元祐 4－乾道 9	淳熙以后在卷 19824。
03873	官	改官	改官	职 61/2	元祐 2－绍圣 2	
03874	官	换官	换官	职 61/3－23	兴国 3－隆兴 1	
03875	官	以官回授	以官回授	职 61/24－37	绍兴 1－嘉定 15	
03875	官	对官	对换官	职 61/38－57	至道 3－嘉定 16	
03876	官	久任官	久任官	职 60/20－42	庆历 7－嘉定 11	
03877	官	借补官	借补官	职 62/1－8	建炎 1－乾道 8	
03877	官	特恩补官	特恩补官	职 62/8－10	建炎 2－乾道 9	
03877	官	借补官	借补官	职 62/11－12	淳熙 1－绍熙 1	
03877	官	特恩补官	借补官	职 62/12－19	淳熙 2－嘉定 16	应为"特恩补官"。
03877	官	特恩补官	特恩除职	职 62/19－27	淳熙 1－16	
03878	官	纳粟补官	借补官	职 62/27－31	淳熙 1－嘉定 15	应为"纳粟补官"。
03878	官	赈贷补官	借补官	职 62/31－37	淳熙 2－嘉定 11	应为"赈贷补官"。
03878	官	赈贷补官	进纳补官	职 55/29－53	淳化 5－乾道 9	原无标目。
03880	官	省官	省官	职 61/1	开宝 3－咸平 4	原无卷数。
03883 03890	官	黜降官	黜降官	职 64/1－71/25	建隆 4－乾道 5	

续表

《大典》卷数	字韵	事目	标目	位置	内容	备注
03890	官	黜降官	黜降官	职 71/25－33	咸平 3－乾道 6	应为“杂录”。
03891 03894	官	黜降官	黜降官	职 72/1－75/36	淳熙 1－嘉定 17	共 5 段。
03894	官	黜降官	黜降官内外任	职 75/36－40	庆元 1－嘉定 13	此为降，上为罢。
03894	官	黜降官	黜降官杂录	职 75/40－42	庆元 2－嘉定 17	
03900	官	戒饬官吏	戒饬官吏	职 79/1－41	淳熙 1－嘉定 17	
03927	冠	冠名	冕冠	舆 5/5	治平 2－元丰 4	
03928	冠	冠名	冕冠	舆 5/5－6	建隆 1－元丰 2	似为“通天冠”。
03931	冠	事韵	女冠	道 1/10	绍熙 5	原无标目。
03995	攒	事韵	攒所	礼 43/1－16	嘉定 13－15	
03997	端	事韵	蒲端	蕃 4/95－96	咸平 6－祥符 4	
04054	山	山名	遣使	职 52/19	茅山志	《茅山志》引《宋会要》。
04133	山	山名	山泉	方 13/1	夷门山	自《东京杂录》摘出。
04161	山	事韵	祭西岳	礼 21/6（1）	元祐 1	似为“山颓”。
04161	山	事韵	八神祠	礼 21/6（2）	详定所言	
04184	关	关名	关	方 12/1	行庆关等	
04184	关	关名	关	方 12/2	东西关等	

续表

《大典》卷数	字韵	事目	标目	位置	内容	备注
04185 04188	关	事韵	关杂录	方 12/3 – 11	兴国 8 – 嘉定 15	原无卷数。
04219	班	事韵	常参起居	补 92 下 – 102 上	乾德 2 – 乾道 9	有错简。
04219 04220	班	事韵	班序	补 102 上 – 130 上	建隆 3 – 乾道 7	有错简。
04224	班	事韵	内殿崇班	职 34/14	淳化 2	
04229 04230	蛮	南蛮传	南蛮	蕃 5/73 – 104	乾德 3 – 嘉泰 5	应为“溪洞诸蛮”。以《宋史》为正文，《宋会要》为注文。
04231	蛮	南蛮传	南蛮传	蕃 5/68 – 72	嘉定 3 – 11	应为“溪洞诸蛮”。以《宋史》为正文，《宋会要》为注文。
04234	蛮	诸蛮	黎州诸蛮	蕃 5/51 – 56	山后两林蛮	以《宋史》为正文，《宋会要》作注文，《宋史》未录。

续表

《大典》卷数	字韵	事目	标目	位置	内容	备注
04234	蛮	诸蛮	邛部川蛮	蕃 5/56 – 58	邛部川蛮	以《宋史》为正文，《宋会要》作注文，《宋史》未录。
04234	蛮	诸蛮	风琶蛮	蕃 5/58	风琶蛮	以《宋史》为正文，《宋会要》作注文，《宋史》未录。
04234	蛮	诸蛮	保塞蛮	蕃 5/58 – 60	保塞蛮等	以《宋史》为正文，《宋会要》作注文，《宋史》未录。
04235	蛮	诸蛮	雅州西山野川路蛮	蕃 5/4	雅州西山野川路蛮	原无标目。
04258	蕃	吐蕃	吐蕃	蕃 6/6 – 42	治平 4 – 绍兴 6	
04260	蕃	西南蕃	西南蕃	蕃 5/10 – 42	乾德 4 – 嘉定 9	
04269	矾	事韵	矾场	食 34/1 – 11	建隆 3 – 绍熙 3	
04366	坛	历代郊坛	郊坛	礼 2/44	景德 3	
04366	坛	历代郊坛	郊坛	补 130 下 – 131 上	绍圣 3 – 4	
04371	坛	坛名	黄帝坛	礼 19/18	兴国 8	
04371	坛	坛名	先农坛	礼 19/19	雍熙 4 – 明道 1	

续表

《大典》卷数	字韵	事目	标目	位置	内容	备注
04371	坛	坛名	先蚕坛	礼 19/20	景德中	
04372	坛	坛名	四望坛	礼 19/21	元丰 2	
04382	弹	弹劾文	弹劾	仪 8/25 – 42	兴国 5 – 乾道 8	应为“弹奏”。
04454	天	事韵	先天节			与礼 57/30 同，被屠寄删去。
04670	钱	钱币	钱法	食 11/1	交子等	
04673	钱	异品钱	异品钱	食 11/7	异品钱外国钱	原无标目。
04676	钱	事韵	铸钱监	食 11/2 – 3	广宁监等	
04676	钱	事韵	铸钱监	食 11/8 – 9	逐监铸钱数	为《中书备对》文。
04680	钱	事韵	参役钱等	食 12/23	参役钱等	
04682	钱	事韵	经总制钱	食 64/84 – 113	建炎 2 – 嘉定 17	
04682	钱	事韵	公使钱	食 64/113 – 114	元丰 5 – 嘉定 14	
04685	钱	事韵	折帛钱	食 64/35 – 39	靖国 1 – 嘉定 11	
04685 04686	钱	事韵	免役钱	食 13/1 – 14/48	元祐 1 – 乾道 9	
04687	钱	事韵	身丁钱	食 66/1 – 14	建炎 3 – 乾道 9	
04687	钱	事韵	受纳	食 9/1 – 11	绍兴 3 – 乾道 7	
04688	钱	事韵	无额上供钱	食 35/30 – 31	建炎 1 – 绍兴 29	
04688	钱	事韵	上供钱	食 35/31 – 45	建炎 1 – 乾道 9	
04710 04713	边	备边	备边	兵 27/1 – 29/26	兴国 3 – 乾道 9	绍兴年记事在另段。

续表

《大典》卷数	字韵	事目	标目	位置	内容	备注
04713	边	备边	备边	兵 29/27－30	绍兴 2－29	
04723	鞭	事韵	鸣鞭	舆 6/24	绍兴 13－15	原注 4722，编，误。
04748 04749	田	田制	农田杂录	食 63/161－225	建隆 3－嘉泰 3	应为“农田”。
04750	田	田制	检田杂录	食 1/1－14	建隆 2－乾道 9	应为“检田”。
04750	田	田制	限田杂录	食 6/1－10	绍兴 1－庆元 5	应为“限田”。
04750	田	田制	垦田杂录	食 6/11－34	绍兴 2－嘉定 16	应为“垦田”。
04751	田	田制	方田	食 4/7－15	熙宁 5－宣和 3	
04751	田	田制	经界	补 131 下－139 下	绍兴 12－28	
04769 04770	田	屯田	屯田杂录	食 63/35－66	淳化 4－嘉定 17	应为“屯田”。
04775 04776	田	营田	营田杂录	食 63/67－160	端拱 2－嘉定 17	应为“营田”。
04777	田	籍田	籍田	补 140 上－157 下	雍熙 4－绍熙 5	
04782	田	职田	职田	职 58/1－31	咸平 1－嘉定 2	
04782	田	职田	赐田杂录	食 61/47－55	绍兴 5－乾道 9	
04782	田	职田	职田	食 61/70	诸路职田数	为《中书备对》文。
04784	田	官田	官田杂录	食 61/1－46	建炎 1－嘉定 12	应为“官田”。

续表

《大典》卷数	字韵	事目	标目	位置	内容	备注
04785	田	水利田	水利田	食 61/68 – 69	诸路水利田数	为《中书备对》文。
04785	田	淤田	淤田	食 61/69	熙宁 4	
04788	田	事韵	庄田	补 158 上	元丰 3	为“营田”之一条。
04810	阗	于阗国	于阗	蕃 4/16 – 18	元丰 1 – 宣和 6	末注“余同宋史外国传”。
04840	贤	事韵	录贤	崇 6/25 – 28	嘉祐 2 – 乾道 8	
04846	筵	经筵	经筵	崇 7/1 – 38	建炎 2 – 嘉定 14	
04877	铅	事韵	坑冶	补 158 下 – 159 下	铅场铅额等	
04877	铅	事韵	采铅	食 34/34 – 35	建炎 3 – 绍兴 13	
04920	船	诗文	船	食 50/1 – 35	乾德 4 – 嘉定 15	
05059	铨	事韵	流外铨	补 160 上	咸平 1	
05059	铨	事韵	流外铨	选 25/18 – 21	景德 2 – 熙宁 6	与上条本紧接。
05063	泉	泉名	泉	方 13/2	祥符 1 – 天禧 3	为“醴泉”。
05134	园	园名	园	方 3/10 – 13	兴国 2 – 庆元 5	为“玉津园”、“瑞圣园”。
05136	园	园名	漏泽园	补 160 下 – 163 上	崇宁 3 – 绍兴 22	
05136	园	园名	赈恤	食 60/16	淳熙 1 – 4	与上条本紧接，为一门。

续表

《大典》卷数	字韵	事目	标目	位置	内容	备注
05149 05150	元	改元	改元诏	礼 54/1－19	建隆 1－开禧 3	
05213	权	事韵	宋量	食 69/1－13	建隆 1－绍兴 32	应为“权衡”。
05213	权	事韵	景祐权量律度式	食 69/14－15		为《玉海》引《宋会要》。
05231	宵	元宵	上元节	礼 57/27	乾德 5	
05257	辽	宋会要	辽	蕃 1/1－2/38	建隆 2－绍兴 31	
05278	苗	青苗	青苗	补 163 下－210 下	熙宁 2－政和 8	
05329	饶	饶州府	钱法杂录	食 11/4－6	淳化 5－崇宁 5	为《番阳志》引《宋会要》。
05351	朝	宋朝仪	朝会	礼 56/1－12	建隆 1－绍兴 3	应为“视朝”。
05352	朝	宋朝仪	垂拱殿视朝	仪 1/1－16	乾德 6－淳熙 16	应为“大朝会”。
05352	朝	宋朝仪	文德殿视朝	仪 1/19－36	建隆 1－绍兴 12	应为“入閤”。
05352	朝	宋朝仪	常参起居	仪 2/1－24	乾德 2－淳熙 9	
05353	朝	宋朝仪	正衙	仪 4/1－8	乾德 2－元丰 4	
05354 05355	朝	宋朝仪	朝仪班序	仪 3/1－54	建隆 3－乾道 7	似应为“班序”。
05355	朝	宋朝仪	辞谢	仪 9/6－23	乾德 2－乾道 7	
05356	朝	宋朝仪	告谢	仪 9/1－5	景德 1－乾道 7	

续表

《大典》卷数	字韵	事目	标目	位置	内容	备注
05356	朝	宋朝仪	皇帝朝德寿宫	礼 56/12－13	淳熙 1－10	
05356	朝	宋朝仪	命妇内朝	礼 56/13－15	祥符 2－元祐 1	
05365	朝	辍朝	辍朝	礼 41/24－55	辍朝例	
05365	朝	辍朝	辍朝杂录	礼 41/55－60	开宝 2－乾道 3	
05414	桥	桥名	浮桥	方 13/29	淳熙 10	
05420	桥	事韵	桥梁	方 13/19－28	建隆 2－乾道 4	
05438 05439	郊	郊祀	郊祀御札	礼 28/1－40	乾德 1－嘉定 5	
05439 05440	郊	郊祀	郊祀事务一	礼 28/40－62	开宝 1－绍兴 2	为“汾阴后土”等。
05440	郊	郊祀	郊祀事务二	礼 28/62－65	乾德 1－绍兴 3	为“五方帝”等。
05448	郊	郊祀·议论	郊祀议论	礼 3/1－2（1）	乾德 1－景祐 5	
05448 05449	郊	郊祀·议论	郊祀议论	礼 3/4－32	元祐 7－嘉定 5	3/19 为《山堂考索》文。
05451	郊	郊祀·议论	南北郊坛	礼 2/41－43	景德 3－绍兴 13	
05451	郊	郊祀·议论	郊祀议论	礼 3/2（2）－3	元丰 1－6	
05453	郊	郊祀·神位	郊祀神位	礼 25/64	淳化 2	《大典》“神位”下再分“议论”与“事实”。
05453	郊	郊祀·神位	郊祀神位	礼 25/69－70	绍熙 2－嘉泰 3	

续表

《大典》卷数	字韵	事目	标目	位置	内容	备注
05454	郊	郊祀·神位	郊祀神位	礼 25/65－68	元丰 4－绍兴 13	
05454	郊	郊祀·神位	郊祀神位	礼 25/71－72	元丰 1	
05455	郊	郊祀·配侑	郊祀配侑	礼 25/73－74	兴国 3－景祐 2	应为“祖宗配侑”。
05455	郊	郊祀·配侑	祖宗配侑	礼 25/75－77	建隆 4－绍兴 13	
05456	郊	郊祀·配侑	祖宗配侑	礼 25/77－97	建隆 4－绍兴 2	
05457	郊	郊祀·祭器	郊祀祭器	礼 25/60－62（1）	景德 3－崇宁中	
05457	郊	郊祀·祭器	郊祀五使	礼 28/87（3）（4）	乾道 3－绍熙 2	应为“郊祀祭器”。
05459	郊	郊祀·玉币	郊祀	礼 26/1－7	景德 3－嘉泰 4	应为“郊祀玉币”。
05460	郊	郊祀·牲牢	郊祀牲牢	礼 26/7－15	建隆 4－政和 8	
05461	郊	郊祀·酒馔	祭器	礼 14/121－125	兴国 4－绍兴 18	应为“郊祀酒馔”。
05461	郊	郊祀·明水明火	祭器	礼 14/125（2）	绍圣 3	应为“郊祀明水明火”。
05462	郊	郊祀·冰鉴	祭器	礼 25/62（2）	政和 4	应为“郊祀冰鉴”。

续表

《大典》卷数	字韵	事目	标目	位置	内容	备注
05462	郊	郊祀·礼料	祭器	礼 14/125（3）－126	乾道 6	应为“郊祀礼料”。
05464 05466	郊	郊祀·乐舞	雅乐	补 211 上－251 上	建隆 1－淳熙 12	部分为《中兴礼书》文。
05464 05466	郊	郊祀·乐舞	郊祀乐	乐 4/9－5/26	建隆 1－宣和 4	应为“雅乐”。
05464 05466	郊	郊祀·乐舞	律吕	乐 2/2－7	景祐 3	应为“雅乐”。 以上 3 段本为同一门，被分割。
05470	郊	郊祀·乐章	郊社群祀乐歌	乐 6/1－2	南郊亲祀	
05470	郊	郊祀·乐章	郊社群祀乐歌	乐 6/5	冬至圜丘	
05470	郊	郊祀·乐章	祈谷	乐 6/8	孟春祈谷	
05470	郊	郊祀·乐章	感生帝	补 251 下－252 上	祀感生帝	
05471	郊	郊祀·乐章	皇地祇	乐 6/21－26	祀皇地祇等	
05471	郊	郊祀·乐章	御楼	乐 7/3－4	郊祀回升楼	
05471	郊	郊祀·乐章	御楼	补 252 下	皇帝还内	

续表

《大典》卷数	字韵	事目	标目	位置	内容	备注
05471	郊	郊祀·乐章	鼓吹导引乐歌	乐 8/1－5	南郊鼓吹歌曲	
05472	郊	郊祀·祝辞	郊祀祝词	礼 25/63	祥符 4	
05476	郊	郊祀·祭服	郊祀冕辂冠服	礼 2/38－40	乾德 1－隆兴 2	
05479	郊	郊祀·卤簿	郊祀卤簿	礼 2/34－36	乾德 1－政和 7	
05480	郊	郊祀·卤簿	郊祀卤簿	礼 2/37	淳熙 3	
05483	郊	郊祀·卜日用日	郊祀事务三	礼 28/66－69	景德 3－隆兴 2	应为“郊祀卜日用日”。
05484	郊	郊祀·斋戒	郊祀事务四	礼 28/69－76	乾德 1－绍熙 2	应为“郊祀斋戒”。
05484	郊	郊祀·五使	郊祀事务五	礼 28/76－87	建隆 4－绍兴 4	应为“郊祀五使”。
05485 05486	郊	郊祀·行事执事官	郊祀仪注职事	礼 1/1－27	乾德 6－庆元 3	应为“郊祀行事执事官”。
05485 05486	郊	郊祀·行事执事官	郊祀五使	礼 28/87（2）	熙宁 10	从上条中挖出。
05487	郊	郊祀·坛殿	郊祀坛殿大小次	礼 2/1－14	元祐 9－淳熙 12	2/2－14 为《中兴礼书》文。
05487	郊	郊祀·坛殿	门	方 3/41	熙宁 7	与上条为同一门。

续表

《大典》卷数	字韵	事目	标目	位置	内容	备注
05487	郊	郊祀·位次	郊祀位次	礼 2/14－16	庆历 1－隆兴 2	2/14－15 为《中兴礼书》文。
05488	郊	郊祀·奏告	郊祀奏告	礼 2/16－27	绍兴 13－乾道 5	为《中兴礼书》文。
05488	郊	郊祀·陈八宝	郊祀陈八宝	礼 2/27－33	绍兴 13－淳熙 12	为《中兴礼书》文。
05490	郊	郊祀·仪注	郊祀仪注	礼 1/28－37	乾德 1－政和 6	
05495 05496	郊	郊祀·仪注	郊祀仪注	礼 1/38－39	绍兴 2－淳熙 12	
05503	郊	郊祀·恭谢	郊祀恭谢	礼 25/50－59	祥符 5－乾道 1	
05504	郊	郊祀·赏赐	郊祀赏赐	礼 25/1－14	赐例	
05504	郊	郊祀·赏赐	郊祀赏赐杂录	礼 25/14－27	庆历 2－嘉泰 3	
05515	袍	事韵	诸色袍	舆 5/14－27	黄袍等	自“大驾卤簿”等摘出。
05528	壕	事韵	壕堑	方 18/1	祥符 2	
05551	褒	事韵	褒赏	补 253 上	淳熙 6－庆元 1	
05570	刀	事韵	刀制	兵 26/26－27	马军刀等	
05570	刀	事韵	卤簿杂录	舆 3/11（3）	容刀等	从兵 26/26 中挖出。
05578	逃	事韵	逃移	食 69/65－69	淳熙 7－开禧 3	

续表

《大典》卷数	字韵	事目	标目	位置	内容	备注
05626	珂	事韵	马珂	舆 6/25	序	
05643 05647	河	宋治河	治河	方 14/1 – 26	建隆 1 – 熙宁 9	
05643 05647	河	宋治河	治河	方 15/1 – 32	元丰 1 – 宣和 7	
05651	河	河名	汴河	方 16/1 – 19	建隆 3 – 建炎 3	
05654	河	河名	金水河	方 16/26 – 27	祥符 1 – 政和 4	《宋史·河渠志》为正文，《宋会要》为注文。
05654	河	河名	白沟河	方 16/28 – 33	咸平 6 – 政和 3	
05655	河	河名	月河	方 16/34	淳熙 6	
05655	河	河名	运河	方 16/34 – 36	淳熙 2 – 嘉定 6	
05656	河	河名	许浦河	方 16/37	淳熙 1 – 2	
05657	河	河名	吕城河等	方 16/38 – 39	治平 4 – 淳熙 11	尚有“岗河”、“盐河”、“马岗河”。
05658	河	河名	二股河	方 14/27	嘉祐 2 – 元祐 7	
05659	河	河名	东南诸水	方 16/40 – 42	奉口河等	
05660	河	河名	广济河	方 16/20 – 21	建隆 3 – 元祐 1	
05661	河	河名	惠民河	方 16/22 – 25	建隆 1 – 崇宁 1	
05686	啰	事韵	唃厮啰	蕃 6/1 – 5	祥符 7 – 治平 1	
05695	科	明经科	明经科	补 258 下 – 261 上	建隆 4 – 绍圣 1	

续表

《大典》卷数	字韵	事目	标目	位置	内容	备注
05695	科	童子科	童子科	选 12/38－40	嘉定 5－14	
05695	科	贤良科	贤良科	补 253 下－255 上	乾德 2－绍圣 1	
05695	科	明法科	明法科	补 255 下－257 上	熙宁 4－绍兴 16	
05695	科	经明行修科	经明行修科	补 257 上－258 上	元祐 1－8	
05696	科	进士科	进士科	选 2/1－4	开宝 5－咸平 5	
05696	科	进士科	进士科	选 2/6－33	祥符 8－嘉定 16	2/25－27 为“杂录”。
05697	科	制科	制科	选 11/32－41	淳熙 1－开禧 1	
05699	科	宏词科	宏词科	补 261 下－268 上	绍圣 1－乾道 8	
05699	科	宏词科	宏词科	选 12/22－25	淳熙 2－嘉定 7	
05699	科	书判拔萃科	书判拔萃科	补 268 下－272 下	建隆 3－熙宁 4	
05700	科	恩科	恩科	选 13/2－10	绍兴 32－嘉定 15	
05700	科	武举科	武举科	补 273 上－287 上	咸平 3－乾道 9	
05700	科	八行科	八行科	补 287 下－289 上	大观 1－政和 6	
05700	科	百篇科	百篇科	补 289 下	兴国 5－景德 3	
05737	婆	阇婆国	阇婆国	蕃 4/97－98	淳化 3－乾道 6	
05750	沙	事韵	产砂	食 34/12	天圣 1－建炎 4	

续表

《大典》卷数	字韵	事目	标目	位置	内容	备注
05770	沙	沙州	瓜沙二州	蕃 5/1－3	建隆 2－皇祐 2	
05781	茶	榷茶	茶额	食 29/20－22	乾道茶额	
05781	茶	榷茶	茶法杂录	食 31/22－34	淳熙 1－嘉定 5	
05782	茶	榷茶	茶额	补 290 上－292 上	乾道茶额、买卖茶额	
05782	茶	榷茶	茶号	食 29/1	茶色号	
05782	茶	榷茶	茶数	食 29/17－19	绍兴茶额	应为“茶额”。
05783	茶	榷茶	茶价	补 292 下－298 上	买卖茶价	
05783	茶	榷茶	茶场	补 298 上－299 下	买卖茶场	
05783	茶	榷茶	茶法	补 299 下－308 上	乾德 5－嘉祐 7	应为“茶法杂录”。
05784	茶	榷茶	茶法杂录	食 30/11－44	熙宁 4－政和 2	
05785	茶	榷茶	茶盐杂录	食 32/1－31	政和 3－绍兴 4	应为“茶法杂录”。
05785	茶	榷茶	茶法杂录	食 31/1－21	绍兴 5－乾道 9	
05811	枷	事韵	枷制	刑 6/77－79	淳化 2－绍兴 12	
05818	华	文苑英华	编纂书籍	崇 5/1－17	兴国 7－雍熙 3	5/1“崇文总目”以下非《会要》。
06025	阳	东阳县	续东阳志	方 6/38	嘉泰 1	为《续东阳志》引《会要》。

续表

《大典》卷数	字韵	事目	标目	位置	内容	备注
06125	方	职方氏	职方	职 14/20	兴国 2 – 祥符 3	
06133	坊	左右坊	东宫官	职 7/36	乾道 2	大部被屠寄删去。
06134	坊	教坊	教坊	职 22/28 – 33	乾德 4 – 绍兴 31	为“教坊”、“云韶部”、“钧容”、“四夷乐”四门。
06137	坊	坊名	左右天厩坊	方 3/48	雍熙 2 – 熙宁 8	
06137	坊	坊名	驼坊	方 3/48 – 49	开宝 2 – 乾道 9	
06137	坊	坊名	内酒坊	方 3/49 – 50	咸平 2 – 元丰 2	
06137	坊	坊名	东西作坊	方 3/50 – 53	开宝 9 – 熙宁 7	为“作坊”及“作坊物料库”两门。
06137	坊	坊名	安济坊	补 308 下 – 310 下	崇宁 1 – 绍兴 16	
06146	房	五房	五房五院			与职 3/22 同，被屠寄删去。
06150	防	边防	边防	兵 29/40 – 52	淳熙 1 – 嘉定 15	
06291	昌	高昌县	高昌	蕃 4/12	兴国 8 – 景德 1	
06398	常	事韵	太常寺	职 22/18	序	
06524	桩	事韵	封桩	食 64/70 – 78	熙宁 10 – 乾道 9	

续表

《大典》卷数	字韵	事目	标目	位置	内容	备注
06524	桩	事韵	月桩		绍兴7	此卷《大典》现存，漏抄。
06524	桩	事韵	马黄弩桩		元丰6	此卷《大典》现存，漏抄。
06526	幢	事韵	幢	舆3/8	青龙幢等	从“卤簿法驾”中摘出。
06537	场	事韵	事材场 退材场	食54/15	雍熙2－天圣7	
06537	场	事韵	草料场	食54/16	绍兴2－乾道9	
06538	场	事韵	抽税箔场	食54/13	序	
06538	场	事韵	杂卖场	食54/17－21	景德4－乾道1	
06539	场	事韵	麦䴷场	食54/14	景德2	
06625	凉	西凉府	西凉府	方21/14－23	乾德4－天圣4	
06666	江	镇江府	堰	补311上	淳化1	为《至顺镇江志》引《会要》。
06671	江	镇江府	闸	补311下	崇宁1	为《至顺镇江志》引《会要》。
06671	江	镇江府	堰	食8/35－37	治平4－崇宁1	为《嘉定镇江志》引《会要》。

续表

《大典》卷数	字韵	事目	标目	位置	内容	备注
06738	王	宗室封王	皇子诸王杂录	帝 2/9－10	祥符 1－治平 4	《大典》卷数似误。
06761	王	宗室封王	太子诸王	帝 1/52－60	宣祖子－仁宗子	应为“秀安僖王”。
06761	王	宗室封王	皇子诸王杂录	帝 2/3－5	太宗子	应为“宗室封王”。
06761	王	宗室封王	周王	补 312 上	太宗子	应为“宗室封王”。
06761	王	宗室封王	濮秀二王杂录	帝 2/56（2）－58（1）	淳熙 16－嘉定 3	应为“秀安僖王”。
06762	王	宗室封王	濮安懿王园陵	礼 40/1－5	治平 1－元丰 4	
06762	王	宗室封王	濮秀二王杂录	帝 2/34－36	士輵等	应为“濮安懿王”。
06762	王	宗室封王	濮秀二王杂录	帝 2/48－55	淳熙 1－嘉定 12	
06762	王	宗室封王	太子诸王	帝 1/44－45	英宗、神宗子孙	应为“宗室封王”。
06762	王	宗室封王	太子诸王	帝 1/50－51	神宗子	应为“宗室封王”。
06763	王	宗室封王	太子诸王	帝 1/46－50	神宗、徽宗子孙	应为“宗室封王”。
06763	王	宗室封王	皇子诸王杂录	帝 2/25－27	淳熙 1－16	
06773	王	神封王号	孚佑王庙	礼 21/7	孚佑王庙	

续表

《大典》卷数	字韵	事目	标目	位置	内容	备注
06773	王	神封王号	英烈王庙	礼 21/12	英烈王庙	原注卷267。
07199	堂	明堂	明堂御札	礼 24/1 – 41	皇祐 2 – 治平 1	
07200	堂	明堂	明堂议论	礼 24/42 – 68	治平 4 – 宣和 3	
07200	堂	明堂	明堂制度	礼 24/68 – 77	政和 5 – 7	
07200	堂	明堂	明堂颁朔布政	礼 24/77 – 83	政和 7	
07201	堂	明堂	明堂颁朔	礼 24/84	政和 3 – 靖康 1	
07201	堂	明堂	明堂大礼	礼 24/84 – 110	绍兴 1 – 嘉定 14	
07215	堂	堂名	资善堂	方 3/19 – 30	天禧 2 – 淳祐 7	尚有“都堂”“射堂”。
07217	堂	堂名	继照堂	方 3/18	祥符 3 – 景祐 1	
07292	郎	侍郎	侍郎	职 16/25	序	应为“六部侍郎”。
07305	郎	兵部侍郎	兵部			与职 14/4 同，被屠寄删去。
07307	郎	刑部侍郎	刑部侍郎	职 16/（1）	序	
07308	郎	工部侍郎	工部侍郎	职 16/（2）	序	
07309	郎	员外郎	吏部			与职 8/3 同，被屠寄删去。
07312	郎	员外郎		职 12/1	度支等部员外郎	
07313	郎	员外郎		职 12/3	膳部等部员外郎	

续表

《大典》卷数	字韵	事目	标目	位置	内容	备注
07314	郎	员外郎	都官部员外郎	职 15/47	都官部等员外郎	
07315	郎	员外郎	屯田部员外郎	职 16/2－3	屯田部等员外郎	
07320	郎	著作佐郎	著作佐郎	职 18/46	乾道 3	
07320	郎	斋郎	斋郎	职 22/19－20	建隆 4－嘉祐 6	
07327	郎	承信郎等	挽郎	职 22/21	乾兴 1－天圣 1	
07346	丧	丧礼	改卜陵	礼 39/16－20	乾德 1－祥符 4	
07346 07348	丧	丧礼	历代大行丧礼	礼 29/1－83	开宝 9－崇宁 1	太祖至哲宗丧礼。
07363 07364	丧	丧礼	历代大行丧礼	礼 30/1－96	绍熙 5－宝庆 2	孝宗、光宗、宁宗丧礼。
07365	丧	丧礼	后丧	礼 31/1－7	建隆 2－乾德 2	昭宪后丧礼。
07365	丧	丧礼	后丧	礼 32/1－14	明道 2－景祐 1	章宪后丧礼。
07365 07366	丧	丧礼	后丧	礼 31/7（2）－53	乾德 1－祥符 2	孝明至章穆后丧礼。
07367	丧	丧礼	后丧	礼 32/15－29	明道 1－嘉祐 4	章懿后至郭后丧礼。
07367	丧	丧礼	后丧	礼 33/1－6	至和 1－嘉祐 7	温成后丧礼。
07367	丧	丧礼	后丧	礼 32/30－44	元丰 2－4	慈圣后丧礼。
07368 07369	丧	丧礼	后丧	礼 33/7－34/11	元祐 8－绍兴 7	宣仁后至显恭后丧礼。

续表

《大典》卷数	字韵	事目	标目	位置	内容	备注
07369	丧	丧礼	后丧	礼 34/13－19	政和 3－宣和 5	明达、明节后丧礼。
07375	丧	丧礼	后丧	礼 34/12－13	绍兴 30	显仁后丧礼。
07376 07377	丧	丧礼	后丧	礼 34/20－39	庆元 3－4	宪圣后丧礼。原注卷7380。
07378	丧	丧礼	后丧		安恭皇后丧礼	正文为《中兴礼书》，有5段《宋会要》注文。
07381	丧	丧礼·车驾临奠	亲临宗戚大臣丧	礼 41/1－6	亲临、发哀	原注卷7382，误。
07381	丧	丧礼·车驾临奠	杂录	礼 41/6－10	淳化 4－淳熙 7	
07383	丧	丧礼·外国丧礼	外国发哀	礼 41/10－14	祥符 2－靖国 1	原注卷7382，误。
07393	丧	公卿士庶丧礼				正文为《孝慈录》，有2段《宋会要》注文。
07506	仓	常平仓			淳化 3－乾道 8	
07507	仓	常平仓			淳熙 11	《苏州府志》引《宋会要》。
07509	仓	义仓	义仓	食 62/18－52	建隆 4－嘉定 14	

续表

《大典》卷数	字韵	事目	标目	位置	内容	备注
07511	仓	仓名	京诸仓	食 62/1－17	建隆 1－乾道 6	
07512	仓	仓名	诸州仓库	食 62/53－75	建隆 4－嘉定 14	应为“诸州仓”。
07513	仓	仓名	惠民仓	补 312 下	淳化 5－咸平 2	
07513	仓	仓名	司农仓	食 53/35	序	
07513	仓	仓名	广惠仓	补 313 上	嘉祐 2－4	
07513	仓	仓名	折中仓	食 53/36	序	
07520	赃	事韵	定赃罪	刑 3/1－9	建隆 2－绍兴 31	
07664	皇	太上皇	尊号	礼 49/25－43	绍兴 32－绍熙 5	
07666	蝗	历代蝗	蝗灾	瑞 3/40－47	天禧 1－开禧 3	正文为《宋史·五行志》，注文为《宋会要》。
07670	降	纳降	降	礼 48/2	兴国 4	受刘继元降。
07670	降	纳降	受降礼	补 313 下－315 上	乾德 3	受孟昶降。
07687	卿	宗正卿	诸王府官	职 7/39（3）	乾道 1－2	
07690	卿	司农卿	王府侍讲	职 7/39（1）（2）	大观 2－乾道 5	应为“司农卿”。第 2 条似非本卷。
07698	京	西京	西京杂录	方 1/24－25	景德 2－政和 4	
07699	京	东京	东京	方 1/1－23	东京、西京、东京杂录	

续表

《大典》卷数	字韵	事目	标目	位置	内容	备注
07701	京	南京	南京	方 2/1	景德 3 – 庆历 5	
07702	京	北京	北京	方 2/1 – 2	庆历 2 – 熙宁 8	
07855	星	荧惑星	祀荧惑星	礼 19/14 – 15	崇宁 3 – 绍兴 18	
07855	星	荧惑星	祀荧惑星	礼 4/2 – 14	荧惑星、大辰	为《中兴礼书》文。
07861	星	寿星	寿星	瑞 1/1 – 2	乾德 3 – 治平 3	
07862	星	含誉星	含誉星	瑞 1/2	祥符 7 – 明道 2	
07862	星	客星	客星	瑞 1/2	至和 1 – 嘉祐 1	
07863	星	祆星	星变	瑞 2/14	建隆 2 – 淳熙 14	
07864	星	彗星	彗	瑞 2/7 – 12	端拱 1 – 绍兴 26	
07865	星	孛星	孛	瑞 2/13	淳熙 2 – 绍定 3	
07866	星	长星等	长星等	礼 19/16	长星、流星、飞星	
07867	星	星变	陨星	礼 19/17	天圣 6	
07872	星	祀诸星	祀诸星	礼 19/1（1）	政和 3	卷数似误。
07873	星	祀诸星		礼 19/1（2）–9	咸平 4 – 大观 4	似为“九宫贵神”。
07874	星	祀诸星	祀大火星	礼 19/9 – 13	康定 1 – 崇宁 4	
07879	丁	事韵	身丁	食 66/15 – 20	淳熙 1 – 开禧 3	
07902	亭	亭名	垂云亭	方 3/14	垂云亭	
07917	亭	亭名	源清亭等	方 3/16	源清亭等	部分自“京都杂录”摘出。

续表

《大典》卷数	字韵	事目	标目	位置	内容	备注
07956	亭	亭名	达观亭等	方 3/15	达观亭等	部分自“京都杂录”摘出。
07998 07999	征	亲征	亲征	兵 7/1－22	建隆 1－乾道 8	
08018	钲	事韵	钲	舆 3/9	金钲等	自“卤簿法驾”摘出。
08063	城	城名	诸城 修改移并	方 9/13	建康府城	
08064	城	城名	诸城 修改移并	方 9/7	寿州城等	
08065	城	城名	诸城 修改移并	方 9/9－10	庐州城	
08066	城	城名	诸城 修改移并	方 9/8	和州城	
08067	城	城名	诸城 修改移并	方 8/11	京都路军州城	
08067	城	城名	军城	补 315 下		与上条全同，为抄重者。
08067	城	城名	诸城 修改移并	方 8/36	平江府城	
08068	城	城名	诸城 修改移并	方 9/11	宣州城	

续表

《大典》卷数	字韵	事目	标目	位置	内容	备注
08069	城	城名	诸城修改移并	方 9/1－3	扬州府城	扬州府为明代建制，为《大典》所改，下同。
08070	城	城名	诸城修改移并	方 9/4－6	六合县城等	
08072	城	城名	杭州府城	方 2/24－25	绍兴 2－隆兴 1	
08073	城	城名	诸城修改移并	方 8/35	金华府城	
08075	城	城名	宋西京城	补 316 上	西京城	
08077	城	城名	宋皇城京城	补 316 下	皇城、京城	
08077 08078	城	城名	诸城修改移并	方 8/12－13	清阳城等	
08079	城	城名	诸城修改移并	方 8/17－18	冀州城等	
08081	城	城名	诸城修改移并	方 8/16	瀛州城等	
08081	城	城名	诸城修改移并	方 8/19－20	大名府城等	
08082 08083	城	城名	诸城修改移并	方 8/14－15	棣州故城等	
08084	城	城名	诸城修改移并	方 8/34	太原府城等	
08086 08087	城	城名	诸城修改移并	方 8/22－29	定西城等	

续表

《大典》卷数	字韵	事目	标目	位置	内容	备注
08089 08090	城	城名	诸城修改移并	方 8/30 – 33	故豳州城等	
08091	城	城名	诸城修改移并	方 9/14	南昌府城	
08093	城	城名	诸城修改移并	方 9/15 – 16	赣州府城等	
08094	城	城名	诸城修改移并	方 9/21 – 23	荆门州城等	
08096	城	城名	诸城修改移并	方 9/17 – 20	靖州城等	
08099	城	城名	诸城修改移并	方 9/25 – 26	成都府城等	
08102	城	城名	诸城修改移并	方 9/24	福州府城等	
08103	城	城名	诸城修改移并	方 9/27 – 29	广州府城等	
08104	城	城名	诸城修改移并	方 9/21	来宾县城	
08104	城	城名	南宁府城	方 9/12	南宁府城	
08106	城	城名	诸城修改移并	方 8/1	怀远城	
08106	城	城名	诸城修改移并	方 8/1 – 10	雍熙 3 – 淳熙 3	似为“修城”。
08107	城	城名	诸城山界	方 19/47 – 49	元丰 5	
08116	城	占城国	占城蒲端	蕃 4/61 – 84	建隆 1 – 庆元 5	应为“占城”。

续表

《大典》卷数	字韵	事目	标目	位置	内容	备注
08129	丞	御史中丞	御史中丞	职 17/23 – 28	兴国 4 – 乾道 1	
08139	丞	县丞	县丞	职 48/53 – 58	天圣 4 – 嘉定 13	
08141	丞	驿丞	驿丞	职 48/59	咸平 6 – 淳熙 12	
08175	澄		澄州	方 9/30	澄州	
08187	陵	历代帝王陵	尧陵	崇 6/40	熙宁 1 – 元丰 6	
08189	陵	历代帝王陵	宋宣祖安陵等	礼 37/1 – 27	宣祖至宁宗陵	
08189	陵	历代帝王陵	缘陵裁製	礼 37/27 – 46	建隆 1 – 乾道 9	
08192	陵	历代皇后陵	宋昭宪皇后陵等	礼 37/47 – 75	昭宪后陵等	
08197	陵	命公卿巡陵	命公卿巡陵	礼 39/3 – 15	建隆 2 – 隆兴 8	应为“遣官朝拜诸陵”。
08198	陵	守陵修陵发陵	守陵修陵发陵	礼 38/1 – 6	乾德 4 – 建炎 4	
08210 08211	明	事韵	归明	兵 17/1 – 40	雍熙 3 – 嘉定 17	
08237	鸣	事韵	中鸣	舆 3/11（1）		自“卤簿法驾”摘出。
08248	名	事韵	特奏名	补 317 上 – 319 下	绍兴 32 – 乾道 9	
08248	名	事韵	唱名	选 13/1	雍熙 2	
08304	兵	乡兵	厢巡	兵 3/1 – 12	景德 4 – 嘉定 11	

续表

《大典》卷数	字韵	事目	标目	位置	内容	备注
08305	兵	乡兵	乡兵	兵 1/1－36	咸平 5－乾道 9	
08306	兵	乡兵	乡兵	兵 2/1－45	庆历 2－乾道 8	应为“义勇保甲”。
08306	兵	乡兵	保甲	兵 2/46－49	淳熙 2－嘉定 15	
08306	兵	乡兵	忠义巡社	兵 2/50－60	建炎 1－绍兴 17	
08306	兵	乡兵	峒丁	兵 4/32－39	皇祐 4－绍兴 4	
08307	兵	弓兵	弓兵	兵 3/13－37	建炎 1－嘉定 16	
08307	兵	弓兵	弓箭手	兵 4/1－31	景德 2－绍兴 9	
08309	兵	戍兵	屯戍	兵 5/1－6/11	咸平 6－嘉定 13	
08345	兵	兵令	军制	刑 7/1－39	建隆 3－绍兴 31	
08469	营	事韵	修军营	补 320 上－322 下	咸平 5－乾道 7	
08542	晴	诗文	祈晴	礼 18/34－35	淳熙 4－嘉定 7	
08544	晴	诗文	谢晴	礼 18/36	乾道 8	
08570 08571	生	事韵	赐先生号	崇 6/33－36	史虚白等	
08633	衡	事韵	量衡	食 41/27－35	建隆 1－绍兴 22	应为“权衡”。
08666	灯	事韵	三元灯	帝 10/1－2	兴国 2－宣和 7	应为“三元观灯”。
08666	灯	事韵	上元灯 中元灯 下元灯	帝 10/2－8	建隆 2－政和 3	
08706	僧	僧官	僧道官	道 1/11－12	景德 2－乾道 1	挖出一条在补 323 上。

续表

《大典》卷数	字韵	事目	标目	位置	内容	备注
08706	僧	僧隶		补 323 下	咸平 5	
08706	僧	僧号	大师禅师杂录	道 1/7 –9	嘉祐 7 – 绍熙 2	
08706	僧	僧衣			乾德 3 – 淳熙 2	
08706	僧	僧籍	披度	道 1/15	景祐至熙宁僧籍	挖去者在补 324 上。
08706	僧	度僧	披度	道 1/15 –16，38	至道 1 – 乾道 9	挖去者在补 324 下 –325 下。
08706	僧	禁私度僧		补 326 上	天禧 1	
08706	僧	汰僧		补 326 上	绍兴 6 –23	
08783	僧	杂录诸僧	番僧	补 326 下	开宝 7	
08797	僧	事韵	僧道身丁钱	道 1/39 –40	乾道 1 – 嘉泰 3	
08868	丘	丘	方丘	乐 6/6 –7	方丘乐歌	应为“方丘乐歌”。
09060	雠	事韵	赦宥	刑 8/1	淳熙 14	应为“复仇”。
09216	囚	事韵	禁囚	刑 6/51 –76	开宝 2 – 嘉定 16	
09249	侯	事韵	广惠侯庙	礼 21/11	广惠灵济侯	
09481	金	产金	产金	补 327 上	天圣 6 – 元丰 4	
09482	金	事韵	课金	食 34/13 –16	至道 1 – 乾道 3	
09482	金	事韵		补 328 下 –329 上	金场及山泽之入	

续表

《大典》卷数	字韵	事目	标目	位置	内容	备注
09482	金	事韵		补327下-328上	金额等	
09484	金	事韵	禁造伪金等	刑2/162-163	禁造伪金等	似为"金禁"。
09775	监	事韵	监当	职48/138-147	淳熙7-嘉定8	
09776	监	知府州军监	判知州府军监	职47/39-58	淳熙1-嘉定10	
09776	监	知府州军监	通判诸州府军监	职47/58-70	建隆4-乾道7	
09777	监	判知府州军监	判知府州军监	职47/1-38	乾德4-乾道9	
09787 09788	盐	盐法	盐法	食22/1-23/18	各路盐课额	
09788 08792	盐	盐法	盐法杂录	食23/18-27/45	建隆2-乾道9	
09793 09794	盐	盐法	盐法	补329下-330上	乾道各路盐额	
09793 09794	盐	盐法	盐法杂录	食28/1-58	淳熙1-嘉定7	
10116	旨	枢密院副都承旨			序	另有作《通考》注文1条。
10122 10123	阯	交阯	交趾	蕃4/20-57	开宝5-嘉定8	淳熙元年改为"安南"。

续表

《大典》卷数	字韵	事目	标目	位置	内容	备注
10161	史	史官	史官	职 18/77	司马光等	
10163	史	监修国史	监修国史	职 18/75－76	乾德 2－元丰 3	
10167	史	御史	御史台	职 17/5－22	景德 4－隆兴 2	
10170	史	殿中侍御史	殿中侍御史	职 17/29－30	元祐 6－政和 3	
10171	史	监察御史	监察御史	职 17/31－35（1）	天圣 4－乾道 8	
10172	史	监察御史裹行	监察御史裹行	职 17/36	景祐 1－元丰 4	
10172	史	御史知杂	御史知杂	职 17/36－37	皇祐 4－元丰 5	
10175	史	刺史	刺史	职 38/9－10	建隆 1－元丰 7	
10353	理	大理国	大理国	蕃 4/58－60	政和 6－绍兴 6	
10454	礼	事韵	优礼大臣	礼 47/13－14	政和 6－宣和 6	大部被删去。
10600	雨	祈雨	祈雨	礼 18/2－31	建隆 2－嘉定 14	
10641	举	举士	贡举	选 1/1－17	建隆 1－乾道 8	
10641 10644	举	举士	贡举杂录	选 3/1－4/44	建隆 3－乾道 8	补 872 下有从 3/15 中挖出一条。
10644 10645	举	举士	贡举	选 1/18－29	淳熙 1－嘉定 16	
10645 10646	举	举士	贡举杂录	选 5/1－6/50	淳熙 1－嘉定 16	
10647 10648	举	举士	亲试	选 7/1－8/15	开宝 6－乾道 8	
10648	举	举士	亲试杂录	选 8/31－45	景德 2－乾道 8	

续表

《大典》卷数	字韵	事目	标目	位置	内容	备注
10648 10649	举	举士	发解	选 14/13 –16/18	乾德 2 – 乾道 8	
10649	举	举士	锁厅	选 14/8 – 13	兴国 5 – 绍圣 2	
10649	举	举士	试判	补 330 下 –334 下	建隆 3 – 熙宁 4	
10649	举	举士	试法	选 13/11 – 29	雍熙 3 – 乾道 6	
10650	举	举士	新科明法	选 14/1 – 7	熙宁 4 – 绍兴 16	
10650	举	举士	铨试	选 26/1 – 7	绍兴 32 – 乾道 8	
10650 10651	举	举士	试官	选 19/1 – 20/23	兴国 1 – 乾道 9	
10651	举	举士	宏词	选 12/2 – 21	绍圣 1 – 乾道 8	
10651 10652	举	举士	进士	补 335 上 –336 上	开宝 5 – 咸平 5	
10652	举	举士	进士	选 2/5	景德 2 – 祥符 7	
10652	举	举士	进士	补 337 上 –345 上	天禧 1 – 乾道 8	
10652	举	举士	明经	选 12/26 – 32	建隆 4 – 元祐 6	
10652	举	举士	经明行修	选 11/42 – 43	元祐 1 – 8	
10652	举	举士	八行	选 12/33 – 37	大观 1 – 政和 6	
10652	举	举士	礼遣	选 34/47 – 53	嘉祐 4 – 乾道 5	
10653	举	举士	举遗逸	选 34/31 – 46	开宝 3 – 乾道 5	
10653	举	举士	赐及第	选 9/1 – 3	雍熙 2 – 熙宁 5	
10653 10654	举	举士	赐出身	选 9/3 – 20	开宝 3 – 乾道 9	

续表

《大典》卷数	字韵	事目	标目	位置	内容	备注
10654	举	举士	百篇	选 18/27	兴国 5 – 景德 3	亦见补 872 上
10654	举	举士	特奏名	补 345 下 – 348 下	绍兴 32 – 乾道 8	
10654	举	举士	宗室应举	选 18/21 – 25	绍兴 32 – 乾道 8	
10654	举	举士	效士	选 18/25 – 26	绍兴 2 – 10	
10664 10665	举	举官	举官	选 27/1 – 30/29	建隆 3 – 乾道 9	
10665	举	举官	自代	补 349 上 – 350 下	咸平 4 – 绍兴 5	
10669	举	举贤良方正	制科	选 10/6 – 11/31	乾德 2 – 乾道 7	
10672	举	辟举	辟举	选 31/1 – 11	建炎 1 – 乾道 9	
10673 10674	举	武举	武举	选 17/5 – 18/20	咸平 3 – 嘉定 17	
10675	举	童子举	童子出身	选 9/21 – 30	淳化 2 – 乾道 9	
10728 10730	主	公主	公主	帝 8/1 – 43	太祖妹至孝宗女	帝 8/38 挖出一段在补 351。
10788	女	事韵	宗女	帝 8/44 – 45	淳熙 16 – 开禧 3	
10811	母	事韵	乳母	后 3/29 – 35	太宗至光宗乳母	
10879	弩	事韵	寸札弩等	兵 26/34 – 35	寸札弩等	
10879	弩	事韵	神臂弩	补 352 上	神臂弩	
10879	弩	事韵	𢡅弩	舆 3/11（2）	𢡅弩	自《舆辇旗物制度》摘出。

续表

《大典》卷数	字韵	事目	标目	位置	内容	备注
10940	所	行在所	行在所	方 2/3－23	建炎 1－嘉定 2	
10940	所	玉牒等所	玉牒	职 20/54	绍兴 20－26	大部被屠寄删去。
10940	所	玉牒等所	刻漏所	职 18/112	绍兴 3－27	
10940	所	玉牒等所	国史日历所	职 18/102－109	淳熙 1－嘉定 15	
10940	所	玉牒等所	会要所	职 18/80－81	淳熙 16－绍熙 5	
10940	所	玉牒等所	养象所	职 23/3	乾德 5－淳熙 16	
10940	所	玉牒等所	皮剥所	职 6/35－42	咸平 5－绍熙 5	
10940	所	玉牒等所	后苑造作所	职 36/72－76	景德 2－宣和 7	
10940	所	玉牒等所	烧朱所	职 36/76	序	应为“后苑烧朱所”。
10940	所	玉牒等所	提点仓草场所	职 26/23－27	咸平 5－熙宁 8	
10941	所	主管往来国信等所	主管往来国信所	职 36/32－71	景德 2－嘉定 9	
10941	所	主管往来国信等所	讲筵所	职 6/74－76	淳熙 13	一条自“京都杂录”摘出。
10941	所	主管往来国信等所	管勾北宅所	职 7/37（2）	序	
10942	所	勅令等所	勅令所	职 4/45－52	绍兴 32－嘉定 17	
10942	所	勅令等所	左右厢公事所	职 37/9－10	熙宁 3－靖康 1	

续表

《大典》卷数	字韵	事目	标目	位置	内容	备注
10942	所	勑令等所	抵当免行所	职 27/64－65	熙宁 4－9	
10942	所	勑令等所	剩员所	职 32/29－34	熙宁 9－乾道 7	为“差使剩员所”及“神卫剩员所”。
10943	所	御前军器等所	军器所	职 16/4－21	建炎 4－乾道 9	
10943	所	御前军器等所	行宫禁卫所	职 32/26－27	建炎 4	
10943	所	街前军器等所	主管禁卫所	职 32/27－29	绍兴 1－淳熙 15	
10943	所	御前军器等所	诉理所	职 3/75－77	元祐 1－元符 3	
10943	所	御前军器等所	当赎	职 3/77	绍兴 20	
10943	所	御前军器等所	检覆	职 3/77－78	绍兴 32	
10944	所	总领等所	总领所	职 41/44－70	绍兴 3－嘉定 15	尚有“四川总领所”及“杂录”。
10944	所	总领等所	圣政所	职 41/70－74	绍兴 32－绍熙 3	
10944	所	总领等所	检正所	职 3/48	淳熙 13－14	
10944	所	总领等所	检详所	职 6/9	淳熙 13	
10945	所	提举等所	提举所	职 53/1－6	绍兴 32－乾道 9	
10945	所	提举等所	国用所	职 6/23－28	嘉泰 3－开禧 2	

续表

《大典》卷数	字韵	事目	标目	位置	内容	备注
10945	所	提举等所	御前弓马子弟所	职 6/33 – 35	开禧 2	
10945	所	提举等所	奉安符宝所	职 2/52	嘉定 16	
10947	俎	事韵	礼器	礼 7/42		为《中兴礼书》文。
10948	抚	巡抚	遣使巡抚	职 50/1 – 4	建隆 1 – 天禧 4	
10949	抚	抚州府			抚州	正文为《舆地纪胜》,《宋会要》作注文。
10952	抚	抚州府	茶课等	食 32/32 – 33	抚州茶课	《抚州志》引《会要》。
10981	府	都督府	都督府	职 39/1 – 21	绍兴 2 – 乾道 1	
10988	府	行府	行府	职 37/13	建隆 1 – 雍熙 3	
10989	府	东西府	东西府	职 6/43	熙宁 6 – 8	
11001 11002	府	事韵	天策上将军府	职 37/1（1）	祥符 8 – 庆历 4	
11001 11002	府	事韵	大晟府	职 22/25 – 27	崇宁 4 – 宣和 7	
11001 11002	府	事韵	元帅府	职 37/1（2） – 2	建炎 1	
11003	府	府州	府州	方 21/1 – 8	建隆 1 – 政和 5	
11008	武	讲武	大阅讲武	礼 9/5 – 33	建隆 3 – 开禧 1	
11044	买	事韵	和买	补 352 下 – 370 上	建隆 1 – 乾道 9	为“市易”及“和市”。

续表

《大典》卷数	字韵	事目	标目	位置	内容	备注
11048	海	事韵	海神庙	礼 21/9	康定 2	
11053	海	勃海国	渤海国	蕃 4/103－105	兴国 4－政和 8	
11073	垒	事韵	营垒	兵 6/12－30	咸平 5－嘉定 14	
11106 11109	水	水利	水利	食 7/1－8/32	淳化 4－乾道 9	8/1－4，18－32 为方域类。
11106 11109	水	水利	水利	食 61/123－150	淳熙 1－嘉定 17	
11106 11109	水	水利杂录	水利	方 17/1－25	建隆 2－绍兴 29	17/12 首段及 17/17 为食货类。
11121	水	水灾	水灾	瑞 3/1－33	兴国 2－嘉定 17	
11186	引	事韵	南郊导引	补 370 下－372 下	建隆 4－熙宁 10	导引乐章。
11186	引	事韵	南郊导引	乐 8/5－7	绍兴 13	导引乐章。
11186	引	事韵	明堂导引	补 373 上－380 下	皇祐 2－乾道 3	导引乐章。
11186	引	事韵	朱衣吏引	仪 4/10－11	淳化 4－庆元 4	
11190	尹	开封尹	开封尹	职 37/4－6	建隆 2－宣和 7	
11190	尹	临安尹	临安尹	职 37/6－8	乾道 1－9	
11209	盾		盾	舆 3/12	总叙等	
11306	馆	事韵	同文馆	职 25/11	熙宁 7－绍兴 3	
11306	馆	事韵	昭文馆	职 28/30	淳化 1	
11306	馆	事韵	广文馆	职 28/30－32	元祐 7－绍圣 2	
11307	馆	事韵	四方馆	职 35/1－21	建隆中－隆兴 1	

续表

《大典》卷数	字韵	事目	标目	位置	内容	备注
11420	繖	事韵		舆6/26–27	祥符5–淳熙16	原误注卷11419。
11421	洗	事韵	洗制	舆6/18		为《中兴礼书》文。
11424	免	事韵	罢免	职78/1–60	建隆4–淳熙9	
11425	免	事韵	罢免	职78/64–68	淳熙16–嘉定14	
11429	冕	冕制	衮冕	舆5/1–4	咸平5–元丰1	
11429	冕	事韵	诸臣冕	舆5/7–13	元祐1–政和3	
11480	苑	苑名	后苑等	方3/17	兴国7–淳熙16	尚有“琼林苑”、“外苑”。
11496	表	拜表例	拜表例	仪7/1–13	乾德2–淳熙16	
11496	表	拜表仪	拜表仪	仪7/13–18	乾德2–乾道7	
11548	表	旌表	旌表	礼61/1–15	开宝7–嘉定12	
11557 11558	考	考课	考课	补381上–409上	建隆2–乾道9	
11572	宝	帝王宝	传国宝等	舆6/7–9	传国宝等	
11573	宝	帝王宝	恭膺天命之宝等	舆6/9–13	恭膺天命之宝等	
11574	宝	尊号宝	尊号宝	舆6/1–6	天圣1–绍熙4	
11574	宝	事韵	钱宝	补409下	乾文宝等	
11581	保	太保	太子太保	职7/35	元祐6	大部被屠寄删去。
11584	堡	事韵	诸堡	方20/1–16	金村堡等	
11584	堡	事韵	堡寨	方20/16–21	堡寨等	共6段。

续表

《大典》卷数	字韵	事目	标目	位置	内容	备注
11585	扫		拜扫	礼 39/1－2	景德 4－绍熙 2	
11596 11598	草	市籴粮草	市籴粮草	食 39/1－40/56	建隆 1－乾道 9	
11612	祷	事韵	祷灾异	礼 18/37－38	绍兴 31－淳熙 3	
11612	祷	事韵	祈祷禁屠	礼 18/38	淳熙 8	
11613	岛	事韵	末岛	礼 18/38（3）		似非《宋会要》文。
11621	老	事韵	孤老	补 410 上	绍兴 2－嘉泰 3	
11621	老	事韵	恩惠	食 60/17	绍兴 2－嘉泰 3	与上条全同，抄重。
11639	火	事韵	禁火	运 2/37	序	
11642	火	火灾	火灾	瑞 2/40－45	嘉泰 1－嘉定 4	
11643	火	火灾	火灾	瑞 2/31－39	建隆 2－绍熙 3	
11647	锁	事韵	河锁等	方 13/30－31	河锁、江锁、城门锁	
11650 11651	马	事韵	进马	帝 8/59	建隆 4－乾德 2	
11666	马	牧马	牧马	补 410 下	建隆 4－景德 2	
11669	马	买马	买马	兵 22/1－23/28	兴国 4－嘉定 15	
11672	马	马政	祷马祀	兵 21/23	兴国 5－绍兴 31	成为“祭马祖”。后一条据《艺风钞书》补。
11672	马	马政	马政杂录	艺风钞书	淳熙 1－4	

续表

《大典》卷数	字韵	事目	标目	位置	内容	备注
11672	马	马政	马政杂录	兵 26/1 – 23	淳熙 16 – 嘉定 12	
11673 11674	马	马政	川马纲	兵 23/29 – 37	乾道 1 – 3	
11673 11674	马	马政	监牧	兵 21/1 – 4	雍熙 2 – 乾道 9	应为“牧养上下监”。
11673 11674	马	马政	诸州监务	兵 21/4 – 5	洛阳监等	
11673 11674	马	马政	监务杂录	兵 21/4 – 5	咸平 6 – 乾道 9	
11673 11674	马	马政	御马院	补 411 上 – 413 上	建炎 3 – 乾道 4	
11673 11674	马	马政	估马司	兵 21/17 – 18	咸平 1 – 天禧 1	
11673 11674	马	马政	牧地	补 413 下 – 419 下	淳化 5 – 乾道 9	
11673 11674	马	马政	凉棚	兵 21/36 – 37	建隆 4 – 熙宁 3	
11673 11674	马	马政	牧马官	兵 21/19 – 20	序	
11673 11674	马	马政	牧马官	补 420 上 – 422 下	治平 4 – 大观 4	
11673 11674	马	马政	牧马官	兵 21/20 – 22	政和 5 – 宣和 2	
11675 11677	马	马政	马政杂录	兵 24/1 – 25/53	建隆 2 – 乾道 9	

续表

《大典》卷数	字韵	事目	标目	位置	内容	备注
11681 11682	马	驸马	驸马	帝8/46－58	开宝3－绍兴3	
11683 11684	马	都大提举茶马	都大提举茶马司	职43/47－118	熙宁7－乾道9	尚有“提点纲马驿程”。
11732	冶	坑冶	坑冶杂录	食34/17－19	建炎1－隆兴2	
11732	冶	坑冶	坑冶杂录	食34/36－37	坑冶废兴等	为《宋史·食货志》文。
11826 11827	养	事韵	陈乞侍养	职77/25－27	祥符7－乾道6	
11837	鳖	事韵	鳖	舆3/7		自“卤簿法驾”摘出。
11846	享	时享	时享	礼17/41－85	淳熙15－庆元1	除首条外，均为《文献通考》文。
11849	享	燕享	燕享		建隆1－乾道2	《辑稿》无，此卷《大典》现存。
11853	享	配享功臣	配享功臣杂录	礼11/8－12	淳熙15－嘉定14	大部被屠寄删去。
11854	享	享先农	亲飨先农耕耤	礼6/1－38	绍兴14－16	为《中兴礼书》文。
11854	享	享先农	禘祭	礼7/1－2	绍兴22	为《中兴礼书》文。

续表

《大典》卷数	字韵	事目	标目	位置	内容	备注
11857	赏	事韵	观赏	崇7/39－46	至道3－绍兴16	
11866 11868	赏	军赏	军赏	兵18/1－20/29	景德1－嘉定17	
11868	赏	军赏	犒设	兵20/29－46	淳熙1－嘉定17	原无标目。
11916	讲	侍讲	侍讲	职6/70－73	淳熙1－嘉定16	
11936	省	门下省	门下省	职2/1－6	建隆3－崇宁5	
11937	省	中书省	中书省	职3/1－12	兴国9－宣和7	
11939	省	两省	中书门下省	职1/68－77	乾德2－治平3	应为“中书门下”。
11939	省	中书后省	中书门下后省	职1/78－83	绍兴1－嘉定13	
11940	省	尚书省	尚书省	职4/1－18	淳化3－靖康1	应为“尚书都省”。
11941 11942	省	三省	三省	职1/16－67	治平4－淳熙14	
11943 11944	省	秘书省	秘书省	职18/1－45	淳化1－淳熙15	
11946	省	内侍省	内侍省	职36/1－27	乾德4－乾道7	误注卷11945。
11947	省	殿中省	殿中省	职19/1－12	兴国6－靖康1	
11965	鼎	事韵	鼎	舆6/14－17	祭鼐鼎篇	他书引据《会要》。
12051	酒	公使酒	公使酒	食21/16－21	兴国6－淳熙11	
12070	酒	乡饮酒仪	乡饮酒礼	礼46/1－5	绍兴13－26	

续表

《大典》卷数	字韵	事目	标目	位置	内容	备注
12079	手	弓手	弓手	补423上－432上	建炎1－乾道9	
12135 12136	口	历代户口	户口杂录	食12/1－7	开宝4－乾道7	
12135 12136	口	历代户口	户口杂录	食11/26－30	天圣至淳熙户口数	
12164	菻	拂菻国	拂菻国	蕃4/19	元丰4－元祐6	应为“拂林”。
12206	检	事韵	检验	刑6/1－8	咸平3－嘉定6	原无卷数。
12206	检	巡检	巡检	职48/122－137	乾德5－嘉定9	尚有“都巡检使”等。
12210	送	事韵	得替官送还公人	仪4/22－29	乾德2－隆兴1	
12210	送	事韵	接送	仪4/30－33	淳熙1－开禧1	与上条为同一门。
12299	宋	太祖	帝号	帝1/21	太祖朝使臣等	正文为《十朝纲要》，《宋会要》为注文。
12300	宋	太祖	帝号	帝1/1－3	僖祖至太祖	
12300	宋	太祖	帝号杂录	帝1/3	开宝4－9	
12315	宋	太宗	帝号	帝1/4	太宗	正文为《十朝纲要》，《宋会要》为注文。

续表

《大典》卷数	字韵	事目	标目	位置	内容	备注
12315	宋	太宗	帝号	帝 1/21－23	太宗朝宰臣等	正文为《十朝纲要》，《宋会要》为注文。
12378 12445	宋	仁宗	帝号	帝 1/5－6	仁宗	正文为《十朝纲要》，《宋会要》为注文。
12931 12951	宋	孝宗	帝号	帝 1/7	孝宗	
13056	奉	供奉	供奉	职 27/54－56	淳熙 2－16	尚有“入内供奉官”。
13081	峒	峒名	黎峒	蕃 5/47－50	绍兴 30－嘉定 9	
13086	贡	历代土贡	诏令入贡	食 41/39	政和 7	
13086	贡	历代土贡	历代土贡	食 41/39－44	兴国 8－淳熙 10	
13092 13096	贡	历代朝贡	历代朝贡	蕃 7/1－58	建隆 1－咸淳 2	
13096	贡	诸郡进贡	诸郡进贡	食 41/36－38	兴国 2－绍兴 32	
13097	贡	却贡	却贡	崇 7/47－53	建隆 4－开禧 1	
13097	贡	罢贡	罢贡	崇 7/54－68	乾德 4－绍熙 5	
13175	俸	俸禄	俸禄	职 57/1－17	各级官员俸禄	
13176 13177	俸	俸禄	俸禄杂录	职 57/18－92	乾德 3－乾道 9	
13177	修	俸禄	吏禄	职 57/92－100	熙宁 3－绍兴 13	原无标目。
13220	讼	事韵	诉讼	刑 3/10－43	乾德 2－嘉定 12	
13220	讼	事韵	田讼	刑 3/43－48	乾德 4－隆兴 1	

续表

《大典》卷数	字韵	事目	标目	位置	内容	备注
13227	从	事韵	导从	仪 4/12－21	淳化 4－淳熙 16	应为“宫中导从”，尚有“人从”。
13245	试	殿试	殿试	补 436 下－444 下	开宝 8－绍熙 4	
13245	试	殿试	亲试	选 8/16－30	庆元 1－嘉定 16	与上条为同一门。
13248	试	召试	召试	选 31/12－23	乾德 2－乾道 9	
13248	试	召试	宗室召试	选 32/1－5	皇祐 1－绍兴 10	
13248	试	召试	召试杂录	选 32/5－10	景德 2－熙宁 1	
13248	试	召试	召试除职	补 445 上－452 上	端拱 1－元祐 3	
13249	试	铨试	铨试	补 452 下－455 下	绍兴 32－乾道 8	
13249	试	铨试	铨试	选 26/8－26	淳熙 1－嘉定 4	与上条为同一门。
13250	试	选试	选试	选 21/1－19	淳熙 1－嘉定 17	
13251	试	考试	考试	选 22/1－28	淳熙 1－嘉定 16	
13256	使	遣使	遣使	职 52/9－18	建隆 2－嘉定 4	
13265	使	奉使	奉使	职 52/1－8	淳熙 1－16	
13274	使	节度使	节度使	职 38/1－5	乾德 1－乾道 8	
13274	使	节度使	节度使杂录	职 38/6	乾德 3－兴国 5	
13287	使	转运使	转运使	职 42/58－61	咸平 1－绍熙 1	

续表

《大典》卷数	字韵	事目	标目	位置	内容	备注
13296	使	观察使	观察使	职 38/8	祥符 7	
13297	使	制置使	制置使	职 40/1－19	建炎 1－嘉定 14	
13303	使	经制使	经制使	职 44/50	《通考》	《会要》文已被屠寄删去。
13304	使	安抚使	安抚使	职 41/79－118	咸平 3－嘉定 16	
13311	使	经略使	经略使	职 41/75－78	元丰 1－淳熙 6	
13312	使	宣谕使	宣谕使	职 41/1－17	宣和 7－开禧 3	
13312	使	抚谕使	抚谕使	职 42/69－73	建炎 1－乾道 2	
13314	使	宣抚使	宣抚使	职 41/18－43	咸平 3－嘉定 12	
13318	使	察访使	察访使	职 42/62－63	熙宁 3－元符 1	
13318	使	承宣使	承宣使	职 38/7	宣和 3	
13319	使	发运使	发运使	职 42/15－57	乾德 2－乾道 6	
13321	使	盐铁使	盐铁使	职 42/4	陈恕	
13322	使	御营使	御营使	职 32/35－36	隆兴 1	
13322	使	国用使	国用司	职 6/20－22	乾道 2－5	
13323	使	宫观使	宫观使	职 54/1－26	祥符 7－绍熙 5	
13324	使	招讨使	招讨使	职 42/64－66	熙宁 8－绍兴 31	
13324	使	招抚使	招抚使	职 42/67－68	绍兴 10－开禧 2	
13325	使	镇抚等使	镇抚使	职 42/74－78	建炎 4－绍兴 3	
13326	使	大礼五使等使	大礼五使	礼 27/1－16	淳熙 3－嘉定 14	应为“祭祀行事官”。
13326	使	大礼五使等使	阁门使	职 35/22－23	绍兴 1－5	

续表

《大典》卷数	字韵	事目	标目	位置	内容	备注
13326	使	大礼五使等使	引进使	职 35/23	景德 1 – 乾兴 1	
13327	使	国信使等使	国信使	职 51/1 – 45	开宝 8 – 嘉定 3	
13327	使	国信使等使	馆伴使	职 51/45 – 46	景德 1 – 天圣 3	
13327	使	国信使等使	正旦使	职 51/46 – 47	兴国 2 – 景德 3	
13327	使	国信使等使	祭奠使	职 51/47 – 49	嘉祐 3 – 绍兴 30	
13327	使	国信使等使	祈请使 通问使	职 51/49	建炎 1	
13327	使	国信使等使	报谢使	职 51/49	嘉祐 8	
13328	使	通政使等使	群牧司	职 23/4	嘉祐 5	应为“群牧制置使”。
13328	使	通政使等使	群牧司	职 23/13 – 18	治平 4 – 大观 4	与上条为同一门，中间被屠寄删去。
13331	使	度支使等使	营田使	职 42/4	韩世忠	
13331	使	度支使等使	劝农使			与职 42/1 同，被屠寄删去。
13336	使	事韵	诸使杂录	职 52/20 – 27	雍熙 4 – 宣和 6	共 3 段。
13347	谥	谥法	谥	礼 58/1 – 10	兴国 8 – 乾道 8	

续表

《大典》卷数	字韵	事目	标目	位置	内容	备注
13348 13349	谥	历代帝谥	历代帝谥	礼 58/11－65	僖祖至徽宗	
13350	谥	历代帝谥	帝谥	帝 1/8	孝宗、光宗	
13350	谥	历代帝谥	太子谥	帝 1/8	昭成太子等	
13352 13353	谥	历代皇后谥	后谥	礼 58/66－78	僖祖至光宗后	
13354	谥	历代王谥	王谥	礼 58/79－85	兖王至秦桧	
13360	谥	历代群臣谥	群臣谥	礼 58/86－114	钱惟演等	
13365 13366	谥	事韵	处士谥 僧谥	礼 58/115	处士谥、僧谥	
13391	事	事韵	走马承受公事	职 41/120－136	至道 1－建炎 4	
13395	事	事韵	展日视事	礼 36/23	宋高宗小祥	为《中兴礼书》文。
13396	事	事韵	诏群臣言事	帝 9/1－33	兴国 6－乾道 6	
13396	事	事韵	群臣奏事	仪 6/1－31	开宝 9－嘉定 8	
13422	士	学士	学士	职 7/1－5	元丰 3－政和 6	
13422	士	学士	文明殿学士	职 7/6－8	兴国 5－皇祐 3	
13422	士	学士	观文殿学士	职 7/17	熙宁 4－元丰 3	
13422	士	学士	宝文阁学士	职 7/17－18	嘉祐 8－治平 4	

续表

《大典》卷数	字韵	事目	标目	位置	内容	备注
13422	士	学士	枢密直学士	职 7/19	祥符 5 – 政和 4	
13422	士	学士	资政殿学士	职 7/20 – 21	景德 2 – 建炎 4	
13423	士	学士	徽猷阁学士	职 7/9	大观 2 – 靖康 1	
13423	士	学士	延康殿学士	职 7/9	建炎 2	
13423	士	学士	保和殿学士	职 7/9 – 10	政和 5 – 宣和 1	
13423	士	学士	天章阁学士	职 7/10 – 12	天禧 5 – 宣和 4	尚有“天章阁”。
13423	士	学士	龙图阁学士	职 7/13 – 15	咸平 4 – 绍兴 21	
13423	士	学士	敷文阁学士	职 7/15 – 16	绍兴 10 – 29	
13449	士	处士	处士	崇 6/29 – 32	王襄等	
13462 13463	仕	致仕	致仕	职 77/28 – 86	建隆 2 – 淳熙 14	
13476	市	历代置市	置市	食 67/1 – 2	乾德 3 – 嘉定 14	
13477	市	互市	互市	食 38/26 – 44	乾德 4 – 嘉定 10	38/26 挖出一段在补 456 上。
13478	市	和市	和市	食 38/1 – 25	熙宁 2 – 嘉定 16	
13573	制	仪制	群官仪制	仪 5/1 – 36	乾德 2 – 绍熙 4	
13583	制	都统制	都统制	职 32/37 – 50	建炎 1 – 嘉定 16	

续表

《大典》卷数	字韵	事目	标目	位置	内容	备注
13585	製	御製	御製	崇 6/1－3	真宗、孝宗、光宗	
13719	赐	庆赐	郊祀赐例	礼 25/28－48	郊祀赐例	
13719	赐	庆赐	杂赐赦	礼 25/48－49	东封、南郊等	
13723	赐	赉赐	赉赐	礼 62/1－23	建隆 1－开宝 9	
13723	赐	赉赐	公用钱	礼 62/23－30	公用钱额	
13724 13726	赐	赉赐	赉赐	礼 62/31－85	景德 1－嘉定 14	
13728	赐	赉赐	赉赐	礼 62/86－90	天圣 3－治平 4	赐衣等。
13730	赐	事韵	滥赐等	礼 62/91－93	滥赐、密赐、辞赐	
13731	寺	太常寺	太常寺	职 22/17	序	
13733	寺	太府寺	太府寺	职 27/1－33	至道 1－淳熙 15	
13735	寺	大理寺	大理寺	职 24/1－44	建隆 2－嘉泰 3	
13737	寺	光禄寺	光禄寺	职 21/1－7	开宝 6－隆兴 1	误注卷 13337。
13737	寺	卫尉寺	卫尉寺	职 22/1－4	治平 4－建炎 3	误注卷 13337。
13738	寺	鸿胪寺	鸿胪寺	职 25/1－5	景德 4－绍兴 25	误注卷 13338。
13738	寺	宗正寺	宗正寺	职 20/1－15	开宝 6－隆兴 2	设注卷 13338。
13739	寺	司农寺	司农寺	职 26/1－22	成平 4－嘉定 8	
13797	寺	僧寺	开宝仁王寺	道 2/16	开宝仁王寺等	

续表

《大典》卷数	字韵	事目	标目	位置	内容	备注
13799	寺	僧寺	十方寺等	道 2/15	十方寺等	
13809	寺	僧寺	东教寺	道 2/18	天台东教寺	
13827	寺	僧寺	寄居僧寺	道 2/19	绍熙 4	
13797 13827	寺	僧寺	太平寺	道 2/17	东山太平禅寺	
13841 13843	祀	历代群祀	群祀	礼 14/1－108	建隆 4－嘉定 14	应为“缘祀裁制”。另有“告礼”及“大礼五使”作注文。
13843	祀	历代群祀	祀祭行事官	礼 14/108－120	淳熙 3－嘉定 11	
13949	议	事韵	集议	仪 8/1－24	兴国 7－淳熙 15	
13953	议	参议等官	参议	职 41/119	建炎 4－绍兴 5	
14019	忌	国忌	国忌	礼 42/1－17	建隆 1－嘉定 9	
14021 14022	忌	事韵	私忌	仪 13/31－32	开宝 9－熙宁 4	
14127	第	及第	进士及第	补 456 下－457 下	雍熙 2－熙宁 5	
14188 14189	地	地理	州县升降废置	方 5/10－7/24	开封府－广南西路	
14189	地	地理	州县升降废置	方 7/24－31	建隆 1－绍兴 32	
14199	地	事韵	牧地	兵 21/24－35	淳化 5－乾道 9	

续表

《大典》卷数	字韵	事目	标目	位置	内容	备注
14206 14208	地	地震	地震	瑞 3/34 – 38	嘉祐 2 – 淳熙 12	
14208	地	地异	地坼	瑞 3/38 – 39	地坼、地生毛	
14397	记	事韵	幕职官	职 48/4	序	应为“掌书记”。
14464	禦	备禦	备边	兵 29/31 – 39	建炎 1 – 乾道 3	
14574 14575	铺	急递铺	急递铺	方 10/18 – 11/39	建隆 2 – 嘉定 10	
14586	簿	宋卤簿	大驾卤簿	补 458 上	靖国 1 – 政和 7	从舆 2/1 中挖出。
14586	簿	宋卤簿	大驾卤簿	舆 2/1 – 5	政和宣和 大驾卤簿	
14586	簿	宋卤簿	中道卤簿	舆 2/5 – 22	政和、宣和	
14586	簿	宋卤簿	大驾外仗	舆 2/22 – 34	政和、宣和	
14586	簿	宋卤簿	立仗	舆 2/34 – 35		
14586	簿	宋卤簿	小驾卤簿	舆 2/35 – 37		
14587	簿	宋卤簿	卤簿	舆 1/21 – 43	绍兴 12 – 绍熙 2	以《宋史》作注文。
14607	簿	御史台主簿等	御史台主簿	职 43/39	元丰 3 – 元祐 1	
14607	簿	御史台主簿等	光禄寺主簿		政和 6	《辑稿》无，此卷《大典》现存。以下 7 条同。

续表

《大典》卷数	字韵	事目	标目	位置	内容	备注
14607	簿	御史台主簿等	太常寺主簿		序	
14607	簿	御史台主簿等	大理寺主簿		序	
14607	簿	御史台主簿等	司农寺主簿		序	
14608	簿	司天监主簿等	国子监主簿		序	
14608	簿	司天监主簿等	将作监主簿		序	
14608	簿	司天监主簿等	军器监主簿		序	
14609	簿	县主簿	县主簿		淳熙 5 – 嘉定 6	
14614 14615	部	吏部	吏部	职 8/1 – 68	兴国 3 – 嘉定 16	
14615	部	吏部	审官东院	职 11/55（1）	序	自此至“流外铨”，均为节录。
14615´	部	吏部	尚书左选	职 11/55（2）	序	
14615	部	吏部	审官西院	职 11/55（3） – 56（1）	熙宁 3	
14615	部	吏部	尚书右选	职 11/56（2）	序	
14615	部	吏部	流内铨	职 11/56（3）	序	
14615	部	吏部	侍郎左选	职 11/56（4） – 57（1）	序	
14615	部	吏部	三班院	职 11/57（2）	兴国 6 – 雍熙 4	

续表

《大典》卷数	字韵	事目	标目	位置	内容	备注
14615	部	吏部	侍郎右选	职 11/57（3）－58（1）	序	
14615	部	吏部	格式司	职 11/58（2）	建隆 1	
14615	部	吏部	流外铨	职 11/58（3）－59	咸平 1	
14615	部	吏部	甲库	职 11/79	至道 3－祥符 7	
14644	部	吏部·司封部	司封部	职 9/1－16	雍熙 3－嘉泰 3	
14645	部	吏部·司勋部	司勋部	职 10/1－15	元祐 1－开禧 2	
14646	部	吏部·考功部	考功部	职 10/20－44	元丰 5－嘉泰 1	
14647 14648	部	户部	户部	食 56/9－76	至道 3－嘉定 5	
14657	部	户部·度支部	度支库	食 51/35－49	元祐 1－嘉定 6	应为“度支部”。
14658	部	户部·金部	金部	食 56/1－8	元祐 3－淳熙 13	
14658	部	户部·仓部	仓部	食 53/1－5	元祐 1－绍熙 1	
14659	部	礼部	礼部	职 13/1－8	咸平 6－乾道 7	
14659	部	礼部	贡院	职 13/8－14	景德 4－淳熙 13	
14659	部	礼部	度牒库	职 13/39－41	建炎 4－绍熙 3	
14665	部	礼部·祠部	祠部	职 13/16－39	兴国 8－嘉定 2	
14666	部	礼部·主客司	主客			与职 13/6 同，被屠寄删去。

续表

《大典》卷数	字韵	事目	标目	位置	内容	备注
14667	部	礼部·膳部	膳部	职 13/42 - 45	绍圣 1 - 淳熙 13	
14668	部	兵部	兵部	职 14/1 - 19	淳化 1 - 嘉定 8	
14673	部	刑部	刑部	职 15/1 - 28	开宝 7 - 嘉定 12	
14673	部	刑部	审刑院	职 15/28 - 31	淳化 2 - 熙宁 1	
14673	部	刑部	法官	职 15/31 - 43	乾德 4 - 熙宁 5	
14673	部	刑部	纠察在京刑狱司			与职 15/44 - 46 同，被屠寄删去。
14701	醋		榷醋	食 21/22	兴国 7 - 崇宁 2	
14706	度	事韵	披度	道 1/13 - 14	开宝 6 - 淳化 2	以下 3 条本为一门，被分割。
14706	度	事韵	披度	补 458 下	至道 1	
14706	度	事韵	披度	道 1/17 - 37	至道 3 - 乾道 9	
14723	渡	渡名	四方津渡	方 13/3 - 18	建隆 1 - 嘉定 14	
14749	路	事韵	道路	方 10/1 - 10	建隆 3 - 嘉定 17	
14760	辂	皇太子辂	皇太子辂	舆 1/5 - 6	乾道 1 - 9	
14779	户	司户	司户	职 39/22	乾道 6 - 嘉泰 4	
14785	库	库名	内藏库	食 51/1 - 8	至道 2 - 嘉定 11	
14785	库	库名	内藏库钱	食 64/83	绍兴 4 - 14	应为“内藏库”，与上条同一门。
14785	库	库名	左藏库	食 51/8 - 34	兴国 2 - 嘉定 16	

续表

《大典》卷数	字韵	事目	标目	位置	内容	备注
14788	库	库名	御酒库	食 52/1	淳熙 7－9	
14788	库	库名	法酒库	食 52/1－3	天圣 2－熙宁 3	
14788	库	库名	油醋库	食 52/3	至道 2－天圣 1	
14788	库	库名	茶库	食 52/3－4	端拱 2－熙宁 8	
14788	库	库名	内茶纸库	食 52/4	序	
14788	库	库名	内茶炭库	食 52/4	序	
14788	库	库名	物料库	食 52/4－5	淳化 1－熙宁 7	
14788	库	库名	内香药库	食 52/5－7	景德 3－熙宁 1	
14788	库	库名	甲库	食 52/7	至道 3－祥符 7	
14789	库	库名	杂物库	食 52/8	景德 4－熙宁 3	
14789	库	库名	大军库	食 52/8－9	嘉定 5－6	
14789	库	库名	皮角场库	食 52/9－10	序	
14789	库	库名	专副库	食 52/10	绍兴 15－21	应为“专副”。
14789	库	库名	大观库	食 52/10－11	大观 2	
14789	库	库名	文书库	食 52/11－12	景德 3－熙宁 2	
14789	库	库名	药蜜库	食 52/13	淳化 5－熙宁 3	
14789	库	库名	元丰库	食 52/14－16	元丰 4－靖康 1	
14789	库	库名	元祐库	食 52/16	元祐 3	
14789	库	库名	法物库	食 52/16	祥符 6－天圣 8	应为“朝服法物库”。
14789	库	库名	南郊家事库	食 52/17	序	附“宣德门家事库”。
14789	库	库名	奉宸库	食 52/17	庆历 4－熙宁 1	

续表

《大典》卷数	字韵	事目	标目	位置	内容	备注
14789	库	库名	封桩库	食 52/17－22	淳熙 4－嘉定 7	尚有“左藏封桩库”。
14789	库	库名	寄桩库	食 52/22－23	隆兴 1－淳熙 15	
14789	库	库名	内衣物库	食 52/23－24	开宝 3－熙宁 4	
14789	库	库名	新衣库	食 52/24－25	咸平 1－熙宁 4	
14789	库	库名	尚衣库	食 52/25	嘉祐 8	
14789	库	库名	军器库	食 52/25－27	淳化 1－熙宁 1	
14789	库	库名	内军器库	食 52/27－30	建炎 4－乾道 7	
14789	库	库名	内弓箭库	食 52/30－32	景德 2－熙宁 8	
14789	库	库名	军资库	食 52/32－33	建炎 1－绍兴 26	
14789	库	库名	布库	食 52/33－34	咸平 5－熙宁 10	
14789	库	库名	省库	食 52/34	开宝 4	
14790	库	库名	祗候库	食 52/35－37	景德 2－嘉泰 1	
14790	库	库名	瓷器库	食 52/37	淳化 1－熙宁 3	
14790	库	库羽	鞍辔库	食 52/37－39	祥符 4－乾道 6	
14790	库	库名	鞍辔库	食 52/41	建炎 3－绍兴 13	与上条为同一门。
14790	库	库名	库子	食 52/39－40	绍兴 31	
14785 14790	库	库名	郊祀事务	礼 28/88	祥符 6－熙宁 5	应为“玉津园南郊家事库”。
14902	富	真理富国	真理富国	蕃 4/99－101	庆元 6－开禧 1	
14909	赙	赙例	赙赠	礼 44/1－23	格目、特恩	
14909	赙	赙例	赙赠杂录	礼 44/24－29	建隆 1－乾道 5	

续表

《大典》卷数	字韵	事目	标目	位置	内容	备注
14913	妇	外命妇	外命妇	补 459	序	
14914	妇	孝妇	孝妇	礼 8/22	淳熙 3	
14989	务	务名	榷货务	食 55/22－31	淳化 5－乾道 9	
14989	务	务名	市易务	食 55/31－46	熙宁 3－靖康 1	
14989	务	务名	供庖务	食 55/46－48	祥符 4－天禧 1	
14989	务	务名	茶汤步磨务	食 55/48	序	
14990	务	务名	水磨务	食 55/1	熙宁 7	
14990	务	务名	冰井务	食 55/1－2	建隆 2－熙宁 6	
14990	务	务名	左右厢店宅务	食 55/2－13	淳化 4－熙宁 10	
14990	务	务名	竹木务	食 55/13	淳化 4－祥符 3	应为“京西抽税竹木务”。
14990	务	务名	煎胶务	食 55/13－14	景德 2－熙宁 10	
14990	务	务名	杂买务	食 55/15－19	兴国 8－隆兴 2	
14990	务	务名	铸镕务	食 55/19	祥符 2－天圣 8	
14990	务	务名	车营务	食 55/19－20	序	
14990	务	务名	致远务	食 55/20	序	
14990	务	务名	折博务	食 55/20		为《中书备对》及《建安志》。
14990	务	务名	窑务	食 55/20－21	景德 4－熙宁 7	应为“京东西窑务”。

续表

《大典》卷数	字韵	事目	标目	位置	内容	备注
15002 15003	贷	赈贷	赈贷	食 68/28－111	建隆 1－嘉定 16	
15004	贷	事韵	矜贷	刑 6/9－50	至道 2－嘉定 8	
15008	代	事韵	自代	职 60/16－19	咸平 4－绍兴 5	
15016	带	带制	带制	舆 5/28－31	绍兴 3－乾道 9	
15040	盖	盖名	盖	舆 3/5	华盖等	自“卤簿法驾”等摘出。
15065	戒	事韵	开坛受戒	道 2/1－3	开宝 5－绍兴 32	
15065	戒	事韵	道士受戒	道 2/3	宣和 1	
15076	界	经界	经界杂录	食 70/124－134	绍兴 12－嘉定 15	
15089	解	发解	发解	补 460 上－489 下	乾德 2－乾道 8	
15089	解	发解	发解	选 16/19－37	淳熙 1－嘉定 17	与上条为同一门。
15093	廨	官廨	官廨	方 4/11－21	乾德 6－绍熙 2	
15117 15118	寨	寨名	诸寨	方 18/2－19	置水军寨等	
15119	寨	寨名	诸寨	方 18/20－32	天都寨等	以下 6 条在《大典》中本相连，被分割。
15119	寨	寨名	诸寨杂录	方 19/43－44	知城寨等	
15119	寨	寨名		补 490 上	关寨置官	

续表

《大典》卷数	字韵	事目	标目	位置	内容	备注
15119	寨	寨名	诸寨杂录	方 19/45－46	按劾镇寨等	
15119	寨	寨名		补 490 下－491 上	点对城寨等	
15119	寨	寨名	诸寨杂录	方 19/1－2	祥符 2－天圣 3	分住诸寨等。
15121	寨	事韵	诸寨杂录	方 19/3－42	庆历 2－嘉定 15	益建城寨等。
15126	械	事韵	带御器械	职 34/12－13	咸平 1－淳熙 12	
15129	帅	元帅	元帅	职 37/3	建隆 1	
15144	对	事韵	面对	职 60/13－14	绍兴 32－淳熙 16	
15145	对	事韵	转对	职 60/1－7	建隆 3－绍兴 29	
15145	对	事韵	宣对	职 60/8	绍熙 2	
15146	对	事韵	轮对	职 60/9－12	绍兴 2－绍熙 2	
15168	配	事韵	配隶	刑 4/1－68	建隆 2－嘉定 14	
15224 15225	会	宋朝会	朝会	补 491 下－496 下	建隆 1－绍兴 3	
15225	会	宋朝会	朝会	礼 8/4－19	建炎 4－淳熙 8	以下 4 条本相连，均为《中兴礼书》文。
15225	会	宋朝会	朝会	补 497 上	淳熙 8	
15225	会	宋朝会	朝会	礼 8/1（2）	淳熙 12	
15225	会	宋朝会	朝会	礼 8/20	淳熙 14－15	

续表

《大典》卷数	字韵	事目	标目	位置	内容	备注
15239	惠	事韵	赈贷	补 497 下	建隆 1 – 淳化 2	应为“恩惠”，与下条本相连。
15239	惠	事韵	赈贷	食 57/3 – 58/12	淳化 2 – 乾道 9	
15251	讳	帝王名讳	帝讳	仪 13/12 – 13	祥符 9 – 政和 5	为太子、太后及太后先代讳。
15251	讳	庙讳	庙讳	仪 13/13 – 19	祥符 2 – 嘉定 13	
15251	讳	事韵	群臣名讳	仪 13/19 – 23	雍熙 2 – 淳熙 3	
15251	讳	事韵	家讳	仪 13/24	宋祁等	
15251	讳	事韵	改地避讳	仪 13/24 – 25	宋敏求等	
15251	讳	事韵	辞官避讳	仪 13/25 – 28	慕容延钊等	
15252	讳	事韵	犯讳	仪 13/29	李评	
15252	讳	事韵	不讳	仪 13/29 – 30	赵洙等	
15269	尉	太尉	太尉	职 1/12 – 15	政和 2 – 嘉定 17	
15277	尉	县尉	县尉	职 48/60 – 88	建隆 3 – 嘉定 13	
15277	尉	县尉	镇寨官	职 48/88 – 91	淳熙 1 – 绍熙 3	
15312	卫	皇帝仪卫	皇帝仪卫	舆 1/7 – 11	元丰 1 – 乾道 9	
15313	卫	皇太后仪卫	皇太后仪卫	舆 1/13 – 14	天圣 1 – 绍圣 1	原误注卷 15312。
15313	卫	皇太妃仪卫	皇太妃仪卫	舆 1/14	序	
15315	卫	环卫	环卫	职 33/1 – 5	隆兴 2 – 嘉定 2	
15318	卫	左右等卫	六军诸卫	职 33/6 – 8	咸平 5 – 靖康 1	

续表

《大典》卷数	字韵	事目	标目	位置	内容	备注
15318	卫	左右等卫	三卫	职 33/9 – 11	崇宁 4	
15340	磑	事韵	造水磑	食 8/33 – 34	祥符 8 – 崇宁 2	
15389 15390	吹	鼓吹	鼓吹	舆 3/16 – 24	建隆 4 – 乾道 9	
15396	瑞	宋祥瑞	祥瑞	瑞 1/8 – 9	建隆 2 – 至道 1	以下 3 条本相连，为同一门。
15396	瑞	宋祥瑞	祥瑞	补 498 上	至道 1	
15396 15397	瑞	宋祥瑞	祥瑞	瑞 1/10 – 28	咸平 2 – 淳熙 6	
15422	税	赋税	赋税杂录	食 9/12 – 10/31	政和 2 – 乾道 9	应为“赋税”。与下条同门。
15423	税	赋税	赋税	食 70/68 – 113	淳熙 1 – 嘉定 11	
15430	税	商税	商税	补 498 下 – 518 下	东京至福建路额	
15433	税	商税	商税	食 17/1 – 10	广南路额	
15433 15434	税	商税	商税	食 17/10 – 18/7	建隆 1 – 乾道 9	
15434	税	商税	钞旁印帖	食 35/1 – 18	崇宁 3 – 乾道 9	
15434	税	商税	商税	食 18/8 – 31	淳熙 1 – 嘉定 17	题《经进续总类会要》。
15442	内	事韵	大内	补 519 上		自“京都杂录”摘出。

续表

《大典》卷数	字韵	事目	标目	位置	内容	备注
15459	罪	事韵	断死罪	刑 4/95	淳熙 4	原注卷 15458。
15459	罪	事韵	出入罪	刑 4/95	淳熙 1－6	
15483	镇	节镇	节镇	方 5/1－9	京东路等	应为“节镇升降”。
15484 15485	镇	市镇	市镇	方 12/12－18	淮南东路等	
15486	镇	市镇	市镇杂录	方 12/18－21	咸平 5－嘉定 9	
15488	镇	四镇	四镇	礼 21/1－2	乾德 6－绍兴 7	
15489	镇	事韵	镇将	职 48/92－93	建隆 4－政和 4	
15514	印	事韵	贡举印	选 6/51	天圣 7－元丰 6	
15709	论	诸家论目	春秋要论	补 519 下	天圣 5－景祐 1	
15710	论	诸家论目	群经正论	补 520 上	绍兴 16	
15944 15946	运	宋漕运	漕运	食 42/1－44/19	建隆 3－嘉定 11	以下 3 条本相连，同一门。
15946	运	宋漕运	水运	食 48/21－22	嘉定 11	
15946	运	宋漕运	漕运	食 44/20－22	嘉定 14－15	
15947	运	宋漕运	漕运	食 45/1－7	祥符 4－宣和 7	为“纲运设官”。
15948	运	宋漕运	纲运令格	食 45/8－19	捕亡令等	标题为后加。
15951	运	五运	五运	运 1/1－4	建隆 1－政和 7	

续表

《大典》卷数	字韵	事目	标目	位置	内容	备注
16019	旱	宋旱	旱	瑞 2/20－23	建隆 2－乾道 4	以下 3 条本相连，为一门。
16019	旱	宋旱	祈雨雪	礼 4/15－17	乾道 4	
16019 16020	旱	宋旱	旱	瑞 2/24－30	乾道 7－咸淳 10	
16210	岸	事韵	堤岸	食 8/53	靖国 1	原误注卷 11210。
16224	观	道观	观	礼 5/18－20	天庆观	
16229	观	道观	宫观	礼 5/11－12	景灵宫、太极观	
16224 16250	观	道观	宫观	礼 5/13－17	天授观等	
16224 16250	观	道观	宫观	礼 5/21－24	集禧观等	
16251	观	事韵	任宫观	职 54/27－42	熙宁 2－绍熙 5	应为"外任宫观"。
16293	判	通判	通判	职 47/71－73	淳熙 1－嘉定 16	
16301	判	试判	试判	选 10/1－5	建隆 3－熙宁 4	
16413	谏	谏官	谏院	职 3/60－61	建炎 3－绍兴 1	大部被屠寄删去。
16468	撰	修僎	修撰	职 18/78（1）	元祐 1－绍兴 1	
16469	撰	修援	修撰	职 18/78（2）－79	端拱 2－熙宁 2	应在上条之前。
16480	炭	事韵	炭场	食 54/11	天禧 1－熙宁 5	
16480	炭	事韵	增钱市炭	食 54/12	兴国 8	

续表

《大典》卷数	字韵	事目	标目	位置	内容	备注
16562	殿	殿名	神御殿	礼 13/1－3	鸿庆宫等	
16562	殿	殿名	神御殿	礼 13/3－24	祥符 5－嘉定 2	
16562	殿	殿名	神御殿	礼 13/25	圣祖殿等	自“京都杂录”等摘出。
16555 16564	殿	殿名	殿	方 3/3－6	讲武殿等	自“京都杂录”等摘出。
16572	殿	事韵	听政	礼 55/1－4	建隆 2－绍兴 31	应为“请听政御殿”。
16572	殿	事韵	请听政御殿	礼 35/1－2	淳熙 14－嘉泰 1	与上条同一门。
16574	奠	释奠	释奠	礼 16/1	淳熙 4－绍熙 3	
16590	奠	事韵	临奠	礼 41/15－22	乾德 4－乾道 7	
16590	奠	事韵	临猷	礼 41/22－23	乾德 4－绍兴 27	应为“杂录”。
16597	县		祃祭	礼 48/1	兴国 5－绍兴 31	卷数有误。
16599	县	县官	县官	职 48/25－52	建隆 4－嘉定 16	至和前分“知县”与“县令”。
16629	建	封建	封建	帝 3/1－8	廷美至偲之子	
16646	院	宣徽等院	宣徽院	职 6/44－45	开宝 9－绍圣 3	
16647	院	翰林院	翰林院	职 6/46－56	乾德 1－乾道 9	成为“学士院”。
16647	院	翰林院	侍读侍讲	职 6/56－58	咸平 2－至和 1	

续表

《大典》卷数	字韵	事目	标目	位置	内容	备注
16647	院	翰林院	翰林侍书	职 6/58	序	
16647	院	翰林院	侍读侍讲	职 6/58 – 62	元丰 8 – 乾道 9	
16647	院	翰林院	翰林院	职 6/62 – 63	淳熙 7 – 庆元 5	以上 5 条，《大典》中相连。
16647	院	翰林院	翰林院	职 36/95	祥符 6 – 淳熙 13	此方为“翰林院”。
16647	院	翰林院	翰林御书院	职 36/95 – 97	嘉祐 5 – 绍兴 30	
16647	院	翰林院	翰林医官院	职 36/97 – 106	雍熙 2 – 淳熙 15	
16647	院	翰林院	翰林图画院	职 36/106 – 107	至和 1 – 熙宁 6	
16647	院	翰林院	翰林天文院	职 36/107 – 108	祥符 2 – 绍兴 14	
16650	院	乾元等院	集贤院	职 18/50	序	
16650	院	乾元等院	崇文院	职 18/50 – 53	建隆 1 – 政和 6	
16650	院	乾元等院	编修院	职 18/53	序	
16650	院	乾元等院	国史院	职 18/53 – 60	绍兴 28 – 嘉泰 4	
16650	院	乾元等院	实录院	职 18/60 – 74	绍兴 7 – 庆元 2	
16652	院	起居等院	起居院	职 2/10 – 22	淳化 5 – 乾道 9	
16652	院	起居等院	舍人院	职 3/13 – 20	雍熙 3 – 乾道 1	
16653	院	太常等院	礼仪院	职 22/22 – 24	祥符 6 – 天圣 1	
16654	院	谏院	谏院	职 3/50 – 59	雍熙 5 – 淳熙 15	
16654	院	谏院	登闻院	职 3/62 – 74	乾德 4 – 嘉定 16	

续表

《大典》卷数	字韵	事目	标目	位置	内容	备注
16654	院	谏院	登闻院鼓	职 3/74	序	
16652 16656	院		进奏院	职 2/44－51	兴国 8－淳熙 13	
16661	院	吏部选院等	审官东院	职 11/1－4	兴国 6－治平 1	
16661	院	吏部选院等	审官西院	职 11/4－5	熙宁 3－7	
16661	院	吏部选院等	官告院	职 11/60－75	乾德 4－嘉定 6	
16665	院	推事等院	天文院	职 18/110	序	
16665	院	推事等院	钟鼓院	职 18/110－111	绍兴 3－淳熙 7	
16665	院	推事等院	御药院	职 19/13－15	天圣 4－淳熙 13	
16665	院	推事等院	审刑院			与职 15/29 同，被屠寄删去。
16665	院	推事等院	三司推勘院			与职 5/47 同，被屠寄删去。
16666	院	太子宾客等院	敦宗院	职 20/34－41	崇宁 1－乾道 7	
16667	院	典瑞等院	御辇院	职 19/16－20	祥符 9－淳熙 13	
16667	院	典瑞等院	车辂院	职 23/1－2	淳熙 6－开禧 2	
16667	院	典瑞等院	骐骥院	职 23/2	元丰 2－庆元 2	
16667	院	典瑞等院	御马院	职 32/51－55	建炎 3－嘉定 14	
16667	院	典瑞等院	省马院	职 32/55	淳熙 1－3	

续表

《大典》卷数	字韵	事目	标目	位置	内容	备注
16667	院	典瑞等院	乳酪院	职 21/15	祥符 5－7	
16668	院	文思等院	文思院	职 29/1－6	咸平 3－嘉定 4	
16668	院	文思等院	西内染院	职 29/7	序	
16668	院	文思等院	西染色院	职 29/7－8	淳化 1－熙宁 2	
16668	院	文思等院	绫锦院	职 29/8（1）	祥符 6－熙宁 7	
16668	院	文思等院	文绣院	职 29/8（2）	崇宁 3	
16668	院	文思等院	裁造院	职 29/8（3）	景德 3－天圣 3	
16668	院	文思等院	弓弩院	职 16/24	景德 2－嘉祐 3	
16668	院	文思等院	弓弩造箭院	职 16/24	天禧 4－熙宁 3	
16669	院	左藏等院	粮料院	职 5/65－66	开宝 6－天圣 8	与下条本相连。
16669	院	左藏等院	粮料院	职 27/57－60	建炎 3－淳熙 12	
16669	院	左藏等院	三部勾院	职 5/23－24	开宝 5－祥符 9	
16669	院	左藏等院	都盐院	职 5/67－68	咸平 5－熙宁 8	
16669	院	左藏等院	都曲院	职 26/33－34	至道 3－熙宁 4	
16669	院	左藏等院	都商税院	职 27/34－35	至道 1－嘉祐 4	
16669	院	左藏等院	礼宾院	职 25/6－7	咸平 1－熙宁 9	
16669	院	左藏等院	粜盐院	职 5/68	咸平 2－祥符 7	
16670	院	释院	五房五院	职 3/22－45	开宝 6－乾道 8	
16683	院	释院	应天院	道 2/10	景德 4－天禧 2	
16691	院	释院	资圣院	道 2/14		
16697	院	释院	兴化院等	道 2/5－9		

续表

《大典》卷数	字韵	事目	标目	位置	内容	备注
16700	院	释院	延福院等	道 2/11		
16704	院	释院	普安院等	道 2/12		
16683 16704	院	释院	普明院	道 2/13		
16715	院	杂院	居养院等	食 60/1－2	绍熙 5－嘉泰 1	
16746 16747	宴	宴享	宴享	礼 45/1－21	建隆 1－绍熙 1	
16749	宴	圣节宴	诞圣节	礼 57/14－19	建隆 1－乾道 1	
16751	宴	大祀庆成宴等	坤成节宴等	礼 45/33－39		
16753	宴	习射宴等	习射宴等	礼 45/22－31		
16755	宴	探春宴等	春宴等	礼 45/32		
16755	宴	事韵	宴饯	礼 45/40－41	祥符 5－8	
16766	堰	堰名	汴河堰等	食 8/40		
16767	堰	堰名	堰	食 8/38－39	曹娥堰等	
16784	选	宋铨选	吏部	补 520 下（1）	国朝会要序	自此以下 6 条本相连。
16784	选	宋铨选	吏部	选 23/1（1）	续国朝会要序	
16784	选	宋铨选	吏部	补 520 下（2）	中兴会要序	
16784	选	宋铨选	吏部	补 520 下－521 上	兴国 3－皇祐 3	
16784	选	宋铨选	吏部	选 23/1（2）	神宗正史职官志	
16784	选	宋铨选	吏部	补 521 上－530 下	熙宁 5－乾道 9	

续表

《大典》卷数	字韵	事目	标目	位置	内容	备注
16785	选	宋铨选	审官东院	补531上－532下	兴国6－治平1	
16785	选	宋铨选	尚书左选	补532下	续会要及中兴会要序	与下条为一门。
16785	选	宋铨选	尚书左选	选23/2－19	熙宁2－乾道9	
16785	选	宋铨选	审官西院	补533	熙宁3－7	
16785	选	宋铨选	尚书右选	补533下	续会要及中兴会要序	与下条为一门。
16785	选	宋铨选	尚书右选	选24/1－8	元丰2－乾道9	
16786	选	宋铨选	流内铨	补534上	序	与下条为一门。
16786	选	宋铨选	流内铨	选24/9－12	建隆3－治平3	
16786	选	宋铨选	侍郎左选	补534下	序	与下条为一门。
16786	选	宋铨选	侍郎左选	选24/12－26	熙宁2－乾道9	
16787	选	宋铨选	三班院	补535上	兴国6－雍熙4	与下条为一门。
16787	选	宋铨选	三班院	选25/1－10	咸平2－熙宁7	
16787	选	宋铨选	侍郎右选	选25/10－17	熙宁5－宣和2	
16787	选	宋铨选	流外铨	选25/22－33	宣和4－嘉定16	
16849	禅	封禅	宋封禅	礼22/1－19	兴国9－政和4	
16892 16893	吊	事韵	吊仪	礼43/17	乾兴1－淳熙14	应为“外夷入吊之仪”。

续表

《大典》卷数	字韵	事目	标目	位置	内容	备注
16892 16893	吊	事韵	吊祭	礼 43/18－19	淳熙 3－7	
16918	少	事韵	三公三少	职 1/1－6	治平 4－淳熙 15	
16918	少	事韵	三公三少杂录	职 1/6－8	淳熙 4－嘉定 16	
16924	诏	改元	改元诏	礼 54/20－21	嘉熙 4－咸淳 10	非《宋会要》文。
17053	庙	宋宗庙	宗庙	礼 17/1	咸平 3－祥符 3	
17054	庙	宋宗庙	朝日夕月	礼 4/1	绍兴 3－27	为《中兴礼书》文。
17054	庙	宋宗庙	缘庙裁制	礼 15/1－22	兴国 2－嘉定 14	
17055 17056	庙	宋宗庙	庙号追尊	帝 1/9－15	建隆 1－绍兴 12	以下 3 条本相连，为一门。
17056	庙	宋宗庙	帝后祔庙	礼 7/21（2）－22	绍兴 12	
17056	庙	宋宗庙	庙号追尊	帝 1/16－17	绍兴 12－13	
17056	庙	宋宗庙	加上徽宗谥号仪	礼 7/23－31		为《中兴礼书》文。
17057	庙	宋宗庙	时飨	礼 17/30－40	乾德 6－绍熙 5	
17058	庙	宋宗庙	荐新	礼 17/86－91	雍熙 2－绍兴 19	
17059	庙	宋宗庙	亲飨庙	礼 17/10－11	太祖至宁宗	
17059	庙	宋宗庙	亲飨庙杂录	礼 17/11－29	乾德 1－庆元 2	尚有“仪注”。
17060	庙	宋宗庙	朝飨太庙	礼 17/2－9	绍兴 13 年仪注	

续表

《大典》卷数	字韵	事目	标目	位置	内容	备注
17061	庙	宋宗庙	禘祫	补 535 下－540 下	咸平 2－淳熙 1	
17061	庙	宋宗庙	亲祫	补 540 下－541 下	嘉祐 4	
17063	庙	宋宗庙	帝后祔庙	礼 7/3－21	钦宗等	为《中兴礼书》文。
17064	庙	宋宗庙	配享功臣	礼 11/1	太祖朝－宁宗朝	
17064	庙	宋宗庙	配享功臣杂录	礼 11/1－7	咸平 2－绍熙 1	
17065	庙	宋宗庙	太庙乐章	乐 7/1－2	祫飨太庙	
17065	庙	宋宗庙	庙议	礼 15/又 22－64	建隆 1－绍熙 5	
17085	庙	亲庙	濮安懿王园庙	礼 40/6－12	治平 1－乾道 7	
17085	庙	亲庙	秀安僖王园庙	礼 40/13－14	绍熙 1－3	原误“绍兴”。
17086	庙	历代后妃庙	后妃庙	礼 10/1－13	建隆 3－淳熙 15	应为“别庙”或“皇后庙”。
17090	庙	群臣士庶家庙	群臣士庶家庙	礼 12/1－14	庆历 1－嘉定 15	
17092	庙	群臣士庶家庙	祭名臣茔庙	礼 13/26	绍兴 6－7	
17095	庙	帝王庙	光武庙	礼 21/55		
17098	庙	王庙	忠烈王庙等	礼 21/56		

续表

《大典》卷数	字韵	事目	标目	位置	内容	备注
17099	庙	王庙	正王庙等	礼 21/53		
17101	庙	王庙	皮场大王庙等	礼 21/23		
17102	庙	王庙	洪圣王庙等	礼 21/19－21，24，48，58		
17127	庙	群邑神庙	惠民侯庙等	礼 21/13－16，18，59		
17130	庙	群邑神庙	恭顺将军庙	礼 5/25		补 542 上全同。
17132	庙	群邑神庙	周处庙	礼 21/57		
17137	庙	群邑神庙	安渎夫人庙等	礼 21/52	夫人庙	
17139	庙	群邑神庙	龙女庙等	礼 21/27	女庙	
17140	庙	群邑神庙	西岳别庙	礼 21/8		
17144	庙	群邑神庙	灵源庙等	礼 21/51		
17147	庙	群邑神庙	壮武庙等	礼 21/38－39，42		
17148	庙	群邑神庙	昭惠庙等	礼 21/40－41		
17149 17153	庙	群邑神庙	威惠庙等	礼 21/28－32，43－47		
17155 17157	庙	群邑神庙	嘉应庙等	礼 21/22，34－37，49－50		
17160	庙	群邑神庙	显祐真人庙等	礼 21/17	真人庙	
17162	庙	群邑神庙	永固庙等	礼 21/26		

续表

《大典》卷数	字韵	事目	标目	位置	内容	备注
17123 17162	庙	群邑神庙	显应公庙等	礼21/25，33，54，60－61，62，64		
17230	教	宫教	宫教	职7/38	至道1	
17249	校	事韵	检校			与职1/1－6同，被屠寄删去。
17275	帽	帽名	卫士帽	舆6/23		自“大驾卤簿”摘出。
17287	号	宋尊号	尊号	礼49/1	僖祖至宣祖	
17287 17288	号	宋尊号	册尊号	礼49/1－24	太祖至高宗	尚有“杂录”。
17289	号	宋尊号	庙号追尊	帝1/18－20	高宗	应为“册尊号”。
17291	号	宋尊号	册尊号	礼49/44－55	孝宗至光宗	
17291	号	宋尊号	皇帝朝	礼49/55－56	淳熙16－绍熙4	
17291	号	宋尊号	奉上祖宗徽号	礼49/56－67	淳熙14－绍熙5	
17291 17292	号	宋尊号	册尊号	礼49/67－97	宁宗	中插入“皇帝朝”及“奉上祖宗徽号”。
17293	号	宋尊号	发册宝	补542下－543下	乐章	
17293	号	宋尊号	发册宝	乐7/32	乐章	

续表

《大典》卷数	字韵	事目	标目	位置	内容	备注
17297	号	宋后妃尊号	后妃尊号	礼 50/1 – 14	建隆 1 – 嘉泰 2	
17297	号	宋后妃尊号	后妃尊号杂录	礼 50/14 – 18	绍熙 5 – 嘉泰 2	
17298	号	宋后妃尊号	后妃尊号	补 544 上 – 545 下	乐章	
17302	号	事韵	徽号	礼 51/1 – 24	上玉皇圣祖徽号等	
17302	号	事韵	水府号等	礼 21/63		
17302	号	事韵	真武号	补 546 上		
17308	诰	官诰	官诰	补 546 下 – 549 下	乾德 4 – 乾道 7	
17308	诰	官诰	官诰	补 550 上 – 555 下	乾德 4 – 绍兴 11	与下条为同一门，被分割。与上条全同。抄重。
17308	诰	官诰	官诰	仪 10/1 – 5	淳化 2 – 乾道 7	
17309	诰	知制诰	知制诰	职 6/65 – 69	雍熙 3 – 熙宁 3	共 2 段，抄重。
17325	告	事韵	告礼	礼 7/37 – 40	淳熙 3 – 嘉定 17	
17325	告	事韵	三官得告	补 556 上	序	
17347 17349	漕	转漕	转漕	补 556 下 – 582 下	开宝 3 – 乾道 9	

续表

《大典》卷数	字韵	事目	标目	位置	内容	备注
17376	道	街道司	街道司			与职30/18－19同，被屠寄删去。
17464	贺	宋朝贺	朝贺	礼57/1	天圣7－宣和6	
17464	贺	宋朝贺	朝贺	礼8/2－3	冬至群臣朝贺仪	为《中兴礼书》文。
17484	课	宋考课	考课	职59/1－30	建隆3－乾道9	
17531	货	食货	户口	食69/70－77	开宝至乾道户口数	
17531	货	食货	户口杂录	食69/77－81	建隆1－乾道7	
17531	货	食货	版籍	食11/10－25	建隆4－乾道9	
17531	货	食货	逃移	食69/35－64	乾德1－乾道8	
17532 17533	货	食货	赋税	食70/1－67	建隆4－乾道9	
17533	货	食货	方田	食70/114－123	熙宁5－宣和3	
17533	货	食货	经界	食6/36－52	绍兴12－28	
17534	货	食货	钞旁定帖	食70/135－152	崇宁3－乾道9	
17534	货	食货	均籴	食70/152－155	政和1－宣和7	
17534	货	食货	蠲放	食70/155－182	乾德4－宣和7	与下条本为一门。
17535	货	食货	蠲放	食63/1－34	建炎1－乾道9	
17536	货	食货	屯田	食4/1－6	淳化4－政和6	
17536 17537	货	食货	营田	食2/1－3/21	端拱2－乾道9	

续表

《大典》卷数	字韵	事目	标目	位置	内容	备注
17537 17538	货	食货	农田	食 1/15－47	建隆 3－乾道 9	
17538	货	食货	官田	食 5/19－37	建炎 1－乾道 9	
17538	货	食货	公用钱	食 35/46	景德 1－祥符 1	此为错简，从食 5/25 中挖出。
17539	货	食货	民产	食 61/56－67	建隆 3－乾道 9	
17539	货	食货	检田	食 61/71－78	建隆 2－乾道 9	
17539	货	食货	限田	食 61/78－80	绍兴 1－乾道 8	
17539	货	食货	垦田	食 61/81－88	绍兴 2－乾道 9	
17540	货	食货	水利	食 61/89－122	至道 1－乾道 9	
17541	货	食货	常平仓	食 53/6－19	淳化 3－宣和 7	
17541	货	食货	义仓	食 53/19－33	建隆 4－乾道 9	
17541	货	食货	广惠仓	食 53/34	嘉祐 2－4	
17542	货	食货	诸州仓库	食 54/1－10	建隆 4－乾道 9	
17542 17543	货	食货	赈贷	补 583 上－599 上	建隆 1－乾道 9	
17543	货	食货	恤灾	食 68/112－127	熙宁 1－乾道 9	误标为“赈恤”。
17544	货	食货	居养院等	食 68/128－152	熙宁 2/乾道 2	为“居养院、安济坊、漏泽园”。误标为“恤灾”。
17544	货	食货	上供	食 64/45－60	建炎 3－乾道 9	
17544	货	食货	无额上供	食 64/63－65	建炎 1－绍兴 29	

续表

《大典》卷数	字韵	事目	标目	位置	内容	备注
17544	货	食货	免行钱	食 64/65 – 69	绍兴 1 – 25	
17544	货	食货	受纳	食 68/1 – 11	绍兴 3 – 乾道 7	
17544	货	食货	身丁	食 12/8 – 22	建炎 3 – 乾道 9	
17545	货	食货	月桩钱	食 64/79 – 82	绍兴 7 – 乾道 4	
17545	货	食货	经总制钱	食 35/19 – 29	建炎 2 – 乾道 8	
17545 17547	货	食货	水运	食 46/1 – 48/13	开宝 3 – 乾道 9	
17547	货	食货	陆运	食 48/13 – 21	建隆 3 – 乾道 9	
17547 17549	货	食货	市籴粮草	补 599 下 – 637 下	建隆 1 – 乾道 9	
17549 17551	货	食货	免役	食 66/32 – 89	治平 4 – 乾道 9	
17551 17552	货	食货	青苗	食 4/16 – 5/18	熙宁 2 – 政和 8	
17552	货	食货	市舶	补 638 上 – 652 下	开宝 4 – 乾道 9	
17553	货	食货	市易	食 37/1 – 36	建隆 1 – 绍兴 30	
17554	货	食货	和市	补 653 上 – 658 下	熙宁 2 – 乾道 9	
17554	货	食货	互市	补 658 下 – 662 下	乾德 4 – 乾道 9	
17555	货	食货	榷易	补 662 下 – 670 下	乾德 1 – 宣和 2	
17556	货	食货	商税	食 15/1 – 16/22	东京至福建路额	与下两条为一门。

续表

《大典》卷数	字韵	事目	标目	位置	内容	备注
17557	货	食货	商税	补 671 上 - 673 下	广南路额	补 671 上有错简。
17557	货	食货	商税	补 673 下 - 685 上	建隆 1 - 乾道 9	
17558	货	食货	酒曲	食 19/1 - 19	酒务额	
17558 17559	货	食货	酒曲杂录	食 20/1 - 21/12	建隆 2 - 乾道 9	
17559	货	食货	买扑坊场	食 21/12 - 15	建炎 1 - 绍兴 32	
17560	货	食货	茶·茶色号	补 686 下		以下 10 段本相连。
17560	货	食货	茶·买茶价	食 29/8 - 10		
17560	货	食货	茶·卖茶价	食 29/10 - 14		
17560	货	食货	茶·买茶额	食 29/6 - 7		
17560	货	食货	茶·卖茶额	食 29/7		
17560	货	食货	茶·买茶场	食 29/7		
17560	货	食货	茶·卖茶场	食 29/14 - 16		
17560	货	食货	茶·产茶额	食 29/2 - 5		
17560	货	食货	茶	食 30/1 - 10	乾德 5 - 嘉祐 7	

续表

《大典》卷数	字韵	事目	标目	位置	内容	备注
17561 17562	货	食货	茶	补 687 上 – 713 下	熙宁 4 – 乾道 8	
17562	货	食货	盐	补 713 下 – 737 上	各路盐额	
17563 17565	货	食货	盐	补 737 下 – 800 下	建隆 2 – 乾道 9	
17565	货	食货	坑冶	食 33/1 – 5	各路坑冶场务	以下 3 条本相连。
17565	货	食货	坑冶	食 33/27 – 29	坑冶税租之入	
17566	货	食货	坑冶	食 33/7 – 26	岁收数及坑冶兴废	
17595	罢	事韵	罢免	职 78/61 – 63	淳熙 16 – 嘉定 14	
17671	化	古州郡名	安化州	蕃 5/5 – 9	雍熙中 – 乾道 2	
17771	蜡	事韵	腊蜡	礼 19/23 – 24	天圣 3 – 元丰 6	
17771	蜡	事韵	宋蜡	礼 19/24	乾道 4	
18217	象	事韵	导驾象	舆 3/15	兴国 6	一条自《舆辇旗物》摘出。
18223 18224	像	事韵	令葺画像等	补 801 上 – 802 下	祥符 1 – 绍兴 17	
18256	仗	宋仪仗	仪仗	补 803 上（1）	元丰 1 – 2	以下 4 段本相连。
18256	仗	宋仪仗	仪仗	舆 1/12（2）	元丰 2	
18256	仗	宋仪仗	仪仗	补 803 上（2） – 803 下	崇宁 2 – 乾道 9	

续表

《大典》卷数	字韵	事目	标目	位置	内容	备注
18256	仗	宋仪仗	仪仗	舆 1/12（1）	淳熙 1 – 15	
18256	仗	宋仪仗	立仗	补 804 上	立仗	
18256	仗	宋仪仗	卤簿杂律仪仗	舆 1/16 – 20	建隆 4 – 绍兴 12	与下条本相连。
18256	仗	宋仪仗	卤簿杂律仪仗	补 804 下 – 805 下	绍兴 13 – 乾道 3	
18256	仗	宋仪仗	常行仪卫	舆 1/14（2） – 15	康定 1	
18288	棒	事韵	广置棍棒	兵 26/40	建炎 2	原注卷 16288。
18540	行	事韵	八行	补 806	大观 1 – 政和 6	
18586	幸	巡幸	巡幸	礼 52/1 – 18	建隆 1 – 嘉定 8	
18907 18908	正	事韵	归正	兵 15/1 – 16/2	建炎 1 – 乾道 9	
38908	正	事韵	归正官	兵 16/2 – 4	淳熙 1 – 13	
18908	正	事韵	归正士人	兵 16/4 – 5	淳熙 2 – 12	
18908	正	事韵	归正军兵	兵 16/5 – 6	淳熙 1 – 15	
18908	正	事韵	归正人	兵 16/6 – 18	淳熙 1 – 嘉定 17	
18911	正	检正等	检正	职 3/46 – 47	熙宁 3 – 乾道 8	
18931	政	事韵	时政记	职 6/30 – 32	开宝 7 – 乾道 8	
18986	令	事韵	提举修勅令	职 4/43 – 44	熙宁 3 – 政和 1	
18998	令	县令	县令	职 48/18 – 24	淳熙 12 – 嘉定 9	
19027 19028	令	宋格令	格令	刑 1/1 – 61	建隆 4 – 嘉定 15	应为“定格令”。

续表

《大典》卷数	字韵	事目	标目	位置	内容	备注
19125	赠	封赠	宗室追赠	帝 3/9－39	追赠皇太子等	
19126	赠	封赠	外戚追赠	仪 12/1－15（1）	开宝 3－嘉定 2	
19126	赠	封赠	再赠官	仪 12/15（2）－19	建隆 1－乾道 9	
19127	赠	封赠	宰相追赠等	仪 11/1－12		
19128	赠	封赠	从官赠职等	仪 11/13－29		
19128	赠	封赠	内侍追赠等	仪 13/1－8		
19128	赠	封赠	赠宫杂录	仪 13/8－11	淳化 3－乾道 4	
19130	赠	封赠	臣僚恩庆封赠	仪 10/6－9	建隆 1－景祐 3	
19131	赠	封赠	陈请封赠	仪 10/14－21	淳化 4－绍兴 28	
19133	赠	赙赠	赙赠杂录	礼 44/30	景德 3－元丰 2	大部被屠寄删去。
19240	授	诸王宫教授	诸王宫教授	职 7/38（2）	天圣 3－4	
19240	授	监学教授	监学教授	职 28/29	至道 2	
19250	绶	事韵	百官佩绶	舆 6/19	元丰 2	
19252	寿	事韵	上寿	礼 57/5－13	德寿宫上寿等	
19305 19307	后	宋后	皇后	后 1/1－4	僖祖至神宗后	
19309	后	宋后	皇后	后 1/5－7	哲宗至孝宗后	

续表

《大典》卷数	字韵	事目	标目	位置	内容	备注
19310	后	宋后	皇后 皇太后 杂录	后 1/10－2/15	咸平 2－乾道 9	
19311	后	宋后	皇后 皇太后 杂录	后 2/16－20	淳熙 1－庆元 4	应为“皇太后杂录”。
19311	后	宋后	皇后	后 1/8－9	孝宗至宁宗后	
19311	后	宋后	皇后杂录	后 2/21－29	淳熙 1－嘉定 8	
19318 19319	后	历代册后礼	册后	礼 53/1－14	建隆 1－嘉泰 3	
19323	后	事韵	存先代后	崇 7/69－75	建隆 1－淳熙 15	
19323	后	事韵	录诸国后	崇 7/75－76	祥符 1－绍兴 2	
19343	奏	事韵	章奏	仪 7/19－34	雍熙 2－绍熙 2	应为“章奏条贯”。
19367	句	事韵	管勾	职 22/34（1）		徐松按语引《会要》。
19377	任	事韵	赴任	补 807 上	政和 7－淳熙 16	
19387	任	事韵	再任	职 60/43	嘉祐 1－宣和 5	
19392	禁	事韵	禁约	刑 2/118－146	淳熙 1－嘉定 17	附“禁采捕”。
19400	勘	磨勘	磨勘	职 11/6－54	建隆 2－乾道 9	
19401	勘	推勘	三司推勘院	职 5/47－64	开宝 8－嘉定 17	除首条外，应为“推勘”。
19501 19503	监	国子监	国子监	职 28/1－28	建隆 3－嘉定 7	

续表

《大典》卷数	字韵	事目	标目	位置	内容	备注
19514	监	司天监	司天监	职 31/1－9	兴国 6－乾道 8	
19514	监	浑仪监	测验浑仪刻漏所	职 31/9	绍兴 2－隆兴 1	
19514	监	司天监等	钟鼓院	职 31/9	绍兴 3－隆兴 1	
19522	监	左右大监等	淇水二监	职 23/19	元祐 6	
19585	剑	剑名	班剑	舆 3/14		自“卤簿法驾”中摘出。
19603	穀	事韵	祈穀	礼 18/1	乐曲	
19636	沐	事韵	休沐	职 60/15	开宝 9－乾道 9	
19642	牧	事韵	州牧	职 37/11－12	祥符 8－淳熙 5	
19651	族	事韵	悯恤旧族	选 32/11－26	咸平 1－绍熙 2	
19702	录	帝王实录	修实录	运 1/29－30	修太祖、太宗、哲宗实录	
19778	局	诸局沿革	太史局	职 18/82－101	熙宁 2－嘉定 8	尚有“刻漏所”及“钟鼓院”。
19779	局	诸局沿革	天文局	职 36/109	淳熙 4－绍熙 2	应为“翰林天文局”。
19779	局	诸局沿革	议礼局	职 5/21－23	崇宁 2－政和 3	
19779	局	诸局沿革	礼制局	职 5/23	序	
19779	局	诸局沿革	郊社局	职 22/34（2）	嘉祐 1－熙宁 1	
19779	局	诸局沿革	太社局	职 22/34（3）	熙宁 3	
19779	局	诸局沿革	大乐局	职 22/34（4）	乾兴 1	

续表

《大典》卷数	字韵	事目	标目	位置	内容	备注
19779	局	诸局沿革	鼓吹局	职 22/34（5）	序	
19780	局	诸局沿革	太医院	职 22/35－44	淳化 3－嘉泰 3	应为“太医局”。
19780	局	诸局沿革	惠民和剂局	职 27/66－68	绍兴 6－乾道 1	
19781	局	诸局沿革	裕民局	职 3/49	重和 1－宣和 1	
19781	局	诸局沿革	编估局	职 27/70	绍兴 7－淳熙 4	应为“编估打套局”。
19781	局	诸局沿革	军器局	职 16/22－23	绍兴 7	
19785	服	天子服	天子服	舆 4/1	建隆 1	
19785	服	皇太子服	皇太子服	舆 4/1－3	至道 1－乾道 7	
19786	服	后妃服	皇后服	舆 4/4	天圣 2－大观 4	应为“后妃服”。
19790	服	朝服	朝服	舆 4/11－14	景祐 3－元丰 6	
19791	服	祭服	祭服	舆 4/15－27	建隆 4－绍兴 16	
19792	服	公服	公服	舆 4/28－29	兴国 2－乾道 9	
19792	服	公服	带制	舆 5/31－32	淳熙 7－嘉定 14	应为“公服”，与上条同门。
19792	服	章服	章服	舆 4/30－32	嘉祐 3－嘉定 13	
19797	服	丧服	斩衰服	礼 36/1－5	淳化 5－绍兴 1	共 3 段。
19798	服	丧服	齐衰服	礼 36/6－9	咸平 1－元祐 8	
19799	服	丧服	齐衰杖期	礼 36/10－12	景祐 2	
19800	服	丧服	齐衰不杖期	礼 36/13	元祐 4－绍兴 29	

续表

《大典》卷数	字韵	事目	标目	位置	内容	备注
19803	服	丧服	缌麻服	礼 36/14	天禧 1 – 皇祐 4	
19805	服	丧服	短丧	礼 36/20 – 22	元丰 8 – 政和 3	
19808	服	丧服	成服	礼 36/19	景祐 3 – 绍兴 29	
19809	服	丧服	杂服制	礼 36/15 – 16	天圣 5 – 绍兴 8	
19812	服	丧服	追行服	礼 36/17 – 18	元祐 6 – 淳熙 10	
19815	服	丧服	臣庶服	舆 4/5 – 10	兴国 7 – 淳熙 2	共 2 段。
19817	服	事韵	赐服	仪 9/24 – 33	建隆 1 – 天圣 7	
19824	复	事韵	追复	职 76/73 – 74	淳熙 1 – 嘉定 15	与 3869“追复旧官”衔接。
19825	复	事韵	起复	职 77/1 – 24	兴国 6 – 嘉定 14	
19862	祝	祝文	祝文	礼 16/2	崇宁 4	
19862	祝	祝文	祝版	礼 7/41	淳熙 3	为《中兴礼书》文。
19878	竺	事韵	天竺国	蕃 4/85 – 90	乾德 3 – 熙宁 5	
19973	玉	事韵	禁玉等	食 41/49 – 50	禁玉、贡玉、献玉	
19978	狱	事韵	勘狱	刑 3/49 – 88	兴国 5 – 嘉定 15	
19979	狱	事韵	断狱	刑 4/69 – 84	雍熙 3 – 乾道 9	
19980	狱	事韵	亲决狱	刑 5/1 – 15	乾德 4 – 乾道 9	
19980	狱	事韵	省狱	刑 5/15 – 48	建隆 2 – 嘉定 14	
19983	狱	事韵	狱空	刑 4/85 – 92	兴国 7 – 嘉定 16	
19987	狱	事韵	冤狱	刑 4/93 – 94	建隆 2 – 绍兴 26	

续表

《大典》卷数	字韵	事目	标目	位置	内容	备注
19989	狱	事韵	司理院	职 47/74	端拱 1 – 乾道 7	应为“狱官”。
20094	日	日变	日中黑气	瑞 2/6	隆兴 1 – 乾道 3	
20097 20098	日	日蚀	日食	瑞 2/1 – 5	建隆 1 – 绍兴 13	
20311	疾	问宗戚大臣疾	问宗戚大臣疾		建隆 1 – 绍兴 25	此卷《大典》现存。
20358	籍	事韵	校勘经籍	崇 5/18	淳熙 4 – 6	
20359	籍	事韵	版籍	食 69/16 – 34	建隆 4 – 嘉定 14	
20422	稷	社稷	社稷	礼 23/1 – 3	天圣 10 – 绍兴 12	
20423	稷	社稷	社稷	礼 23/4 – 13	绍兴 1 – 淳熙 4	为《中兴礼书》文。
20424	稷	郡县社稷	郡县社稷	礼 23/14	绍熙 3 – 10	《辑稿》仅有绍熙两条。此卷《大典》现存。
20478	职	事韵	内职	后 4/1 – 3		
20478	职	事韵	内职杂录	后 4/3 – 29	景德 2 – 嘉定 16	
20479	职	事韵	牙职	职 48/94 – 106	开宝 4 – 庆元 6	
20480	职	事韵	召试除职	选 31/24 – 38	端拱 1 – 元祐 3	
20480	职	事韵	避亲嫌	职 63/1 – 16	淳化 4 – 乾道 9	
20480	职	事韵	特恩除职	选 33/1 – 34/30	雍熙 3 – 乾道 9	
20488	石	石名	醒酒石	补 807 下		自“京都杂录”摘出。

续表

《大典》卷数	字韵	事目	标目	位置	内容	备注
20522	食	大食国	大食	蕃 4/91 – 94	咸平 1 – 乾道 4	
20544	驿	事韵	驿传	方 10/13 – 17	开宝 4 – 淳熙 12	
20545	驿	驿名	都亭驿等	方 10/11		
20547	驿	驿名	怀远驿	方 10/12	景德 4 – 熙宁 7	
20553	驿	驿名	钟鼓楼	补 808 上		卷数有误。自“京都杂录”摘出。
20719	易	事韵	榷易	食 36/1 – 33	乾德 2 – 宣和 2	36/9 – 10 挖出一段在补 808 下 – 809 上。
20723	役	历代役法	役法	食 66/21 – 31	淳熙 1 – 嘉定 14	
20725 20726	役	免役	免役	食 65/1 – 102	治平 4 – 乾道 9	
20734	戟		门戟	仪 4/9	元丰 5 – 政和 8	
20787	籴	和籴	和籴	食 41/1 – 21	淳熙 1 – 16	41/3 – 9 为错简。
20791	籴	和籴	均籴	食 41/22 – 25	政和 1 – 宣和 7	
20792	籴	事韵	遏籴	食 41/26	庆元 1	
20829	历	宋历	历法	运 1/5 – 14	建隆 2 – 嘉定 3	
20845	历	日历	修日历	运 1/15	乾兴 1 – 嘉祐 8	应为“日历”。
20845	历	日历	日历所	运 1/15 – 26	熙宁 10 – 乾道 2	
20845	历	日历	进圣政记	礼 7/32 – 36	乾道 2	应为“日历所”。

续表

《大典》卷数	字韵	事目	标目	位置	内容	备注
20845	历	日历	日历所	运 1/27 - 28	乾道 2 - 7	以上 4 条本相连，被分割。
20898	恤	赈恤	赈恤	食 57/1 - 2	建隆 1 - 淳化 2	以下 4 条本相连，被分割。
20898	恤	赈恤	赈恤	补 809 下 - 816 下	淳化 2 - 重和 1	
20899	恤	赈恤	赈恤	食 59/13	宣和 1	
20899	恤	赈恤	赈恤	食 59/16 - 52	宣和 1 - 乾道 9	
20900	恤	赈恤	恩惠	食 60/3 - 15	熙宁 2 - 乾道 2	
20916	律	律吕	律吕	乐 1/1 - 22	乾德 4 - 景祐 2	以下 3 条本相连。
20916	律	律吕	律吕	乐 2/1 - 2	景祐 3	
20916	律	律吕	律吕	乐 2/7 - 32	景祐 3 - 崇宁 3	
21161	孛	孛星	孛	补 817 上	淳熙 2 - 绍定 3	
21199	鹘	回鹘	回鹘	蕃 4/1 - 11	建隆 2 - 宣和 3	
21231	辖	事韵	榷货务等	职 27/50 - 53	榷货务、文思院等	应为“四辖”。为他书引《会要》。
21231	辖	钤辖等	都钤辖 钤辖	职 48/107 - 121	咸平 5 - 嘉定 13	
21248	察	事韵	六察	职 17/35（2）	序	
21302	法	事韵	试法	补 817 下 - 826 上	雍熙 3 - 乾道 6	

续表

《大典》卷数	字韵	事目	标目	位置	内容	备注
21302	法	事韵	守法	帝 11/1-3	建炎 4-绍兴 9	
21304	法	事韵	守法	帝 11/3-14	乾道 1-淳熙 13	
21305	法	事韵	新科明法	补 826 下-828 上	熙宁 4-绍兴 16	
21309	法	事韵	法律	刑 1/62-68	乾德 4-熙宁 5	应为“法官”。
21415	节	时节	上元节等	礼 57/28-33		
21416	节	圣节	长春节等	礼 57/33-36		
21430	节	圣节	长宁节等	礼 57/37-38		
21416 21430	节	圣节	节	礼 57/20-26	重明节等	
21439 21445	节	事韵	旌节	舆 6/22	熙宁 5-绍兴 32	
21439 21445	节	事韵	金节	舆 3/11（4）		自“卤簿法驾”摘出。
21527	阅	事韵	大阅	礼 9/34	淳熙 16-绍熙 2	
21527	阅	事韵	大阅	补 828 下-830 上	绍熙 4-开禧 1	与上条本相连。
21547	雪	瑞雪	瑞雪	瑞 1/4-5	兴国 2-淳熙 8	
21548	雪	祈雪	祈雪	礼 18/32-33	绍兴 1-嘉定 5	
21550	雪	事韵	赤雪等	瑞 2/16-17		原误注卷 21549。
21550	雪	事韵	大雪	瑞 2/17	元祐 2-绍熙 2	
21607 21609	药	事韵	内香药库	补 871	景德 3-熙宁 1	

续表

《大典》卷数	字韵	事目	标目	位置	内容	备注
21679	乐	宋乐	详定乐律	乐 3/1－3	乾德 4	应为“雅乐”。自此至卷 21683 本相连，为同一门，被分割。
21679	乐	宋乐	雅乐	补 830 下	乾德 5	
21679	乐	宋乐	详定乐律	乐 3/3－4	咸平 2－景德 4	
21679	乐	宋乐	雅乐	补 831 上	祥符 1	
21679	乐	宋乐	详定乐律	乐 3/4－8	祥符 1－景祐 1	
21679	乐	宋乐	雅乐	补 831 下－833 上	景祐 2	
21679	乐	宋乐	律吕	乐 1/23	景祐 2	
21679	乐	宋乐	雅乐	补 833 上－837 下	景祐 2	
21679	乐	宋乐	详定乐律	乐 3/9（1）	景祐 2	
21679	乐	宋乐	雅乐	补 837 下－838 上	景祐 2	
21679	乐	宋乐	详定乐律	乐 3/9（2）－12	景祐 2	
21680	乐	宋乐	雅乐	补 838 下－844 上	景祐 3	
21680	乐	宋乐	详定乐律	乐 3/13－15	康定－庆历 7	
21680	乐	宋乐	雅乐	补 844 下－846 下	皇祐 3	
21681	乐	宋乐	详定乐律	乐 3/16－23	至和 1－元丰 5	

续表

《大典》卷数	字韵	事目	标目	位置	内容	备注
21681	乐	宋乐	雅乐	补 847	元祐 1	
21682	乐	宋乐	详定乐律	乐 3/23－28	元符 1－政和 3	
21683	乐	宋乐	乐器乐舞	乐 4/1－8	政和 4－乾道 4	“雅乐”门至此止。
21684	乐	宋乐	祈穀	补 848 上	祈穀乐歌	
21684	乐	宋乐	雩祀	乐 6/9－15	雩祀等乐歌	《宋史·乐志》文与《会要》文交错。
21689	乐	宋乐	御楼	乐 7/5－31	御楼等乐歌	《宋史·乐志》为正文，《宋会要》作注文。
21690	乐	宋乐	鼓吹	补 848 下－852 下	建隆 4－乾道 6	
21690	乐	宋乐	导引	补 852 下－854 下	导引乐歌	大字正文为《宋史·乐志》，小字注文为《会要》。
21690	乐	宋乐	鼓吹导引乐歌	乐 8/8－14	导引乐歌	大字正文为《宋史·乐志》，小字注文为《会要》。

续表

《大典》卷数	字韵	事目	标目	位置	内容	备注
21690	乐	宋乐	导引	补 855 上	导引乐歌	大字正文为《宋史·乐志》，小字注文为《会要》。
21690	乐	宋乐	鼓吹导引乐歌	乐 8/14－17	导引乐歌	大字正文为《宋史·乐志》，小字注文为《会要》。
21691	乐	宋乐	鼓吹导引乐歌	乐 8/18－32	导引乐歌	以上 5 条本相连，为同一门。
21691	乐	宋乐	诗乐	乐 5/27－28		全为《宋史·乐志》文。
21692	乐	宋乐	教坊	补 855 下－856 下	开宝 8－绍兴 31	
21692	乐	宋乐	教坊乐	乐 5/29－39	教坊乐等	全为《宋史·乐志》文。
21717	乐	徹乐	请举乐	礼 35/3－16	建隆 4－淳熙 16	
21777	约	禁约	刑法禁约	刑 2/1－59	建隆 4－政和 2	应为“禁约”，与下两条为同一门。
21778	约	禁约	禁约	刑 2/60－117	政和 3－绍兴 27	
21779	约	禁约	禁约	刑 2/147－159	绍兴 3－乾道 9	

续表

《大典》卷数	字韵	事目	标目	位置	内容	备注
21779	约	禁约	禁约	刑 2/159 – 161	建隆 2 – 绍兴 29	应为“禁采捕”。
21813	角	角名	金吾大角	舆 3/10		自“卤簿法驾”摘出。
21837	阁	阁名	秘阁	职 18/47 – 49	端拱 1 – 崇宁 2	
21841	阁	阁名	天章阁等	方 3/7 – 9		部分自“京都杂录”摘出。
21928 21930	幕	幕职	幕职官	职 48/5 – 17	乾德 3 – 嘉定 16	亦可能录自卷 3838（官）。
21946 21947	学	太学	太学	崇 1/29 – 49	建隆 3 – 嘉定 5	
21947	学	太学	太学	补 857 上		与上条同一门，时代未考出。
21952	学	宗学	宗学	崇 1/1 – 28	靖国 1 – 嘉定 17	
21953	学	在京小学	在京小学	崇 2/1	大观 3 – 宣和 2	
21954	学	乡学	乡学	崇 2/41	兴国 5 – 景祐 3	
21955 21957	学	郡县学	郡县学	崇 2/2 – 40	端拱 2 – 绍兴 27	
21958	学	郡县学	教授	选 17/1 – 4	绍兴 32 – 绍熙 5	应为“郡县学”，与上条同门。
21995	学	武学	武学	崇 3/28 – 45	？ – 绍熙 4	

续表

《大典》卷数	字韵	事目	标目	位置	内容	备注
21997	学	幸太学	幸太学	礼 16/3－5	端拱 1－淳熙 4	
21997	学	幸太学	幸太学	礼 16/6－7		非《宋会要》文。
21999	学	幸武学	幸武学	礼 16/5－6	建隆 2－开宝 2	
22000	学	书学	书学	崇 3/1－2	崇宁 3－宣和 6	
22000	学	算学	算学	崇 3/2－7	元祐 1－宣和 2	
22000	学	律学	律学	崇 3/7－11	熙宁 3－靖康 1	
22000 22001	学	医学	医学	崇 3/11－26	崇宁 2－宣和 2	
22001	学	画学	画学	崇 3/26－27	大观 1	
22197	百	事韵	百篇	补 872 上	景德 3	
22217 22219	帛	事韵	匹帛	食 64/1－16	税租之入等	
22217 22219	帛	事韵	匹帛杂录	食 64/16－34	乾德 5－乾道 8	
22224	宅	事韵	第宅	方 4/22－25	建隆 4－隆兴 1	
22309	客	主客	主客部	职 13/46－47	元祐 1－乾道 9	应为“主客”。
22423	德	事韵	谕德			与职 7/22 同，被屠寄删去。
22488 22491	贼	捕贼	捕贼	兵 11/1－13/50	建隆 3－嘉定 15	
22665	腊	事韵	蜡腊	礼 19/22	建隆 1－元丰 5	

续表

《大典》卷数	字韵	事目	标目	位置	内容	备注
22666	腊	真腊国	真腊	蕃 3/4－5	元丰 1－建炎 3	原注卷 22665。
22669	纳	事韵	受纳	食 68/12－27	淳熙 2－嘉定 14	
22674	祫	宋祫	祫	补 857 下－867 下	建隆 1－大观 4	
22686	甲	事韵	用毛饰甲等	舆 6/28－29	元丰 1－乾道 4	
22783	押	事韵	监押	职 49/1－9	乾德 3－嘉定 12	
22784	闸	事韵	水闸等	食 8/41－43		
22785	闸	事韵	斗门闸等	食 8/44－46		
22810	捷	兵捷	兵捷	兵 14/10－48	乾德 3－乾道 1	
22812	捷	兵捷	兵捷献俘	礼 9/35－38	开宝 4－宣和 3	
22818	猎	田猎	田猎	礼 9/1－4	建隆 2－庆历 7	
22853	帖	事韵	钞旁定帖	补 868 上	崇宁 3－宣和 2	
22856	牒	玉牒	玉牒	职 20/42－53	淳熙 1－嘉定 6	
22857	牒	玉牒	修玉牒官	职 20/55－63	至道初－乾道 9	
?			郊祀议论	礼 3/19		《山堂考索》文。
?			配享功臣	礼 1/8－9		《卓异记》等文。
?			赐名赐第	崇 6/37	赵抃等	
?			贡院	职 13/15	兴国 3－祥符 5	
?			进士科	选 2/6	祥符 2	

续表

《大典》卷数	字韵	事目	标目	位置	内容	备注
?			制科宏词科	选 12/1	景德 3 – 绍圣 1	
?			童子试	选 18/28 – 29	四岁、六岁等	
?			各路坑冶所出额数	食 33/6	序	
?			各路产物买银价	食 34/38 – 39		
?			和买	食 64/40 – 44	兴国 8 – 隆兴 2	
?			还俗	道 1/38（3）	建炎 1 – 绍兴 21	
?			笔受译经	道 2/4	兴国 7	
?			徐国公主	补 868 下		
?			乐	补 869 下	康定 1	
?			鼓吹	补 870 上	政和 7	
?			市易	补 873 上 – 890 下	建隆 1 – 绍兴 30	
?			受戒	补 891 上	天禧 3	

说明：

本表根据下列四种资料编成：一、《宋会要辑稿》。其数量最多，在表中不再标其名，直接以它的十七类，即帝（帝系）、后（后妃）、乐、礼、舆（舆服）、仪（仪制）、瑞（瑞异）、运（运历）、崇（崇儒）、职（职官）、选（选举）、食（食货）、刑（刑法）、兵、方（方域）、蕃（蕃夷）、道（道释）表示。二、《宋会要辑稿补编》。在表中简称“补”。三、《永乐大典》残本。凡《大典》残本有而《宋会要辑稿》及《宋会要辑稿补编》中无的内容，在“备注”栏中注明。四、屠寄删去的内容，无论全删还是部分删削，均在“备注”栏中注明。

在辑本中，少数所注《永乐大典》卷数有误，少数未注卷数，现根据《大典目录》及条文内容加以改正、补充，在表中不一一注明。

《宋会要辑稿》遗文、广雅稿本及嘉业堂清本的再发现

自从嘉庆年间徐松从《永乐大典》中辑出《宋会要》以来，这个辑本先后有过四种本子：（一）徐松原辑本：徐松曾对辑稿做过初步的编排和校订工作。这个辑本是后来其他几种本子的祖本。但它已被后来的整理者更动过，故我们把更动前的辑本称为“原辑本”。（二）广雅稿本：光绪年间张之洞任两广总督，开办广雅书局，请缪荃孙、屠寄两人对辑本《宋会要》进行整理。但工作并未完成，只整理了小部分，而且只有“职官”一类是定稿，其他还是未定稿。故我们把这个本子称为“广雅稿本”。（三）嘉业堂清缮本：民国初年，著名藏书家刘承幹（翰怡）购得徐松原辑本，请刘富曾等人整理，成清缮本四百六十册。刘承幹藏书楼名嘉业堂，故我们称这个本子为“嘉业堂清本”。（四）今本徐辑本：缪荃孙、屠寄及刘富曾等两次整理辑本《宋会要》时，删去了徐松原辑本的部分内容，对门、类的编排做了某些调整。我们把这个经过他们更动的徐松辑本称为今本徐辑本，它就是影印本《宋会要辑稿》的底本。

徐松原辑本被删去的内容在何处？广雅稿本和嘉业堂清本又在何处？

20 世纪 20 年代末或 30 年代初，汤中曾至湖州南浔嘉业堂藏书楼，不但见到了今本徐辑本和嘉业堂清本，也见到了为刘承幹收藏的广雅稿本。这些情况，在他所著《宋会要研究》一书中曾有介绍。

20世纪30年代前期，北平图书馆从刘氏嘉业堂购得今本徐辑本，并借来嘉业堂清本，叶渭清（左文）曾将两个本子的部分内容对校过，写成《宋会要校记》三卷（稿本，今藏北京图书馆）。后来北图影印了今本徐辑本，在影印缘起中曾对嘉业堂清本加以批评。

从此以后，四十多年来，广雅稿本及嘉业堂清本寂然无闻，下落不明。至于原辑稿被删去的部分，连汤中、叶渭清都没有见到，更不为人所知。

最近，我们为一九八二年正式整理《宋会要辑稿》做准备工作，重点之一是寻找嘉业堂清本。结果不但找到了嘉业堂清本，也找到了原辑本被删去的内容和广雅稿本。

我们首先到北京图书馆查找嘉业堂清本。北图藏稿中标为《宋会要》的共有两部。经查阅，一部就是今本徐辑本；而另一部，据北图善本部同志介绍，是一九五三年从来薰阁购进的。它实际是两捆稿件，有整册的，也有零篇断简，整册的封面上有的写有“食货复文”等字样，稿纸与抄写格式同今本徐辑本完全一样。可以断定，它即是原辑本被删去的内容。另有数册广雅稿本。还有几册嘉业堂稿本，但不是嘉业堂清本。

随后我们又在北京、上海两地先后访问了与嘉业堂有过接触的同志，包括今年八十六岁高龄、一九三二年以前在嘉业堂藏书楼主持编目工作的周子美同志，一九三七年曾到嘉业堂购书访书的张政烺同志，新中国成立初期为复旦大学经手购买嘉业堂藏书的鲍正鹄、徐鹏、吴杰等同志，并到上海图书馆和复旦大学图书馆去查找。虽然没有找到嘉业堂清本，但了解到一些嘉业堂藏书聚散情况，特别是了解到浙江图书馆曾在新中国成立初期接收了刘承幹捐献的嘉业堂藏书。于是，我们把目标集中到浙江图书馆。

一九八一年十月二十二日，我来到孤山脚下的浙江图书馆古籍部。说明来意后，接待我的何槐昌同志拿出浙图特藏善本书目让我查阅，仍无所获。经我一再介绍嘉业堂清本的情况及特征后，他从书库中拿出几册没有编目的稿本让我鉴定。打开一册封面，印有“吴兴刘氏嘉业堂钞本”字样的稿纸上，第一行写着“宋会要卷第三百八十一”，第二行写着“大兴徐松辑大典本 吴兴刘承幹编定”，说明这正是我在京沪两地遍寻未获的《宋会要辑稿》刘氏嘉业堂清本，不禁大喜过望。于是，浙图的同志从书库中将这部零乱无序的稿本全部搬出来，经过清理，全部四百六十册完整无缺，这部埋没了多年的稿本终于在人间复出。同时，经过实地检查，证实了汤中在《宋会要研究》中所说的，嘉业堂清本的“职官”部分，直接采用了广雅稿本，只是在广雅原稿上加上了嘉业堂清本的统一封面而已。

回京以后，我又在北京图书馆细查了“复文”和广雅稿本，查明嘉业堂所藏广雅稿本现在虽然分散三处，内容并没有缺漏。

前面已经介绍过，现藏北图的徐松原辑本被删去的内容，在有些册页前标以“复文”的字样，说明它是被当作重出的复文而被删掉的。《宋会要》的辑稿中确实有复文，即使在被删并过之后的今本徐辑本中也仍然有不少复文。关于这些复文出现的原因，我另有《〈宋会要辑稿〉复文成因补析》一文，此处不赘述。

值得注意的是，经我初步检查之后，发现这一批被删掉的内容，情况是复杂的：（一）其中有一部分，确实是复文。例如“食货”类中的“经界”，辑自《永乐大典》（以下简称《大典》）卷四七五一（田字韵，田制八），叙述绍兴十二年十一月五日至二十八年四月二十一日事，共有十七页。这一部分同今本徐辑本的两处地方内容相同，一处是食货六之三六至五二，辑自《大典》卷一七五三三（货字韵，食货十八），另一处是食货七〇之一二四至一三四，辑自《大典》卷一五〇七六（界字韵，经界一）。它们的内容虽然相同，但因为辑自《大典》的不同字韵，在使用和整理时仍可作校勘之用。（二）同一内容，但比今本徐辑本详细，可以补充今本之不足。例如“食货”类中的“青苗”，辑自《大典》卷五二七八（苗字韵，青苗一），记熙宁二年二月二十七日至政和八年四月二十九日事，共有九十五页之多。而今本徐辑本的“青苗”，在食货四之一六至二九及五之一至十八，辑自《大典》卷一七五五一、一七五五二（货字韵，食货三十六、三十七），包括的时间同前者一样，但字数还不到前者的一半。（三）为今本徐辑本所缺者。例如“礼”类中的“郊祀大乐”，辑自《大典》卷五四六六（郊字韵，郊祀三十二，乐舞），记绍兴四年四月十六日至淳熙十二年十月二日事，共有二十六页。查今本徐辑本“礼”类没有“郊祀大乐”一门，但在“乐”类中有“郊祀乐”门（四之九至五之二六），辑自《大典》卷五四六四、五四六五（同为郊字韵，郊祀三十、三十一，乐舞），记建隆元年至宣和四年事。可见这两部分内容本来是衔接的，但却被刘富曾等人误作复文而被删落了。

根据以上情况，把这一部分内容称作“遗文”比“复文”更为确切。至于现存的遗文是否就是原辑本中被删掉的内容的全部，在没有经过仔细检查以前，还不能下肯定的结论。但是，虽非全部，至少也是大部了。

据汤中在《宋会要研究》中记述，他在嘉业堂藏书楼所见到的广雅稿本计有“帝系”七册，“后妃”三册，“礼”五册，“职官”九十五册，总计为一百一十册（汤中误作一百零九册），另有目录一册与重复本两册不计在内。

现在除目录一册未见外，其他一百一十二册还保存完好，并有“优礼大臣”一册为汤中所未提及。但全稿分藏在三处：（一）“职官”九十五册，如前所述，为刘富曾等人直接采用，现在就在嘉业堂清本之中。（二）“礼”六册，与今本徐辑本的相应部分合订在一起，即我们现在可从影印本中看到的“又礼十一配飨功臣”，“又礼三一、三二、三三后丧”，“又礼四三景献太子攒所、外夷入吊之仪、吊祭”，“又礼四七优礼大臣”。（三）“帝系”七册、“后妃”三册以及重复的

“礼”类“郊祀御札”和“职官”类“历代大行丧礼（下）”二册，与原辑本的遗文捆在一起。

广雅稿本红阔栏红格，版心鱼尾下写“要”字，末写页数。每半页十四行，行二十五字，每页七百字。每卷卷首格式有两种：（一）首行顶格为大题：“宋会要卷×××”；第二行低一格为类别，如“帝系”；第三行低二格为门别，如“诸王”；第四行低二格为标目，如“廷美十子”。（二）首行顶格为类别，如“职官”，行末为大题：“宋会要卷×××”；次行低二格为门别，如“历代大行丧礼”。前者为草本格式，后者为清本格式。

缪荃孙、屠寄究竟做了哪些整理工作？现以“职官”类的“三公三少”门为例加以说明。据屠寄所加按语，可知这一门徐松原辑本共包括四部分：第一部分标目为“三公三少”，辑自《大典》卷一六九一八，为“少”字韵，在今本徐辑本为职官一之一至八。第二部分现仅剩一条，标目及《大典》卷数均不明，在今本为职官一之九。第三部分标目不明，辑自《大典》卷一五九，为“公”字韵，三公，在今本为职官一之一〇至一一。第四部分标目为“检校官”，辑自《大典》卷一七二四九，“校”字韵，今本无。这四部分内容有重复，亦有交叉。广雅稿本序文采自第一部分，太宗淳化三年至英宗治平二年记事采自第三部分，治平四年以后记事又采自第一部分，并用第二、第四部分相同内容互校。从这个例子及现存的广雅稿本可知，缪、屠的整理工作内容为：（一）重新编排，（二）复文互校，（三）删去复文，（四）分条提行，（五）每条加注《大典》卷数。

还需要说明的是，据《艺风堂友朋书札》所载屠寄致缪荃孙函，屠寄整理完“职官”类后，似又整理了“礼”类。如第十二函说：“《宋会要》五礼、职官、食货三门最繁，而职官尤冗乱，今先从难处下手，此门编纂已竟，而五礼亦略有头绪矣。”第十五函则说：“顷编《宋会要》五礼、职官二门已毕，余食货门最繁杂，然日日疏理，已略有头绪矣。”前面业已提到，与原辑本遗文捆在一起的，有广雅稿本复本“礼”类“郊祀御札”一册。但汤中在嘉业堂所见，只有“职官”类清本，并无“礼”类清本，可能这一部分早已遗失了。

嘉业堂清本用纸，大部分刻有“吴兴刘氏嘉业堂钞本”字样，小部分有“吴兴刘氏求恕斋钞本”字样，均为每半页十一行，行二十一字，即每页四六二字。每卷卷首前三行的格式是：首行顶格为“宋会要卷第×××”，次行低二格写“大兴徐松辑大典本 吴兴刘承幹编定”，第三行为类别及门别，如“刑法三格令”。

嘉业堂清本分四百六十卷，每卷一册。各卷细目，汤中《宋会要研究》附录中已详载。但汤中似乎只据每卷卷首所载细目转录，并没有细检内容，以致时有小误，如卷一五〇职官七，“登闻鼓院”前漏“登闻院”等。嘉业堂清本各类次序，也同今本徐辑本不同：今本徐辑本第三为“乐”，第四为“礼”，刘本则第三为“礼”，第四为“乐”；徐本“瑞异”第七，“崇儒”第九，刘本正好相反；徐本“食货”、“刑法”、“兵”、“方域”、“蕃夷”、“道释”为第十二至十七，刘本则将“道释”提至第十二，其他各类顺序后移。

嘉业堂清本共一六六一九页，其中“职官”三二二〇页为广雅稿本，每页七百字，计二百二十五万四千字；其余每页四六二字，计六一九〇三三八字：全稿共八百四十四万余字。

由于篇幅巨大，时间紧迫，这次我在杭州只对“食货”类作了初步的检查，有两点比较突出的印象：第一，嘉业堂清本无论在格式上以及整理内容、方法上，都以广雅稿本为蓝本。第二，确有一些内容为清本所有而今本徐辑本所无，即是说，清本过录后将原辑本内容有意或无意丢掉了。

用科学方法整理出一部错误较少、便于使用的《宋会要》，是史学界几代人多年的愿望。现在，整理《宋会要》的条件比过去优越多了：对宋代历史的研究比过去深入；经过多年使用，对《宋会要辑稿》

本身的了解比过去详尽；整理《宋会要》时必须参考的史籍如《续资治通鉴长编》、《宋史》、《文献通考》等，已经或正在进行标点整理；可以广泛利用复印机等工具；粉碎“四人帮”以来出现的安定团结的政治局面；等等。这次《宋会要辑稿》遗文、广雅稿本及嘉业堂清本的再发现，又从版本上为整理《宋会要》提供了良好的条件。我们深知这是一项艰巨繁难的工作，但有信心在较短时间内把它完成。

（原发表于《中国史研究动态》1982 年第 1 期）

《宋会要辑稿》的前世、现世和来世

在有关宋代的史料中，《宋会要辑稿》是内容最丰富、价值最高的一部，全书多达八百余万字，囊括了自太祖至宁宗十三朝二百六十余年政治、经济、军事、文化、民族、宗教、外交等方面的内容，而且绝大部分是原始材料，在现存的文献中，没有一部可以同它相比；但它又是问题最多的一部，编排之乱，错误之多，也超过了其他各书。唯其价值高，只要研究与宋代历史有关的问题（包括各种专门史），都不能离开它；唯其问题甚多，又妨碍了对它的正确而充分的利用。

我们在整理《宋会要辑稿》的过程中，对它的问题进行了一番清理，深切地感受到，无论是要整理好这部巨著，还是要正确而充分地利用这座宋代史料的宝库，都应该了解它的问题所在，而要了解它的问题所在，就必须知道它的来源。本文借用佛家三世的说法，对《宋会要辑稿》的过去、现在和未来，做一些探索和说明。

一、前世

《宋会要辑稿》辑自《永乐大典》，《永乐大典》采自《宋会要》。这是关于《辑稿》来源最概括的叙述。但如果做深入的考察，就会发现情况远比想象的复杂，有些问题现在还不清楚。

首先是《永乐大典》所根据的《宋会要》究竟是哪几部？据《玉海》等书记载，宋代所修本朝会要共十一部，即：《庆历国朝会要》（内容包括太祖、太宗、真宗、仁宗四朝），《元丰增修五朝会要》（太祖、太宗、真宗、仁宗、英宗五朝),《政和重修会要》(神宗、哲宗、徽宗三朝),《乾道续四朝会要》(神宗、哲宗、徽宗、钦宗四朝),《乾道中兴会要》(高宗朝),《淳熙会要》(孝宗朝),《嘉泰孝宗会要》(孝宗朝),《庆元光宗会要》(光宗朝),《嘉泰宁宗会要》(宁宗朝),《嘉定国朝会要》(太祖至孝宗朝),《十三朝会要》(太祖至宁宗朝,李心传修。也有人认为即《嘉定国朝会要》)。大致有两种说法:一种认为《永乐大典》所收录的《宋会要》,包括以上各部,或其中的七部;另一种认为只是最后一部,即综合各朝并唯一刻印过的《十三朝会要》。对照《辑稿》,两种说法都有一定道理,也都有讲不通的地方,这个问题还有待研究。

其次是《永乐大典》如何收录《宋会要》?《宋会要》和《大典》两书,体例有很大不同。《宋会要》分门别类,按时间顺序或人物编列有关材料。根据文献记载及《辑稿》内容,可以判断《宋会要》分为三级或三个层次。第一级是“类”,有的分十七大类,即帝系、后妃、礼、乐、舆服、仪制、崇儒、运历、瑞异、职官、选举、道释、食货、刑法、兵、方域、蕃夷,也有几部会要将礼类再分为吉礼、嘉礼、宾礼、军礼、凶礼五类而成二十一类,《庆元光宗会要》则有二十三类。第二级是“门”,《元丰五朝会要》有八五五门,《乾道续四朝会要》有六六六门,《庆元光宗会要》有三六四门。比较简单的项目至“门”为止,如《辑稿》一开首的“帝号”,就是帝系类的一门;但有些比较复杂的项目,门以下还有一级,文献没有记载这一级的名称,我们姑且称之为“目”。《宋会要》最基本的单位或细胞为“条”,条的划分又分两种情况,一种是纪传体或纪事本末体的,一人或一事为一条;另一种是编年体的,一日为一条。类—门—目—条,这就是《宋会要》的体系。《永乐大典》的编纂原则,据明成祖为《大典》所作序言及《大典》凡例,“用韵以统字,用字以系事”,即按《洪武正韵》将所有各字按韵排列,每一字又分为若干事目或事韵,然后将各书中有关这一事目或事韵的文字录入。《宋会要》篇幅庞大，每一类多者超过一百万字，少者也有数万字，所以《大典》不可能将《宋会要》的内容整类录入，从《辑稿》情况推断，有的是分门，有的是分目，有的甚至是分条录入《大典》中的。

由于两书体例的巨大差异，《宋会要》录入《大典》之后，出现了几种情况：（一）原来的体系打乱了，而且不能复原。绝大多数书籍收入《大典》，体系都被打乱（个别以书名分韵，全书录入的例外），但多数辑本都可以恢复或大致恢复其原来体系，如文集可以参照同时代一般文集的格式及编排，《旧五代史》可以参照其他正史；而《宋会要》则因其篇幅庞大、内容复杂、前无来者而难以复原。（二）重复收入。《宋会要》原书中，有些内容可能因归入不同的类、门而重复，收入《大典》时，因为同一内容可以有不同标目，同一标目又可以归入不同字韵，以致重复的情况更多。现在已经查出的，同一内容可以有三种复文。（三）遗漏。现在虽然还提不出直接的证据，但既然复文能多次出现而未查出，遗漏也是难免的。（四）与他书合并。这一点，是在整理《辑稿》帝系类的过程中所得到的启发。《辑稿》帝系类帝号门太宗、仁宗两条，正文都是李埴的《十朝纲要》，《宋会要》只是作为注文。为什么会这样？《宋会要》帝号门太宗、仁宗两条的原文到哪里去了？起先我百思不得其解，后来对照《十朝纲要》原文，联系《大典》的编纂原则，才恍然大悟。原来，《十朝纲要》在编年叙述每一朝的大事之前，卷首都有该皇帝的扼要记事，其文字几乎和《宋会要》帝号门相同，只是比《会要》增多一些内容。我们可以想象，《大典》编者在辑录"宋太宗"这一事目时，得到《宋会要》和《十朝纲要》的有关条文，自然不会将两者同时收入，以免重复，而是以内容较多的《十朝纲要》为正文，而将《宋会要》与《纲要》不同之处作为注文附入。正如《大典》凡例所说："若诸史中文有重复者止存一家，或事文互有详略则两存之，或事同而文有详略者则存其详者。”从这个实例及上述凡例，我们有理由推断，凡是《宋会要》与他书内容、文字相同或相近的，有些可能合并到他书的名下。总之，《宋会要》被收入《大典》之后，体系打乱了，内容有重复收入，也有遗漏或删除；重复者固然可资校勘，遗漏者则无法补全，至于合并到他书名下的，如果《大典》编者没有加注，也无从辨认了。

最后是徐松如何从《大典》中辑出《宋会要》。清嘉庆十四年(1809年)，徐松以翰林院编修身份派入《全唐文》馆任提调兼总纂官，年仅二十九岁。当时《大典》亦移在《全唐文》馆中，徐松利用这一机会，从《大典》中辑出《宋会要》五百卷。乾隆时官修《四库全书》，集中了大量人力物力，因为《宋会要》卷帙浩繁，编修官竟然弃置不顾，而徐松后来独力完成这项工作，实为宋史一大功臣。今天我们能利用这一宝贵资料，不能不佩服他的远见卓识。但在当时，他假借修《全唐文》名义，利用政府的书吏和纸张来辑录《宋会要》，自然不敢堂而皇之地进行，也不可能从容校对，这些因素，不能不影响到辑稿的质量。汤中在《宋会要研究》（商务印书馆1932年版）一书中引刘承幹语，徐松原辑本“五百卷，一卷一册，极薄，亦有百数十叶一册者”。所以厚薄不均，当是因为在《大典》各卷中，《宋会要》文有多少、长短的缘故。由此我们可以推知，徐松辑录《宋会要》的第一步，是按照《大典》的顺序，将各卷中收录的《宋会要》文抄出，并分装成五百册。

要把按韵分散在《大典》中的《宋会要》文，恢复为会要的体系，自然需要做整理编辑的工作。徐松开始了这项工作而没有完成，以后又经过光绪年间缪荃孙、屠寄和民国初年刘承幹、刘富曾等人的两次整理。徐松似是就原辑本整理的，缪、屠和二刘则一面对原辑本进行整理，一面另写新本。这样，1931年北平图书馆从刘承幹处所购得的、后来据以影印的《宋会要辑稿》（以下简称今本《辑稿》），已经同徐松原辑本有很大不同。同时，除《辑稿》外，还产生了两个新的本子，即缪、屠的“广雅稿本”和二刘的“嘉业堂清本”。

1981 年底，我在北京、上海、杭州等地追寻埋没了近五十年的“嘉业堂清本”，结果，不但在浙江图书馆找到了这个本子，还查清了“广雅稿本”的下落，看到了连汤中也没有看到的《宋会要辑稿》的残稿。

《宋会要辑稿》残稿现藏北京图书馆，实际上是两捆稿件。据该馆善本部负责人介绍，是 1953 年从北京著名的旧书店来熏阁购进的。在这两捆稿件中，有几册广雅稿本和嘉业堂稿本，而其主体部分，是整册的或零篇断简的稿本，整册的封皮上写有“帝系复文”“食货复文”等字样，它的稿纸与抄写格式同今本《辑稿》完全一样。细查它的内容，证实它原是徐松原辑本的一部分，是徐松、缪荃孙、屠寄、刘承幹、刘富曾等人在先后整理《辑稿》的过程中，把它作为复文删落下来的。这一批稿本约有一千七百页，近八十万字，内容相当复杂：（一）大部分确实是复文，如“经界”，辑自《大典》卷四七五一（田字韵，田制），同今本《辑稿》食货六之三六至五二（辑自《大典》卷一七五三三，货字韵，食货）与食货七〇之一二四至一三四（辑自《大典》卷一五〇七六，界字韵，经界）相同。这一类内容可作校勘之用。（二）一部分比今本详细，如“青苗”，辑自《大典》卷五二七八（苗字韵，青苗），共有九十五页之多，而今本《辑稿》“青苗”，在食货四之一六至五之二八，辑自《大典》卷一七五五一、一七五五二（货字韵，食货），字数不及前者的一半。这一类内容可补今本之不足。（三）一部分为今本所缺，是误当作复文被删落的。如礼类的“郊祀大乐”，辑自《大典》卷五四六六（郊字韵，郊祀、乐舞），为绍兴四年四月至淳熙十二年十月记事，共二十六页，一万二千余字。今本《辑稿》礼类无郊祀大乐门，在乐类中有郊祀乐门，辑自《大典》卷五四六四、五四六五（郊字韵，郊祀、乐舞），为建隆元年至宣和四年记事。由此可见，这两部分内容本来是衔接的，但后一部分竟被删落了。上述三类内容，虽然后两类价值更高，有条件的话，应将全部加以影印。正是从它的内容考虑，我认为与其称这批稿本为《宋会要辑稿》的复文，不如称之为残稿或“遗文”更为确切。至于现存的残稿究竟占被删落的内容的多大比重，在没有经过仔细的检查以前，还不能下确切的结论。现在可以肯定的是，它并非被删落的全部。

光绪十三年两广总督张之洞开办广雅书局。次年，请缪荃孙、屠寄两人在书局中整理徐松《宋会要》辑本。缪、屠的整理工作只进行了一部分，没有完成，所以我们称他们的整理本为“广雅稿本”。“广雅稿本”后来亦归嘉业堂主人刘承干所有，20世纪30年代初，汤中曾至浙江湖州南浔嘉业堂藏书楼，见到了这部稿本，并在《宋会要研究》一书中加以介绍。经过五十多年的沧桑，这部稿本已经分散在三处。（一）职官类九十五册，为刘氏“嘉业堂清本”所直接采用，现在就在清本中，只是在广雅原稿上加上“嘉业堂清本”的统一封面。《艺风堂友朋书札》（上海古籍出版社1980年出版）所载屠寄致缪荃孙第十二函说：“《宋会要》五礼、职官、食货三门最繁，而职官尤冗乱，今先从难处下手，此门编纂已竟。”看来，他们最先整理的是职官类，并且已经完成，所以后来刘氏继续整理时直接采用。（二）礼类六册，与今本《辑稿》的相应部分合订在一起，即我们现在可以从影印本中看到的“又礼”十一、三一、三二、三三、四三、四七，共六册（汤中漏列四七“优礼大臣”一册）。（三）帝系类七册、后妃类三册以及礼类“郊祀御札”和职官类“历代大行丧礼（下）”各一册，这十二册都是草本而非定本，与原辑本的残稿捆在一起。值得注意的是，我们现在看到的“广雅稿本”，礼类有定本（六册）与草本（一册）两种，而屠寄致缪荃孙第十五函也说：“顷编《宋会要》五礼、职官二门已毕，余食货门最繁杂，然日日疏理，已略有头绪矣。”据此，屠寄已将礼类整理完毕。但是，定本中除我们现在见到的六册外，其余五十余册，连汤中也没有见到，很可能已经遗失了。

“嘉业堂清本”署“吴兴刘承幹编定”，具体整理者是刘富曾及费有容。清本共四百六十卷，每卷一册。各卷细目，汤中《宋会要研究》附录中已详载，其中偶有小误。“清本”各类的次序，全据《玉海》卷五一所载《元丰增修五朝会要》，与今本《辑稿》不同，较今本《辑稿》更符合原本的情况。“清本”计一六六一九页，约八百四十四万余字。它的价值在于：（一）保留了一些今本《辑稿》所没有而确实是《大典》原文的内容，即以帝系类帝号门来说，今本《辑稿》所缺真、英、神、哲、徽、钦、高、光、宁九朝，都可在“清本”中找到。（二）保留了“广雅稿本”的一些内容，有些是直接采用，如职官类全部；有些是转录或引其批语，参照其做法。因为“广雅稿本”较接近原本，所以有参考价值。（三）刘富曾的整理工作，虽有不少问题，但也并非全无可取，也可作整理时的借鉴。

掌握了上述几种不同的本子，就可以了解今本《辑稿》与徐松原辑本的不同：就形式而论，今本已经过编排；就内容而论，今本较原辑本为少。

二、现世

本文主要探讨今本《宋会要辑稿》的问题，而要抓准它的问题，首先要对什么是问题有明确的标准。

我认为标准主要有两条：第一，是否符合辑本的要求。具体来说，我们不是研究《宋会要》原本的问题，也不是探讨如何新编一部《宋会要》，而是从辑书的角度探讨今本《辑稿》的缺点。一个好的辑本，内容应该尽可能没有遗漏，体系应该尽可能符合原书，文字不能随意改动。第二，是否编辑者主观上的失误。同样是辑书，有的原书保留下来的多，有的保留得很少，还有种种因素，我们不能要求编辑者超越客观条件去做不可能做到的事，也不能放过他们没有充分利用客观条件因而没有做可能做到的事。《宋会要》的辑书工作有一个非常有利的条件，就是来源集中，主要保存在《永乐大典》中；也有不利的条件，就是原书内容庞杂，层次很多，很难恢复它原来的体系。

如果这两条标准能成立的话，我认为今本《辑稿》的问题主要表现在下列三个方面：

第一，编排混乱。

编排问题就是从整体的角度来看问题。今本《辑稿》在编排方面存在的严重问题，过去似乎注意得很不够。

上节已经说过，《宋会要》和《永乐大典》两书，体系有很大不同，《宋会要》录入《大典》以后，它原来的体系就打乱了。既然《宋会要》原书早已不存在，《大典》现存者也不过百分之三，何以能够正确判断今本《辑稿》的编排有问题以及问题的具体所在呢？我认为，现在虽然不可能知道《宋会要》原书的全部编排情况，即十七类或二十一类之下，每类又分哪几门，各门的次序如何？每门又分哪几目，各目的次序又如何？但是，我们却有充分的根据，可以确定今本《辑稿》在哪些局部上打乱了原书的编排。或者说，我们可以确定哪些部分在《宋会要》原本中本是同一目或同一门的。

根据何在呢？它不是单一的，而是综合几个方面构成的。

第一个方面就是《辑稿》本身。《辑稿》有两处重要的标识。一是每段前面低三格标的“宋会要”三字（也有的标“宋续会要”、“续宋会要”、“续会要”、“中兴会要”、“乾道会要”、“经进总类会要”、“经进续总类会要”及其他书名，如“中兴礼书”等）。这个标识又有两重意义：（一）它表明这段内容的出处。（二）它表明在《大典》中事目或事韵的界限。凡是每标一次“宋会要”（或其他出处），就表明在《大典》中另属一个事目或事韵。这一重大意义，过去似未为人所注意。《辑稿》的另一重要的标识，是版心上方所注的卷数。这一卷数，就是所录《大典》的卷数。需要说明的是，由于抄写的书吏水平不一，责任心不一，有少数没有标明《大典》卷数，有些标错了卷数，所以需要验证及补充。此外，版心下方有时还标出页数。这个页数，不是《大典》的页数，而是《辑稿》的页数。个别卷有两种页数，这是由两人分抄或分两次抄写的缘故。也有相邻两卷的页数一号连贯下来的。

第二个方面的根据是《永乐大典目录》。《大典》现在虽然只残存百分之三，但《大典目录》六十卷还传世，有“连筠簃丛书”本。它不但记载了每卷的字韵，而且在各字韵下，或注诗文、地名、姓氏、事韵及事目。所谓诗文、地名、姓氏，即有关此字之诗文等，如卷三三八“风”字“诗文”，即有关咏风之诗文；卷三四四“丰”字“地名”，即包括南丰、永丰等带“丰”字的地名；卷一四四“洪”字“姓氏”，即有关“洪”姓的人物传记。所谓事韵，即带此字的各词，如现存的卷一〇八一三，为“母”字“事韵”，包括“割股救母”、“烧指救母”等带“母”字的词。其中最重要的是事目，《大典》凡例说：“目录各字下，注所收切要事目，以便考究。”事目其实就是内容较多的词，如最近新发现的《大典》残本，为卷三〇五八，“门”字韵，此卷包括“门制”及“周秦宫门”两事目。事目长者，可达数十卷，如卷九六至一三五共四十卷，均为“宗室”一事目。有了《大典目录》，我们就可根据《辑稿》版心所注卷数，查出它在《大典》中属何字韵及事目；版心卷数注错或漏注者，大都可以据《目录》补正。当然还需要其他一些线索及做大量工作，这里不详论。《辑稿》有缺漏，也可从《目录》查出。例如《大典》卷一七二八七至一七二九二共六卷，据《目录》，为“号”字韵，事目为“宋尊号”（一至六），现可确定，卷一七二九〇的辑稿已遗失。从另一方面说，篇幅巨大的《宋会要辑稿》也为研究《永乐大典》提供了极其丰富的材料，因为不属于本文论述的范围，故从略。

第三个方面的根据就是现存的《永乐大典》残本。中华书局影印的《大典》残本，共收入《宋会要》文九十八篇，大半可在今本《辑稿》中找到；今本没有或部分残缺的条文，有些可能是徐松当时漏辑，有些可能是辑稿遗失了。《大典》残本有而今本《辑稿》无的部分，固然可以补入；两本同有的部分，也有重要的价值。两相对比，我们就可知道《大典》是如何收录《宋会要》的，徐松等人编辑时又做了哪些改动，特别是哪些标目是《大典》原有的，哪些是编辑者新加的。

综合上面三个方面的根据，我们可以明确一个基本的事实，就是《永乐大典》在收录《宋会要》时，对《宋会要》原来的门、目，只有保留原样或再分割，而没有合并的。下面举出一个保留原样的最典型例子，据《大典目录》，卷五二五七为“辽”字韵，事目为“宋会要”，就是说，《大典》此卷全部内容都是《宋会要》的“辽”门。此卷内容现保存在今本《辑稿》蕃夷类中，分为一、二两册，共七十七页，约三万六千字。《大典》分割《宋会要》的事例，我们从今本《辑稿》中很容易看到。《辑稿》不少地方（如帝系一之三七至六〇，礼二〇之四四至四五）都是每条前面都标《宋会要》，说明它们在《大典》中分属不同的事韵或事目。其中固然也有在《宋会要》原本中就是分属不同的门、目，但有的则是被《大典》分割的。至于《大典》将《宋会要》原本合并，即将《宋会要》不相连的几门合为一门，不相连的几目合为一目，找不到也不可能找到这样的实例。《大典》对收录各书，只有分而没有合，是由它的体例决定的。

有了上面三个方面的根据，我们就可以准确地判断今本《辑稿》在编排方面的混乱了。

（一）肢解《宋会要》

这里所谓“肢解”，是指在《宋会要》原本中，确实是同一门或同一目的内容，却被今本《辑稿》分割在几处。下面举三个例证。

1.《大典》卷一三三四八至一三三五〇共三卷，据《大典目录》，为“谥”字韵，事目为“历代帝谥”（一至三）。在今本《辑稿》中，一三三四八、一三三四九两卷所收《宋会要》文，编入礼类（五八之一一至六五），而卷一三三五〇则列入帝系类一之八。《宋会要》原本帝谥一门竟被分割在礼和帝系两大类中。

2.《大典》卷三七〇，为“封”字韵，事目为“进封”。从《辑稿》版心下方所注页码，知道从这一卷录出的《宋会要》文共十页。第一页至第四页上半页已不知下落；第四页下半页至第六页编入帝系类一之四一至四三，辑者将它与卷三七三合在一起，另加“太子诸王”的题目；第七至第十页则编入仪制类一〇之一〇至一三，另加“勋臣封赠”的题目。辑者的剪裁痕迹非常明显，第六页（帝系一之四三）最后五字“傅进封信王”在行外，显见是后加的，这五字的原文在第七页（仪制一〇之一〇）首行，书眉上有不同笔迹的两则批语。第一则批语是“此上系诸王”，说明批者还知道上文在哪里，很有可能就是他剪裁的；第二则批语“原稿上阙，勋臣封赠自石守信起”，可见批者已经不知道上文所在了。辑者之所以把这段内容分在两处，确有他的考虑，因为前半记述的是诸王的进封，后半记述的是石守信等大臣的进封，但他却忽视了一个基本事实，即在《宋会要》原本中它们是统一的整体，是属于同一门或同一目的，作为辑本，应该保持原样，而不应将它们分割在两大类中。

3. 《大典》卷一七〇五六，为“庙”字韵，事目为“宋宗庙”（四）。主要部分在帝系一之九至一七，辑者另加小题“庙号追尊”，但在帝系一之一五至一六之间有十六行的空白。后来我在辑稿“帝后祔庙”的最后，礼七之二一至二二之间发现了无头无尾的一段文字，无论从内容、时间、行数、位置、字迹等方面，都可证实就是前面空白的十六行。即是说，辑者使用了“挖心术”，从“宋宗庙”（四）中挖出十六行放在礼类之中。

（二）捏合《宋会要》

这里所说的“捏合”，是指在《宋会要》原本中确实是不同的门、目，却被辑者捏合在一处。既有支解，必然有捏合。下面也举两条例证。

1.《辑稿》帝系一之九至二〇，辑者加的题目是“庙号追尊”，实际上是从《大典》卷一七〇五五至一七〇五六及卷一七二八九两处合成的。这两部分记事的时间似相衔接，但内容有很大不同。卷一七〇五五至一七〇五六如前所述，事目为“宋宗庙”，主要记载帝后死后追撰庙号、谥号；卷一七二八九为“号”字韵，事目为“宋尊号”，记载在皇帝及太上皇生前上尊号。把这两部分内容凑在一起，只能说是捏合，也可见辑者的粗心。

2.《辑稿》帝系一之二四至六〇，辑者加的题目是“太子诸王”，由《大典》卷三七三（“追封”）、三七〇（“进封”）、六七六一至六七六三（“宗室封王”）三部分内容组成。三者粗看似完全相同，实际上，“进封”只叙某人生前所封官爵，而“追封”及“宗室诸王”除叙生前官爵外，还包括死后的追赠。如果辑者为了避免出现复文，可以只收“追封”或“宗室封王”中之一，以另一部分及“进封”作校勘之用，不收入《辑稿》中。而辑者的做法恰恰相反，竟以“进封”（即卷三七〇）为基本内容，将“追封”一门的大部分作为复文弃去，仅仅保留一小部分（徽宗子楷以下）与“进封”凑合在一起。

（三）颠倒《宋会要》

这里所谓颠倒，是指在《宋会要》原本中本来确实是符合时间顺序的条目，被辑者颠倒了。试举一例。

《大典》卷六七六一至六七六三共三卷均为“王”字韵，事目为“宗室封王”（二五至二七），内容为宋代的宗室封王。从《辑稿》的内容可见，卷六七六一记宣祖（太祖父）至仁宗子孙封王事，六七六

二、六七六三则记英宗以后诸帝子孙封王事，顺序本来是正确的。但辑者不知什么缘故，反将卷六七六二、六七六三置于前（帝系一之四四至五一），六七六一置于后（帝系一之五二至六〇），以致在今本《辑稿》中的“宗室封王”，英宗以后诸帝子孙在前，宣祖至仁宗子孙反在后。不仅如此，辑者还将神宗诸子中的俊、伸、僩三人各条挖出（即今本帝系一之四五至四六间的十二行空白），置于徽宗子椟之后（移至帝系一之五〇至五一），在大颠倒之中形成了小颠倒。

由此可以得出结论：今本《辑稿》的编排不足为据。

第二，内容缺漏及重复。

这是今本《辑稿》存在的第二个方面的主要问题。

先说缺漏。今本《辑稿》内容与《宋会要》原本相较，已经不全。造成缺漏的原因是多方面的，有些并非辑者的责任。编纂《永乐大典》时，《宋会要》的内容就不可能全部收入，其中有编者的疏忽，也有《宋会要》内容与他书相同或较他书简略，为编者舍去未录。徐松从《大典》中辑出会要时，《大典》已非全帙，在辑录过程中又有漏辑。从徐松经缪、屠至二刘，在整理过程中，又随手删去或舍弃了一部分辑稿。今本《辑稿》的缺漏，有些已无法补救，有些则今天还可以补充。

关于今本《辑稿》中出现复文的原因，已另文讨论，不再赘述。可能会有学者认为，辑者保留复文，可作校勘之用，不能算是重复。但辑书和著书一样，全书应有统一的体例，如果要保留复文，则应全部保留，要删去复文，则应全部删去。而现在辑者既在《辑稿》中保留了一部分复文，又删去另一部分复文，自身体例不统一。

第三，文字脱、衍、误、倒。

从局部的角度看今本《辑稿》，它的文字上的错误相当惊人，有些条文，如果不用他书对勘，简直无法通读。造成这方面问题的主要原因，是因为它两经转录，每转录一次，自然增加一些错误。当然，也不能排除《宋会要》原本的错误。

今本《辑稿》文字上的脱、衍、误、倒，例子举不胜举。为了说明问题，只需要指出下面一些基本的事实就够了。

1. 用《大典》残本与今本《辑稿》相同部分相校，较短的条文固然有一字不误的，但也有错误甚多的。如方域一〇之一八至一一之二六“急递铺”，辑自《大典》卷一四五七四，各种错误近三百处。这是从《大典》中录出《宋会要》时发生的错误。

2. 用复文互校，也发现不少错误。如今本《辑稿》食货二二之一至三八，辑自《大典》卷九七八七（盐法），另有复文在北京图书馆所藏残稿中，辑自《大典》卷一七五六二（食货）。辑者曾用这两部分复文互校过（有漏校之处），今本书眉上批的“一作×”，就是指残稿中的复文。两者不同之处，说明至少有一方是错误的。造成这种错误的原因不易判定。

3. 用今本《辑稿》关于同一人或同一事的记载互校，也发现不少错误。即如帝系一之三，大中祥符元年加太祖谥号中有“元功”二字，据帝系一之九及《宋史·礼志》，知“元”应作“玄”。这是书吏因避清康熙帝讳而改的。

4. 用他书校今本《辑稿》，所发现的错误就更多了。当然，另外，用今本《辑稿》也可以校出《续资治通鉴长编》、《文献通考》、《宋史》等书的许多错误。

除了上述三个主要方面之外，今本《辑稿》在其他方面还有不少问题。例如，因按照《大典》的行款抄写，各条连接，眉目不清；几次整理时加的标目，与《大典》原有的事目、事韵混在一起，层次不分明等，都给查阅和使用《辑稿》带来了很多困难。

三、来世

正因为今本《宋会要辑稿》价值高而问题多，自它出世以后，不少学者在使用它的同时，对它进行了多方面的研究和整理。今后，随着宋史研究的深入发展，整理《辑稿》的工作还将继续进行下去。

整理工作可以从两个方面进行。一方面是在今本《辑稿》的基础上，做一些外部的加工，例如编制目录、索引等。迄今为止所做的整理工作都属这一类。这些工作，已给使用《辑稿》的学者带来了许多方便。笔者在写作本文时也利用了他们的成果。今后，这方面的工作还大有可为，例如，进一步提高目录的详尽程度和准确性，编制专题索引，设计更方便的检索方法，等等。另一方面，是对《辑稿》本身进行整理。这种整理，又有不同的深度。即使是最初步的整理，例如分条分段，加标点符号等，也会给读者带来很大好处。

我在这里想根据近年来整理《宋会要辑稿》的不成熟经验，提出对《辑稿》本身进行整理的初步设想。

首先要充分吸取前人的经验教训，定出切实可行的目标。今本《辑稿》经过三次整理，治丝益棼，留给我们的最重要的教训，就是必须明确辑《宋会要》与重编《宋会要》的区别，必须正确估计可能做到的与不可能做到的界限。如果勉强去做不可能做到的事，结果适得其反，连可能做到的事都做不到。

我们今天既不能像徐松那样，能看到《大典》，也不能像刘承幹、刘富曾那样，还能看到徐松的原辑本，这是不利的一面。另外，我们生活在20世纪80年代，所能掌握的手段和方法，远较前人优越，我们完全有可能把整理工作做得比他们好，使新整理的辑本适合科学研究的需要。

我想，从现有条件出发，如果对整理工作提出比较高的要求，它应包括的方面，每一方面应达到的具体目标，大致可以表述如下：

第一，合理编排。在门或目一级，保存《宋会要》原本的完整性，不打乱它的结构。至于各门、目的归属和次序，尽量争取正确。

第二，补遗、删重和祛伪。

补遗工作又可分为两步，第一步是将现存的、《大典》中收录的《宋会要》条文补齐。第二步是将散见在他书中的《宋会要》佚文辑出。但是，各书所引《宋会要》大都是单条短句，或者是节录，与辑本的要求和规格不同，所以，辑佚工作似可单独进行。

删重就是将今本《辑稿》中的复文删去。如果要保留复文，就应当将北图残稿中的复文也补入，以归一律。

祛伪就是将今本《辑稿》中非《宋会要》的内容删去。这些内容，有的是《大典》编者所加的，有的是后来的整理者加的。

第三，文字的校勘。

第四，加标点符号。

第五，分条分段编号。

整理后的《辑稿》在形式上应该层次分明，条理清晰。

第六，编制详目。

在整理本的卷首，应有详细的目录。所谓详细，应该列出“目”一级的标题。

第七，编制索引。

索引对于《宋会要辑稿》这样一部超大型的资料书，它的重要性是不言而喻的。索引有多种，其中的主题索引，编制的难度最大，用处也最大。

以上七个方面，仅是初步设想，肯定还有不完备的地方。要把设想变为现实，更需要做巨量的、艰苦的工作。

（原发表于《历史研究》1984 年第 4 期）

作者附记：这两篇文章，是我研究《宋会要》过程中的两个重要标志，对读者有些用处；因内容与全书结构不同，故作为本书的附录。既然是研究过程中的产物，有些论断，如：“《大典》对收录各书，只有分而没有合。”“凡是每标一次‘宋会要’（或其他出处），就表明在《大典》中另属一个事目或事韵。”等等。在今天看来，或过于绝对，或错误，应以本书正文的论述为准，请读者注意。

《宋会要辑稿》校勘札记

今本《宋会要辑稿》两经转录，成书过程复杂，错误颇多①。我们在整理《宋会要辑稿》的过程中，在校勘上费力较多，现把有典型意义的事例写出来，希望能对校勘古籍起一点借鉴作用。

这里发表的是第一组，共三篇。

宋真宗子本名玄祐

《宋史》卷二四五《宗室列传》载，真宗六子，除仁宗外，名禔、祐、祇、祉、祈。祐，咸平六年（1003 年）卒，年仅九岁。先追封周王，仁宗明道二年（1033 年）又追册为皇太子，即传说中的悼献太子。

但《宋史·宗室列传》的这个赵祐，在《宋会要辑稿》中都作赵元祐。《辑稿》帝系二之一〇至一一，明道二年九月十六日及十月二十三日两条，是关于元祐的记事。《辑稿》再下一条为宝元二年（1039 年）十月九日记事："宗正寺修玉牒官李淑言：'悼献太子名上一字犯圣祖讳，请止书曰祐。'从之。"据《辑稿》，祐本名元祐，因名上一字"元"犯圣祖讳，故追改名为祐。

这三条记载可疑之点有二：第一，真宗子取名元祐，昭穆不顺。

---

① 参见拙著《〈宋会要辑稿〉的前世、现世和来世》，载《历史研究》1984 年第 4 期。

太宗诸子都是“元”字排行，如元佐、元僖等，真宗本人在被立为皇太子前，亦名元侃。因此，真宗子不可能取名元 ×。有特殊情况，史籍会专文记载。如《辑稿》帝系一之二八载，宋太祖子德昭有一子，“幼养宫中，太祖视之如子，与诸叔联名‘德雍’。”因为太祖特别疼爱这个孙子，将他提升一辈。这是非常特殊的情况，而且到太宗端拱元年（988 年），又将名改为惟吉，恢复原来的排行。如果祐本名确是元祐，不应没有记载。第二，元祐名并不犯圣祖讳。所谓“圣祖”，完全是虚构的人物，“圣祖”降命，是真宗、王钦若君臣导演的一系列政治闹剧的一幕。

澶渊之盟以后，为了掩盖对辽的屈辱，转移舆论的不满，真宗君臣先是伪造“天书”降临，以后又封泰山，祀汾阴。大中祥符五年（1012 年）十月，又编造了“九天司命上卿保生天尊”下降延恩殿，自称为赵氏始祖的神话。真宗尊“保生天尊”为“圣祖”，并给他编造了个名字叫玄朗，当年闰十月壬申诏：“圣祖名，上曰玄，下曰朗，不得斥犯。”（标点本《续资治通鉴长编》卷七九）祐如本名元祐，名上一字为“元”，如何会犯圣祖“玄朗”的名讳呢？可见，祐本名并非元祐。

祐的本名是什么？正确的答案是：本名玄祐。在他死后第九年，真宗编造了一个“圣祖”玄朗。因他名上一字“玄”犯“玄朗”讳，宝元二年追改名为祐。

至此为止，我采用的是理校法。是否还有其他方面的证据呢，查阅了《宋史》和《长编》后，发现了一些很有意思的情况。《宋史》本纪有关此人的几条是：一、咸平五年十一月“己酉，封子玄祐为信国公”。（卷六）二、咸平六年四月“辛巳，信国公玄祐薨”。（卷七）三、明道二年十月“丙辰，赠周王祐为皇太子”。（卷十）《长编》有关的几条是：一、咸平五年十一月“己酉，以皇子元祐为左卫上将军，封信国公”。（卷五三）二、咸平六年四月“辛巳，左卫上将军、信国公玄祐……卒，才九岁，追封周王，谥悼献”。（卷五四）三、明道二年九月“己卯，（冯）元等言：周王元祐，陛下长兄，宜追册为皇太子”。（卷一三）四、同年十月丙辰，“祐本名元祐，以犯圣祖讳，乃止韦曰祐”。（同上）上述《宋史》的第一、二条及《长编》第二条证实祐本名确为玄祐。这是他校法。有了理校和他校的双重证据，《宋会要辑稿》的“元祐”应改为“玄祐”。

现在还要解决一个问题：为什么《辑稿》以及《长编》的一、三、四条把“玄祐”写作“元祐”？有两种可能。第一种，修《宋会要》的宋朝官员及《长编》作者李焘在记载到祐的本名玄祐时，又因避“圣祖”讳而将“玄”改写成“元”。第二种，《宋会要》及《长编》原作玄祐，但为《辑稿》抄写者及修《四库全书》馆臣所改。《宋会要》及《长编》虽为宋人所修，但《辑稿》抄写于清嘉庆时，通行的《长编》爱日精庐本和浙江书局本都来源于《四库全书》本。康熙名玄烨，《辑稿》抄写者及《四库全书》馆臣有可能因避康熙讳而将“玄祐”写作“元祐”。

何以见得有第二种可能性？从标点本《长编》并存“玄祐”“元祐”两种名称可以推知。北京图书馆和辽宁省图书馆各藏一部宋刻本《长编》，都只有治平以前部分，其中一部还是撮要本。标点本《长编》参考了这两部宋刻本，即校勘记中所称的“宋本”“宋撮要本”。上引《长编》卷七九大中祥符五年闰十月壬申诏，“圣祖名，上曰玄，下曰朗”，我用的是标点本，而浙江书局本“玄”作“元”，可见标点本是据宋本、宋撮要本改的，可见宋本《长编》在此处“玄”字是不避讳的。可惜标点本像这样的情况并未出校，以致我们不能确定，“玄祐”“元祐”两种名称是否宋本《长编》的原来状况。

宋真宗子本名是一个小问题，但他的改名及史籍关于他改名的记载却呈现出复杂的情况。因避讳而改名（包括死后追改名字），这是中国古代特有的风俗，是一种历史现象。修史官或抄史、刻史者因避讳而将本名改易，则是窜改历史事实，造成混乱了。当然，扩大来说，因避讳而窜改历史事实，也是中国古代特有的风俗。

从这个例子可以看到，要校勘中国古籍，确实需要掌握基本的史讳学及版本学的知识。

赵挻与赵挺

《宋会要辑稿》帝系二之三〇为皇孙门，其中有这样一条：

> （乾道）二年六月九日，诏：皇太子愭男、皇嫡孙可赐名挻，除千牛卫大将军。五年十，皇子恭王惇男、皇孙可赐名挻，除福州观察使，封荣国公。

这一条文字不多，但问题不少。仅从条文本身即可发现：（1）千牛卫大将军有左、右之别，“除”下脱“左”或“右”字。（2）“五年十”下似脱“月”字。（3）“皇子恭王惇男……”上似脱“诏”字。（4）皇太子愭之子既已赐名挻，为何皇子惇之男又赐名挻？（5）愭为皇太子，其子为皇嫡孙，惇为皇子，其子为皇孙，为何皇孙封公，而皇嫡孙仅除千牛卫大将军，于情理不合。

细察《辑稿》，这一条文经过涂改。“五年十”之下本有“月”字，被圈去，改为“皇子”两字。第二个“挻”字本为“挺”，圈去后改为“挻”。“除福州观察使封荣国公”等字似为用另纸贴上去的，“公”字出格。但仅从今本《辑稿》本身，还不能解决这条条文的问题。要判断其是非，纠正其错误，还需要别的证据。

《宋史》有关记载有如下几处：

（1）乾道二年六月，“庚辰，封孙挺为福州观察使、荣国公，挻为左千牛卫大将军。”（卷三三，《孝宗纪》一）

（2）乾道三年七月，“乙巳，皇太子薨，谥曰庄文”。（卷三四，《孝宗纪》二）

（3）乾道六年六月，“是月，荣国公挺自东宫出居外第”。（同上）

（4）乾道九年二月，“乙酉，孙荣国公挺薨，追封豫国公”。（同上）

（5）庄文太子愭“子挺，钱氏所生也。甫晬，除福州观察使，封荣国公。乾道九年卒，赠武当军节度使，追封豫国公”。（卷二四六，《庄文太子传》）

《宋史》的记载可以纠正《辑稿》的某些错误。据第一条，两人一名挻，一名挺，并非都名挺。挻为荣国公，挺为左千牛卫大将军，两人同日受封，并非一封于乾道二年，一封于五年。

但《宋史》几条记载之间亦有矛盾。据第五条，庄文太子愭之子名挺，如果记载无误，第一条之挻即应为惇之子。如此，上述《辑稿》的第五个问题，即愭子封爵反在惇子之下，在《宋史》第一条中亦存在。但第三、四、五条又称挺为荣国公，而且第五条说挺“甫晬，除福州观察使、荣国公”，与第一条“挻为福州观察使、荣国公”相矛盾。

《建炎以来朝野杂记》关于这个问题的记载是明确的。该书卷一《孝宗诸孙》条载：“庄文太子下曰豫国公挻。光宗皇帝（即惇）下曰保宁节度使挺。”《豫国公挻》条载：“乾道元年六月生。甫周晬，除福州观察使，封荣国公……庄文既除服，挻与其母钱氏出居外第。九年春薨。”

点校本《宋史》据《建炎以来朝野杂记》及《两朝纲目备要》，将（3）（4）（5）之“挺”改为“挻”。这种校改，无论从校勘原则还是历史事实上看，都是正确的。

综合诸书记载，有关这一问题的史实如下：宋孝宗有四子五孙。长子愭，次子恺，三子惇，四子恪。愭一子挻，恺二子摅、抦，惇二子挺、扩，恪早卒无子（如下表所示）。

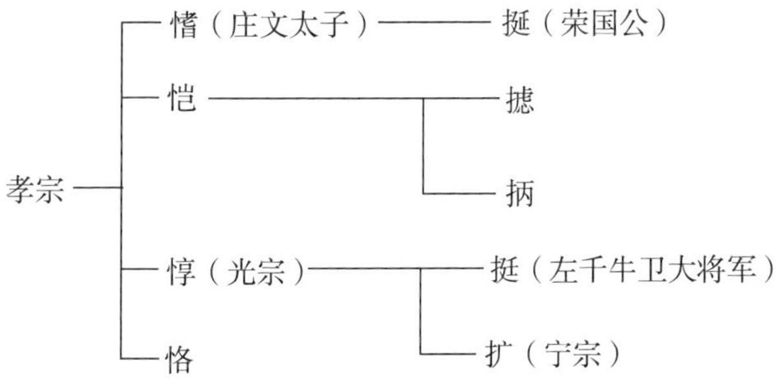

乾道元年（1165 年）孝宗立愭为太子。次年封愭子挺为荣国公，惇子挺为左千牛卫大将军。三年（1167 年）七月愭薨，谥庄文。愭卒后三年，即乾道六年（1170 年）六月，服除，其子挺自东宫出居外第。七年（1171 年）二月，立惇为太子，即后来的光宗。九年（1173 年）挺卒。

《宋史》（3）（4）（5）条误“挺”为“挺”，我们推测其原因：第一，挺、挺两字字形极相近。第二，乾道二年初封时，挺之父愭为太子，挺之父惇为皇子，愭的地位比惇高；但愭早卒，惇后来为太子、为皇帝，地位远高于愭。史官从后来的事实出发，形成挺、挺之间，封爵高者应为惇子的观念，遂误以挺为愭子。

根据《朝野杂记》及《两朝纲目备要》，亦可证今本《辑稿》有误，但应如何改，还没有足够的证据。

北京图书馆所藏《辑稿》遗文中，有一页录自《永乐大典》卷一二五，其中一条与本文开头所引今本《辑稿》条文相当，文曰：

> （乾道）二年六月九日，诏：“皇太子愭男、皇嫡孙可赐名挺，除福州观察使，封荣国公。皇子恭王惇男、皇孙可赐名挺，除千牛卫大将军。”

除了“千牛卫大将军”之上也脱一“左”字外，证之《朝野杂记》《两朝纲目备要》，其余文字都是正确的，今本《辑稿》帝系二之三〇应据此校改。同时，它也为点校本《宋史》的校改提供了另一条证据。

今本《辑稿》何以发生开头所引的混乱呢？《辑稿》这一部分录自《大典》卷三五五二，与卷一二五的遗文是复文，辑者删卷一二五而存卷三五五二。从“千牛卫大将军”上同脱“左”字，可证明两者来源相同。既然来源相同，原文本来也是相同，即没有大误的。但辑者沿《宋史》卷二四六（即上引第五条）之误，竟将两行的下半截互易位置，即将第一行下半截的“福州观察使封荣国公”与第二行下半截之“千牛卫大将军五年”互易位置，并将“挺”改为“挻”，以致出现了两个赵挺，同日同诏受封变为相隔三年受封。这是一个妄改古籍的例子，在整理古籍中应引以为戒。

至于这个窜改的人是谁，是刘承幹？是他之前的缪荃孙或屠寄？还是最早的徐松？现在也还有些踪迹可寻。刘承幹嘉业堂清本在此条之下录缪荃孙按语一条：“荃孙按，《大典》二人均作挻，《宋史·孝宗纪》愲子改作挺”。可见改者既非刘承幹，亦非缪荃孙，他们所看到的《辑稿》已经如此。缪荃孙所谓“《大典》二人均作挻”，并非他亲自看见《永乐大典》这一条的原文，而是他所看见的《辑稿》，二人均作挻。因此，唯一可能的解释是，徐松或他的助手窜改了这一条的条文。

孝宗郭皇后母姓赵氏

《宋会要辑稿》后妃二之二三，载淳熙四年（1177 年）五月一日诏：“安穆皇后母秦国太夫人巷氏特与封秦越国夫人，依禄格支破请给。”其中“巷氏”肯定有误。

同书职官五七之八八，乾道六年（1170 年）八（十?）月三十日条：“户部状：据太府寺申：奉首（旨）安穆皇后母福国夫人赵氏特与依禄式则例支破诸般请给。”据此条，安穆皇后母姓赵氏。但如果不能证明这位福国夫人就是淳熙四年诏中的秦越国夫人，或另有其他证据，还不能作为定论。

同书后妃二之二六至二七，载庆元元年（1195 年）十一月十一日诏：“成穆皇后……亲侄揄、扬，女夫张沆，从侄抡、操、揆及皇后亲舅之子赵彦倕并特与转行一官，内选人比类施行。”据《宋史》卷二四三《孝宗成穆郭皇后传》，郭皇后薨于高宗绍兴二十六年（1156 年），当时孝宗尚未即位，仅追封为淑国夫人。孝宗即位后追册为皇后，先谥恭怀，后改谥安穆，孝宗崩后又改谥成穆。所以淳熙四年诏之安穆皇后与庆元元年诏之成穆皇后为同一人。据此诏，后之亲舅之子姓赵，后之亲舅当然姓赵，后之母亦应姓赵。再加上这条证据，淳熙四年五月一日条之“巷氏”可改正为“赵氏”。

本条纯用本校法，即以本书前后互证。运用本校法，需将有关同一人或同一事的记载加以比较，为此要有精密的索引，像《宋会要辑稿》这样卷帙浩繁的巨篇更是如此。本例的困难在于同一人前后用不同的谥号，而且所要解决的问题并非直接可以求得答案。由此得出教训：编制索引时必须考虑一人有两个或两个以上名号的情况；在不能直接得出结论时，要想法另辟蹊径。

（原载《文献》1986 年第 2 期）

《宋会要》食货类的复原

《宋会要》共分十七大类，共中礼、职官、食货三类分量最大，每类都超过一百万字。从几十年利用的情况来看，被引用得最多、价值最高的是食货类。

人们现在所能看到的《宋会要》不是原本，是一个辑本。《宋会要》的原本究竟是什么样子的，似乎是一个无法解答的问题。但是，最近我们将《宋会要》的食货类基本复原了，本文将论述复原过程的步骤、方法和结果。

一、复原《宋会要》的难度

过去，我也同其他历史学者一样，认为《宋会要》是不可能被复原的。原因何在呢？

第一，《宋会要》不是一部小书，而是一部超过一千万字的大书；它不是一部编年体或纪传体这种体裁较单纯的书，而是下分十七大类、一千多门、非常复杂的政书。

第二，更重要的，是从《宋要会》原书到现在的《宋会要辑稿》，已经历了两次很大的变化，面目全非。第一次变化，是在明初永乐年间，《宋会要》被辑入《永乐大典》中。第二次变化，是从《永乐大典》中将《宋会要》条文辑出，编成现在的《宋会要辑稿》。

先说第一次大变化。《宋会要》是一部政书，是供宋朝的皇帝、官僚处理政事时参考的。《宋会要》的编者将收集到的大量材料，按照它们的不同内容，根据宋王朝处理政事的需要而加以分类分门。例如，礼类所收的是宋王朝关于各种礼仪的规定及实施情况，其中关于祭祀的部分又归入吉礼，吉礼下又分郊祀、明堂等门。《永乐大典》虽是一部百科全书式的类书，但它的编纂原则同一般类书不同，而是“用韵以统字，用字以系事”。所谓“用字以系事”中的“事”，或称“事目”，有点类似我们今天所说的“词”，但又不完全相等。前面说的“郊祀”可以是一个“事目”，“顺天”这样一个地名也可以是一个“事目”，“宋太祖”这样一个人名也可以是一个“事目”，“梁皇忏”这样一部书名或者“论语阳货篇”这样一部书中的一个篇名也可以是一个“事目”。《永乐大典》的编者将明永乐以前的各种文献，按其内容划分为若干事目，同一事目的各种文献记载，按各书成书先后或所述事实的先后排列。如果某一事目只有一个字，如山、水等，归入这个字就可以了。如果某一事目有两个或两个以上的字，如郊祀、地理等，就按这一事目中关键的一个字（不一定是首字）归入该字中。如“郊祀”归入“郊”字，“食货”归入“货”字。所谓“用字以系事”，就是把所有事目按照它的关键字归入各该字中。“用韵以统字”，就是各字的顺序，是按《洪武正韵》这部官定韵书的次序排列的。换言之，即根据《洪武正韵》的顺序排列各字，每一字又收以它为关键字的各个事目，每一事目又按时间先后收入各文献有关的记载，这就是《永乐大典》的编纂原则。

可见，《宋会要》同《永乐大典》的体例是根本不同的。《宋会要》被分散收入《永乐大典》以后，它的顺序就完全被打乱了。如果有《宋会要》的分类分门目录，我们也可以将从《永乐大典》辑出的《宋会要》恢复到原来的状况。问题就在于没有留下这样一个分类分门的《宋会要》目录。

第二次大变化，是清嘉庆年间，徐松从《永乐大典》中辑出《宋会要》。这个辑本经过了三次整理，第一次是徐松本人的初步整理，第二次是光绪年间缪荃孙、屠寄进行的整理，第三次是民国初年在刘承幹主持下刘富曾等人的整理，最后成了现在大家所看到的《宋会要辑稿》。

他们的工作是有贡献的，校正了辑本的一些错误，进行了大致的分类。特别是徐松，如果不是他把《宋会要》从《永乐大典》中辑出，我们今天就不可能利用这一非常丰富而宝贵的史料，当然更谈不上进一步整理。但是，如果从整理这个角度而论，他们的工作可以说是失败的。根本的原因，就在于他们忽略了《永乐大典》一个很重要的特点：对所收书只有分而无合。《永乐大典》是一部类书，所谓类书，就是要按照它的编纂原则对所收各书的内容分类收录。因此，它可以将整部书或某部书的某些篇章作为一个事目整个收录，但除了极个别的情况，它不会将同一书不相邻的篇章合并到一个事目中。而从徐松到刘承幹，恰恰没有考虑到这一点，不是将按《永乐大典》各事目辑出来的《宋会要》条文，加以合并，而是将它割裂，加以拼凑。这样，不但与《宋会要》的原来面目相去愈远，而且连《永乐大典》中《宋会要》的原样也打乱了。因此，今本《宋会要辑稿》的编排，只能作为参考，绝不能当作复原的根据。

二、整理的目标、步骤及其准备工作

正是吸取了前人的经验教训，我们给这次整理工作定了可行的目标和切实的步骤：第一步，先从现在的《宋会要辑稿》回复到它在《永乐大典》中的原样，也就是回到徐松原来的出发点。具体地说，就是尽可能将《永乐大典》中的《宋会要》辑文，按照它在《永乐大典》中的顺序、位置排好。第二步，在此基础上，在门或目一级，保存《宋会要》原本的完整性，不打乱它的结构。至于各门、目的归属和次序，尽量争取正确。这样，我们虽然不能保证分类、顺序一定符合《宋会要》的原样，但至少在《永乐大典》的“事目”一级，保持了《宋会要》的原样，不致产生新的混乱。应该感谢徐松，他在主持从《永乐大典》辑出《宋会要》时，没有忘记让书吏记下《永乐大典》的卷数，否则我们连第一步也做不到。但由于当时书吏们的责任心不一，也有一部分没有记下卷数，在有卷数的部分中，也有相当部分是错误的。同时，现在大家所看到的《宋会要辑稿》，并不是当时徐松所辑的《宋会要》全部，有一部分在历次整理中被当作复文剔除了。

为了做好第一步工作，几年来，我们在材料的搜集上花了不少工夫，在工具的利用上也取得了宝贵的经验。

在材料的搜集方面，我们在北京图书馆找到了《宋会要辑稿》遗文和缪荃孙、屠寄广雅稿本的一部分，在浙江图书馆找到了总共四百六十册、八百余万字的刘承幹嘉业堂清本。北图所藏《宋会要辑稿》遗文，是刘承幹、刘富曾当作《宋会要》的复文删落的，其中有一部分确实是复文，但也有相当一部分不是复文。在刘承幹嘉业堂清本中，也保留了一部分今本《宋会要辑稿》没有的《宋会要》辑文。在工具的利用方面，特别要提出中华书局 1960 年出版的《永乐大典》残本 730 卷（最近又续出了 67 卷）以及《连筠簃丛书》本《永乐大典目录》60 卷。

现在保存下来的《永乐大典》虽然不到原书的百分之三，但内容十分丰富，对认识、整理《宋会要辑稿》也有重要作用。它保存了一百多段《宋会要》条文，其中有些还是今本《宋会要辑稿》所没有的。用这些条文对照《宋会要辑稿》，我们可以知道《宋会要》在《永乐大典》中是什么样子的，从《永乐大典》到《宋会要辑稿》又有些什么变化。将《永乐大典》残本与《永乐大典目录》相对照，使我们懂得了《永乐大典目录》每个项目的含义。而《永乐大典目录》正是帮助我们解开《宋会要》秘密的一把最重要的钥匙。

《永乐大典目录》看起来很简单，它就是记载《永乐大典》各卷所收的字韵。有的在字下没有任何注文；有的在字下加上各种注文，如姓氏、诗文、事韵等。对照《永乐大典》残本，我们就可以懂得这些注文或不注的含义。

（1）为何不注？因为这是一个生僻字，没有以此字为关键字的事目。例如《永乐大典》卷490的“霥”字。

（2）何谓姓氏？是以该字为姓的人物的传记。例如《永乐大典》卷489“终”字，姓氏，收汉人终军的传记材料。

（3）何谓诗文？是末字为该字或该事目的诗或文。同上卷，“终”字，文，收宋人叶适《水心集》中的《终论》等文章。

（4）何谓地名？是末字为该字的地方的地志材料。同上卷，“终”字，无终县，收录《汉书》及《隋书》地理志中关于无终县的材料。

（5）何谓事目？凡在《永乐大典目录》中各字下所注事目，正如《永乐大典》凡例中所说的，都是“切要事目”，即以此字为关键字而又较重要、分量较多的事目。如卷490，“终”字韵，“送终”事目。有些特别重要或分量特多的事目，《永乐大典目录》还将事目下面的子目也列出来。如卷5435至卷5512共78卷都是“郊”字韵“郊祀”事目，下面还有“郊祀御札”、“郊祀议论”等数十个子目。

（6）何谓事韵？事韵其实也是事目，只是这些事目所收的内容很少或者带有很大的特殊性，只为某朝代所特有，因此《永乐大典目录》没有一一表示出来，而用“事韵”来概括。如卷489，“终”字韵，事韵，就包括“有始无终”、“慎终”、“临终”、“无疾而终”等数十个事目。

我们正是利用上述这些材料和工具，将现存的所有《宋会要》辑文，绝大部分按照它们原在《永乐大典》中的卷数及顺序排好。过去没有记录卷数的，绝大部分用各种方法推出；过去卷数记错了的，加以纠正；过去被剪裁分散到各处的，一一加以拼缀。可以说，原定的第一个目标已经达到了。

下面将要进行的第二步，是对这些辑文尽可能正确地加以编排。

三、正确编排的标准及途径

怎样才算做到正确的编排呢？可以有不同的答案。最高的标准当然是恢复《宋会要》原本的分类、分门和顺序，也就是全部复原。前面已经说过，因为《宋会要》原本的分类、分门目录没有保留下来，不可能全部做到这一点，但《宋会要》十七类的名称和次序是有记载的，《宋会要》这部政书的性质和分类原则也是清楚的，《宋会要》的大部分内容还保存着。根据条文的内容判断其归属，可以大致不差，如果再参照大约同时代性质相似的文献，应该说，接近《宋会要》原本是可能的。

今本《宋会要辑稿》食货类的内容，有些明显不属于食货类，是整理者编排的错误。如五六之九至七六，为“户部”门，内容为尚书省六部中“户部”这一机构，应归入职官类。还有少数内容难以确定是否一定属于食货类。

于是，我们先撇开《宋会要辑稿》的食货类，而把按《永乐大典》卷数编排的、可以确定属于食货类的内容集中起来，参照大约同时代性质相近的文献，试图将这些内容重新加以编排。

首先参照的文献是《唐会要》和《五代会要》。第一，它们同《宋会要》性质相同。第二，它们的编纂者王溥也是宋人。第三，马端临在《文献通考》自序中说过：“王溥作唐及五代会要……后之编会要者仿之。”但在将《宋会要辑稿》食货类的内容同前两书的食货类做比较后，发现《宋会要》食货类的内容要比前两书的食货类丰富、详细得多，不可能用前两书的门、目来概括。然后我们又用《宋史·食货志》做比较，发现《宋史·食货志》的内容只相当于《宋会要辑稿》食货类的六分之一左右，比《宋会要》食货类简单得多，仍然不能概括《宋会要》食货类的门、目。

《唐会要》、《五代会要》和《宋史·食货志》都如此，其他文献更无论矣！这时我们才开始觉悟到，由于《宋会要》这部书的特殊性质，它的一些分量较大的类，可能有它独特的系统。宋王朝下大力编纂会要，是为了指导政务做参考，所以内容要尽可能详尽。看来，现在要追溯食货这样一个大类的系统，只能从它现存的内容里面去寻求答案了。我们发现在《永乐大典》"货"字韵"食货"事目中，《宋会要》的辑文非常集中、非常丰富。因而想到要追溯《宋会要》食货类的系统，有可能从这里求得答案。应该说，我们之所以能有这个认识，不是偶然的，是事先做好了第一步工作——将所有目前能找到的《宋会要》辑文，按照《永乐大典》的卷数、顺序重新排列的结果。

四、《永乐大典》"食货"事目中《宋会要》辑文的复原

为什么要用"复原"这个词呢？因为《永乐大典》"食货"事目中的《宋会要》辑文，有相当一部分不在今本《宋会要辑稿》中，而在北京图书馆所藏《宋会要辑稿》遗文中；也因为即使在今本《宋会要辑稿》中的那部分，有些辑文没有注明卷数，是我们用各种方法推断的；还因为在今本《宋会要辑稿》中，这一事目的内容被分割、颠倒了，是经过多方拼缀才恢复原貌的。

根据《永乐大典目录》，《永乐大典》卷17516至17580共65卷都是"货"字韵"食货"事目，而其中的卷17522至17572共51卷为宋代"食货"。因此，现存的《宋会要》辑文中，凡在这51卷范围内的，都属于《永乐大典》"食货"事目。

在今本《宋会要辑稿》中，注明卷数并属于上述51卷范围之内的，有卷17531，17533至17535，17539至17544，17547，17549至17553，17556，17558至17560，17565至17566。它们分散在《宋会要辑稿》食货类一至六，一一至一二，一五至一六，一九至二一，二九至三〇，三三，三七，四八，五三至五四，六一，六三至六四，六六，六八至七〇各卷中。

在北图所藏《宋会要辑稿》遗文中，属于这一范围的有卷17542至17543，17547至17549，17552，17554至17555，17557，17560，17561至17565。

困难的是那些没有注明《永乐大典》卷数的辑文。为了确定这些辑文辑自《永乐大典》的哪一卷，我们以已经确知卷数的部分为基础，又找到了四种可以推断《永乐大典》卷数的标志或证据。

第一种，是在《宋会要辑稿》中，《永乐大典》一卷开首一页，第一行有时有行书或楷书书写的“食货××”的标目，它就是原在《永乐大典》中的事目，据此可以推断《永乐大典》中的卷数。如今本《宋会要辑稿》食货六九之七〇，录自《永乐大典》一卷的开首一页，版心注《永乐大典》卷数为17531，首行标“食货十六”。查《永乐大典目录》，卷17531的事目正是“食货十六”。《宋会要辑稿》食货七〇之四五、六三之一、六一之五六、六一之八九、五三之六、五四之一、六六之四六、六六之七三、五之一、三七之一、三三之七，都录自《永乐大典》一卷的开首一页，版心所注《永乐大典》卷数分别为17533、17535、17539、17540、17541、17542、17550、17551、17552、17553、17566，首行分别标“食货十八”“食货二十”“食货二十四”“食货二十五”“食货二十六”“食货二十七”“食货三十五”“食货三十六”“食货三十七”“食货三十八”“食货五十一”。对照《永乐大典目录》，卷数与事目完全相符。根据这一标志，《宋会要辑稿》食货一之三五至四七，版心未注卷数，但一之三五首行标“食货二十三”，查《永乐大典目录》，知为卷17538。《宋会要辑稿》食货七〇之一至四四、四之一至六，首页首行标“食货十七”“食货二十一”，亦可用同样方法确定其为卷17532和卷17536。

第二种，如同属一门，内容又相衔接，知前可推后，知后可推前。例如《宋会要辑稿》食货一之一五至三四，版心未注卷数，但此部分为“农田”门，与一之三五至四七同属一门，而且一之三四记事至宣和七年止，一之三五记事从建炎元年起，内容紧相衔接。根据第一种标志，已知一之三五为《永乐大典》卷17538的开首，故可推断一之一五至三四为《永乐大典》卷17537。

第三种，同属《永乐大典》一卷而包含两门或两门以上者，如已知其中一门的卷数，即可推知其他门的卷数。如何确定哪些《宋会要》辑文是辑自《永乐大典》的同一卷呢？可从版心下方所注页数、剪裁痕迹以及抄写字迹断定。例如《宋会要辑稿》食货二之一至三之七为"营田"门，版心未注卷数。但二之一版心下方所注页数为"六"，且从上半页第十三行开始，可知以前部分属另一门，已被剪开。经过多次检查核对，发现二之一与四之六本为一页，四之六正好至上半页第十二行止，抄写字迹完全相同，而四之一至五版心下方所注页数正是"一"至"五"，故可断定《宋会要辑稿》食货四之六以下紧接二之一。四之一至六"屯田"门已据第一种标志知为《永乐大典》卷17536，故知二之一至三之七"营田"门亦为卷17536。

第四种，版式相同者。例如《宋会要辑稿》食货三五之一九至二九为"经总制钱"门。这一部分既未注卷数，也未注页数，但版式非常特殊，在书口上端写"宋会要"三字。遍查《宋会要辑稿》食货类，这种版式只有两卷，即四六之一至四八之七，但这两卷都没有注《永乐大典》卷数。好在四七之一至四八之七，可据第二种标志断为卷17546，因此可上推四六之一至一七为卷17545。三五之二九与四六之一两页对照，可见本为同一页，为辑者剪开。故知三五之一九至二九亦为卷17545。

《永乐大典》的一卷，有时包括《宋会要》的几门，所以，同在一卷中的几门，还有一个先后次序的问题。《宋会要辑稿》有的版心下方注有页数，这个问题容易解决；也有些不注页数，只能靠剪裁的痕迹断定了。如"户口"（六九之七〇至八一）、"版籍"（一一之一〇至二五）、"逃移"（六九之三五至六四）三门，同为《永乐大典》卷

17531，而未注页数。六九之七〇第一行下标“食货十六”，显然是一卷的开首，故“户口”门应在前。一一之一〇与七〇之八一原来同在一页，被剪者剪开，故可定“版籍”门在“户口”门之后。六九之三五与一一之二五衔接，故知“逃移”门又在“版籍”门之后。

运用上面的方法，我们所复原的《永乐大典》“货”字韵“食货”事目中《宋会要》辑文，可用表1表示（其中《永乐大典》卷数加括弧的，表示原未注明，是根据上面四种标志或证据推断的，在备注栏中用①②③④表示）：

表1

顺序	门名	《大典》卷数/页数	在《辑稿》中位置	记事年代起讫	备注
1	户口	17531	69/70－81	建隆1－乾道9	69/77 以下为杂录
2	版籍	17531	11/10－25	建隆4－乾道6	
3	逃移	17531	69/35－64	乾德1－乾道8	
4	赋税	（17532） 17533/1－23	70/1－44 70/45－67	建隆4－绍兴25 绍兴26－乾道9	①
5	方田	17533/23－32	70/114－123	熙宁5－宣和3	
6	经界	17533/32－48	6/36－52	绍兴12－绍兴28	
7	钞旁定帖	17534/1－18	70/135－152	崇宁3－乾道9	
8	均籴	17534/18－21	70/152－155	政和1－宣和7	
9	蠲放	17534/21－48 17535/1－34	70/155－182 63/1－34	乾德4－宣和7 建炎1－乾道8	
10	屯田	（17536）/1－6	4/1－6	淳化4－政和6	①
11	营田	（17536）/6－32（17537）	2/1－3/7 3/8－21	端拱2－绍兴32 绍兴32－乾道9	③ ②③

续表

顺序	门名	《大典》卷数/页数	在《辑稿》中位置	记事年代起讫	备注
12	农田	(17537) (17538)	1/15－34 1/35－47	建隆3－宣和7 建炎1－乾道9	② ①
13	官田	(17538)	5/19－37	建炎1－乾道9	③
14	民产	17539	61/56－67	建隆3－乾道9	
15	检田	17539	61/71－78	建隆2－乾道9	
16	限田	17539	61/78－80	绍兴1－乾道8	
17	垦田	17539	61/81－88	绍兴2－乾道9	
18	水利	17540	61/89－122	至道1－乾道9	
19	常平仓	17541/1－14	53/6－19	淳化3－宣和7	
20	义仓	17541/14－28	53/19－33	建隆4－乾道9	
21	广惠仓	17541/28－29	53/33－34	嘉祐2－4	
22	诸州仓库	17542/1－10	54/1－10	建隆4－乾道9	
23	赈贷	17542/10－25 17543/1－17	遗文	建隆1－乾道9	
24	恤灾	17543	68/112－127	熙宁1－乾道9	
25	居养院等	17544/1－25	68/128－152	熙宁2－乾道2	
26	上供	17544/25－40	64/45－60	建炎3－乾道9	
27	无额上供	17544/40－42	64/63－65	建炎1－绍兴29	
28	免行钱	17544/42－46	64/65－69	绍兴1－25	
29	受纳	17544/46－56	68/1－11	绍兴3－乾道7	
30	身丁	17544/56－70	12/8－22	建炎3－乾道9	

续表

顺序	门名	《大典》卷数/页数	在《辑稿》中位置	记事年代起讫	备注
31	月桩钱	（17545）	64/79－82	绍兴7－乾道4	③④
32	经总制钱	（17545）	35/19－29	建炎2－乾道8	④
33	水运	（17545） （17546） 17547/1－6	46/1－7 47/1－48/7 48/8－13	开宝3－治平3 治平4－绍兴30 绍兴32－乾道9	② ②
34	陆运	17547/6－14	48/13－21	建隆3－乾道9	
35	市籴粮草	17547/14－31 17548/1－37 17549	遗文	建隆1－乾道9	
36	免役	17549 17550 17551	66/32－45 66/46－72 66/73－89	治平4－元丰8 元祐1－宣和2 建炎2－乾道9	
37	青苗	17551 17552/1－18	4/16－29 5/1－18	熙宁2－3 熙宁3－政和8	
38	市舶	17552/19－48	遗文	开宝4－乾道9	
39	市易	17553/1－36	37/1－36	建隆1－绍兴30	
40	和市	17554	遗文	熙宁2－乾道9	
41	互市	17554	遗文	乾德4－乾道9	
42	榷易	17555	遗文	乾德1－宣和9	
43	商税	17556 17557	15/1－16/22 遗文	商税额（四京－福建） 商税额（广南） 建隆1－乾道9	
44	酒曲	17558 17559/1－26	19/1－20/8 20/9－21/12	酒务额 建隆2－嘉祐6 治平4－乾道9	

续表

顺序	门名	《大典》卷数/页数	在《辑稿》中位置	记事年代起讫	备注
45	买扑坊场	17559/26 – 29	21/12 – 15	建炎 1 – 绍兴 32	
46	茶				茶门下尚分子目
	茶色号	17560/1	遗文		
	买茶价	17560/1 – 3	29/8 – 10		
	卖茶价	17560/3 – 7	29/10 – 14		
	买茶额	17560/7 – 8	29/6 – 7		
	卖茶额	17560/8	29/7		
	买茶场	17560/8	29/7		
	卖茶场	17560/8 – 10	29/14 – 16		
	产茶额	17560/10 – 13	29/2 – 5		
	杂录	17560/13 – 22	30/1 – 10	乾德 5 – 嘉祐 7	
	杂录	17561/1 – 34	遗文	熙宁 4 – 绍兴 4	
	杂录	17562/1 – 20	遗文	绍兴 5 – 乾道 8	
47	盐				盐门下尚分子目
	盐课额	17562/21 – 67	遗文		
	杂录	17563	遗文	建隆 2 – 大观 3	
	杂录	17564/1 – 42	遗文	大观 4 – 绍兴 29	
	杂录	17565/1 – 22	遗文	绍兴 30 – 乾道 9	
48	坑冶	17565/22 – 28	33/1 – 5		
			33/27 – 29		
		17566/1 – 20	33/7 – 26		

五、《宋会要》食货类全文就在《永乐大典》“食货”事目中

从表 1 可以看到，在《永乐大典》卷 17531 至 17566 连续 36 卷中，收录了大量《宋会要》食货类的辑文，竟有 90 余万字之多。这个事实使我们愈来愈相信，《永乐大典》“货”字韵“食货”事目是将《宋会要》食货类全文收录的。也就是说，《宋会要》食货类完整地保存在《永乐大典》“食货”事目中，我们已经将它复原了。现从两方

面加以证明。

一个方面是从内容上可证实两点：第一，《永乐大典》“食货”事目收录《宋会要》的各卷中，没有掺入他书，全是《宋会要》；第二，《永乐大典》中收录的《宋会要》食货类，没有大的遗漏。

先证明第一点。《永乐大典》“食货”事目各卷，《宋会要》辑文大大超过了《永乐大典》每卷平均字数。《永乐大典》正文共22877卷，约37000万字，每卷平均约16000字。《永乐大典》行款，事目（即标题）为大字，内容为小字，小字每半页16行，每行28字，每页896字，16000字约为18页，这就是《永乐大典》每卷的平均页数。《宋会要辑稿》的行款分两种，一种也是每半页16行，每行28字，同《永乐大典》完全一样，是《宋会要辑稿》的抄录者当时完全按《永乐大典》的行款影抄的。另一种每半页11行，每行21字，每页462字，字数约相当于前者的一半。为了便于比较，现将《永乐大典》“食货”事目各卷的《宋会要》辑文，统一折算为一种行款（即《永乐大典》行款）的页数，列为表2。

表2

卷数	17531	17532	17533	17534	17535	17536	17537	17538	17539
页数	34	22	27	24	34	32	33	30	30
卷数	17540	17541	17542	17543	17544	17545	17546	17547	17548
页数	34	29	25	32	35	30	27	31	24
卷数	17549	17550	17551	17552	17553	17554	17555	17556	17557
页数	26	27	30	24	18	22	17	41	27
卷数	17558	17559	17560	17561	17562	17563	17564	17565	17566
页数	26	29	22	34	34	32	42	28	10

这36卷，平均每卷28.4页，25000字，超过《永乐大典》每卷平均数的57%左右。而且在这36卷中，除卷17553等于平均数，17555

少于平均数1页，卷17566（即最后一卷）少于平均数8页外，其余33卷都超过平均数，最多的超过133%。根据这些数字，可以断定，这36卷《永乐大典》全为《宋会要》辑文，没有收入其他文献。

再来证明第二点。据表1，这36卷《永乐大典》共收《宋会要》食货类48门按其顺序，可分为13组。第1组为户口、版籍、逃移。第2组为赋税、方田、经界、钞旁定帖、均籴、蠲放。第3组为屯田、营田、农田、官田、民产、检田、限田、垦田。第4组为水利。第5组为常平仓、义仓、广惠仓、诸州仓库。第6组为赈贷、恤灾、居养院等。第7组为上供、无额上供、免行钱、受纳、身丁、月桩钱、经总制钱。第8组为水运、陆运。第9组为市籴粮草。第10组为免役、青苗。第11组为市舶、市易、和市、互市、榷易。第12组为商税、酒曲、买扑坊场。第13组为茶、盐、坑冶。当然还有个别遗漏，原因在另文讨论，但食货类主要内容，尽在于此。

一方面是这36卷《永乐大典》全为《宋会要》食货类之文，另一方面是《宋会要》食货类主要各门都在于此，难道不可以证明，这36卷《永乐大典》所录《宋会要》，就是《宋会要》食货类的原文吗？

第二个方面的证据更为重要，这是《永乐大典目录》所提供的无可辩驳的证据。

据《永乐大典目录》，《永乐大典》自卷17516至17580共65卷都是“货”字韵“食货”事目。在事目下还有对我们十分有用的小注：

17516：食货一，汉。

17517：食货二，汉。

17518：食货三，汉、晋、魏、隋。

17519：食货四，唐。

17520：食货五，唐。

17521：食货六，唐、五代。

17522 至 17572：食货七至食货五十七，宋。

17573：食货五十八，辽、金。

17574：食货五十九，金。

17575：食货六十，元。

17576：食货六十一，元。

17577 至 17580：食货六十二至食货六十五，杜氏通典。

卷 17581 以下仍为“货”字韵，卷 17581 为“宝货”“事韵”“诗文”“副货国”，卷 17582 为“史记货殖传、汉书货殖传等书”，卷 17583 至 17590 为“论语阳货篇”。

前面已经说过，《永乐大典》编纂原则中的“用字以系事”，是将不同的“事目”按其关键字归入各字韵中。但这个“事目”的划分，却有很大伸缩性，小可至一句成语，大可至一部卷帙浩繁的数十万字的书。从使用的角度来说，分得细致便于查阅；从后人辑书的角度看，分韵的范围越大就越能保存原书的面貌。

正如《四库全书总目提要》所指出的，《永乐大典》“或以一字一句分韵；或析取一篇，以篇名分韵；或全录一书，以书名分韵”。“以急于成书，遂不暇逐条采掇，而分隶以篇名。既而求竣益迫，更不暇逐篇分析，而分隶以书名。故参差无绪，至于如此。然元以前佚文秘典，世所不传者，转赖其全篇收入，得以排纂校订，复见于世。”（卷 137，子部，类书类存目）“货”字韵排在《永乐大典》一万七千多卷，在全书的后部。编到这一部分的时候，编纂官为了赶任务，已经顾不上逐条采掇，而只是将各书的“食货志”、“食货门”、“食货类”等整门整类录入。而《宋会要》的食货类恰恰因为这一点，得以完整保存下来。

从上引《永乐大典目录》可知：第一，《永乐大典》的“事目”名称“食货”同《宋会要》的“类”的名称“食货”完全相同。第二，《永乐大典》在“食货”事目之下没有再分子目。第三，《永乐大典》“食货”事目所收文献是按朝代顺序收录的。第四，在按朝代收录的“食货”中，又是一部书一部书收录的，即先录完某一书的“食货”部分后，再收另一书的“食货”部分，而杜佑《通典》的食货门却因不是专述某一断代而是贯穿各代的“食货”而放在最后。以“食货”分韵，又是按朝代、一部一部书地将“食货”内容整体收入，不是可以说明《宋会要》的食货类也是整类收入的吗？如果我们再对照表1，全部《宋会要》食货类的内容完全集中在卷17531至17566这36卷之中，不是完全印证了这一点吗？

第一、第二两个方面的证据结合起来，完全可以确定《永乐大典》卷17531至17566所收的《宋会要》食货类，就是《宋会要》食货类的本来面目，我们已将它复原了。

六、《永乐大兴》所收《宋会要》食货类不止一本

从表1还可以发现，《永乐大典》“食货”事目所收录的《宋会要》食货类，记事下限仅至孝宗乾道九年。《宋会要》在这以后难道就没有食货类的内容了吗？

宋代修会要不止一次，当时也不称“宋会要”。我们前面所说的《宋会要》，不过是为叙述方便起见，用它来作宋代所修各部会要的总称。事实上，宋代官方修成的会要有《国朝会要》（包括太祖、太宗、真宗、仁宗、英宗五朝记事）、《续国朝会要》（包括神宗、哲宗、徽宗、钦宗四朝记事）、《中兴会要》（高宗一朝记事）、《乾道会要》（孝宗朝乾道九年以前记事）、《孝宗会要》（孝宗朝淳熙年间记事）、《光宗会要》和《宁宗会要》等多部。《永乐大典》“食货”事目所收的《宋会要》食货类，只是《国朝会要》《续国朝会要》《中兴会要》《乾道会要》四部会要的食货类，而不包括《孝宗会要》《光宗会要》《宁宗会要》的食货类。

《孝宗会要》、《光宗会要》和《宁宗会要》究竟有没有食货类？

如果有，《永乐大典》有没有收录？如果收录了，它们是否保存下来了？对于这些问题，我们以已经复原的《宋会要》食货类48门为基础，对所有现存的《宋会要》辑文（既包括今本《宋会要辑稿》，也包括它的遗文及《永乐大典》残本）中属于相同的门的内容集中起来，再加分析。

收集的结果列为表3。表中每一门的A，代表已复原的《宋会要》，B及B以下的字母，代表从《永乐大典》其他卷中辑出的《宋会要》条文。

表3

顺序	门名	《大典》卷数	《大典》事目		在《辑稿》中位置	记事年代起讫	备注
1	户口	A. 17531 B. 缺	货	食货	69/70－81 11/26－12/7	建隆1－乾道9 建隆1－淳熙16	A户口数在前，杂录在后。B相反，且无分路户口数。
2	版籍	A. 17531 B. 20359	货 籍	食货 事韵	11/10－25 69/16－34	建隆4－乾道6 建隆4－嘉定14	
3	逃移	A. 17531 B. 5578	货 逃	食货 事韵	69/35－64 69/65－69	乾德1－乾道8 淳熙7－开禧3	
4	赋税	A. 17532－17533 B. 15422－15423	货 税	食货 赋税	70/1－67 9/12－10/31 70/68－113	建隆4－乾道9 政和2－嘉定11	
5	方田	A. 17533 B. 4751	货 田	食货 田制	70/114－123 4/7－15	熙宁5－宣和3 熙宁5－宣和3	
6	经界	A. 17533 B. 15076 C. 4751	货 界 田	食货 经界 田制	6/36－52 70/124－134 遗文	绍兴12－28 绍兴12－嘉定15 绍兴12－28	
7	钞旁定帖	A. 17534 B. 15434 C. 22853	货 税 帖	食货 商税 事韵	70/135－152 35/1－18 遗文	崇宁3－乾道9 崇宁3－乾道9 崇宁3	C仅有一条。

续表

顺序	门名	《大典》卷数	《大典》事目		在《辑稿》中位置	记事年代起讫	备注
8	均籴	A. 17534 B. 20791	货 籴	食货 和籴	70/152－155 41/22－25	政和1－宣和7 政和1－宣和7	
9	蠲放	A. 17534－17535	货	食货	70/155－182 63/1－34	乾德4－乾道8	
10	屯田	A. 17536 B. 4769－4770	货 田	食货 屯田	4/1－6 63/35－66	淳化4－政和6 淳化4－嘉定17	
11	营田	A. 17536－17537 B. 4775－4776 C. 4788	货 田 田	食货 营田 事韵	2/1－3/21 63/67－160 遗文	端拱2－乾道9 端拱2－嘉定17 元丰2	C仅有一条。
12	农田	A. 17537－17538 B. 4748－4749	货 田	食货 田制	1/15－47 63/161－225	建隆3－乾道9 建隆3－嘉泰3	
13	官田	A. 17538 B. 4784	货 田	食货 官田	5/19－37 61/1－46	建炎1－乾道9 建炎1－嘉定12	
14	民产	A. 17539	货	食货	61/56－67	建隆3－乾道9	
15	检田	A. 17539 B. 4750	货 田	食货 田制	61/71－78 1/1－14	建隆2－乾道9 建隆2－乾道9	
16	限田	A. 17539 B. 4750	货 田	食货 田制	61/78－80 6/1－10	绍兴1－乾道8 绍兴1－庆元5	
17	垦田	A. 17539 B. 4750	货 田	食货 田制	61/68－88 6/11－34	绍兴2－乾道9 绍兴2－嘉定16	
18	水利	A. 17540 B. 11106－11109	货 水	食货 水利	61/89－122 7/1－8/17 61/123－150	至道1－乾道9 淳化4－嘉定17	B，辑者掺入少数方域类水利门之内容。
19	常平仓	A. 17541 B. 7506	货 仓	食货 常平仓	53/6－19 《大典》残本	淳化3－宣和7 淳化3－乾道8	B，《辑稿》无。《大典》此卷现存。
20	义仓	A. 17541 B. 7509 C. 7513	货 仓 仓	货仓 义仓 仓名	53/19－33 62/18－52 遗文	建隆4－乾道9 建隆4－嘉定14 淳化5－咸平2	B无惠民仓内容，C为惠民仓，A＝B＋C。

续表

顺序	门名	《大典》卷数	《大典》事目		在《辑稿》中位置	记事年代起讫	备注
21	广惠仓	A. 17541 B. 7513	货 仓	食货 仓名	53/33－34 《大典》残本	嘉祐2－4 嘉祐2－4	B，《辑稿》无，《大典》此卷现存。
22	诸州仓库	A. 17542 B. 7512	货 仓	食货 仓名	54/1－10 62/53－75	建隆4－乾道9 建隆4－嘉定14	
23	赈贷	A. 17542－17543 B. 15002－15003 C. 15239 D. 20898－20899	货 贷 惠 恤	食货 赈贷 事韵 赈恤	遗文 68/28－111 遗文 57/3－58/12 遗文 57/1－2 59/13 59/16－52	建隆1－乾道9 建隆1－绍定4 建隆1－乾道9 建隆1－乾道9	D＝23A＋24A。
24	恤灾	A. 17543 B. 2633	货 灾	食货 恤灾	68/112－127 59/1－15 58/13－34	熙宁1－乾道9 熙宁1－靖康1 淳熙1－嘉定17	
25	居养院等	A. 17544 B. 20900 C. 16715 D. 6137 E. 5136 F. 缺	货 恤 院 坊 园	食货 赈恤 杂院 坊名 园名	68/128－152 60/3－15 60/1－2 遗文 遗文 60/16	熙宁2－乾道2 熙宁2－乾道2 元符1－嘉泰1 崇宁1－绍兴16 崇宁3－绍兴22 淳熙1－淳熙4	C为居养院，D为安济坊，E为漏泽园，F亦为漏泽园。A＝C＋D＋E。
26	上供	A. 17544 B. 4688	货 钱	食货 事韵	64/45－60 35/31－45	建炎3－乾道9 建炎3－乾道9	
27	无额上供	A. 17544 B. 4688	货 钱	食货 事韵	64/63－65 35/30－31	建炎1－绍兴29 建炎1－绍兴29	
28	免行钱	A. 17544	货	食货	64/65－69	绍兴1－25	
29	受纳	A. 17544 B. 4687 C. 22669	货 钱 纳	食货 事韵 事韵	68/1－11 9/1－11 68/12－27	绍兴3－乾道7 绍兴3－乾道7 淳熙2－嘉定14	
30	身丁	A. 17544 B. 4687 C. 7879	货 钱 丁	食货 事韵 事韵	12/8－22 66/1－14 66/15－20	建炎3－乾道9 建炎3－乾道9 淳熙1－开禧3	

续表

顺序	门名	《大典》卷数	《大典》事目		在《辑稿》中位置	记事年代起讫	备注
31	月桩钱	A. 17545 B. 6524	货桩	食货事韵	64/79 – 82 《大典》残本	绍兴 7 – 乾道 4 绍兴 7	B，《辑稿》无。《大典》此卷现存，仅一条。
32	经总制钱	A. 17545 B. 4682	货钱	食货事韵	35/19 – 29 64/84 – 113	建炎 2 – 乾道 8 建炎 2 – 嘉定 17	
33	水运	A. 17545 – 17547 B. 17347 – 17349 C. 15944 – 13948	货漕运	食货 转漕 宋漕运	46/1 – 48/13 遗文 42/1 – 44/22	开宝 3 – 乾道 9 开宝 3 – 乾道 9 建隆 3 – 嘉定 15	C = 33A + 34A，并多"纲运设官"及"纲运令格"。
34	陆运	A. 17547	货	食货	48/13 – 21	建隆 3 – 乾道 9	
35	市籴粮草	A. 17547 – 17549 B. 11596 – 11598 C. 20787	货草籴	食货 市籴粮草 和籴	遗文 39/1 – 40/56 41/1 – 21	建隆 1 – 乾道 9 建隆 1 – 乾道 9 淳熙 1 – 淳熙 16	
36	免役	A. 17549 – 17551 B. 20725 – 20726 C. 4685 – 4688 D. 20723	货役钱役	食货 免役 事韵 历代役法	66/32 – 89 65/1 – 102 13/1 – 14/48 66/21 – 31	治平 4 – 乾道 9 治平 4 – 乾道 9 元祐 1 – 乾道 9 淳熙 1 – 嘉定 14	
37	青苗	A. 17551 – 17552 B. 5278	货苗	食货 青苗	4/16 – 5/18 遗文	熙宁 2 – 政和 8 熙宁 2 – 政和 8	
38	市舶	A. 17552 B. 1124	货司	食货 市舶司	遗文 职官 44/1 – 21	开宝 4 – 乾道 9 开宝 4 – 嘉定 6	
39	市易	A. 17553 B. 缺 C. 11044 D. 13477	货买市	食货 事韵 互市	37/1 – 36 遗文 遗文 遗文	建隆 1 – 绍兴 30 建隆 1 – 绍兴 30 建隆 1 – 皇祐 4 咸平 1 – 咸平 6	D 从 41B 中挖出。
40	和市	A. 17554 B. 11044 C. 13478	货买市	食货 事韵 和市	遗文 遗文 38/1 – 25	熙宁 2 – 乾道 9 熙宁 2 – 乾道 9 熙宁 2 – 嘉定 16	
41	互市	A. 17554 B. 13477	货市	食货 互市	遗文 38/26 – 44	乾德 4 – 乾道 9 乾德 4 – 嘉定 10	

续表

顺序	门名	《大典》卷数	《大典》事目		在《辑稿》中位置	记事年代起讫	备注
42	榷易	A. 17555 B. 20719	货 易	食货 事韵	遗文 36/1－33 遗文	乾德1－宣和2 乾德1－宣和2	
43	商税	A. 17556－17557 B. 15432－15434	货 税	食货 商税	15/1－16/22 遗文 遗文 7/1－18/31	商税额 建隆1－乾道9 商税额 建隆1－嘉定17	
44	酒曲	A. 17558－17559	货	食货	19/1－21/12	酒务额 建隆2－乾道9	
45	买扑坊场	A. 17559	货	食货	21/12－15	建炎1－绍兴32	
46	茶	A. 17560－17562 B. 5781－5785	货 茶	食货 榷茶	遗文 29/2－16 30/1－10 遗文 29/17－22 30/11－32/31	乾德5－乾道8 乾德5－嘉定5	
47	盐	A. 17562－17565 B. 9787－9794	货 盐	食货 盐法	遗文 遗文 22/1－28/58	建隆2－乾道9 建隆2－嘉定7	
48	坑冶	A. 17565－17566	货	食货	33/1－29	坑冶场务等	

从表3我们可以看到，在已复原的《宋会要》食货类的48门中，竟有42门在《永乐大典》的其他字韵中还有《宋会要》的辑文，而其中的“居养院”门，这样的辑文甚至有五处之多。

出现这种情况，有两个原因：第一，是有复文。即从《永乐大典》中辑出的《宋会要》，内容有重复的部分。这种复文有两个来源。第一个来源是《宋会要》本身。它又可细分为两种类型：一是《宋会要》本来就不止一个本子。二是同一内容，《宋会要》编者将它分置于两类或两门中，如“市舶”门，既置于食货类中，又置于职官类中。第二个来源是《永乐大典》。例如食货类的“商税”门，《永乐大典》的编者既将它收入“税”字韵“商税”事目中，又收入较大范围的“货”字韵“食货”事目中。

第二，就是因为《孝宗会要》以后的几部会要还有食货类的内容。如表3“记事年代起讫”一栏所显示的，48门中有30门载有淳熙以后的内容。这30门是：1. 户口，2. 版籍，3. 逃移，4. 赋税，6. 经界，10. 屯田，11. 营田，12. 农田，13. 官田，16. 限田，17. 垦田，18. 水利，20. 义仓，22. 诸州仓库，23. 赈贷，24. 恤灾，25. 居养院等，29. 受纳，30. 身丁，32. 经总制钱，33. 水运，34. 陆运，35. 市籴粮草，36. 免役，38. 市舶，40. 和市，41. 互市，43. 商税，46. 茶，47. 盐。这就回答了本节前面提出的问题：《孝宗会要》《光宗会要》《宁宗会要》确有食货类，《永乐大典》也收录了，并且现在保存了下来。

由此又引出了一个新的问题：既然《宋会要》食货类本来有淳熙以后的内容，为什么《永乐大典》“食货”事目所收的《宋会要》食货类记事只到乾道为止？如果《永乐大典》编者所掌握的《宋会要》有淳熙以后的内容，他们绝不会把这一部分内容舍弃。因此，只有一种可能性：就是《永乐大典》“食货”事目的编者所看到的那一本《宋会要》，记事就是到乾道为止的，淳熙以后的内容不在这一本中。

那么，是否可以由此推论：淳熙以后的内容都集中在另一本《宋会要》中呢？不能。因为到目前为止，还没有找到这方面的有力证据。相反，有些材料提示的却是相反的情况。而且，即使是乾道以前的部分，有些复文也有相当大的差异，似乎并不是出于同一个来源。

这就牵涉到《宋会要》研究中的另一个重要问题，即《永乐大典》所据的《宋会要》原本问题。关于这个问题，王云海同志做了有益的探索，他的结论是：《永乐大典》所收的是李心传继张从祖之后续成的《十三朝会要》（见《宋会要辑稿研究》一书，《河南师大学报》1984年增刊）。我们不同意这个论断，但是到目前为止，我们对这个问题也还不能做出确定的结论，只能说，《永乐大典》所依据的《宋会要》原本不止一本。我还怀疑，所谓《国朝会要》等七部会要，不一定是每部单独装订成册，而很可能是按类、门分装，每一部会要修成后，将该类该门的内容置于前几部会要的同类同门之后，以便查阅。我们相信，随着讨论的深入，这个问题是可以解决的。

七、余论

（1）在《宋会要辑稿》的整理本出版以前，仍然要使用今本《宋会要辑稿》，包括它的食货类。但是，既然我们已经复原了乾道以前《宋会要》的食货类，就有了一个明确的标准，可以衡量今本《宋会要辑稿》食货类存在的问题。它的问题不少：有些本来不属于食货类的内容归入了本类；即使确实是食货类的内容，编排上也有许多颠倒、割裂的地方。同时，由于产生复文的原因复杂，所以在引用时需要注意有无复文；如有复文，还需要对勘。在这些方面，本文的表3或许可以给大家提供一些便利。

（2）本文所复原的只是乾道以前的《宋会要》食货类，淳熙以后的部分情况如何，还有待探索。所以只能说是基本复原。

（3）《宋会要》食货类得以复原，自然是令人欣喜的。但更觉宝贵的是取得这个结果所运用的步骤和方法。元好问有诗云："鸳鸯绣了从教看，莫把金针度与人。"今天应该反其道而行之，把"莫"字换成"要"字。这就是本文对步骤和方法详加论述的原因。

1985年11月初稿

1986年6月定稿

（原载《文献》1987年第2、3期）

从《宋会要辑稿》出现明代地名看《永乐大典》对所收书的修改

《宋会要辑稿》礼类多次出现明代地名及建制。如礼二〇之一七有“延平府剑浦县城隍祠”。宋代无延平府，剑浦县属福建路南剑州。又如礼二〇之一八有“宁波府昌国县城隍神祠”。宋代亦无宁波府，昌国县属两浙路庆元府。庆元府本名明州，绍熙五年（1194 年）宁宗即位，因此宁宗潜邸，升为府。上述延平府、宁波府都是明初的地名和建制。

为什么在《宋会要辑稿》中竟会出现明代的地名及建制呢？《宋会要》原文肯定不会有明代地名。《宋会要辑稿》辑自《永乐大典》，因此只有两种可能性：第一，《永乐大典》编者将一些明代书籍误标为《宋会要》。第二，《永乐大典》在收录《宋会要》时对原文作了修改。

第一种可能性是存在的。因为在《永乐大典》中出现过将其他书籍误标为《宋会要》的情况。例如《辑稿》中原有河阳仓、柏崖仓，均为唐高宗咸亨年间记事，是唐代文献。（影印本《辑稿》已删去）但礼类不属于这种情况。因为上述误标，只可能是个别的情况，而礼类中出现明代的地名及建制是大量的。

既然不属于第一种可能，剩下的只有第二种可能，即这些确是《宋会要》的条文，但《永乐大典》编者按明初地名及建制加以修改。当然，这也只是逻辑推论，还需有其他证据。

近读《元一统志》辑本，找到了这个问题的有力旁证。

赵万里先生校辑的《元一统志》（中华书局 1966 年出版），来源可分三大部分：(1)《元一统志》至正刻本残帙及常熟瞿氏旧藏抄本、吴县袁廷梼家抄本。这些都可称为《元一统志》原本。(2)《永乐大典》所引《元一统志》。(3) 明代官修地理书《寰宇通志》、《明一统志》以及清《热河志》等所引《元一统志》。

翻开《元一统志》辑本，多处可见赵氏注文："《永乐大典》依明初建制改×为×，今正。"如辑本第55页："看花台：在檀州城西北三十里。"赵氏在"檀州"下注："《永乐大典》依明初建制改'檀州'为'密云县'，今正。"如果赵氏这些判断能够成立，即可说明《永乐大典》在引《元一统志》时，曾按明初地名及建制对《元一统志》原文作了修改。从而也为《永乐大典》修改《宋会要》原文的地名及建制，提供了有力的旁证。

赵氏没有对他的判断作出解释，可能是认为这是不言自明的。但为了论证本文的主题，我认为应对赵氏的判断作出证明。

赵氏的判断是可以成立的，理由如下：

1. 在上述《元一统志》辑本的三大来源中，只有第二部分，即《永乐大典》引文中，才出现明代地名及建制。

2. 用上述第一、第二两种来源同有的条文做比较，更可直接证明《永乐大典》对《元一统志》原文的修改。

(1)《元一统志》辑本第475页，会州·土产，有两条条文：

防风、苁蓉、柴胡：以上药见贡。

肉苁蓉：笔（按："巩"之笔误）昌府会州土产。

第一条辑自袁抄本《元一统志》卷586，会州。这是《元一统志》的原文。第二条辑自《永乐大典》卷540，蓉字韵，肉苁蓉，引《元一统志》。这条文字虽与第一条有差异，细加考察，实来源于第一条。《永乐大典》编者对《元一统志》原文做了加工修改，不但在"会州"前按明代建制加"巩昌府"三字，而且将"苁蓉"单独抽出，归入"蓉"字韵中。

（2）《元一统志》辑本第405页，延安路·古迹，柳湖条。袁抄本《元一统志》卷542延安路，作“在路之城南”，而《永乐大典》卷2266，“湖”字韵，柳湖，引《元一统志》，却改作“在延安府之城南”。而元代只有延安路，明代始改为延安府。

这两条材料之所以特别重要，在于它是《元一统志》原文与《永乐大典》所引《元一统志》文的对照，可以证明《永乐大典》在引《元一统志》时确有修改。

3. 同一地名有改有不改。如《元一统志》辑本卷494至495，成都路·古迹，老人村，《永乐大典》卷3597，“村”字韵引《元一统志》，将“在灌州大面山北有此村”改为“在成都府灌县大面山北有此村”；而《永乐大典》卷13074，“洞”字韵引《元一统志》玉真洞；《永乐大典》卷2604，“台”字韵引《元一统志》，羊马台、誓鬼台，“灌州”均不改为“成都府灌县”。这种同一地名有改有不改的情况说明，《永乐大典》并没有关于处理这一问题的统一规定，而是各卷的编纂官自行决定的。

有了《元一统志》的有力旁证，可以证实本文开头的推论，即《永乐大典》在引《宋会要》时，确实按明初地名及建制修改了部分《宋会要》原文。

下一步我们还要弄清楚《永乐大典》是怎么样修改《宋会要》的，有些什么规律。因为我们的目的是要恢复《宋会要》条文的原貌，而只有掌握了《永乐大典》修改的规律，才能正确地复原。

从《元一统志》辑本可知，《永乐大典》修改《元一统志》的地名及建制，主要有三种方式：一曰增，二曰改建制，三曰改地名。对《宋会要》的修改也不外这三种方式。

何谓增？为何增？如何增？上述《元一统志》辑本第405页，延安路·古迹·柳湖，就是一个典型。《元一统志》原本在延安路下载柳湖，说“在路之城南”，读者自然知道是在延安路之城南，不会产生疑问和误解，而《永乐大典》卷2266，“湖”字韵中收“柳湖”及其他各湖，说柳湖“在路之城南”，读者自然不明白是什么路，故需加“延安”二字。从便利读者来说，这“延安”二字是应加的，但应注明为编者所加。

何谓改建制？如何改？为节省篇幅，即以上例说明。延安在元代为路，明代为府，《永乐大典》编者不但添“延安”二字，而且改“路”为“府”。

何谓改地名？如何改？《元一统志》辑本第55页，看花台，“在檀州城西北三十里”，《永乐大典》改“檀州”为“密云县”，不但建制由“州”改为“县”，地名也改了。

改建制及改地名，都是《永乐大典》编者为便于明人使用而修改的。正确的做法应是不改原文，而在下面加编者注，为今之某州某县。这种方式《永乐大典》有时也采用。如《永乐大典》卷5202，“原”字韵，太原府，引《元一统志》，在“临州”下加“即今临县”，在“崞州”下加“即今崞县”。

掌握了《永乐大典》为何改以及如何改地名的规律，再回过头来看《宋会要辑稿》礼类二〇之一五至一七〇，为“祠”字韵，历代帝王祠等。原文是一祠一条，因此不存在“增”的必要及可能，主要是改地名和建制。我们只要对比宋、明两代地名和建制的不同，按宋代地名和建制回改即可。

清人从《永乐大典》中辑出了不少价值很高的佚书。1960年中华书局又将当时收集到的730卷《永乐大典》影印出版，受到学术界的重视和利用。最近中华书局又将后来收集到的67卷继续影印出版，是一件大好事。在这种情况下，了解《永乐大典》编辑的原则，以及它对所收书修改的规律，对于利用《永乐大典》是很有必要的。

（原载《史学月刊》1987年第5期）

北宋商税额补缺

《宋会要辑稿》食货一五、一六以及一七之一至一〇，载北宋各州（府）、县以至镇、寨的商税额，是有关宋代商业、财政的珍贵资料，历来为研究者所重视。这个统计材料包括两个时期的数字：一为“旧额”，只有各州的总数，二为熙宁十年（公元1077年）税额，分载各县、镇数。

其中食货一五之一四至一七为永兴军路商税额。第十六页下半页，在总载解州旧额后，分载熙宁十年解州在城及各县、镇税额：“在城七千七百四贯七百五十六文，安邑镇（按：应为县）八千七百五十七贯二百九十八文，朱阳县一千七百四十一贯八百八十七文……”朱阳县属虢州，不属解州，此处有脱漏。《辑稿》上有眉批：“脱‘六贯’至‘四百二’共十四行。”这是整理者与别本对校后加的，可惜当时没有将这十四行补上，以致长期成为缺陷。

笔者在北京图书馆看到了这部分被当作“复文”删落的《宋会要》辑文，辑自《永乐大典》卷一五四三〇，为“税”字韵，“商税”事目，可补此十四行之缺，现抄录于下：

> 安邑镇八千七百五十（以下为今本《辑稿》缺文）六贯一百七十八文，闻喜县二千五百贯一百五十九文，横水县一千八百二十七贯二十一文，刘庄冶一千二百二十二贯五百二十二文。庆州旧在城及合水、凤川、华池、淮安、五交、叶乐、柔远、府城、景山、沃壤十一务岁万二千九百一十九贯；

熙宁十年在城八千四百二十六贯八百五十九文，合水县四百九十七贯四百六十五文，彭原县八百六十贯三百二文，淮安镇五百四十六贯四百六文，业（原文如此）乐镇九百二十二贯九百三十二文，五交镇二百九十一贯四百二十三文，金柜镇七十九贯八百十二文，华池镇一千四百六十贯八百五十三文，凤川镇九十五贯六百四十六文，董志镇五百六十五贯六百五文，景山镇一千一百八十八贯四百九十九文，大顺成（应为“城”）七百九十三贯七百九十七文，西谷寨一百六十九贯二百七十八文，东谷寨一百二十五贯七百四十九文，府城寨一百九十九贯三百五十文，大顺寨一百八十三贯八百四十一文，柔远寨四百七十四贯七百九十一文，荔原堡一百五十八贯七百二十三文。虢州旧在城及王（应为“玉”）城、卢氏、朱阳县四务岁七千二百四十二贯；熙宁十年在城三千四百二（以上为今本《辑稿》缺文）十七贯二百九十八文……

今本《辑稿》计漏庆州全部，解州及虢州各一部分商税额，因此导致了某些研究者统计的错误。

（原载《中国史研究》1987 年第 4 期）

《宋会要辑稿补编》的价值及整理

《宋会要》可以说是宋代的一部百科全书。原书在明初尚存，《永乐大典》将它分散收入各字韵中。清嘉庆年间，徐松借编纂《全唐文》的机会，从《永乐大典》中辑出《宋会要》。自从20世纪30年代、50年代两次影印《宋会要辑稿》以来，它已经成为研究宋代历史最基本的史料之一。但影印本《宋会要辑稿》并非当年徐松所辑全文。本文所介绍的，正是它被删落的部分。整理后计划影印出版，名之曰《宋会要辑稿补编》。

为了阐明《宋会要辑稿补编》的来源、价值，有必要简单追溯《宋会要辑稿》流传、整理的过程。

《永乐大典》分类的原则同《宋会要》根本不同，是"用韵以统字，用字以系事"，《宋会要》收入《永乐大典》后，原来的体系全被打乱。因此，《宋会要辑稿》的历次整理者都想恢复《宋会要》原来的体系，将辑稿加以编排。

第一次的整理者是徐松本人，时间不长。为了同今本《宋会要辑稿》相区别，我们把经徐松初步整理过的《宋会要》辑本称为"徐松原辑本"。徐松死后，此本为缪荃孙所得。光绪十三年（1887年），两广总督张之洞在广州创办广雅书局，缪荃孙将徐松原辑本让与广雅。次年，张之洞请缪荃孙和屠寄两人整理这个辑本，准备刊刻。他们的整理工作只完成了一部分（主要是职官和礼两类），因张之洞离粤而中断。徐松是就原辑稿整理的，而缪、屠（主要是屠寄）则是另写新本。因此，他们还留下了一部未完成的整理本（职官全类及帝系、礼两类的部分），我们称它为“广雅稿本”。民国4年（1915年），吴兴嘉业堂藏书楼主人刘承幹购得经缪、屠整理过，因而与徐松原辑本已不相同的《宋会要》辑本，并请刘富曾整理。刘富曾等在广雅稿本的基础上完成了全书的整理工作，其成果就是署名“吴兴刘承幹编定”的《宋会要》清本，我们称它为“嘉业堂清本”。

1931年，北平图书馆（北京图书馆前身）从刘承幹处购入《宋会要》辑本，并借来嘉业堂清本，委托叶渭清从事研究、比勘。叶渭清发现徐松原辑稿已被刘富曾“痛加删并”，“原稿面目，不可复见”。他还发现，“有少数篇幅，确系大典原文，见于清本，而复检原稿，遍寻不得者，是必刘氏剪裁后无意中随手弃去”。（见北平图书馆：《宋会要辑稿影印缘起》）

1981年，我在北京图书馆善本特藏部看到两部标为《宋会要》的稿本。一部就是今本《宋会要辑稿》的底本。另一部，据善本部负责同志介绍，是1953年从北京著名旧书店来熏阁购进的。它实际是两捆稿件，有的装订成册，也有零篇断简，所用稿纸与抄写格式同今本《宋会要辑稿》完全一样。

这些辑文，正是徐松原辑本的一部分。它是被刘富曾当作“复文”删落的。

何以见得是被刘富曾删落而非屠寄删落的？第一，我们从《宋会要辑稿》屠寄批语中发现，他也曾删落少量职官类复文，但都不在这批辑文中。第二，与它捆在一起的还有数册广雅稿本和嘉业堂稿本。第三，这些辑文上有的还钤有“吴兴刘氏嘉业堂藏书部”印。

何以见得它是被当作“复文”删落，而不是如叶渭清所说的“剪裁后无意中随手弃去”的呢！因为订成整册的封面上，有的写有“食货复文”等字样。

经过反复查对，这些辑文可大致分为两类。

第一类，为今本《宋会要辑稿》所无，刘富曾误当作复文删落。这一类有十余万字，远远超过叶渭清所发现的“三官得告”、“赴任”等数条。

例如帝系类的“宗室杂录”，在今本《宋会要辑稿》帝系四至七，记事自太宗雍熙元年至宁宗嘉定十六年，但中间缺孝宗淳熙年间共十七年的内容。这一部分正在这批辑文中，计万余字。又如礼类的太一宫、上清宫、玉清昭应宫、太宁宫、景灵宫五门，共一万五千余字，也是今本《宋会要辑稿》所没有的。

为什么会有这样大量的内容被误当作复文删落呢？这同刘富曾当时整理《宋会要》辑本的指导思想有关。他们当时准备另编清本刊行，对原辑本并不打算保留，因此对是否确是复文也不十分留意。还有的明知不是复文而删去，如有三页辑文，录自《永乐大典》卷5465，上批：“非复文，删其繁冗者。”

第二类，确实是复文，但情况各异。

从来源来说，大致可分为两类。一类是《宋会要》原本的重复。即同一内容，分隶于不同的类、门，因而重复出现。例如“市舶”，既列入职官类的市舶司门，又列入食货类的市舶门。今本《宋会要辑稿》保留的是职官类，而属于食货类的则被刘富曾删落了。另一类是《永乐大典》的重复，即同一内容，归入不同的字韵，因而重复出现。例如“考课”门，既收入“考”字韵，又收入“课”字韵中；“青苗”门，既收入“苗”字韵，又收入更大范围的“货”字韵“食货”事目中。

从具体情况来看，更是多种多样。（1）记事起讫完全相同。（2）记事起讫不同。如上举“市舶”，食货类至乾道止，职官类至嘉定止。（3）分合之不同。如“漏泽园”、“安济坊”等，有单独列门的，也有合而为一的。（4）也有仅仅是个别条文的交叉。

我们准备把上述两类内容一起影印出版。对于第一类内容，它的价值是显而易见的。至于第二类，既然是复文，还有什么必要影印呢？

第一，同《宋会要辑稿》保持一致。今本《宋会要辑稿》仍有相当数量的复文，尤以食货类最为突出。本书既然作为《宋会要辑稿》的补编，在内容的取舍上也应与《宋会要辑稿》一致。但这并不是主要原因。

第二，可作校补之用。《宋会要》这样一部重要的史籍，现在留传下来的是经过几次转录的辑本，文字的脱、衍、误、倒不少。因此，不管是哪一种来源的复文，都可作校勘之用。这一点，只要仔细对校任意两段复文就可证实。而且有些复文，不但可校今本《宋会要辑稿》之误，还可补今本《宋会要辑稿》之缺。例如，今本《宋会要辑稿》食货十五、十六、十七载北宋各州、县以至镇、寨的商税额，是有关宋代商业、财政的珍贵资料。但其中永兴军路的商税额，脱漏十四行（食货一五之一六下半页）。《宋会要辑稿补编》所收商税门复文，正可补今本之脱漏，为庆州全部，解州、虢州各一部。如果没有这些复文，不但成为缺憾，而且还会导致全部统计的错误。

第三，可以使我们更充分而正确地利用《宋会要辑稿》，了解《宋会要辑稿》。最近我将《宋会要》原本的食货类基本复原了，如果没有看到《宋会要辑稿补编》这一部分的内容，是不可能做到的（参见拙文《〈宋会要〉食货类的复原》，《文献》1987 年第 2、3 期）。又如，今本《宋会要辑稿》乐四之一四第二条为“四年二月”记事，无年号。蒙上文似为至道，但至道无四年。此条的上一条被剪裁，现在《宋会要辑稿补编》中。对照《宋会要辑稿补编》，知为咸平四年。

现在《宋会要辑稿补编》的整理工作已经完成。我们的整理原则是尽量便利读者，就是便于他们使用、参考和研究《宋会要》。今本《宋会要辑稿》是《宋会要》目前的唯一传本，所以还要照顾到同今本《宋会要辑稿》的联系。

从这个原则出发，整理工作包括以下四项内容。

（一）确定条文的归属

首先是确定各部分内容在《永乐大典》中的卷数。这是全部整理工作的基础。

其次是确定它同今本《宋会要辑稿》的关系：是否复文？如是复文，它同今本《宋会要辑稿》中哪一部分重复？重复的情况如何，是全部相同，还是部分相同，还是仅仅个别条文的交叉？如是从原辑本中剪裁下来的，又剪自何处？

因为《永乐大典》有二万余卷，《宋会要辑稿》也分上千门，八百余万字，这项工作，特别是确定那些零篇断简的归属，相当困难。我做了很大努力，也还有一小部分未确定归属，即使确定了的，也难保没有错误，只有留待以后补正。在进行这项工作的过程中，我又发现刘富曾等人竟然在原辑本中添字、改字。由此也可见他们只是把原辑本当作誊抄的底本，并不打算保存，至少是不打算保存它的原貌。

（二）合理编排

这一部分辑文单独影印出版，可以有几种编排方式。一是照原样不动。但前面已经说过，它本身零乱不堪，如照原来的次序，很难使用。二是比照今本《宋会要辑稿》。但今本《宋会要辑稿》并非整理的结果，它的分类与编排都有许多问题，将来还需要做大的调整。因此，在《宋会要辑稿》尚未经整理之前，我们采用了在目前情况下比较合理的方式，即按在《永乐大典》中的卷数排列。

（三）编目

我们编了一个详细目录，基本上以《宋会要》的门为单位，标目力求符合《宋会要》的原名。

（四）在目录及正文中注明与今本《宋会要辑稿》的关系

凡是从今本《宋会要辑稿》中剪裁出的条文，在正文前后注明在今本《宋会要辑稿》中的位置。凡是各种类型的复文，在目录及正文后注明参见今本《宋会要辑稿》何处。

相信这部八十万字的《宋会要辑稿补编》的出版，将为宋史研究提供新的资料。

（原载《古籍整理出版情况简报》第192期，
中华书局出版发行，1988年5月20日）

论《宋会要》辑本的复文

六年前我写过一篇《〈宋会要辑稿〉复文成因补析》（载《中国史研究》1982年第1期）。这几年，因为整理《宋会要辑稿》（以下简称《辑稿》）的关系，我进行了一些新的探索，特别是对收藏在北京图书馆的《辑稿》遗文作了较充分的了解，对这个问题有了进一步的认识。我感到复文问题还没有引起宋史研究者应有的重视，以致妨碍了对《辑稿》的充分利用，甚至在引用《辑稿》中出现了一些本来可以避免的差错。故作此文。

两个概念

首先必须明确两个互相联系的概念：（1）《宋会要辑稿》的复文，（2）《宋会要》辑本的复文。前者指影印本《辑稿》范围内出现的复文。后者指现存的、从《永乐大典》中辑出的《宋会要》文中的复文。

为什么会出现这两个概念呢？简单地说，是因为《辑稿》只是现存的《宋会要》辑文的大部分，还有小部分没有收入。具体地说，清光绪年间缪荃孙、屠寄和民国初年刘富曾先后整理《宋会要》辑本时，都把他们认为是复文的内容舍弃了。缪、屠舍弃的是职官类的一小部分，已不知下落。刘富曾舍弃的约有八十万字之多，20世纪50年代初期又由北京图书馆收藏，我称之为《宋会要辑稿》遗文。本文所说的《宋会要》辑本的复文，正是包括了《辑稿》和《辑稿》遗文在内所出现的复文。需要说明的是，刘富曾当年的鉴别工作并不准确，在《辑稿》范围内仍保留不少复文，而在被他舍弃的《辑稿》遗文中却有相当部分并非复文。

本文所要论述的，主要是第二个概念，即《宋会要》辑本的复文。这是因为，如果不联系《辑稿》遗文中的复文，《辑稿》的复文问题就不能讲清楚。而且，这一批遗文，经过整理，即将以《宋会要辑稿补编》（以下简称《补编》）的名字影印出版，供广大研究者使用。读者对照《辑稿》与《补编》，将会有许多新发现。

三种复文

在《宋会要》辑本中出现的复文大致可分为三种：

第一种是《宋会要》与掺入《辑稿》中的缪荃孙、屠寄《广雅稿本》的复出。这就是《辑稿》中礼类的十一、三一、三二、三三、四三、四七和相应的又礼十一、三一、三二、三三、四三、四七。标为“又礼”的六卷《广雅稿本》之所以掺入《辑稿》中，是因为它与徐松辑本合订在一起，影印《辑稿》时将它连同影印的缘故。这种复文不是《宋会要》辑本的复文。当然，我们可以从中看到屠寄是如何整理《宋会要》的。

第二种是《宋会要》与误当作《宋会要》的其他文献的复出。《辑稿》礼一七之二至九“朝飨太庙”和礼一七之一〇至一一”亲飨庙”，分别与礼一七之四一至八五“时享”中的两段相同。但仔细检查就可以发现，这四十五页“时享”，除第一条以外，自淳熙十六年二月条以下，其实是《文献通考》卷九八、九九，这从文中引“先公”（马端临称其父廷鸾）、《遗老斋杂志》以及有马端临按语可为证。很可能是《永乐大典》编者误将《通考》标为《宋会要》所致。又，《辑稿》职官二二之三一至三三，为云韶部、钧容宜和四夷乐，与乐五之三七至三九云韶部、钧容直和四夷乐基本相同。后者辑自《永乐大典》卷21692，为“乐”字韵“宋乐”事目，实为《宋史》卷142《乐志》文，并非《宋会要》。《宋史》文之所以当作《宋会要》文，是书吏之误。原来，《永乐大典》的“宋乐”事目，正文采《宋史·乐志》及《续资治通鉴长编纪事本末》，分段以《宋会要》乐类作注文，用小字抄写。当年徐松命书吏自《永乐大典》录《宋会要》乐类之文时，每段只截取《宋史》和《长编纪事本末》原文的最后数字，然后用大字抄写《宋会要》文（见《辑稿》乐三之一以下）。但自乐五之二七以下，书吏误将《宋史》全文录下，使人误以为是《宋会要》。以上两例其实是《宋会要》同混入《辑稿》的《文献通考》和《宋史》相同或基本相同，由此可见它们之间的密切关系。但它不属于本文论述的范围。

第三种才是严格意义上的《宋会要》辑本的复文。

产生复文的原因

《宋会要》辑本的复文，按其产生的原因来说，又可分为三类。

第一类：《宋会要》原本的复文。

它还可细分为三类：

一、同样内容，归入不同类门中，文字全同。如在《补编》中，有食货类市舶门，辑自《永乐大典》卷17552，“货”字韵“食货”事目，它的文字全同《辑稿》职官四四之一至三〇，市舶司门（辑自《永乐大典》卷1124，“司”字韵“市舶司”事目）。这是《宋会要》编者将“市舶”分别归入两类中的缘故。

二、同样内容，归入不同类门中，文字稍异。如《辑稿》帝系一之一至二，为“帝号”门中僖祖至宣祖部分，辑自《永乐大典》卷12300，“宋”字韵“宋太祖”事目。它同礼四九之一，“册尊号”门（《永乐大典》卷17287，“号”字韵“宋尊号”事目）相应部分大体相同。这不是《宋会要》编者的疏忽，而是这不同的两门确实应包含不同的内容。

三、不同类门，部分内容相同。如《辑稿》礼二四之三三至四二，与礼二五之八七至九四同。前者为“明堂”中的一段，辑自《永乐大典》卷7199，“堂”字韵“明堂”事目；后者为“祖宗配侑议论”中的一段，辑自《永乐大典》卷5456，“郊”字韵“郊祀”事目“配侑”子目。相同者只有两事目中治平元年至治平四年的一段，其他部分均不同。可能是《宋会要》原本两门的交叉。

第二类：《永乐大典》收录《宋会要》过程中产生的复文。

它还可细分为四类：

一、《永乐大典》某些事目，《宋会要》没有与其相应的类门，《永乐大典》编者将《宋会要》文加工改编归入，因而与原类门复出。例如，《宋会要》有东京、西京等门，已分别收入《永乐大典》卷7699、7698“京”字韵“东京”、“西京”等事目中。《永乐大典》还有“殿”、“阁”、“亭”等事目，而《宋会要》却没有相应的门。《永乐大典》编者在收录宋代关于这些事目的内容时，将《宋会要》东京、西京等门中有关殿、阁、亭的内容编入，以致在《辑稿》中形成复文。如《辑稿》方域三之四，殿，嘉庆殿：“京都杂录：东京大内，禁中殿阁有嘉庆殿。（咸）平初明德太后居此殿，后徙居万安宫。”所谓“京都杂录”，就是指《宋会要》的“东京杂录”，这段文字亦见于《辑稿》方域一之四“东京”门。舆服类中的旗、盖、车等，也有类似情况。这种类型，《永乐大典》编者一般都把《宋会要》原来的门名标出，而且只是个别条文的复出。

二、同一事目归入不同字韵。《永乐大典》的分类原则是“用韵以统字，用字以系事”。所谓“用字以系事”，是将所有“事目”（类似我们今天词典中的词条）按其关键字归入不同的字韵，以便读者查阅。大多数事目是容易确定其关键字的，但也有少数事目很难确定其关键字，《永乐大典》可能同时收入不同字韵中，因而产生复文。例如

“罢免”事目，“罢”与“免”均可作关键字，《永乐大典》分别将《宋会要》“罢免”门收入卷17595“罢”字韵和卷11425“免”字韵中，见于《辑稿》职官七八之六一至六三与六四至六八。又如《宋会要》的“考课”门，也分别收入《永乐大典》“考”字韵与“课”字韵中。

三、《永乐大典》事目范围有大小之不同，如果两事目的范围有交叉或覆盖，就会出现复文。《辑稿》中以食货类复文最多，主要原因就在于《永乐大典》把《宋会要》食货类全类四十八门都收入“货”字韵“食货”事目中（参见拙文《〈宋会要〉食货类的复原》，《文献》1987年第2、3期），如果再将其中的某一门收入范围较小的事目中，就会出现复文。如方田、经界、农田、检田、限田、垦田六门，《永乐大典》编者又收入“田”字韵“田制”事目，因此出现复文。其中的经界门，再收入范围更小的“界”字韵“经界”事目，因此这一门竟出现三处复文。

四、上述二、三两种类型的结合。如《宋会要》配享功臣门，《永乐大典》编者既按其两个关键字“享”、“臣”分别收入卷11853“享”字韵及卷3184“臣”字韵中，又收入较大范围的“庙”字韵“宋宗庙”事目（卷17064）中，因此共有三处复文。

第三类：徐松自《永乐大典》中辑出《宋会要》时，书吏抄重。

如“孤老”门及“军城”门，都有两段完全相同的辑文，而且都抄自《永乐大典》同一卷（卷11621及卷8067），可见是书吏抄重的缘故。

上述三类复文，从材料来源看，第三类如同胞兄弟，第二类如叔伯兄弟，第一类则是族兄弟。从史料学的观点看，关系愈疏，价值愈高。

大部分复文的成因是比较容易确定的，但也还有极小部分难以分辨属于何种类型。例如食货类的某些内容。食货类全类集中收入《永乐大典》“货”字韵“食货”事目，它的各门，记事自为起讫，界限非常清楚。但在《永乐大典》其他各卷中，还有一部分复文，有些是将两门合而为一，有些则是将一门一分为几。例如，《永乐大典》卷20898至20899，为“恤”字韵“赈恤”事目，为赈贷、恤灾两门的综合（食货五九之一三至五二），卷15944至15948为“运”字韵“宋漕运”事目，为水运、陆运两门的综合（食货四二之一至四四之二二），这是合二为一。与此相反，居养院（《永乐大典》卷16715，“院”字韵）、安济坊（《永乐大典》卷6137，“坊”字韵）、漏泽园（《永乐大典》卷5136，“园”字韵）则是将食货类的一门一分为三。究竟是《宋会要》原本有分合两种，还是《永乐大典》编者的加工，还有待研究。

复文的价值

《宋会要》辑本中约有十分之一，计80万字复文。它们究竟有什么价值呢？

（一）校勘上的价值

《宋会要》这样一部重要的史籍，现在留传下来的唯一传本《宋会要辑稿》及《补编》，是经过两次转录的辑本。第一次由原本录入《永乐大典》，第二次又从《永乐大典》中辑出。每经一次转录，难免发生差错。只要将《永乐大典》残本中的《宋会要》文与《辑稿》相应内容对照一下，就会发现文字上的脱、衍、误、倒不少。例如急递铺门，收入《永乐大典》卷14574（“铺”字韵“急递铺”事目），在《辑稿》方域一〇之一八至一一之二六。几乎每页都有错误，多者达六七处。这还只是在第二次转录中产生的错误。因此，不管是上述三种类型中的哪一种复文，实际上都等于给我们提供了《宋会要》的另一种版本，可供我们对校之用。我想，任何一位严谨的研究工作者，都是不会放过它的。

诚然，《宋会要》辑本的历次整理者，从徐松到刘富曾，都曾利用这些复文做过一些校勘工作，《辑稿》上“×一本作×”等批语，实际上就是他们所做的校记，可供我们利用。但是，第一，尽管部分段落他们的校勘做得比较细致，但因为篇幅太大，漏校的地方不少。第二，即使是他们做了眉批的地方，有些如果不对照复文，还很难利用。例如《辑稿》食货一五之一七，第十五行，上有眉批：“五一作三”。但此行共有三个“五”字，究竟是哪个“五”字一本作“三”呢？只有对照复文，才知道是合道镇税额“五百”的“五”，复文作“三”。第三，更重要的是，复文中他们未曾校勘过的占了很大比重，而《辑稿》有些条文的错误，如不对照复文，是很难发现并改正的。如《辑稿》帝系二之三〇，皇孙子，乾道二年六月九日条：“诏：皇太子愭男、皇嫡孙可赐名挺，除千牛卫大将军。五年十，皇子恭王惇男、皇孙可赐名挺，除福州观察使，封荣国公。”皇嫡孙及皇孙两人同赐名“挺”，实际上不可能发生。对照《永乐大典》卷125的复文，证实这段辑文经整理者剪裁窜改过，原文是：“诏：皇太子愭男、皇嫡孙可赐名挺，除福州观察使，封荣国公；皇子恭王惇男、皇孙可赐名挺，除千牛卫大将军。”

（二）补缺方面的价值

校勘工作也要补缺。但这里说的不是个别字句的短缺，而是大段文字的脱漏。

例如《辑稿》食货十五至十七为商税门，载北宋各州、县、镇、寨商税额，是有关宋代商业、财政的珍贵资料。其中食货一五之一六下半页有大段脱漏，上有眉批：“脱‘六贯’至‘四百二’共十四行。”可惜批者当时没有将它补上，以致长期成为缺陷，也导致某些研究者统计上的错误。这十四行正可据复文（《永乐大典》卷15430，“税”

字韵“商税”事目）补足，为庆州全部，解州、虢州各一部数字。

又如《辑稿》食货四之一六至五之一八为青苗门，四之一九第七行载范镇请罢青苗奏，缺七百六十三字。对照复文，始知为两奏，非一奏，且为他书所不载。

（三）可以帮助我们正确地使用《辑稿》

刘富曾在整理《宋会要》辑本时“痛加删并”。（见《辑稿》卷首《影印缘起》）特别是有复文的内容，往往是将两处文字拼凑为一，原稿被剪裁得支离破碎。从刘氏来说，他已将整理结果写入《嘉业堂清本》中；但对今天的研究者来说，看到的只是经过剪裁的《辑稿》。有些地方，如不对照被删落剪裁的复文，极易弄错。例如，《辑稿》乐四之一四，第二条为“四年二月”记事，无年号。蒙上文似为至道，但至道无四年。此条的上一条被剪去，现已在《补编》中查出。对照复文，可确定为咸平四年。

（四）可以帮助我们了解《宋会要》、研究《宋会要》

《宋会要》原本经过两次转录，辑本又经过三次不甚得法的整理。留给后人的《辑稿》，又并不是整理的结果，而是并不准备保留、只供书手眷录用的底本，因此问题很多，给使用者带来许多麻烦，使初学者望而生畏。因此，《辑稿》并没有得到充分的利用。

幸好复文绝大部分还保留。这批复文可以帮助我们解开《宋会要》的许多难解之谜。

一个最突出的例子，就是《宋会要》食货类的复原。如果不是食货类的复文全部保留，我很难作出《永乐大典》“货”字韵“食货”事目将《宋会要》食货类全类收录的判断，因而复原食货类（参见上举拙文《〈宋会要〉食货类的复原》），并以此为基础，对《宋会要》的其他类门作进一步复原。

又如，《永乐大典》所据的《宋会要》原本，究竟是什么，是否就是李心传编的《十三朝会要》等？这个问题还有待研究。但我认为，复文为我们提供了解决这个问题的一些线索。本文第三节分析了复文的三种类型，无论是哪一种类型，复文理应起讫一致。但是，实际上许多复文起讫并不一致，《永乐大典》“食货”事目所录《宋会要》食货类全类四十八门，记事下限为乾道九年，而复文中有些门的记事直至宁宗嘉定十七年。很难解释，《永乐大典》“食货”事目那一段的编者，如果他看到的那一部《宋会要》记事至嘉定止，为什么只取乾道九年以前的内容？因此可以断言，《永乐大典》编者所据《宋会要》不止一本。

复文表

鉴于复文有上述价值，我郑重建议研究者在引用《宋会要辑稿》时，特别是以《辑稿》作为自己的主要论据时，凡有复文的条文，最好再检查一下复文。

为了方便读者检查，我编了一份《宋会要》辑本复文表作为本文的结束。王云海同志在《〈宋会要辑稿〉重出篇幅成因考》一文（收入他所著《宋会要辑稿考校》一书）中曾列一表，我制作本表时曾经参考。但本表复文范围限定为本文第三节所举的第三种类型，而且包括收入《宋会要辑稿补编》（下表中简称《补编》）中的全部复文，所以两者并不重复。

标　目	在《辑稿》中位置	《大典》卷数	《大典》事目		备注
（1）帝号 （2）尊号	帝系 1/1－3 礼 49/1	12300 17287	宋 号	太祖 宋尊号	
（1）皇孙 （2）皇孙	帝系 2/29－30 《补编》	03552 00125	孙 宗	皇孙 宗室	
（1）乳母 （2）夫人	后妃 3/29－35 《补编》	10811 02969	母 人	事韵 夫人	
（1）详定乐律等 （2）郊祀乐舞	乐 3/1－4/2 《补编》	21679－21683 05446－05465	乐 郊	宋乐 郊祀乐舞	
（1）乐舞 （2）郊祀乐舞	乐 4/2－8 《补编》	21683 05466	乐 郊	宋乐 郊祀乐舞	
（1）鼓吹导引乐歌 （2）导引	乐 8/1－5 《补编》	05471 11186	郊 引	郊祀乐章 事韵	
（1）明堂导引 （2）导引	乐 8/18－19 《补编》	21691 11186	乐 引	宋乐 事韵	
（1）南北郊坛 （2）郊坛	礼 2/42－43 《补编》	05451 04366	郊 坛	郊坛议论 历代郊坛	
（1）恭顺将军庙 （2）恭顺将军庙	礼 5/25 《补编》	17130 17130	庙 庙	神庙 神庙	此为抄重者。
（1）大阅讲武 （2）大阅	礼 9/24－32 《补编》	11008 21527	武 阅	讲武 事韵	
（1）配享功臣杂录 （2）册命亲王大臣	礼 11/1－7 8－12 礼 59/12－19	17064 11853 03184	庙 享 臣	宋宗庙 功臣配享 配享功臣	

续表

标　目	在《辑稿》中位置	《大典》卷数	《大典》事目		备注
（1）朝飨太庙 （2）袍	礼 17/2－9 舆服 5/14－27	17060 （06515）	庙 袍	宋宗庙 事韵	（2）采（1）个别条文。
（1）孚佑王庙 （2）西岳别庙	礼 21/7 礼 21/8	06773 17140	王 庙	神封王号 神庙	
（1）明堂御札 （2）祖宗配侑	礼 24/33－42 礼 25/87－94	07199－07200 05455－05456	堂 郊	明堂 郊祀配侑	
（1）郊祀赏赐 （2）郊祀赐例	礼 25/1－14 礼 25/28－48	05504 13719	郊 赐	郊祀赏赐 庆赐	
（1）濮安懿王园陵 （2）濮安懿王园庙	礼 40/1－5 礼 40/6－12	06762 17085	王 庙	宗室封王 历代原庙等	
（1）朝会 （2）朝会	礼 56/1－12 《补编》	05351 15224－15225	朝 会	宋朝仪 宋朝会	
（1）皇帝仪卫 （2）仪仗	舆服 1/7－11 《补编》	（15312） 18256	卫 仗	皇帝仪卫 宋仪仗	
（1）大驾卤簿 （2）仪仗	舆服 2/1－37 《补编》	14586 18256	簿 仗	宋卤簿 宋仪仗	（2）同（1）之立仗。
（1）大驾卤簿 （2）大驾五副辂 （3）旗 （4）盖 （5）氅 （6）幢 （7）钲 （8）角 （9）中鸣 （10）刀 （11）节 （12）剑 （13）袍 （14）帽	舆服 2/1－37 舆服 1/1－2 舆服 3/1－4 舆服 3/5 舆服 3/7 舆服 3/8 舆服 3/9 舆服 3/10 舆服 3/11 舆服 3/11 舆服 3/11 舆服 3/14 舆服 5/14－27 舆服 6/23	14586 01687－01688 01497 15040 11837 06526 08018 21813 08237 （05570） （21439） 19585 （05515） 17275	簿 车 旗 盖 氅 幢 钲 角 鸣 刀 节 剑 袍 帽	宋卤簿 车制 事韵 盖名 事韵 事韵 事韵 角名 事韵 事韵 事韵 剑名 事韵 帽名	（2）至（14）均采（1）之个别条文。

续表

标　目	在《辑稿》中位置	《大典》卷数	《大典》事目		备注
（1）鼓吹 （2）鼓吹	舆服3/20 《补编》	（15389－15390）	吹	鼓吹	（2）缺《大典卷数》。
（1）公服 （2）袍	舆服4/28 舆服5/14－27	19792 （05515）	服 袍	公服 事韵	（2）采（1）个别条文。
（1）常参起居 （2）常参起居	仪制2/1－24 《补编》	05352 04219	朝 班	宋朝仪 事韵	
（1）朝仪班序 （2）班序	仪制3/1－35 《补编》	（05354－05355） 04219－04220	朝 班	宋朝仪 事韵	
（1）宫中导从 （2）袍	仪制4/12－21 舆服5/14－27	13227 （05515）	从 袍	事韵 事韵	（2）采（1）个别条文。
（1）官诰 （2）官告院 （3）官诰	仪制10/1－5 职官11/60－75 《补编》	17308 16661 17308	诰 院 诰	官诰 吏部选院等 官诰	（3）系从（1）剪裁下者。
（1）宗室等叙封母妻 （2）外命妇	仪制10/22－23 《补编》	00365 14913	封 妇	妇人受封 外命妇	
（1）宗室等叙封母妻 （2）夫人	仪制10/24－41 《补编》	00365 02969	封 人	妇人受封 夫人	
（1）寿星 （2）瑞龟 （3）祥瑞	瑞异1/1 瑞异1/7 《补编》	07861 02705 15396	星 龟 瑞	寿星 瑞龟 宋祥瑞	（3）分别同（1）（2）各一条。
（1）孛 （2）孛	瑞异2/13 《补编》	07865 21161	星 孛	孛星 孛星	
（1）吏部 （2）吏部	职官8/1－34 《补编》	14614－14615 16784	部 选	吏部 宋铨选	
（1）审官东院 （2）尚书左选	职官11/1－4 《补编》	（16661） 16785	院 选	吏部选院等 宋铨选	

续表

标　目	在《辑稿》中位置	《大典》卷数	《大典》事目		备注
（1）审官西院 （2）尚书右选	职官 11/4－5 《补编》	（16661） 16785	院 选	吏部选院等 宋铨选	
（1）侍郎左选 （2）侍郎左选	职官 11/56－57 《补编》	14615 16786	部 选	吏部 宋铨选	
（1）侍郎右选 （2）侍郎右选	职官 11/57 《补编》	14615 16787	部 选	吏部 宋铨选	
（1）流外铨 （2）流外铨	职官 11/58－59 《补编》	14615 05059	部 铨	吏部 事韵	
（1）官告院 （2）官诰	职官 11/60－75 《补编》	（16661） 17308	院 诰	吏部选院等 官诰	
（1）甲库 （2）甲库	职官 11/79 食货 52/7	14615 14788	部 库	吏部 库名	
（1）钟鼓院 （2）钟鼓院	职官 18/110－111 职官 31/9	16665 19514	院 监	推事等院 司天监等	
（1）刻漏所 （2）测验浑仪刻漏所	职官 18/112 职官 31/9	10940 19514	所 监	玉牒等所 司天监等	
（1）教坊 （2）教坊	职官 22/28－31 《补编》	（06134） 21692	坊 乐	教坊 宋乐	原误注卷 6133。
（1）群牧司 （2）监牧使	职官 23/5－12 13－18 《补编》	01119 13328 （11673）	司 使 马	群牧司 通政等使 马政	
（1）御马院 （2）御马院	职官 32/51－53 《补编》	16667 （11673）	院 马	典瑞等院 马政	
（1）市舶司 （2）市舶	职官 44/1－30 《补编》	01124 17552	司 货	市舶等司 食货	

续表

标　目	在《辑稿》中位置	《大典》卷数	《大典》事目		备注
（1）提举德寿宫 （2）宫观使	职官 53/1－6 职官 54/1－26	10945 13328	所 使	提举等所 宫观使	
（1）宫观使 （2）外任宫观	职官 54/1－26 职官 54/27－42	13323 16251	使 观	宫观使 事韵	
（1）考课 （2）考课	职官 59/1－30 《补编》	17484 11557－11558	课 考	宋考课 考课	
（1）自代 （2）自代	职官 60/16－19 《补编》	15008 10665	代 举	事韵 举官	
（1）罢免 （2）罢免	职官 78/61－63 职官 78/64－68	17595 11425	罢 免	事韵 事韵	
（1）进士科 （2）进士	选举 2/1－21 《补编》	05696 10651－10652	科 举	进士科 举士	
（1）亲试 （2）殿试	选举 7/1－8/15 《补编》	10647－10648 13245	举 试	举士 殿试	
（1）赐及第 （2）进士及第	选举 9/1－3 《补编》	10653 14127	举 第	举士 及第	
（1）赐出身 （2）赐进士出身等	选举 9/3－20 《补编》	10653－10654 02921	举 身	举士 出身	
（1）童子出身 （2）童子出身 （3）童子出身	（4）选举 9/21－30 （5）《补编》 （6）《补编》	（10675） 00059－0006002921	举 童 身	童子举 事韵 出身	原误注卷 10674。
（1）试判 （2）书判拔萃科 （3）试判	选举 10/1－5 《补编》 《补编》	（16301） 05699 10649	判 科 举	试判 书判拔萃科 举士	原误注卷 16300。
（1）制科 （2）贤良科	选举 10/6－11/21 《补编》	10669 （05695）	举 科	举贤良方正贤良科	

续表

标　目	在《辑稿》中位置	《大典》卷数	《大典》事目		备注
(1) 经明行修科 (2) 经明行修科	选举 11/42－43 《补编》	10652 05695	举科	举士 经明行修科	
(1) 宏词 (2) 宏词 (3) 宏词科	选举 12/1－16 《补编》 《补编》	(10651) 01135 05699	举词科	举士 宏词 宏词科	
(1) 明经科 (2) 明经科	选举 12/26－32 《补编》	10652 05695	举科	举士 明经科	
(1) 八行科 (2) 八行科 (3) 八行	选举 12/33－37 《补编》 《补编》	10652 05700 18540	举科行	举士 八行科 事韵	
(1) 恩科 (2) 特奏名 (3) 特奏名	选举 13/2－10 《补编》 《补编》	05700 08248 10654	科名举	恩科 事韵 举士	
(1) 试法 (2) 试法	选举 13/11－29 《补编》	10649 21302	举法	举士 事韵	
(1) 新科明法 (2) 明法科 (3) 新科明法	选举 14/1－7 《补编》 《补编》	10650 05695 21305	举科法	举士 明法科 事韵	
(1) 发解 (2) 发解	选举 14/13－16/18 《补编》	10648－10649 (15089)	举解	举士 发解	原误注卷 15088。
(1) 武举 (2) 武举科	选举 17/5－35 《补编》	10673 05700	举科	武举 武举科	
(1) 百篇 (2) 百篇科 (3) 百篇	选举 18/27 《补编》 《补编》	10954 05700	举科	举士 百篇科	缺注《大典》卷数。
(1) 铨试 (2) 铨试	选举 26/1－7 《补编》	(10650) 13249	举试	举士 铨试	

续表

标　目	在《辑稿》中位置	《大典》卷数	《大典》事目		备注
（1）召试除职 （2）召试除职	选举 31/24－38 《补编》	20480 13248	职 试	事韵 召试	
（1）检田 （2）检田	食货 1/1－14 食货 61/71－78	04750 17539	田 货	田志 食货	
（1）农田 （2）农田	食货 1/15－47 食货 63/161－225	（17537－17538） 04748－04749	货 田	食货 田制	
（1）营田 （2）营田 （3）庄田	食货 2/1－3/21 食货 63/67－160 《补编》	（17536－17537） 04775－04776 04788	货 田 田	食货 营田 事韵	仅元丰二年一条。
（1）屯田 （2）屯田	食货 4/1－6 食货 63/35－66	17536 04769－04770	货 田	食货 屯田	
（1）方田 （2）方田	食货 4/7－15 食货 70/114－123	04751 17533	田 货	田制 食货	
（1）青苗 （2）青苗	食货 4/16－5/18 《补编》	17551－17552 05278	货 苗	食货 青苗	
（1）官田 （2）官田	食货 5/19－37 食货 61/1－46	17538 04784	货 田	食货 官田	
（1）限田 （2）限田	食货 6/1－10 食货 61/78－80	04750 17539	田 货	田制 食货	
（1）垦田 （2）垦田	食货 6/11－34 食货 61/81－88	04750 17539	田 货	田制 食货	
（1）经界 （2）经界 （3）经界	食货 6/36－52 食货 70/121－134 《补编》	17533 15076 04751	货 界 田	食货 经界 田制	
（1）水利 （2）水利	食货 7/1－8/17 食货 61/89－122	11106－11108 17540	水 货	水利 食货	

续表

标　目	在《辑稿》中位置	《大典》卷数	《大典》事目		备注
（1）堰 （2）堰	食货 8/35 《补编》	06671 06666	江 江	镇江府 镇江府	（1）为《嘉定镇江志》引《宋会要》；（2）为《至顺镇江志》引《宋会要》。
（1）闸 （2）闸	食货 8/36 《补编》	06671 06671	江 江	镇江府 镇江府	（1）为《嘉定镇江志》引《宋会要》；（2）为《至顺镇江志》引《宋会要》。
（1）受纳 （2）受纳	食货 9/1－11 食货 68/1－11	04687 17544	钱 货	事韵 食货	
（1）赋税 （2）赋税	食货 9/12－10/31 食货 70/1－67	15422 17532－17533	税 货	赋税 食货	
（1）钱法 （2）钱宝	食货 11/1、7 《补编》	04670 04673 （11574）	钱 钱 宝	钱币 外国钱 事韵	
（1）版籍 （2）版籍	食货 11/10－25 食货 69/16－34	17531 20359	货 籍	食货 事韵	
（1）户口 （2）户口	食货 11/26－12/7 食货 69/70－81	17531	货	食货	（1）缺《大典》卷数。
（1）身丁 （2）身丁钱	食货 12/8－22 食货 66/1－14	17544 04687	货 钱	食货 事韵	
（1）免役钱 （2）免役 （3）免役	食货 13/1－14/48 食货 65/1－102 食货 66/32－89	04685－04686 20725－20726 17549－17551	钱 役 货	事韵 免役 食货	

续表

<table>
<tr><th>标　目</th><th>在《辑稿》中位置</th><th>《大典》卷数</th><th colspan="2">《大典》事目</th><th>备注</th></tr>
<tr><td>(1) 商税
(2) 商税</td><td>食货 15/1－16/22
《补编》</td><td>17556－17557
15430</td><td>货
税</td><td>食货
商税</td><td></td></tr>
<tr><td>(1) 商税
(2) 商税</td><td>食货 17/1－18/7
《补编》</td><td>15433
17557</td><td>税
货</td><td>商税
食货</td><td></td></tr>
<tr><td>(1) 盐
(2) 盐</td><td>食货 22/1－27/45
《补编》</td><td>09787－09794
17562－17565</td><td>盐
货</td><td>盐法
食货</td><td></td></tr>
<tr><td>(1) 盐
(2) 盐</td><td>食货 23/17－18
《补编》</td><td>09788
09793</td><td>盐
盐</td><td>盐法
盐法</td><td></td></tr>
<tr><td>(1) 茶
(2) 茶</td><td>食货 29/1－32/31
《补编》</td><td>05781－05785
17562－17566
05782－05783
17560－17562</td><td>茶
货
茶
货</td><td>榷茶
食货
榷茶
食货</td><td></td></tr>
<tr><td>(1) 坑冶
(2) 课金
(3) 铜场
(4) 土产铅
(5) 银课</td><td>食货 33/1－29
《补编》
《补编》
《补编》
《补编》</td><td>17565－17566
09482
00067
04877
03284</td><td>货
金
铜
铅
银</td><td>食货
事韵
事韵
事韵
银课</td><td>(2) 至 (5)，与 (1) 部分同。</td></tr>
<tr><td>(1) 课金
(2) 产金</td><td>食货 34/14－15
《补编》</td><td>09482
(09481)</td><td>金
金</td><td>事韵
产金</td><td></td></tr>
<tr><td>(1) 钞旁印帖
(2) 钞旁印帖
(3) 钞旁印帖</td><td>食货 35/1－18
食货 70/135－152
《补编》</td><td>15434
17534
22835</td><td>税
货
帖</td><td>商税
食货
事韵</td><td></td></tr>
<tr><td>(1) 无额上供钱
(2) 无额上供</td><td>食货 35/30－31
食货 64/63－65</td><td>04688
17544</td><td>钱
货</td><td>事韵
食货</td><td></td></tr>
<tr><td>(1) 上供钱
(2) 上供</td><td>食货 35/31－45
食货 64/45－60</td><td>04688
17544</td><td>钱
货</td><td>事韵
食货</td><td></td></tr>
<tr><td>(1) 榷易
(2) 榷易</td><td>食货 36/1－33
《补编》</td><td>20719
17555</td><td>易
货</td><td>事韵
食货</td><td></td></tr>
</table>

续表

标　目	在《辑稿》中位置	《大典》卷数	《大典》事目		备注
(1) 市易 (2) 和买 (3) 互市 (4) 市易	食货 37/1 - 36 《补编》 《补编》 《补编》	17553 11044 13477	货 买 市	食货 事韵 互市	(2) 同 (1) 皇祐五年以前部分，(3) 略同 (1) 咸平二至六年，(4)全同 (1)，缺《大典》卷数。
(1) 和市 (2) 和买 (3) 和市	食货 38/1 - 25 《补编》 《补编》	13478 11044 17554	市 买 货	和市 事韵 食货	
(1) 互市 (2) 互市	食货 38/26 - 44 《补编》	13477 17554	市 货	互市 食货	
(1) 市籴粮草 (2) 市籴粮草	食货 39/1 - 40/56 《补编》	11596 - 11598 17547 - 17549	草 货	市籴粮草 食货	
(1) 均籴 (2) 均籴	食货 41/22 - 25 食货 70/152 - 155	20791 17534	籴 货	和籴 食货	
(1) 量衡 (2) 宋量	食货 41/27 - 35 食货 69/1 - 13	08633 05213	衡 权	事韵 事韵	
(1) 宋漕运 (2) 水运 (3) 转漕	食货 42/1 - 44/22 食货 46/1 - 48/13 《补编》	15944 - 15948 17545 - 17547 17347 - 17349	运 货 漕	宋漕运 食货 转漕	
(1) 宋漕运 (2) 陆运	食货 42/1 - 44/22 食货 48/13 - 21	15944 - 15948 17547	运 货	宋漕运 食货	宋漕运 = 水运 + 陆运。
(1) 内香药库 (2) 内香药库	食货 52/5 - 7 《补编》	14788	库	库名	缺《大典》卷数。

续表

标　目	在《辑稿》中位置	《大典》卷数	《大典》事目		备注
(1) 常平仓 (2) 常平仓	食货53/6－19 《大典》残本	17541 07506	货 仓	食货 常平仓	此卷《大典》尚存《辑稿》无。
(1) 义仓 (2) 义仓 (3) 惠民仓	食货53/19－33 食货62/18－52 《补编》	17541 07509 07513	货 仓 仓	食货 义仓 仓名	(1) =(2) +(3)。
(1) 广惠仓 (2) 广惠仓	食货53/33－34 《补编》	17541 07513	货 仓	食货 仓名	
(1) 诸州仓库 (2) 诸州仓库	食货54/1－10 食货62/53－75	17542 07512	货 仓	食货 仓名	
(1) 杂买务 (2) 和买	食货55/15－19 食货64/40－44	14990	务	务名	缺《大典》卷数。
(1) 赈贷 (2) 赈贷 (3) 赈贷 (4) 赈恤 (5) 恩惠	食货57/1－58/12 《补编》 食货68/28－73 《补编》 《补编》	20898 15239 17542－17543 (15002) 20898 15239	恤 惠 货 贷 恤 惠	赈恤 事韵 食货 赈贷 赈恤 事韵	(5) 同 (1) 之开首。
(1) 恤灾 (2) 恤灾	食货59/1－15 食货68/112－127	02633 17543	灾 货	恤灾 食货	
(1) 居养院等 (2) 赈恤 (3) 居养院 (4) 安济坊 (5) 漏泽园 (6) 漏泽园	食货68/128－152 食货60/3－15 食货60/1－2 《补编》 《补编》 食货60/16	17544 20900 16715 06137 05136	货 恤 院 坊 园	食货 赈恤 杂院 坊名 园名	(1) =(2) =(3) +(4) +(5),(6) 为淳熙记事,缺《大典》卷数。
(1) 恩惠 (2) 孤老	食货60/17 《补编》	11621 11621	老 老	事韵 事韵	为抄重者。

续表

标　目	在《辑稿》中位置	《大典》卷数	《大典》事目		备注
（1）弓手 （2）弓手	兵 3/13 – 30 《补编》	08307 12079	兵 手	弓兵 弓手	
（1）营垒 （2）修军营	兵 6/12 – 23 《补编》	11073 08469	垒 营	事韵 事韵	
（1）军赏 （2）褒赏	兵 19/1 – 20/46 《补编》	11867 – 11868 （05551）	赏 褒	军赏 褒赏	仅两条。
（1）牧地 （2）牧地	兵 21/24 – 35 《补编》	14199 （11673）	地 马	事韵 马政	
（1）凉棚 （2）凉棚 （3）牧马	兵 21/36 – 37 《补编》 《补编》	00079 11666	棚 马	事韵 牧马	缺《大典》卷数。
（1）弩 （2）神臂弩	兵 26/28 《补编》	10879 10879	弩 弩	事韵 事韵	为抄重者。
（1）东京 （2）神御殿 （3）殿 （4）阁 （5）亭 （6）门	方域 1/1 – 7 11 – 24 礼 13/25 方域 3/3 – 6 方域 3/7 – 9 方域 3/14 – 16 方域 3/31 – 47	07699 16562 （16555 – 16564） 21841 07902 – 07956 （03521 – 03523）	京 殿 殿 阁 亭 门	东京 殿名 殿名 阁名 亭名 门名	（2）至（6）采（1）个别条文。
（1）西京 （2）殿 （3）亭 （4）门	方域 1/7 – 11 24 – 25 方域 3/3 – 6 方域 3/14 – 16 方域 3/31 – 47	07698 （16555 – 16564） 07902 – 07956 （03521 – 03523）	京 殿 亭 门	西京 殿名 亭名 门名	（2）至（4）采（1）个别条文。
（1）南京 （2）神御殿 （3）门	方域 2/1 礼 13/25 方域 3/31 – 47	07701 16562 （03521 – 03523）	京 殿 门	南京 殿名 门名	（2）至（3）采（1）个别条文。
（1）北京 （2）殿 （3）门	方域 2/1 – 2 方域 3/3 – 6 方域 3/31 – 47	07702 （16555 – 16564） （03521 – 03523）	京 殿 门	北京 殿名 门名	（2）至（3）采（1）个别条文。

续表

标　目	在《辑稿》中位置	《大典》卷数	《大典》事目		备注
（1）诸城修改移并 （2）军城	方域 8/11 《补编》	08067 08067	城 城	城名 城名	为抄重者。
（1）诸寨杂录 （2）关寨置官等	方域 19/3－42 《补编》	15121 15119	寨 寨	事韵 寨名	
（1）开坛受戒 （2）受戒	道释 2/1－3 《补编》	15065	戒	事韵	缺《大典》卷数。
（1）籍田 （2）袍	《补编》 舆服 5/14－27	04777 （05515）	田 袍	籍田 事韵	（2）采（1）个别条文。

注：《大典》卷数栏内加括号者原缺，为作者所补。

（原载《文献》1988 年第 3、4 期）

从陈元光母妻的姓氏看他的籍贯

陈元光是一位至今在闽南、台湾、粤东有广泛影响的历史人物。不少台湾同胞奉他及当年随他入闽的部属为祖先，每年回大陆寻根祭祖。所以，关于陈元光的籍贯问题，是一个有现实意义的问题。

关于陈元光的籍贯，主要有三说：（1）光州，（2）河东，（3）岭南。在这次“陈元光与漳州开发国际学术讨论会”上，与会代表就这个问题展开了热烈的讨论，提出了一些新解释。本文根据一条过去未为人引用的材料，拟从一个新的角度，提出个人的看法。

一条新材料

在《宋会要辑稿》礼类20之142至143页中，有《陈元光祠》一条，记载了宋代对陈元光及其父、母、妻、子、曾孙等人加封的情况。《宋会要》是宋代官方档案文书的分类汇编，有很高的权威性。陈元光在唐史中没有记载。宋代与唐代距离较近，《宋会要辑稿》这条记载，可以说是有关陈元光家世的一条重要史料。可惜过去未为人们所注意与利用。

《宋会要辑稿》这条记载近三百字，为了便于读者利用，我将内容分列如下：

（一）陈元光祠所在地：为“漳州漳浦县”。当然，这并不是说宋代其他地方没有陈元光祠，只是漳浦县的祠规模较大而已。

（二）赐庙额时间：“徽宗政和三年（1113年）十月，赐庙额威惠。”这是得到政府正式批准的时间。各地威惠庙的名称，大概由来于此。

（三）陈元光历次追封情况：“神宗熙宁八年（1075 年）六月封忠应侯”。徽宗“宣和四年（1122 年）三月封忠泽公。高宗建炎四年（1130 年）八月加封‘显佑’二字。绍兴七年（1137 年）正月又加‘英烈’二字。十二年（1142 年）八月加封英烈忠泽显佑康庇公。十六年（1146 年）七月进封灵著王。二十三年（1153 年）七月加封‘顺应’二字。三十年（1160 年）又加‘昭烈’二字”。“孝宗乾道四年（1168 年）九月加封灵著顺应昭烈广济王。”

（四）陈元光父母追封情况：“父政、母吐万氏。绍兴二十年（1150 年）六月封父曰助昌侯（智超按：据下文，知‘助’为‘胙’之笔误），母曰厚德夫人。”乾道四年九月，“考胙昌侯加封胙昌开祐侯，妣厚德夫人加封厚德流庆夫人”。

（五）陈元光妻追封情况：“妻种氏。建炎四年八月封恭懿夫人。绍兴二十年六月加封‘肃雍’二字。”乾道四年九月，“妻恭懿肃雍夫人加封恭懿肃雍善护夫人”。

（六）陈元光子孙追封情况：“子珦。绍兴二十七年（1157 年）四月封昭祝贶侯。”乾道四年九月，“子昭贶侯加封昭贶通感侯。曾孙詠（简体），封昭仁侯；谟，封昭义侯；訏（简体），封昭信侯”。

一个新角度

上引材料中，特别值得注意的是陈元光母、妻的姓氏。

据《宋会要辑稿》所载，陈元光母为吐万氏。“吐万”这个复姓是很少见的。它不是汉姓，而是北方少数民族鲜卑族的姓氏。

据唐朝林宝撰的《元和姓纂》卷 6，“吐万”氏下注：“代人，代为部落酋帅。”在记述吐万氏的郡望时，在“河南”下注：“周郢州刺史通生绪，永寿公”等。这个吐万绪，《隋书》、《北史》都有传。《隋书》卷65本传中说："吐万绪，字长绪，代郡鲜卑人也。"可见"吐万"氏是鲜卑族的贵姓，初居代北，北魏迁都洛阳后，迁到以洛阳为中心的河南地区。

至于陈元光妻子的姓氏"种"（作为姓氏的种，音 chóng，不是"種"的简化字），也是北方而且主要是河南的姓氏。

二十四史中"种"姓有传的共十二人，其中后汉四人，宋代八人。这十二人其实属于两个家庭，即后汉种暠及其子岱、拂，孙邵。宋代种放，放侄世衡，及世衡子古、谔、谊，孙朴、师道、师中。在《后汉书》和《宋史》中，都明言他们是"河南洛阳人"。

很难想象，如果陈政、陈元光父子像某些同志所说的是岭南人，甚至是岭南少数民族首领的话，怎么他们的妻子都是河南人。所以我认为，陈元光母、妻的姓氏，为陈元光为河南光州人增加了一个有力的旁证。

从陈元光母亲姓氏可知，陈元光确实有少数民族血统，但不是南方的少数民族，而是北方的鲜卑族。

与族谱的比较

将《宋会要辑稿》的记载与《颍川陈氏开漳族谱》（云霄山美藏本）比较，可以看到一些有趣而富有启发性的现象。

（一）关于威惠庙赐额时间：《族谱》作"徽宗宣和二年敕赐威惠庙"，比《宋会要辑稿》所载晚七年。

（二）关于陈元光的追封：《族谱》作"太宗太平兴国三年封保定男，真宗大中祥符元年封忠应伯，神宗熙宁七年封忠应侯，徽宗宣和四年封忠泽公，高宗建炎四年封显佑公，绍兴十二年改封英烈显佑康庇公，绍兴十六年封灵著王，并赐衮冕，孝宗乾道四年封显应昭烈广济王"。与《宋会要辑稿》相较，多太宗、真宗两次追封，封忠应侯时间早一年，建炎四年漏"加"字，漏绍兴七年加封，绍兴十二年

“加封”误为“改封”，且漏“忠泽”二字，漏绍兴二十三年、三十年两次加封，乾道四年漏“灵著”二字，“顺应”误“显应”。

（三）关于陈政的追封：《族谱》作“宋绍兴廿年封祚昌开佑侯”。据《宋会要辑稿》，知“开佑（祐）”二字是乾道四年加封的。

（四）关于陈元光母的追封：《族谱》作“宋绍兴廿年追赠厚庆启佑夫人”。据《宋会要辑稿》，知“厚庆启佑”为“厚德流庆”之误，而且“流庆”二字也是乾道四年加封的。

（五）关于陈元光妻种氏的追封：《族谱》作“熙宁七年封赞福静节夫人，建炎四年封显佑夫人，绍兴十二年封恭懿夫人，廿年封肃雍夫人，宝庆二年封善护慈济夫人”。与《宋会要辑稿》所载相差较大。《族谱》多载熙宁七年封赠。但从常理判断，熙宁七年为四字夫人，建炎四年不应降为二字夫人，《族谱》明显有误。据《宋会要辑稿》，知建炎四年所封为“恭懿”，非“显佑”。绍兴二十年加封“肃雍”二字。至乾道四年又加封“善护”二字。《宋会要》记载至宁宗止，理宗宝庆二年是否再加封，不详。

（六）关于陈元光子孙的追封：子珦，《族谱》作“绍兴廿年封昭贶通威文英侯”。据《宋会要辑稿》，“廿年”为“二十七年”之误。当时只封“昭贶侯”，至乾道四年加封“通感”二字。“感”与“威”字形相近，未知孰是？孙酆，《族谱》作“绍兴廿年封昭素袭美惠政武英侯”，《宋会要辑稿》无此记载。曾孙詠（简体）、谟、訏（简体），《族谱》分别作绍兴廿年封昭仁翊德侯、昭义翊忠公、昭信翊顺侯。据《宋会要辑稿》，知绍兴廿年为乾道四年之误；三人分别追封为昭仁侯、昭义侯、昭信侯，无“翊德”、“翊忠”、“翊顺”等字；谟亦封侯而非公。

（七）关于陈元光母的姓氏：这是最值得注意的分歧。《宋会要辑稿》作“吐万氏”而《族谱》作“司空氏”。究竟孰是孰非呢？吐万是一个稀有的姓氏，《宋会要辑稿》不会杜撰。最大的可能是，《族谱》编者因“吐万”名不雅驯，加以改易；又因吐万是复姓，所以也用一个复姓“司空”去代替它。

《颍川陈氏开漳族谱》是以陈政为始祖的。通过与《宋会要辑稿》的比较，可知从始祖以下，《族谱》的记载是有根据的，因而大致正确。所发生的差错，多数是在传抄、刊刻过程中无意发生的；但也有少数是后人为祖宗讳而有意窜改的。这个实例，对我们今后利用族谱材料有启发意义。

（原载《云霄文史资料》第11辑，1991年10月出版）

《宋会要》方域类水利门的复原

——为纪念李埏先生从事学术活动五十周年而作

《宋会要》方域类水利门记载了宋代修治黄河、运河、御河、西湖等情况，是研究宋代经济史，特别是水利史、交通史的重要资料。

但是，现在收入《宋会要辑稿》方域类的水利门，有几处错简，并羼入了食货类的内容，而原来的部分条文又误编入食货类中，妨碍了对它的正确使用。本文将为之一一改正，恢复其原来面目，以便读者。

首先要说明，造成方域类水利门如此混乱，有主、客观两方面的因素。所谓主观因素，是指《宋会要》辑本的整理者（主要是刘富曾）的失误。所谓客观因素，是指《宋会要》辑本所据的《永乐大典》本身的特殊情况。我们的分析，先从《永乐大典》开始。

《宋会要》方域类水利门与食货类水利门同收入《永乐大典》卷11106至11109“水”字韵“水利”事目中。这在《永乐大典》是特例。

《永乐大典》编纂的原则是“用韵以统字，用字以系事”。就是说，《永乐大典》编者根据《洪武正韵》的顺序排列各字，每一字收录以该字为关键字的各个事目（如“水利”这个事目就收入“水”字韵中），每一事目又按时间先后收入各文献有关的记载。根据《永乐大典》作为类书的特点，以及它的编纂原则，它收录各种文献，有时固然会把整部书，或一部书的整章收入一个事目中。把一部书的不同类、门收入同一事目中，在《永乐大典》是特例。“水利”事目就属于这极少数特例。

出现这种特例有它的特殊原因。在这里，是因为《宋会要》的食货类和方域类有内容不同而名称相同的门——水利门。

何以知道《宋会要》有分属两类的两个水利门，因为食货类水利门有复文，它为我们提供了一个参照系。

我在《〈宋会要〉食货类的复原》（载《文献》1987 年第 2、3 期）一文中，论证了《永乐大典》卷 17531 至 17566“货”字韵“食货”事目全文收录《宋会要》的食货类。其中的第 18 门就是水利门，收入《永乐大典》卷 17540，在《宋会要辑稿》则编在食货 61 之 89 至 122 中。如果把《永乐大典》卷 17540 与卷 11106 至 11109 相对照，立即可以证明：卷 11106 至 11109“水”字韵“水利”事目中，凡每段开头有“食货志”三字的，就是食货类的水利门。例如《辑稿》食货 7 之 1 至 4（《永乐大典》卷 11106）就相当于《辑稿》食货 61 之 89 至 90（《永乐大典》卷 17540），是太宗朝的记事；食货 7 之 5 至 6，相当于食货 61 之 90 至 91，是真宗朝的记事，等等。

既然《永乐大典》卷 11106 至 11109 中，有“食货志”开头的是食货类的水利门，那么，有“方域志”开头的（见《辑稿》方域 17 之 1，之 2 等），毫无疑问是方域类的水利门了。

应该说，《宋会要》辑本的编者注意到了这一点，因此把标有“食货志”与标有“方域志”的辑文分开，分别置于食货和方域两类中。但又因为主观上的失误，以致出现了不少错误和混乱。

我们现要消除这些错误和混乱，复原《宋会要》方域类的水利门，就要把被《宋会要》辑本的编者弄乱了的《永乐大典》卷 11106 至 11109 的《宋会要》辑文，按原本的顺序，逐页地加以复原。为了节省篇幅，用表表示如下：

《大典》卷数	原辑本页数	类别	记事年代	在《辑稿》中位置	附　注
11106	1 A	方域	太祖朝	方域 17/1A	
11106	1 B－4 A	食货	太宗朝	食货 7/1－4	
11106	4 B－5 A	方域	太宗朝	方域 17/1B－2A	
11106	5B－6A	食货	真宗朝	食货 7/5－6	
11106	6B－7	方域	真宗朝	方域 17/2B－3	
11106	8A	方域	真宗朝	方域 17/6A	《辑稿》错简。英宗一条为编者所加。
11106	8B	方域	仁宗朝	方域 17/5	
11106	9A	方域	仁宗朝	方域 17/4	
11106	9B－18	食货	仁宗朝	食货 7/7－17	《辑稿》错简。
11107	1A	食货	英宗朝	食货 7/18A	
11107	1B	方域	英宗朝	食货 7/18B	编者另将此段抄在方 17/6A 之后。
11107	1 C－10 A	食货	神宗朝	食货 7/18C－27A	
11107	10 B	食货	神宗朝	方域 17/17	编者从食 7/27 挖出置于此处。
11107	10 C－14 A	食货	神宗朝	食货 7/27B－31	
11107	14 B－18 A	方域	神宗朝	方域 17/6C－10	
11107	18 B	食货	哲宗朝	食货 7/39A	
11107	18 C	食货	哲宗朝	方域 17/12A	编者从食 7/39 挖出置于此处。
11107	18 D	食货	哲宗朝	食货 7/39B	
11107	19	方域	哲宗朝	方域 17/11	首行所添字，为从食 7/39 末行删去者，还有“方域志”三字未添。

续表

《大典》卷数	原辑本页数	类别	记事年代	在《辑稿》中位置	附　注
11107	20 – 26 A	食货	徽宗朝	食货 7/32 – 38	首行所添“徽”字，为从方 17/11 末行删去者。还有“食货志”三字未添。
11107	26 B – 30	方域	徽宗朝	方域 17/12B – 16	
11108	1 A	食货	钦宗朝	食货 7/40A	
11108	1 B – 18 A	食货	高宗朝	食货 7/40B – 57	
11108	18 B – 25 A	方域	高宗朝	方域 17/18 – 25	
11108	25 B – 28 A	方域	高宗朝	食货 8/1 – 4A	“马端临通考”以下本为小字注文，抄者误作大字正文。今删。
11108	28 B – 41	食货	孝宗朝	食货 8/4B – 17	乾道九年以前记事。
11109	1 – 11 A	食货	孝宗朝	食货 61/123 – 133A	淳熙以后记事。
11109	11 B – 25 A	方域	孝宗朝	食货 8/18 – 32	乾道九年以前记事。
11109	25 B – 41	食货	光宗、宁宗朝	食货 61/134 – 150	

需要说明的是，表中第 2 栏“原辑本页数”，卷 11108 至 11109 两卷，都是原有的。注在版心上。卷 11106 至 11107 两卷的页数，是我根据剪裁痕迹逐页缀合后补上的。页数中阿拉伯数字后的 A、B 等字母，是表示该页被编者剪裁为数段后，各段的次序，如 1B 表示第 1 页的第 2 段，等等。

这个表一经排列出来，可以说明许多问题：

1. 如表中 3、4 两栏所显示的，《永乐大典》编者将《宋会要》食货、方域两类的两个水利门收入“水利”事目时，是以每一帝的记事为单位交叉收录的。如先是方域类水利门的太祖朝记事，然后是食货类水利门的太祖朝记事，然后是方域类水利门太宗朝记事等。

一般来说，《永乐大典》先录食货类水利门，再录方域类水利门，这是符合《宋会要》原本的顺序的。但仁宗朝则先录方域类后录食货类，与其他朝相反。

2.《永乐大典》“水利”事目所收录的《宋会要》食货类水利门，记事至宁宗朝止；而方域类水利门，记事至孝宗乾道时即止。

3. 第3与第5栏比较，如类别相同，说明辑本编者分类正确；如类别不同，说明分类错误。错误者计有如下五处：

（1）《辑稿》食货7之18B，第16行，明有“方域志”三字，以下为方域类水利门英宗朝记事。编者未将此条剪去。《辑稿》方域17之6B，字迹明显与原辑本不同，是编者后加的。

（2）《辑稿》方域17之17，此条原在食货7之27中，为食货类水利门条文。编者从该处挖出，置于方域类水利门中。

（3）《辑稿》方域17之12A，此条原在食货7之39中，亦为食货类水利门条文。编者从该处挖出，置于方域类水利门中。

（4）《辑稿》食货8之1至4A末行，为方域类水利门高宗朝记事，原紧接方域17之25后。被编者误置于食货类中。

（5）《辑稿》食货8之18至32，开头明有“方域志”三字，以下为方域类水利门孝宗朝记事，也被编者误置于食货类中。

这五处错误全是《宋会要》辑本编者的失误。如果进一步分析失误的原因，（1）（4）（5）三条主要是工作的草率；而（2）（3）两条则是有意为之的。看来，他认为（2）（3）两条条文内容应归入方域类，而不应归入食货类。

细察《宋会要》食货、方域两类的水利门，重点不同。前者重在农田灌溉，后者重在治河运输。但两者之间有时很难截然划分，所以某些条文的归属在两可之间。但既然是辑《宋会要》而不是重编《宋会要》，理应保持原来的分类。这两条应从方域类中剔出。

4. 第5栏上下文比较，同一类的记事，页码应紧密衔接，否则必有错误。就方域类水利门来说，错误者有如下六处：

(1)《辑稿》方域17之3，下面应接17之6A，而不是17之4。这是一处不易发现的错简。17之2B加17之3加17之6A，为真宗朝记事。

(2) 与上条错误有关，《辑稿》方域17之5应在17之6A之后，而17之4则应在17之5之后。这又是两处错简。方域17之5加4，为仁宗朝记事。

(3) 英宗朝记事，在《辑稿》食货7之18B。（自此以下四条的说明，见上文第三点）

(4)《辑稿》方域17之17、12A，为食货类水利门条文，应剔出。

(5)《辑稿》食货8之1至4A，为方域类水利门高宗朝记事，应置于方域17之25之后。

(6)《辑稿》食货8之18至32，为方域类水利门孝宗朝记事，应置于方域类水利门高宗朝记事之后。

这些错误也全是辑本编者的失误。

在查清了《辑稿》方域类水利门的混乱之后，要复原《宋会要》方域类水利门，问题就简单了。我们所要做的工作，就是理顺被打乱了的次序，剔除羼入的内容，恢复移置他类的条文，在整理本《宋会要》没有出版之前，读者可按下列次序阅读《辑稿》，它就是《宋会要》方域类水利门的原貌：

1. 太祖朝：方域 17 之 1A。

2. 太宗朝：方域 17 之 1B 至 2A。

3. 真宗朝：方域 17 之 2B 至 3；方域 17 之 6A。

4. 仁宗朝：方域 17 之 5；方域 17 之 4。

5. 英宗朝：食货 7 之 18B。

6. 神宗朝：方域 17 之 6C 至 10。

7. 哲宗朝：方域 17 之 11。

8. 徽宗朝：方域 17 之 12B 至 16。

9. 高宗朝：方域 17 之 18 至 25；食货 8 之 1 至 4A。

10. 孝宗朝：食货 8 之 18 至 32。

在结束本文之前，还要讨论由此引起的两个问题。

第一个是《宋会要》原本的格式问题。《宋会要》原本早已失传，现存的《宋会要辑稿》是从《永乐大典》中辑出的。《永乐大典》收录各书，不但没有保存原本的格式，甚至连卷数、篇名也不注明。《宋会要》原本的格式如何，成了一个难解的谜。

《永乐大典》"水利"事目这个特例，却给我们了解《宋会要》原本的格式提供了一些线索。

《宋会要》下分类、门两级，这是《玉海》等书所明确记载了的。食货、方域都是其中的类。《永乐大典》编者当然是见到《宋会要》原书，并据此收录的。但我们却看到，《永乐大典》收录《宋会要》食货、方域两类的水利门时，不称食货类、方域类，却称"食货志"、"方域志"。下面的水利门也只称"水利"。由此我们可以推断，在《宋会要》原书中，各类、各门都只列类名、门名，而不称类、门。看来，类、门的区分，在《宋会要》原本中是通过顶格、提行等方式显示的。

第二个是《永乐大典》编者所据《宋会要》底本的问题。过去关于这个问题的讨论，多是围绕《永乐大典》编者所据的是哪一种本子？如究竟是李心传的《十三朝会要》，还是其他本子，等等。水利门的实例可以打开我们的思路，启发我们从另一个角度来考虑这个问题：《永乐大典》编者所据的《宋会要》，是否只有一种本子？

如前所述，《永乐大典》“水利”事目所收录的食货类水利门，记事至宁宗朝为止。而“食货”事目所收录的水利门，记事则至孝宗乾道时为止。这两个事目所据以收录的《宋会要》如果是同一个本子的话，不应该有不同的截止时间，再加以方域类水利门中有“一本作×”的小注（见《辑稿》方域17之2），更可以证实《永乐大典》编者所据的《宋会要》不止一本。沿着这个思路探索下去，或许可以更接近事情的真相。

（原载《纪念李埏教授从事学术活动五十周年史学论文集》，云南大学出版社，1992年出版）

新发现的青山庙最早记载

青山王的信仰随着惠安人的向外迁徙而传至台湾，传至东南亚，现在已成为惠安联系台湾同胞、东南亚侨胞的一条纽带。因此，弄清楚它的历史演变过程，具有重要的现实意义。

关于青山王的记载，过去所知，最早的是嘉靖庚寅年（1530 年）编成的《惠安县志》。该书卷 10《典祀》云：

> 青山诚应庙，在二十六都。神姓张，讳悃。闽时尝营青山下以御海寇。宋建炎间（1127—1130 年）海寇作，神有阴助功。邑人蔡义可闻于朝，赐庙额诚应，封灵惠侯，妻华氏封昭顺夫人。景炎元年（1276 年），进封灵安王，夫人封显庆妃。至今有司岁一致祭。

笔者最近在《宋会要辑稿》中发现一条关于青山神祠的材料，早于嘉靖《惠安县志》400 年左右，是迄今为止所知关于青山庙的最早的文献记载，因此特别值得重视。此条材料见于《宋会要辑稿》礼 20 之 107，全文如下：

> 青山神祠，在泉州府惠安县守节里。绍兴五年（1135 年）十二月赐庙额诚应，绍兴十九年（1149 年）八月封灵惠侯。

《宋会要》是宋代官修的政书，是政府档案的分类汇编，具有很高的史料价值。原书早已失传，现在流传的《宋会要辑稿》是清嘉庆年间徐松从《永乐大典》中辑出的。泉州在宋代并未升为府，在明代始为府。这条条文中："泉州府"的"府"字是《永乐大典》编者加的。

这一条文辑自《永乐大典》卷1236。《大典》卷1235、1236两卷都属"祠"字韵"神祠"事目。从这两卷中辑出的《宋会要》条文都是山神祠，共有132座山（有些山两地同名，故神祠数超过132所）。其中在福建的山神祠有：福州闽清县南山神祠，古田县堠山神祠，建州建安县梨山神祠，建阳县横山神祠，漳州龙溪县圆山神祠，长泰县五山神祠，兴化军莆田县壶公山神祠，仙游县王岩山神祠，泉州同安县北山神祠，连青山神祠共10所。山岳崇拜本来是自然崇拜，但后来人们逐渐把山岳神人格化和社会化，把它同传说或历史人物结合起来。在上述10所山神祠中，有2座记有神名，建安梨山神为唐刺史李频，莆田壶公山神为刘强。其余的（包括青山神祠）没有记神名。

《宋会要辑稿》这条材料，给我们提供了什么样的信息呢？

第一，它说明至南宋绍兴五年（1135年），青山神祠已经得到宋政府的批准，赐以庙额。一般来说都是先有庙，然后取得政府的批准。所以青山神祠的建立还在这以前。

第二，它指明了宋代青山神祠的具体地址——守节里。惠安建县始于宋太平兴国六年（981年）。据嘉靖《惠安县志》卷1《建置》，庆历八年（1048年）全县分3乡18里，守节里属于县西南的崇武乡。到了明代，宋代守节里地面相当于二十五、二十六、二十七都，即今青山宫所在地。

将《宋会要辑稿》这条记载与嘉靖《惠安县志》比较，会给人以更多启示。

首先看两者相对应的地方。《惠安县志》说青山诚应庙在二十六都，神封灵惠侯。两者记庙名相同，山神封爵相同，地址也相同。《县志》还说是因"邑人蔡义可闻于朝"而赐庙额。关于蔡义可其人，据

《县志》卷12《选举》，他在诚应庙赐额的当年绍兴五年中“特奏名科”（亦称“恩科”，为照顾那些屡考不中的人而设）。这就为赐庙额的时间增加了一个有力旁证。

再看《县志》与《宋会要》不同之处。首先，它记载了青山神名及其保卫地方的事迹，并有其夫人的姓氏。究竟是《宋会要》失记神名，还是在后来的崇拜中增加此内容？有待进一步研究。其次，它记载到南宋末的景炎元年，又晋封神爵为王（清人沈鹏飞更把这件事同当时帝昰南行经泉州联系起来）。最后，它说明对青山神的祭祀，自南宋至明中叶，连绵不绝。

将上述历史记载同今天的现实对比，可知青山王信仰，内涵已发生重大变化。这是一个很有兴趣、很值得研究的课题。

（原载《惠安青山考》，中国统计出版社，1994年出版）

《宋会要》的利用与整理

本文是一篇实用性的文章，卑之无甚高论，主要是供读者使用《宋会要》时参考的。

本文所说的《宋会要》，既包括《宋会要辑稿》（以下简称《辑稿》），也包括《宋会要辑稿补编》（以下简称《补编》）以及《永乐大典》残本中的《宋会要》辑文等，总之，是现存的所有《宋会要》的辑文。

关于《宋会要》的利用，包含两个方面。从消极方面说，是避免误用《宋会要》；从积极方面说，是充分利用《宋会要》。

一

先说避免误用《宋会要》。

就我所见到的情况而言，误用《宋会要》，有如下三种情况。

（一）误以他书为《宋会要》

在《辑稿》及《补编》中，有些内容并非《宋会要》原文，而是其他文献。出现这种情况，同《永乐大典》编纂原则有关。按照《永乐大典》的凡例，同一事而有两种或两种以上文献记载时，事文均同即只选一种，事文稍有异，以一种为正文，他种作注文。在《辑稿》中，这种情况多见。有以他书为正文，《宋会要》作注文，如帝系1之4至6，正文为《十朝纲要》。也有以《宋会要》为正文，他书作注文，如乐1之1，以《玉海》作注文。注文用小字，开首并著录书名（有些是简称），本来是不会混淆的。但在徐松命《全唐文》馆书吏从《永乐大典》中辑录《宋会要》时，有些书吏误将注文也用大字抄录，有的连书名也没有抄下，因此极易与《宋会要》正文混淆。

据我所知，在《辑稿》第一本，可能引起或已经引起误用的，就有如下七段：（1）帝系4之31至36，为杨仲良《长编纪事本末》卷4《裁定宗室授官》。（2）乐5之27至39，为《宋史》卷142《乐志》。（3）乐7之5至31，大字正文全为《宋史》卷138、139《乐志》（4）乐8之8至10均为《宋史》卷140《乐志》。（5）乐8之11"天书导引七首"以下至8之17均为《宋史》卷140《乐志》。（6）乐之20至28，大字正文为《宋史》卷141《乐志》。（7）礼17之41第4行"淳熙十六年二月"以下，直至17之85共45页，全为《文献通考》卷98、99《祭祀时享》。

（二）引用时间错误

《宋会要》的细胞（记事基本单位）为条。条有两种类型，一种以一人、一物为单位，另一种以一事为单位。前者较少，后者是基本的类型。《宋会要》分类的基本单位是门，如吏部门、边防门等。同一门的条文一般按时间先后排列。条文记时的方法，每一朝的首条记事著该帝庙号（如编纂会要时该帝尚在世，退位为太上皇，则称其尊号，如高宗之称光尧皇帝，孝宗之称寿皇圣帝），每一年号的首条记事著年号，每一年的首条记事著年份，每一月的首条记事著月份，次条以下记事一般不再著庙号、年号、年份、月份。如兵27之1至29之30为备边门。兵27之1第一条为太宗朝第一条记事，记时为"太宗太平兴国三年二月"，既著庙号（太宗），又著年号（太平兴国），又著年份（三年），又著月份（二月）。次条为太平兴国四年九月五日记事，庙号及年号与上条相同，只是年份及月份不同，故记时为"四年九月五日”，不著庙号及年号。掌握了这个记时规律，引用《宋会要》时，如该条文没有庙号、年号、年份、月份，一定要往前追溯其庙号、年号、年份、月份，才不致造成时间上的错误。如兵29之48（属边防门），下半页第4行记时为“嘉定七年二月一日”，在这之前的两条，记时为“三年十二月二十二日”和“六年七月二十九日”（兵29之47）。三年、六年虽在七年之前，但这两条不是嘉定的三年、六年，因“七年”条冠以“嘉定”年号，按照《宋会要》的记时方法，该条应是边防门嘉定年号的第一条记事。要确定前面的“三年”“六年”两条的年号，应往前追溯到有年号的条文。经查阅，为“庆元”年号记事（见兵29之45）。如将此“三年”“六年”两条定为嘉定，将会造成13年的误差。

上面的例子，《宋会要》的辑稿本身记时没有问题，是在使用时可能发生的错误。下面说的是《辑稿》甚至《宋会要》本身在记时方面的问题。

先说因《宋会要》被收入《永乐大典》而在记时方面发生的问题。礼26之10属牲牢门。上半页第6行第1条记时为“十月十二日”，下半页第7行第1条记时为“九月十四日”，都没有庙号、年号与年份。如果按照常规，“十月十二日”前一条记时为“嘉祐七年八月一日”，此条应为同年的十月十二日，但文中提及“熙宁祀仪”，可见为熙宁以后的事；“九月十四日”前一条记时为“徽宗大观元年八月七日”，此应该为同年的九月十四日，但它的下一条“三年六月十三日”，据《长编》卷305，知为神宗元丰三年，可知此条非大观时事。经考证，据《长编》卷317，知“十月十二日”条系元丰四年；据《长编》卷292，知“九月十四日”条系元丰元年。为什么这两条条文不能按照常规确定其时间？又如何识别类似的情况？读者请注意：《辑稿》牲牢门有一个显著特点，就是文中多次另起“宋会要”（除开首外，礼26之10两处，26之13一处），对照《永乐大典》残本，可以推知在这一门（在《永乐大典》中为“事目”下的一个子目，是《大典》收录文献的基本单位），《大典》编者插花式地收录各种文献，即按所记内容的时间顺序，分别收录不同文献。在这种情况下，《宋会要》的牲牢门不但在《大典》中被分割，而且有些内容因与其他文献相似或较简而被舍弃了。所以在遇到同类情况时，引用《宋会要》要特别注意其时间。

还有一种是《宋会要》原书在记时方面的差错。如礼 7 之 32 属日历所门，第一条为（乾道二年）闰九月二十九日。乾道二年非闰年，此处“闰”字衍。像这一类错误需经考证才能发现。

（三）标目错误

《辑稿》及《补编》有众多标目，有时同一内容有两种甚至两种以上标目。标目的位置也五花八门，有书于“宋会要”之下，如帝系 1 之 24，“太子诸王”；有书于正文开首，如职官 78 之 64，“罢免”；有书于“宋会要”之次行，如仪制 11 之 1，“宰相追赠”；有书于栏上，如礼 25 之 71，“郊祀神位议论”；有书于正文中间，如帝系 1 之 3，“帝号杂录”；也有以上两种情况的综合；甚至有的辑文没有任何标目。这些标目，有些确为《宋会要》门名，有些为《永乐大典》的事目，也有为历次整理者误加的。这个问题比较复杂，需要用许多篇幅才能说清楚。这里只能提醒读者，利用这些标目必须慎重。如职官 44 之 42 的“经制使”，就是整理者误加的，应为“经制司”。“司”指机构，“使”为官员，两者的重点是不同的。

二

除了避免误用《宋会要》之外，更重要的方面，是如何充分利用《宋会要》。下面也谈三点：

（一）多方面发掘《宋会要》的史料价值

《辑稿》影印以来，使用者越来越多了。但对《宋会要》的利用，多集中于食货、职官、刑法、选举等几类，而对其他则注意不够。其实它们中蕴藏着丰富而珍贵的史料。

现在举礼类中的祀庙为例。《辑稿》礼 20 共 171 页，辑自《永乐大典》卷 1203 至 1239，为“祠”字韵，具体事目则有山川祠、天地月星风雨岳渎祠、帝王祠、名臣祠、忠孝节义祠、王公隐士祠、神祠，等等，总之，包括了自然神及人物神。这是研究民俗史、社会史、宗教史等问题的宝库，凡善于利用者必有所获。

我们这次来四川省开会，还要到都江堰市，《宋会要》礼类中就有二郎神的宝贵材料。张政烺先生据礼 20 之 141《郎君神祠》条，考定“灌口二郎神在后蜀号护国灵应王，显然还是个武夫。嘉祐八年，宋仁宗皇帝肯定他是李冰的第二个儿子”，分析了二郎神信仰在宋代发展变化的过程。（《〈封神演义〉漫谈》，《世界宗教研究》1982 年第 4 期）

笔者则根据礼 20 之 142《陈元光祠》条，知陈元光母为吐万氏，是鲜卑族贵姓，因此判定陈元光这位至今在闽南、台湾有广泛影响，并被不少台湾同胞奉为祖先的唐初人物，具有鲜卑血统。（《从陈元光母妻的姓氏看他的籍贯》，《云霄文史资料》第 11 辑）

福建惠安青山宫奉祀青山王。随着惠安人向外迁徙，如今青山王信仰已成为惠安联系台湾同胞及东南亚侨胞的一条纽带。过去所知有关青山王记载，最早的是嘉靖《惠安县志》，编成于 1530 年。笔者最近在《辑稿》礼 20 之 107 发现一条青山神祠的材料，从而把有关青山庙的记载提前了将近四百年。（《新发现的青山庙最早记载》，载《惠安青山考》，中国统计出版社，1994 年出版）

当然，这并不是说，对食货、职官、刑法、选举等类的利用已经很充分了，在史料方面已经没有多少潜力可挖了。恰恰相反，即使这几类，对它们的利用也远远没有到头；而且随着宋史研究的深入，新的研究领域的不断开辟，其潜力是极大的。

在这里还要谈谈对复文的利用。由于多种原因，《宋会要》的辑文有不少复文，既存在于《辑稿》中，相当多的部分则收在《补编》中。（读者如希望对此问题有进一步的了解，可参考拙作《〈宋会要〉辑本的复文》，《文献》1988 年第 3、4 期）虽然是复文，其价值不可低估。我在《补编》的《整理说明》中曾指出，《补编》有些复文可补今本《辑稿》之缺，并以食货类的商税门为例。台湾中国文化大学史学研究所一位博士的论文《北宋市马之研究》，正是利用了这一门的复文，使北宋永兴军路、秦凤路与西夏接壤地区的商税额，得以有较完整的统计数字。（宋晞《宋史研究论丛》第 4 辑第 161 页，中国文化大学出版部，1992 年出版）

（二）辑佚的利用

这方面的功能，过去似很少有人注意。它主要不是产生于《宋会要》本文，而在于《辑稿》和《补编》中的注文。

前面已经阐述了《辑稿》出现注文的原因。在《辑稿》和《补编》中，以《宋会要》作正文而以他书为注文的情况多见。这些作注文的文献，有些今天已无传本，有些传本也是辑本，有些虽非辑本但也非善本足本，可利用《辑稿》及《补编》辑佚。

例如李攸的《宋朝事实》，传本是修《四库全书》时从《永乐大典》中辑出的。现在，《辑稿》注本所引《宋朝事实》，有些内容就是传本所没有的。

我相信，如对《辑稿》及《补编》注文做一次认真的清理，会在辑佚方面取得成果。

（三）校勘的功能

《宋会要》可以说是宋代史料的渊薮。《宋史》在二十四史中卷帙最为庞大，食货志、礼志、职官制等各志，篇幅之长，超过各史；但若同《宋会要》的相应各类相比，真是小巫见大巫。无论是校勘宋代的各种文献，还是研究者使用这些文献，能否充分利用《宋会要》，效果大不一样。这方面既有成功的经验，也不乏应该汲取的教训。

三

上面简单地论述了如何避免误用《宋会要》和如何更好地利用《宋会要》。如果我们从另一个角度考虑问题，为什么《宋会要》容易被误用而又未能被充分利用？原因当然是多方面的，既有主观的，也有客观的，但其中最重要的一条，是现在通行的《宋会要辑稿》，是一部经两次转录、三次不得其法的整理，并且为整理者准备丢弃的底稿，与《宋会要》原本已有很大差别。

整理出一部能为广大读者正确而充分地利用的《宋会要》，是宋史研究者多年的愿望。现在可以说，经过多年的准备，条件已经成熟了。有志者，盍来诸！

（原载《宋史研究论文集：一九九四年年会编刊》，
河北大学出版社，1996 年出版）

《宋会要》乐类的复原

一、《宋会要辑稿》乐类的问题

要复原《宋会要》的乐类，首先必须了解、研究《宋会要辑稿》（以下简称《辑稿》）乐类的问题。一般读者以为《辑稿》的乐类就是《宋会要》的乐类，把它当作《宋会要》的乐类引用，这是一种误解。《辑稿》乐类篇幅不多，只有八卷，问题却不少，与《宋会要》乐类有很大差别。不了解《辑稿》乐类的问题，就会误用；不了解《辑稿》乐类问题之多之大，就不知复原《宋会要》乐类之必要；了解了《辑稿》乐类问题之所在及其原因，复原《宋会要》乐类的工作已完成大半。

为了便于读者阅读，先将《辑稿》乐类情况列为一表：

《辑稿》标目	《大典》卷数	《大典》字韵/事目	《辑稿》位置	备　注
律吕	20916	律/律吕	1/1－22	
	21679	乐/宋乐	1/23	
	20916	律/律吕	2/1－2	
	5464	郊/郊祀·乐舞	2/2－7	
	20916	律/律吕	2/7－32	
详定乐律	21679－21680	乐/宋乐	3/1－15	每段开首数字为《宋史·乐志》

续表

《辑稿》标目	《大典》卷数	《大典》字韵/事目	《辑稿》位置	备　注
宋乐	21681－21682	乐/宋乐	3/16－28	同上
乐器乐舞	21683	乐/宋乐	4/1－8	同上
郊祀乐	5464－5465	郊/郊祀·乐舞	4/9－5/26	文中空白为整理者挖出
诗乐	21691	乐/宋乐	5/27－28	《宋史·乐志》文
教坊乐	21692	乐/宋乐	5/29－39	同上
郊社群祀乐歌	5470	郊/郊祀·乐章	6/1－2	
	248	宫/祠宫	6/3－5	
	5470	郊/郊祀·乐章	6/5	
	8868	丘/方丘	6/6－7	《大典》卷数误作8860
	5470	郊/郊祀·乐章	6/8	
	21684	乐/宋乐	6/9－15	
祠祭朝献	248	宫/祠宫	6/16－20	6/20为《宋史·乐志》文
皇地祇	5471	郊/郊祀·乐章	6/21－26	
庙祀并各典礼乐歌	17065	庙/宋宗庙	7/1－2	
	5471	郊/郊祀·乐章	7/3－4	
	21689	乐/宋乐	7/5－31	大字为《宋史·乐志》，小字为《宋会要》
	17293	号/宋尊号	7/32	
鼓吹导引乐歌	5471	郊/郊祀·乐章	8/1－5	
	11186	引/事韵	8/5－7	
	21690－21691	乐/宋乐	8/8－32	正文为《宋史·乐志》，注文为《宋会要》

具体而言，《辑稿》乐类的问题如下：

1. 存在大量《宋史·乐志》（以下简称《宋志》）文，即5之27至39，6之20，7之8下半页3行至7之31，极易混淆。

2. 《宋会要》乐类中极重要的“雅乐”门被分割、删落，支离破碎。

3. 《宋会要》乐类中有关乐章各门不全。

4. 《宋会要》乐类的某些内容被置于他类或被舍弃。“鼓吹”门有复文，一置于舆服类（3之16至24），——被删落。“教坊”门有复文，一置于职官类（22之28至31），——被删落。“云韶部”门、“钧容直”门、“四夷乐”门被置于职官类（22之31至33）。“导引”门亦有复文，完整者被删落，不完整者亦删落一部分。

5. 将《宋会要》乐类某些门分割后，又将不同的门加以拼凑。

二、《辑稿》乐类问题之源

《辑稿》乐类问题之多之大，嘉业堂清本的实际整理者刘富曾自然有责任，但不能全负其责。这些问题是在《辑稿》形成过程中逐步积累下来的。

（一）《永乐大典》编纂过程中产生的问题

《宋会要》乐类最主要的内容收入《大典》卷21679至21692各卷中，属于《大典》“乐”字韵“宋乐”事目。《大典》“宋乐”事目前后分别为“五代乐”及“辽乐”事目，可见这一事目的实际名称就是“乐”。《大典》编者在这一事目范围之内按朝代收录有关“乐”的文献。《大典》这一事目的名称与《宋会要》乐类的类名相同，如果《大典》编者也按“食货”事目的方式处理，《宋会要》的乐类就会被全类完整地收录，我们今天也就可以如食货类一样，得见完整的乐类。（参看拙作《〈宋会要〉食货类的复原》，载《文献》1987年第2、3

期。）遗憾的是，《大典》编者只是将《宋史》的《乐志》全文收录（《乐志》的志名也同《大典》事目名称相同），而将《宋会要》的乐类作为《宋志》的注文连带收录。既然《大典》"宋乐"事目内容以《宋志》为主，《宋会要》乐类中内容与《宋志》相同或近似者就会被删掉，前述《宋会要》乐类中乐章各门不全，原因就在于此。不仅如此，《宋会要》乐类各门的顺序，因迁就《宋志》也不能保持原样。先天不足是《宋会要》辑本乐类的根本缺陷。

（二）徐松辑录《宋会要》过程中产生的问题

《大典》"宋乐"事目的实际情况是：先收录一段《宋志》，然后再用小字录一段《宋会要》乐类作注文，即《宋史》与《宋会要》交叉收录，一为大字，一为小字，而且在《宋会要》文每段之首著"宋会要"三字，两者的界线是清楚的。徐松从《大典》中辑出《宋会要》时，具体抄录"宋乐"事目的书吏不止一人，没有采取统一的体例，出现了四种不同方式。开始时，先摘取《宋史》该段的最后几个字，然后另行用大字全文抄录《宋会要》文。如乐 3 之 1，第 1 行"俾来者有考焉为乐志"，就是《宋志》总序的最后九字，见《宋史》卷 126，点校本 2939 页。第 2 行标"宋会要"，第 3 行以下就是《宋会要》乐类的正文，至下半页 10 行止。11 行"其冠服同引舞之制"又是《宋志》一段的最后数字，见点校本 2940 页。然后又用大字抄录《宋会要》文。如此等等。整理者在 3 之 1 栏上有按语："标题皆乐志"，如果注意，还不至弄错。从卷 21683 起，抄者换人，行款也改为每半页 16 行，每行 28 字，字体缩小。开始还是先录《宋志》一段的最后数字，另行录《宋会要》，尚可分别（乐 4 之 1 至 8）。卷 21684 以后为《宋志》的乐章篇，抄者将《宋志》与《宋会要》文全录，两者字体相同，两者之间又没有任何标志，如果在阅读时不同时查对《宋志》，根本无法将二者区别。如乐 6 之 9，第 4 行"孟夏雩祀"至第6行“威灵赫奕”为《宋志》文，见点校本3082页。自“降神”至第9行“乐曲同圜丘”为《宋会要》文。自“绍兴雩祀一首”以下又是《宋志》。转换处无任何标志。从卷21689至21692，抄者又换人，又改为《宋志》用大字全文抄录，《宋会要》用小字，7之8下半页3行直至7之31，全为《宋志》。

（三）刘富曾整理时产生的问题

面对上述复杂情况，再加上《宋会要》乐类有些门在《大典》中有复文，有些门之间内容有交叉，刘富曾未能分辨，加以割裂、拼凑，更增加了混乱。如所谓“律吕”（乐1之1至2之32），就是将《大典》的三个事目拼凑而成的。一是“律吕”事目所收的《宋会要》“律吕”门，这一门本是完整的，被刘富曾分为三截（1之1至22，2之1至2，2之7至32）。二是“宋乐”事目所收的《宋会要》“雅乐”门，被刘富曾分为13段，删去一部分。三是“郊祀”事目所收的《宋会要》“雅乐”门，与上门不全同，被刘富曾分为31段，也删去一部分。然后刘富曾将此三者拼凑在一起，其结果真是非驴非马的“四不像”。又如“诗乐”（5之27至28）及“教坊乐”（5之29至39），刘富曾将作小注的《宋会要》删去，保留的是《宋志》，使人误将《宋志》作《宋会要》。

第一节中所指出的将《宋会要》乐类某些内容置于其他类，以及编排的混乱，也都是刘富曾的责任。

三、复原《宋会要》乐类的依据

复原《宋会要》乐类，最理想的结果是内容完整无缺，各门名称正确，顺序符合原书。上文已分析，《宋会要》乐类的某些内容已在《大典》收录过程中被删去；又因以《宋志》作正文，《宋会要》作注文，各门在《大典》的顺序不一定就是原书的顺序；所以，《宋会要》

乐类已不可能完全复原。但只要遵循正确的步骤，运用科学的方法，还是可以得到比较理想的结果的。

第一步是系统地收集有关材料。虽然到目前为止还没有发现被《永乐大典》删落的内容，但刘富曾在整理过程中删去的《宋会要》辑文，包括乐类部分，已经找到，并整理出版。（见拙编《宋会要辑稿补编》，全国图书馆文献缩微复制中心，1988年出版。）

第二步将《永乐大典》同一事目的《宋会要》辑文按原来的顺序集中，包括上节所述的被刘富曾分割为13段与31段的“雅乐”门。这样，至少在《大典》一个事目的范围内，保持了《宋会要》辑文的完整。

第三步就是将《宋会要》辑文正确地分类、分门、定名、定序。具体到乐类，就是将确实属于《宋会要》乐类的内容归入，正确划分各门范围，确定每门的名称及顺序。在进行这一步工作时，各门的内容是依据，《辑稿》乐类是基础，《宋志》是参照物。但在分类时，我们还可以利用《大典》“宋乐”事目，它是更可靠的标准。

上节已经指出，《大典》“宋乐”事目的主要内容是《宋志》，而以《宋会要》乐类作注文。这样，虽然《宋会要》乐类的内容没有全部收入，各门次序也可能变动，但可以确定的是，收入《大典》“宋乐”事目的《宋会要》文，一定属于乐类。

《大典》“宋乐”事目收录《宋志》及《宋会要》乐类的具体情况是：

卷21679至21683共5卷，收《宋史》卷126至131，即《宋史·乐志》的卷1至6，《宋志》漏载篇名；作注文的《宋会要》，经检查，为“雅乐”门。由此可知，《宋志》应为“雅乐”篇。

卷21684至21689共6卷，收《宋史》卷132至139，即《宋志》卷7至14，为“乐章”篇，以下又分“郊祀”“祈谷”等章；作注文的《宋会要》只出现在卷21684及21689前后两卷中。

卷 21690 至 21691 前半共 1 卷半，收《宋史》卷 140 至 141，即《宋志》卷 15、16，为“鼓吹”篇；作注文的《宋会要》属两门，一为“鼓吹”门，一为“导引”门。

卷 21691 后半至 21692 共 1 卷半，收《宋史》卷 142，为“诗乐”“琴律”“燕乐”“教坊”“云韶部”“钧容直”“四夷乐”七篇；作注文的《宋会要》仅有“教坊”一门。

经过这样的比较，我们可以确定，雅乐门、有关乐章各门、鼓吹门、导引门、教坊门都属《宋会要》乐类。在发现更有力的证据之前，各门顺序可依此编排。

在此基础上，我们可以进一步扩展我们的研究成果。

雅乐门：《大典》“宋乐”事目收录的《宋会要》雅乐门，因为是作为注文，中间有些内容被删去。《大典》“郊祀”事目“乐舞”子目（卷 5464 至 5466）也收录了《宋会要》的雅乐门，它虽然作正文而非注文，因为中间收录了《中兴礼书》文，《宋会要》雅乐门也不完整。将这两处雅乐门合在一起，互相补充校对，可得到一门基本完整的雅乐门。至于现在《辑稿》归入乐类的“律吕”门，虽同乐有关，也同历法有关。《宋会要》还有运历类，律吕门似应归运历类。

乐章各门：《大典》“宋乐”事目所收《宋会要》有关乐章各门不全，但在《大典》的其他事目中还分散收录了“南郊亲祀”等门，可以归入。

鼓吹门：除《大典》“宋乐”事目收录以外，《大典》卷 15389、15390“鼓吹”事目也予收录，被《辑稿》编者归入舆服类，应归回。两门复文可以互校。

导引门：《大典》“宋乐”事目所收者不完整。完整的“导引”门收入《大典》卷 11186“导引”事目，被刘富曾删去的部分已收入《宋会要辑稿补编》中。应以此门为主，以“宋乐”事目所收者作校对之用。

教坊门、云韶部门、钧容直门、四夷乐门：《大典》“宋乐”事目只收录了教坊一门，但在《大典》卷6134“教坊”事目中连续收录了《宋会要》的教坊、云韶部、钧容直、四夷乐四门。由此我们可以知道云韶部等三门不但确实属于乐类，而且在乐类中是紧连的。此四门《辑稿》置于职官类（22之28至33），应划回乐类。

四、《宋会要》乐类的复原方案

基于以上的分析，我提出了一个复原《宋会要》乐类的方案。在整理本《宋会要》没有完成、出版之前，可供使用《辑稿》乐类者参考，或许可以减少以致避免对《辑稿》的误用，并能较充分地利用《辑稿》乐类。

门名	出　处	备　注
雅乐	（1）3/1－3，补830下，3/3－4，补831上，3/4－8，补831上－833上，1/23，补833上－837下，3/9，补837下－838上，3/9－12，补838下－844上，3/13－15，补844下－846下，3/16－23，补847，3/23－4/8； （2）补211上，4/9－10，补211下－212上，4/11－14，补212下，4/14－16，补213，4/16，补214上－222上，2/2－7，补222下－229上，4/17，补229上，4/17－20，补229下，4/20－5/1，补230上－232下，5/2－4，补233，5/5，补233下－234上，5/6－8，补234下，5/9－12，补235上－236上，5/13－15，补236下－237下，5/16－18，补238上，5/18－26，补238下－251	（1）录自《大典》卷21679至21683，（2）录自《大典》卷5464至5466，其中部分为《中兴礼书》文。3/1－3指《辑稿》乐类3之1至3，“补”指《宋会要辑稿补编》，下同。
南郊亲祀	6/1－2，5	《大典》卷5470
孟春祈谷	（1）6/8；（2）补848上；（3）礼18/1	（1）《大典》卷5470； （2）《大典》卷21684； （3）《大典》卷19603。

续表

门名	出　处	备　注
孟夏雩祀	6/9	《大典》卷21684，《宋会要》为注文。
五方帝	6/9－14	同上
祀感生帝	6/14－15	同上
祀皇地祇	6/21－23	《大典》卷5471。
神州地祇	6/23－25	同上
方丘乐歌	6/6－7	《大典》卷8860。
亲飨太庙	7/1－2	《大典》卷17065。
祠祭乐章	6/16－19，2－6，20	《大典》卷248。
祀汾阴	6/25－26	《大典》卷5471。
御楼	（1）7/3－4，补252下；（2）7/5－6	(1)《大典》卷5471；(2)《大典》卷21689。
朝会	7/8	《大典》卷21689。
皇帝上尊号等	（1）补543，7/32，补542下；（2）7/6	(1)《大典》卷17293；(2)《大典》卷21689。
鼓吹	（1）舆3/16－24；（2）补848下－852下	(1)《大典》卷15389，15390；(2)《大典》卷21690。
导引	（1）补370下－372下，8/5－7，补373上－380下；（2）8/1－5；（3）补853上－854下，8/10－11	(1)《大典》卷11186；(2)《大典》卷5471；(3)《大典》卷21690。

续表

门名	出　处	备　注
教坊	(1) 职22/28－31；(2) 补855下－856下	(1)《大典》卷6134； (2)《大典》卷21692。
云韶部	职22/31	《大典》卷6134。
钧容直	职22/31－33	同上
四夷乐	职22/33	同上

作者后记：

我虽然在大学阶段没有机会受到徐规先生的教导，但曾经当过他的"小学生"。1943年初，父亲乐素先生带领全家离开日军占领下的香港，经过长途跋涉终于到达贵州遵义，在浙江大学史地系任教。我小时体弱，又逢战乱，时学时辍。这时离秋季开学还有半年多，在家自习，徐规先生曾辅导我的功课，当时情景，至今仍历历在目。入学考试，父母抱着试试看的心理让我报考在湄潭的浙江大学附中，居然考取了。只是因年纪太小，才又读了一年小学。半个世纪过去了，徐规先生以及邓广铭先生又为我的专著《解开〈宋会要〉之谜》热情推荐，取得了中国社会科学院的出版基金，即将出版。欣逢徐规先生七十五寿辰及从事教学科研工作五十周年，谨撰此文以表达我衷心的祝贺和真切的谢意！

（原载《徐规教授从事教学科研工作五十周年纪念文集》，杭州大学出版社，1995年出版）

致《历史研究》编辑部的信

《历史研究》编辑部：

因近一年多来不在国内，我直到最近才看到贵刊 1997 年第 4 期刊载的王曾瑜《宋史研究的回顾与展望》一文。王文说："王云海将保存在浙江图书馆的《宋会要》清本和北京图书馆的残卷，无私地告知了陈智超、郦家驹、王曾瑜等人，陈智超将残卷整理成《宋会要辑稿补编》出版。"这种说法与事实完全不符。

事实是这样的：1981 年，当时我所在的历史研究所宋辽金元史研究室计划整理《宋会要辑稿》，并开始进行准备工作。我做的第一件事，就是尽可能完整地收集现存的有关《辑稿》的资料，特别是当时还不知其下落的嘉业堂清本。为此，我首先到了北京图书馆善本特藏部，从他们的目录中查到共有两部《宋会要》，当即调出原稿。经过仔细检查，确认其中一部就是现在通行的影印本《宋会要辑稿》的底本；而另一部，实际是两捆稿件，有整册，也有零篇断简。它主要是被嘉业堂当作复文而被删落的部分徐松原辑稿（后来我在北图善本部的大力支持下，将这些辑稿按原在《永乐大典》中的顺序整理编辑成书，名为《宋会要辑稿补编》）。

在确定嘉业堂清本不在北图之后，我先后访问或函询了知道嘉业堂藏书聚散情况的人，包括张政烺、唐长孺、周子美、鲍正鹄等先生。在他们的启发下，我逐一访问了曾购买过嘉业堂部分藏书的上海图书馆、复旦大学图书馆、杭州大学图书馆，均无结果。最后我把目标集中到在新中国成立初期接收了刘承幹嘉业堂藏书的浙江图书馆。浙图特藏善本书目并没有著录嘉业堂清本，然而我终于在一位老馆员的帮助下在该馆找到了完整的460册嘉业堂清本。

以上就是我发现这两种稿本的主要经过。具体过程可参看当时我所写的《〈宋会要辑稿〉遗文、广雅稿本及嘉业堂清本的再发现》一文，它刊载在《中国史研究动态》1982年第1期上，以后又作为附录收入我所著《解开〈宋会要〉之谜》（社会科学文献出版社，1995年出版）一书中。

愿借贵刊的一点篇幅刊登我这封信，以澄清事实。

陈智超1998年7月4日

（原载《历史研究》1998年第5期）

关于《宋会要》帝系类帝号门及选举类进士门的说明

开场白

一、今天就大家提出的问题讲两门：帝系类帝号门和选举类进士门。

这些问题都是大家在整理过程中遇到并提出的，我在研究这些问题中得到很多启发，进一步加深了对《宋会要》的认识，对提高我们这个项目的质量很有好处。所以我欢迎大家提出问题及意见。当然，我的水平和精力有限，不可能解答大家提出的每一个问题，而且我们有一个很好的团队，集合了各方面有专长的学者，从现在起，应该采取有效措施，加强审稿工作。

二、在谈具体问题之前，我还要强调三点。

第一，《宋会要辑稿》的定性：它是一部经过三次转录，又经过三次不得其法的整理，并且整理者因准备另辑新本而不准备保存，已被搅乱并遗弃部分的稿本（大部被遗弃部分经整理出版，即《宋会要辑稿补编》）。所谓"三次转录"，就是从《宋会要》原本到《永乐大典》正本，再到《永乐大典》副本，最后到现在保存的《宋会要辑稿》及《宋会要辑稿补编》。所谓"三次不得其法的整理"，即第一徐松，第二缪荃孙、屠寄的广雅书局稿本以及第三署名"大兴徐松辑大典本、吴兴刘承幹编定"的嘉业堂清本。所谓"整理者因准备另辑新本而不准备保存，已被搅乱”，并非像打牌的洗牌一样，故意把它弄得与前一副牌面目全非，而是绝大部分还保留了长短不等的一个个片段。

第二，1935年照原样影印《宋会要辑稿》是非常时期（九一八之后，日本侵略军进逼华北）采取的非常措施（属抢救性质，因学术价值巨大而又不属于古籍、古文物之范畴，未能南迁）。

第三，我在《解开〈宋会要〉之谜》一书中提出，我们工作的第一步就是回到徐松的出发点，将《辑稿》内容全部打散，按照它们在《大典》中的位置重新排列。然后读懂并充分利用现在还保存完整的《大典目录》，做进一步的分析与研究。这是一条不能逾越的红线，也是每一类、一门解题首先必须向读者交代清楚的。又因为我们项目的名称是“新辑《宋会要》”，而不是“整理《宋会要辑稿》”，只要证据充足，论证合理，我们可以不受《辑稿》及《补编》内容的限制。我提出的整理帝系类帝号门、选举类进士门的方案就是这方面的一次尝试，希望大家充分发表意见。

关于《宋会要》帝系类帝号门的说明

一、帝系类帝号门是《宋会要》的第一类第一门。以前的整理者也都意识到这一点，都做了一些整理工作，所以我们关于此门的新辑工作做得如何，关系重大。

二、现在《宋会要辑稿》中有关此门的材料很少，要认真分析研究，尽量吸取其中的信息（包括线索）。

三、在现存文献中，包含自太祖起至宁宗止共十三帝的帝号门内容的只有两种，一是《辑稿》礼类四九之一至二四、四四至九七［录自《大典》卷一七二八七、一七二八八、一七二九一、一七二九二，为“号”字韵“宋尊号（一、二、五、六）”事目］，但较分散；二是嘉业堂清本卷一之一页下至十五页下，它较《辑稿》礼类更符合帝号门的格式、更为集中，两者可互为补充，互相纠正。此外，李埴《十朝纲要》的内容包括自太祖至高宗十帝，每帝开首都有一段概述，我称之为序言，这些序言也有与《宋会要》帝号门相近的内容，《辑稿》帝号门有些即以《纲要》为正文，《宋会要》为注文。这些序言也可以校勘、补充本门。

四、解决本门的关键问题，是要确定嘉业堂清本十三帝的来源。究竟是据《辑稿》、《补编》及《十朝纲要》加工，还是另有来源？如是另有来源，是否源自《大典》所录《宋会要》帝号门？

五、经过对《辑稿》礼类四九、《十朝纲要》和嘉业堂清本的仔细核对，可知嘉业堂清本除与前两者相同或相近者可以互校外，还有前两者所无之内容，如宰相若干人，改年号时间，部分册文、谥议之撰者等等。特别值得重视的是所录徐松及缪荃孙的按语。在太祖朝于使相三十四人之下录“松案：永乐大典引宋会要太祖朝于使相三十四人之下有三司使、学士舍人院、御史中丞、进士及升改废置州府人数地名，盖李埴十朝纲要之文误入会要也，考削之”。所引《大典》为卷一二三〇〇，“宋”字韵“太祖（三）”事目。在英宗朝于元丰六年加今谥下录“荃孙按：徐原辑漏此，据大典一万七千五十五补”，为“庙”字韵“宋宗庙（三）”事目。在神宗朝于政和三年加上今谥小注谥议撰者强渊明下录“荃孙按：大典卷一万七千五十六作翰林学士张阁撰，册文太师蔡京撰”，为“庙”字韵“宋宗庙（四）”事目。可见徐、缪两人是看过嘉业堂清本所据原本并另用《大典》他卷校对过。又在神宗朝宰相八人中有陈旭其人，据《宋史》卷三一二《陈升之传》，知“旭”为其原名，因避神宗嫌名改升之，其他文献均称陈升之。有以上四条证据，应该可以断定，嘉业堂清本帝号门十四帝的内容，并非自编，确有来源，可以依据。同时也证明，嘉业堂清本中确有录自《大典》之《宋会要》文而《辑稿》及《补编》均未收、现已遗失者。当然，嘉业堂清本有而《辑稿》及《补编》均未收者，是否确为《宋会要》的内容，需要一一证实。

六、在《辑稿》中保存此门比较完整（注意：只能说是比较完整）的两处，是太祖朝和孝宗朝，现逐一加以分析。

（一）帝号门太祖朝：现收在《辑稿》帝系一之一至三，在首行“宋会要”下题“帝号”二字，包括了两门：帝号门及帝号杂录门。两门门名均著录在正文中。在帝号门中，包括了五帝的内容，依次为僖祖（太祖高祖）、顺祖（太祖曾祖）、翼祖（太祖祖父）、宣祖（太祖父）、太祖。其中僖祖至宣祖四代，生前并未称帝，为太祖即位后追尊，故知帝号门包括死后追尊各帝。其内容包括：庙号、谥号、名讳、家世、出生地（顺祖至宣祖无此内容）、仕履、卒年、追尊谥号情况、谥议及册文撰者（用小字注文）、陵名及陵地、所据会要（国朝会要等）、神主奉藏处。宣祖、太祖有母姓氏。太祖朝内容有出生日，即位时、地及年岁，历次上尊号情况，卒时及享年，加谥情况，年号改变时间。帝号杂录门共三条（开宝四年九月至九年二月），记群臣请加尊号情况，均不允。

帝号门及帝号杂录门太祖朝录自《大典》卷一二三〇〇（其中帝系一之二，抄者误注一一二〇〇），为“宋”字韵“宋太祖（三）”事目。但《辑稿》及《补编》中还有录自《大典》卷一二二九九（“宋”字韵“宋太祖（二）”事目）的文字，见《辑稿》帝系一之二一首段及《补编》432页下至433页上，两者本衔接，整理者将后半部剪下弃置，后被我收入《补编》，只要对照即可知。特别值得注意者，帝系一之二一首段为李埴《十朝纲要》卷一，在“三司使八人”前有一段小字注文：“使相三十四人内有皇弟晉王。”《辑稿》虽未说明此段文字出自何处，但我可证明为《宋朝会要》，证据即在《辑稿》帝系一之二二第13行所引《十朝纲要》卷二，原文为“使相二十人”，《大典》编者在其下小字注“宋朝会要［使］相二十一人，内有真宗”，由此可知，《宋会要》帝号门太祖朝在《辑稿》所录之外，还有使相若干人的内容，由此亦可推论，帝号门其他各朝亦应有同样内容。

（二）帝号门孝宗朝：收在《辑稿》帝系一之七，应是录自《大典》卷一二九三三，“宋”字韵“宋孝宗（三）”事目。宋孝宗能即帝位在宋代为特例。宋高宗在二十三岁时即丧失了生育能力，他唯一的儿子也在幼年去世，在诸多因素的综合作用下，他在宫中抚育了两名宋太祖一系的第七代孙，其中一人就是后来的孝宗。绍兴三十二年六月十一日，高宗正式禅位于孝宗。因此，《辑稿》帝号门孝宗朝仅记载了他的庙号、家世、出生时日以及高宗抚养后历次加封时间、即位时间、逊位于光宗时间、上尊号时间、卒年及享寿年数、历次上谥号及谥议（撰者用小字注文）。因此朝为特例，故对于帝号门其他各帝无借鉴作用。此门上有眉批“此条后接写后页光宗”，应为嘉业堂所批。经查，清本帝号门确有光宗朝内容。

（三）帝号门太宗朝：收在 1.《辑稿》帝系一之四；2.《补编》433 页下至 435 页下；3.《辑稿》帝系一之二一次段至一之二三。此三段本相衔接，为整理者剪开。此朝以《十朝纲要》为正文，以《宋会要》为注文，录自《大典》卷一二三一五，为“宋”字韵“宋太宗（二）”事目。所引《宋朝会要》中，与太祖朝相同，对太宗时各年号改变时间有详细记录，见帝系一之四。并可证明帝号门中确有“使相”之内容，见帝系一之二二第 13 行。

（四）帝号门仁宗朝：收在《辑稿》帝系一之五至六，未注录自《大典》何卷，应为卷一二三七九“宋”字韵“宋仁宗（二）”事目，亦不全。《辑稿》亦以《十朝纲要》为正文，《宋朝会要》为注文。与帝号门太祖朝、太宗朝相同，对仁宗朝各年号改变时间亦有详细记录。

七、调整、复原方案：根据前面所做分析，我建议调整《解开〈宋会要〉之谜》一书中所提出的帝号门复原方案。具体方案如下：以嘉业堂清本为基础，以《辑稿》帝系类帝号门、礼类宋尊号门、《十朝纲要》及《宋史》本纪与之互校互补。

兹事体大，请参加“新辑《宋会要》”全体成员对此方案充分提出你们的意见。

2016年10月7日修改

关于《宋会要》帝系类帝号门的补充说明

近日收到曲鸣丽女史在我关于帝系类帝号门的复原方案的基础上所作的样稿，其中最可宝贵的是利用了《辑稿》礼类四九之一至二四、四九之四四至九七（录自《大典》卷一七二八七、一七二八八、一七二九一、一七二九二，为“号”字韵“宋尊号（一、二、五、六）”事目）以及嘉业堂清本之帝号门，为我的方案作了重要补充，提供了有力的证据和支持，帝系类帝号门的整理工作，主要由曲鸣丽女史完成。

此外，还有两个问题可以进一步探讨。

第一，既然帝系类帝号门从时间上一直延续到宁宗，与帝号门平行的帝系类帝号杂录门也应该延续到宁宗。而且，我们从太祖朝的帝号杂录门可以推知，它的内容主要是大臣请上尊号而为太祖所拒绝。其他各帝类似的内容完全可以从礼类四九及《宋史》各帝本纪中收集到，是否也要补辑？

第二，现在既已证明，帝号门太祖、太宗两朝都有宰相、使相的内容，其他各朝也应有相应内容，也可以从有关文献中收集，是否也要补辑？请各位发表意见。

关于选举类进士门的说明——答胡旭宁女史

一、首先要厘清《宋会要》选举类进士门的基本情况。

进士门在《大典》中分别收入两个事目。其一是卷一〇六五一、一〇六五二“举”字韵“举士”事目，现分散在①《宋会要辑稿补编》（以下简称《补编》）335 页上至 336 页上，记事自开宝五年至端拱二年四月八日，为《大典》卷一〇六五一之第 77 页第 16 行至第 79 页第 3 行（卷一〇六五一至此止）。②《补编》336 页下，记事自淳化三年三月九日至咸平五年四月十八日，为《大典》卷一〇六五二之第 1 页。③《宋会要辑稿》（以下简称《辑稿》）选举二之五，记事自景德二年四月十四日至祥符七年九月十一日，但被裁去第 1 行及倒数第 2 行末 4 字。现已查明，首行裁去的“通判诸州夏焕”等 23 字，正为选举二之四（《大典》卷五六九六）末 23 字，应是整理者以为淳化五年四月十八日条两者相同，又拟采用后者，而将前者删去。该页倒数第 2 行需补上裁去的“八年四月”四字，再接《补编》337 页上末行。④《补编》337 页上末行至 345 页上第 6 行，记事自祥符八年四月十一日至乾道八年五月一日，为《大典》卷一〇六五二之第 2 页第 22 行至第 18 页第 6 行，此门至此结束。此门记事时间自开宝五年至乾道八年，采自甲合订本。“举士”事目自《大典》卷一〇六四一至一〇六五四共 14 卷，收录了《宋会要》选举类的 24 门，“进士门”是其中的第 13 门，之前为“宏词”门，之后为“明经”门。见《解开〈宋会要〉之谜》（以下简称《解谜》）第 127 至 128 页。其二是卷五六九六“科”字韵“进士科”事目，现分散在①《辑稿》选举二之一第 5 行至二之四第 11 行，记事自开宝五年闰二月三日至咸平五年四月十八日，其中自选举二之二第 16 行“三人九经高丙”至选举二之三第 13 行倒 2 字“授官”为错简。②《辑稿》选举二之六第 2 段“［祥符］八年四月十一日”至选举二之三三结束，记事止于嘉定十六年六月。可见《大典》卷五六九六包含甲、乙两个合订本之内容。其中自选举二之二五第 5 行末 2 字至选举二之二七第 5 行前 3 字“劝所至”为“进士科杂录”门，与“进士科”门平行。其甲合订本部分（选举二之二一第 12 行倒数第 4、5 字“守选”止）可与《大典》卷一〇六五一、一〇六五二互校。《大典》“科”字韵收录了《宋会要》选举类的

14门，“进士科”门、“进士科杂录”门是其中的第6、7门，之前为“经明行修科”门，之后为“制科”门。还需要厘清的问题有两处：一为查明选举二之六首段的出处。此条有屠寄眉批及条末按语：“此条徐辑无《大典》卷数。”一为解释此页第10行至12行首2字“［大中祥符］八年四月十一日”等语从何而来。

二、因为《辑稿》“进士”门及“进士科”门保留了此前广雅书局屠寄不得其法的整理结果，使问题复杂化，我们需要做的工作是：

1.《大典》此两门被分割、打乱，首先要恢复它们在《大典》中的原貌，此点我已在前述厘清基本情况时完成了。

2. 恢复《大典》卷一〇六五二第2页“进士”门被屠寄裁去的第1、2行“通判诸州夏焕等三十三人九经高丙并为大理评事知县”23字及倒2行末“八年四月”4字。

3.《大典》卷五六九六“进士科”门中，前述自《辑稿》选举二之二第16行“三人九经高丙并为大理评事知县”至选举二之三第13行末2字“授官”为错简，应删去而非挪动。因为此20行为复文，小部分见于《大典》卷五六九六之第9页、《辑稿》选举二之四第10行至11行，全文又见于《大典》卷一〇六五二第2页第1行第10字起至倒2行第11字。可出一校记。

4. 将《大典》卷五六九六乾道九年记事以前部分（至选举二之二一第12行“守选”二字）与《大典》卷一〇六五一、一〇六五二互校。有前者误而后者不误者，如仁宗天圣二年四月八日条，前者误“八日”为“八月”，误“庐州”为“卢州”。亦有后者误而前者不误者，同上条，“新及第进士第一人宋郊”，后者脱“第”字。有两者同误者，如绍圣二年十月九日条，“奉礼郎陈觉民”，两者同误“郎”为“部”。但前者之误远较后者为多，且有大段脱漏，需一一校出。

三、我的处理意见。

按照《大典》卷一〇六五一至一〇六五四“举”字韵“举士”事

目及卷一〇六六九、一〇六七二至一〇六七五“举”字韵“举贤良方正”等事目的顺序，将《大典》卷五六九五至五六九七与之相对应的“科”字韵“明经科”等事目及卷五六九九、五七〇〇“科”字韵“宏词科”等事目置于其后，两者互校，两者并存。

具体顺序及门名如下：1．“试判门”（即“科”字韵之“书判拔萃科”门。以下凡“科”字韵门名与“举”字韵有异者，均加括弧表示）。2．“新科明法门”（“明法门”）。3．“铨试门”。4．“宏词门”。5．“进士门”（“进士科门”）。6．“明经门”。7．“经明行修门”。8．“八行门”。9．“百篇门”。10．“特奏名门”（“恩科门”）。11．“举贤良方正门”（“贤良方正科门”、“制科门”）。12．“武举门”。13．“童子举门”（“童子科门”）。

这也是对我在《解谜》一书中选举类复原方案的修正。

2016 年 10 月 28 日

本文系国家社科基金重大项目“《宋会要》的复原、校勘与研究”（项目批准号：14ZDB033）的阶段性成果之一。

三论《宋会要》食货类水利门与方域类水利门*

——并答关树东君

早在1992年，我就注意到《宋会要辑稿》中方域类的水利门存在的问题：它有几处错简，并掺入了一些食货类水利门的内容，而本门的部分条文又误编入食货类中。为了消除这些错误，我努力复原了《永乐大典》卷11106至11109“水”字韵“水利”事目所收《宋会要》方域类的水利门，兼及食货类的水利门，写成《〈宋会要〉方域类水利门的复原》一文，发表在当年云南大学出版社出版的《纪念李埏教授从事学术活动五十周年史学论文集》上。这是一论。

在1995年出版的《解开〈宋会要〉之谜》（社会科学文献出版社）一书中，我提出了《宋会要》食货、方域两类水利门复原方案，这是再论。

《新辑〈宋会要〉》工作启动以后，树东君在我上述两门复原方案的基础上加以落实，发现了原方案中一些需要补充、修改之处，并提出了一些新问题，写出了《〈宋会要辑稿〉食货类、方域类水利门文本整理笔记》。我这篇三论，就是对树东君的回应，相信他会把这两门的整理品质更提高一步。所以我一再强调，欢迎大家对我的方案提出问题和意见，只要我精力和能力所及，必定认真考虑和改进。

---

* 本文系国家社科基金重大项目“《宋会要》的复原、校勘与研究”（14ZDB033）的阶段性成果，以及北京师范大学历史学院“双一流”特聘教授之成果。

一、《宋会要·水利门》的复杂情况

1.《宋会要》食货、方域两类有名同而内容不同之水利门，在《宋会要》全书中为特例。食货类水利门的内容是农田水利建设，相当于今天农业部的职责；方域类水利门的内容是江河湖泊的治理，相当于今天水利部的职责。但两者内容有时会交叉。

2. 食货类水利门收入《大典》的不同事目，在《辑稿》中有部分内容重叠，即有部分复文。具体来说，《大典》卷17540“货”字韵“食货”事目全卷所收《宋会要》食货类水利门，记事至孝宗乾道九年止，属于甲合订本的范围；而《大典》卷11106至11109“水”字韵“水利”事目所收《宋会要》食货类水利门，记事至宁宗嘉定十七年止，包括甲乙两个合订本的范围，即乾道九年以前的内容有复文。

3.《辑稿》方域17之3至6有错简，严重干扰了对两类水利门的认识。我已将错简情况用图表明，发给了课题组的成员。

二、分别就《大典》的不同事目，厘清两类两水利门的情况

首先是《大典》卷17540“货”字韵“食货”事目所收《宋会要》食货类水利门。所谓清理，就是在《辑稿》中按照《大典》该卷原来的次序辑出全部《宋会要》文字。《大典》卷17540在《辑稿》中位于食货61之89至122共34页，在鱼尾中虽然多数只有卷数而无页数，但在食货61之117、118两页中有二十九、三十两数字，而按顺序此两页正是《大典》该卷的二十九、三十页。我已在一论、再论中证明，《大典》卷17540全卷只收录《宋会要》的食货类水利门，而且该门的全文业已全部收在《大典》卷17540中，记事自太宗至道元年正月五日条起，至孝宗乾道九年十二月二日条止。该卷首页（《辑稿》食货61之89）首行“宋会要”下所批“食货二十五”，为该卷在《大典》“货”字韵“食货”事目中的顺序，次行“水利杂

录”为《大典》该卷编者所定，在《宋会要》食货类中为“水利”门，而非“水利杂录”门。《辑稿》眉批“太宗皇帝淳化四年”云云，为整理者对照食货7之1首段《大典》卷11106“水”字韵“水利”事目所收《宋会要》食货类水利门，发现它比《大典》卷17540所收多淳化四年一条。此类差异，反映了两者所据《宋会要》原本之不同，将在下文中分析。又食货61之96英宗治平三年十一月条下有小注“以上《国朝会要》”；食货61之107钦宗靖康元年三月一日条下有小注“已上《续国朝会要》”；食货61之122该卷结尾乾道九年十二月二日条下有小注“以上《乾道会要》”。

《大典》卷11106至11109为“水”字韵“水利”事目，既收录《宋会要》食货类之水利门，又收录《宋会要》方域类之水利门。它所收食货类水利门与《大典》卷17540所收不同。因同时收录了两类的水利门，所以在食货类水利门之前加“食货志”三字，方域类水利门之前加“方域志”三字（因《大典》编者不知它们在《宋会要》中称“类”）；又因它不是将两水利门一收到底，而是按帝而分，即太祖朝、太宗朝等，故需将两类的水利门分别归类。

《大典》卷11106至11109所收食货类水利门，现在《辑稿》中的位置及记事时间起讫用表表示如下：

庙号	原辑本位置	大典卷数、页数及行数、字数	记事时间
太宗朝	食货7之1/6行/13字至7之4/9行/4字	11106/1页/6行/13字至4页/9行/4字	淳化四年至至道二年五月
真宗朝	食货7之5/4行至7之6/13行/3字	11106/5页/4行至6页/13行/3字	咸平六年三月至天禧四年五月
仁宗朝	食货7之7/15行/4字至7之17/16行	11106/8页/15行/4字至18页/16行（本卷终）	天圣四年八月至嘉祐六年七月

续表

庙号	原辑本位置	大典卷数、页数及行数、字数	记事时间
英宗朝	食货7之18/1行至7之18/16行/8字	11107/1页/1行至18行/8字	治平三年十一月至四年五月（神宗已即位）
神宗朝	食货7之18/17行至7之27/3行/13字	11107/1页/19行至10页/3行/13字	熙宁元年六月十一日至六年八月二日
	方域17之17/3行/14字至17之17/13行/11字	11107/10页/3行/11字至10页/13行/11字	熙宁六年八月十六日侯叔献言
	食货7之27/13行/13字至7之31/10行/15字	11107/10页/13行/13字至14页/10行/15字	熙宁七年四月八日至元丰七年三月三十日
哲宗朝	食货7之39/10行至7之39/13行/15字	11107/18页/10行至18页/13行/15字	元祐六年闰八月四日
	方域17之12/4行/17字至17之12/9行/7字	11107/18页/13行/17字至18页/18行/7字（此处已被整理者移位）	绍圣四年闰二月十九日
	食货7之39/18行/9字至7之39/22行/3字	11107/18页/18行/9字至18页/22行/3字	元符元年二月十六日
徽宗朝	方域17之11/末行/倒5字至食货7之32/首行至7之38/13行（方域17之11/末行倒5字被删）	11107/19页/末行/倒5字至26页/3行	崇宁三年十月二十三日至宣和七年九月二十二日
钦宗朝	食货7之40/首行至8行/16字	11108/1页/1行至8行/16字	靖康元年三月一日

续表

庙号	原辑本位置	大典卷数、页数及行数、字数	记事时间
高宗朝	食货 7 之 40/8 行/18 字至 7 之 57/2 行/12 字（以下“以上《中兴会要》”为后加。二十三年后又出二十一、二十二年记事）	11108/1 页/8 行/18 字至 18 页/2 行/12 字（紧接钦宗朝，因方域类无钦宗朝记事）	绍兴元年九月七日至三十年三月八日
孝宗朝	食货 8 之 4/22 行/10 字至 8 之 17/13 行	11108/28 页/22 行/10 字至 41 页/13 行（本卷终）	绍兴三十二年十一月二十九日（孝宗已即位）至乾道九年十二月二日（乾道七年后又出五年、六年，七年七月后又出二月）
光宗、宁宗朝	食货 61 之 134/15 行至 61 之 150/10 行（本卷止）	11109/25 页/15 行至 41 页/10 行（本卷止）	淳熙十六年五月五日（光宗二月已即位）至宁宗嘉定十七年二月二日

根据此表，乾道九年以前部分（即甲合订本范围），《大典》两事目所收食货类水利门可互校互补，如前述太宗朝，“水”字韵“水利”事目比“货”字韵“水利”事目多淳化四年一条；又如仁宗朝，景祐元年十一月二十一日条，前者之“浇灌”，后者作“灌浇”；庆历三年十一月七日条，前者之“隄防”，后者作“堤塘”，前者之“仍具逐处开修”，后者作“仍具各处开修功绩”；等等。淳熙以后部分（即乙合订本范围）为前者所独有，需用其他文献校证。

下面分析《大典》卷 11106 至 11109“水”字韵“水利”事目所收《宋会要》方域类水利门，它在《辑稿》中的位置及记事时间起讫，仍用表表示如下：

庙号	原辑本位置	大典卷数、页数及行数、字数	记事时间
太祖朝	方域 17 之 1/首行至 17 之 1/6 行/11 字	11106/1 页/首行至 1 页/6 行/11 字	建隆二年至开宝九年四月
太宗朝	方域 17 之 1/9 行至 7 之 17 之 2/3 行/6 字	11106/4 页/9 行 5 字至 5 页/3 行/6 字	太平兴国三年正月至至道三年正月
真宗朝	方域 17 之 2/13 行/5 字至 17 之 3 末行加 17 之 6 前 7 行	11106/6 页/13 行/5 字至 7 页全页及 9 页前 7 行（有错简，已调整）	咸平五年三月至天禧五年六月
仁宗朝	方域 17 之 5/9 行至 17 之 5/末行及 17 之 4/首行至 17 之 4/15 行/3 字	11106/10 页/9 行至末行及 8 页/首行至 15 行/3 字（有错简，已调整）	天圣元年闰九月至嘉祐六年八月
英宗朝	食货 7 之 18/16 行/10 字至 18 行	11107/1 页/16 行至 18 行（整理者在方域 17 之 6/8 行补抄此段）	英宗治平三年三月一条
神宗朝	方域 17 之 6/10 行/倒 1 字至 17 之 10/9 行/6 字	11107/14 页/10 行/倒 1 字至 18 页/9 行/6 字	熙宁三年正月十二日至元丰六年八月六日
哲宗朝	方域 17 之 11 开首至末行倒 7 字。整理者将食货 7 之 39/末行/5 字至行末“方域志哲宗元祐四年六月二十六日知”16 字删去，将“哲宗元祐四年六月二十六日知”13 字抄于方域 17 之 11 首行之前，又将此页末行行末“食货志徽”删去，于食货 7 之 32 首行开首加“徽”字	11107/18 页/末行/5 字至 19 页/末行/15 字	元祐四年六月二十六日至元符元年三月五日

续表

庙号	原辑本位置	大典卷数、页数及行数、字数	记事时间
徽宗朝	方域 17 之 12/14 行/开首至 17 之 16/首行	11107/26 页/14 行/开首至 30 页/首行（本卷止）	崇宁四年五月十五日至宣和六年十月六日
高宗朝	方域 17 之 18/2 行/末 8 字至 17 之 25/9 行/4 字，及食货 8 之 1/9 行/5 字（第 3、4 字之“绍兴”为整理者所加）至 11 行/3 字。此下至食货 8 之 4/末行/8 字均为《文献通考》文，径删	11108/18 页/2 行/倒 8 字至 25 页/11 行/3 字	绍兴元年十月十三日至三十二年二月二十七日
孝宗朝	食货 8 之 18/21 行/4 字至 8 之 32/14 行/20 字	11109/11 页/21 行/4 字至 25 页/14 行/20 字	隆兴元年十一月二十四日至乾道九年十一月二十三日

三、两类水利门复原方案的调整并答树东君的疑问

经过此次实践，将以上列《大典》卷 11106 至 11109“水”字韵“水利”事目所收两类两水利门为基础，对一论、二论中的复原方案作出调整。因为如无此次深度核实，两类水利门哲宗朝的情况是不可能彻底弄清的。

食货类水利门，仍按《大典》“货”字韵“食货”事目顺序，置于垦田门之后、常平仓门之前。乾道九年以前部分，与《大典》“水”字韵“水利”事目所收互校互补；淳熙以后部分，只有“水”字韵“水利”事目所收，以其他文献校补。方域类水利门按我定的方域类水利门在《辑稿》中的位置及记事时间起讫落实即可。

现在可以解答树东君在他精心撰写的《文本整理笔记》中及发言

中提出的疑问了。他提出“方域 17 之 1 及 17 之 2 空白部分有减缩，与剪裁掉的文字不对应”，以此推断有一页甚至更多的空白。实际情况究竟如何呢？

《大典》卷 11106 的第 1 页，树东君认为就是《辑稿》方域 17 之 1。该页开首 5 行加第 6 行前 11 字，确是卷 11106 的开首，没有问题。此下的空白原为食货类水利门太宗朝的内容，被《辑稿》整理者（可能是嘉业堂刘富曾）裁下置于《辑稿》食货 7 之 1 至 7 之 4，也没有问题。树东君的问题出在对方域 17 之 1 第二段方域类水利门太宗朝的理解上。他认为该页第一、二两段之间的空白只有不到三行，而被移置于食货 7 之 1 至 7 之 4 的食货类水利门太宗朝记事有三页多，说明《辑稿》方域 17 之 1 空白部分有减缩，并由此推断《辑稿》有一页甚至一页以上的“空白”。树东君的误解就是他忽视了方域 17 之 1 第二段原来的位置不是在《大典》卷 11106 的第 1 页，而是第 4 页。只要按顺序对照方域 17 之 1 首段，食货 7 之 1、7 之 2、7 之 3、7 之 4，方域 17 之 1 次段，就可知它们之间是完全衔接、没有空白的。

再看树东君发生问题的第二处，即大典卷 11106 的第 5 页，方域 17 之 2 开首的两行及第 3 行 6 字，上接方域 17 之 1，没有问题。此下的空白，原为食货类水利门真宗朝的内容，被《辑稿》整理者裁下置于《辑稿》食货 7 之 5 至 7 之 6，也没有问题。树东君的问题出在对方域 17 之 2 第二段方域类水利门真宗朝的理解上。他认为该页第一、二两段之间的空白不到十行，而被移置于食货 7 之 5 至 7 之 6 的食货类水利门真宗朝记事有近一页半（准确数字是 31 行加 3 字），说明《辑稿》方域 17 之 2 空白部分有减缩，并由此推断《辑稿》有“空白”。树东君的误解就是他忽视了方域 17 之 2 第二段原来的位置不是在《大典》卷 11106 的第 5 页，而是第 6 页。只要按顺序对照方域 17 之 2 首段，食货 7 之 5、7 之 6 前 12 行加 13 行 3 字，方域 17 之 2 次段，就可知它们之间是完全衔接、没有空白的。

不仅如此，只要用我上面所作的《宋会要》食货类及方域类两水利门在《辑稿》中位置及记事时间起讫的两表，对照《辑稿》原文，就可确证大典卷11106至11109“水”字韵“水利”事目全文，在《辑稿》中不但没有一页或一页以上的空白，甚至没有一行一字的空白，严丝合缝。

当然，具体问题要具体分析，也有一些《宋会要》门的内容在《辑稿》及《补编》中已丢失的情况。

2017年4月

作者简介

陈智超　广东新会人，1934年4月出生于上海，1951年参加工作，在云南边疆修筑国防公路中多次立功受奖，获得“云南省社会主义建设积极分子”称号。1957年考入北京大学历史系，以优异成绩毕业，并考入历史研究所为宋史专业研究生，毕业后留在研究所工作。1994年退休至今，继续从事多方面的历史研究工作，研究领域包括宋至清初历史、历史文献学、中外关系史等。主要著作有：《解开〈宋会要〉之谜》《美国哈佛大学哈佛燕京图书馆藏明代徽州方氏亲友手札七百通考释》《陈垣〈元西域人华化考〉创作历程——用稿本说话》《辑补〈旧五代史〉》等；还主编了《陈垣全集》共23册。以上各项工作，多次获奖并得到史学界的高度评价。